Adolph Woermann
Wie die Windrose dreht

Adolph Woermann

Wie die Windrose dreht

Das Abenteuer meines Lebens zwischen Afrika und Hamburg

Kabel

Für das Deutsche Schiffahrtsmuseum
herausgegeben von Uwe Schnall

Umschlag: Theodor Bayer-Eynck
Gesamtherstellung: Clausen & Bosse, Leck
ISBN 3-8225-0137-9

Zu bedauern ist, wem nie Widriges begegnet,
er kann sich nicht bewähren.
Seneca

Inhalt

Der große Sprung

Da stehe ich nun in der Wildnis mitten in Namibia. Gestern abend noch pumpten mich Lautsprecher und Leuchtzeichen über Laufbänder und Rolltreppen durch die lärmende Hektik des Frankfurter Flughafens. Der Jumbo-Jet riß mich zwischen den Sternen hindurch auf die Südseite unserer Erde, und heute abend bin ich allein in der afrikanischen Nacht, in totaler Stille im grenzenlosen Raum, in dem nichts ohne mein Zutun geschieht.

Aber ich bin nicht allein. Aus dem mondhellen Himmel grüßt mein alter Freund Orion herunter. Schon als Kind hatte ich mir mit meiner Phantasie aus seinen Sternen das Bild eines Mannes geschaffen, der, am nördlichen Himmel stehend, die Arme zum Zenith aufreckt. Unverständlich war mir die Erklärung der Eltern, er stände auf dem Kopf, nur aus Europa sähe man ihn richtig. Erst als ich ihn später selbst aus europäischer Sicht betrachtete, erkannte ich, daß auch diese ihn als einen aufrechten Riesen erscheinen läßt. Mit ihm, unserem schönsten Sternbild, das sich auf beiden Erdhälften zeigt, habe ich in vielen Nächten meines Lebens Zwiesprache gehalten und mir von ihm den Weg weisen lassen.

»Orion, alter Freund! Heute zeigst du dich mir wieder so, wie ich dich als kleiner Junge gesehen habe. Du mußt mir helfen, die alten Bilder aus der tiefen Vergangenheit heraufzuholen!«

Daß er mir ein wenig spöttisch zulächelt, bin ich gewohnt. Meine siebzig Jahre – was sind sie schon aus seiner Perspektive gesehen! Und was sie mir brachten, mein eigenstes Erleben, – es sind nur winzige Wirbel im Strom der Zeit, von denen mir jedoch mancher zu einem Danteschen Höllenkreis wurde.

Ich brauche keine verlorene Zeit zu suchen. Sie ist um mich, alles liegt unverändert vor mir, so, wie ich es vor fast sechs Jahrzehnten verließ. Orion weist nach rechts:

»Dort, in der Senke hat dich die Lena abgeworfen, das bokkige Vieh! Dein Handgelenk – die Schmerzen! Und erinnerst du dich noch an den Buschmann, der fröhlich neben dem Pferd zur Polizei rannte, obgleich die Schlinge, die um seinen Hals lag, am Sattel angebunden war? Der Gepard, der deinem Vater die tiefen Wunden in die Schulter schlug? Die Stute Dina, deine beste Freundin, mit der du in der Schlucht abgestürzt bist?«

»Dank dir, alter Orion, für deine Hilfe! Aber laß mich die Bilder ordnen, laß uns hier anfangen, wo der kleine Junge zu denken begann, wo er sagte: Wenn ich groß bin, will ich... Was wurde daraus und warum?«

»Was du gewollt hast?« Er lächelt wieder ironisch. »War dein Wille dir ein Kompaß? Nein, eher war es die Windrose, deren wechselnde Ausrichtung dich durchs Leben kreuzen ließ. Mit deinen alten Augen siehst du es jetzt anders als damals. Denk daran, wie oft du deine Anschauung von Welt und Menschen neu einfärben mußtest! Eure menschlichen Wahrheiten, die wechseln von Zeit zu Zeit und Land zu Land. Aber ich will dir helfen. Da, neben dir, die flachen Steine! Mit ihnen hast du dein Kinderreich abgegrenzt.«

Das Wagnis, von dem ich nicht gewußt hatte, ob es mich zur Enttäuschung, Veränderung oder zum Wiederfinden führen würde – es ist gelungen! Der Sprung durch die Nacht über siebzig Jahre und ebenso viele Breitengrade, er hat mich geradewegs in die früheste Kindheit zurückgetragen. Hier, auf diesem flachen Hügel nahe dem Farmhaus, finden sich die ersten Bilder des langen und kurvenreichen Weges, an dessen Ende der alte Mann den Kreis schließt und zum Anfang zurückkehrt. Wie vieles, was wir Schicksal nennen, hat seine Wurzeln hier, war nicht Ursache sondern Wirkung.

Da war das zarte Kind, allein in der Wildnis, das sich mit seiner reichen Phantasie die Figuren aus Märchenbüchern zu erdachten Spielen holte. Aber da waren auch die Forderungen der Eltern, die ihren verträumten Sohn zu der für dieses Land nötigen Härte erziehen mußten. Für eine Lebensführung, die für die Deutschen noch lange nach dem ersten Weltkrieg vom Stil der kaiserlichen Kolonialzeit geprägt blieb. Die Weißen waren Herrscher über das Land und die schwarzen Afrikaner, die sich europäischen Normen fügen mußten und dafür ein Leben ohne Hungerkatastrophen und Stammeskriege erhielten.

Rundum schweigt unter dem hellen Mondlicht die hügelige Steppe, die Welt, die mir im zwölften Lebensjahr versank und deren Bilder überlagert wurden von vielfältigem Leben und Erleben in anderen Teilen unseres Globus. Da dehnt sich vor mir das breite, trockene Flußbett des Riviers, wie man die Trockenflüsse hier nennt, die nur zur Regenzeit kurzfristig Wasser führen. Über dem diesseitigen Ufer, durch eine kleine Senke von meinem Hügel getrennt, beleuchtet der Mond das mächtige, weiße Farmhaus in dem heute die deutschstämmigen Anton und Erika von Wietersheim leben und in dem ich 1913 geboren wurde. Aus den Verandaarkaden wächst der Turm heraus, den eine hohe Barockhaube krönt. Das Giebelfachwerk und das breite Walmdach entsprechen dem damaligen Kolonialstil. Heute bewundere ich den Mut und das Selbstverständnis der Eltern, einen solchen Prachtbau in die Einsamkeit dieser kargen Wildnis zu stellen. Mußte doch ein großer Teil des Baumaterials und das gesamte, wertvolle Mobiliar per Schiff aus Deutschland nach Swakopmund, dort mit Booten an Land, auf der Bahn nach Windhoek und von dort in zweiwöchiger Fahrt auf Ochsenwagen hierher geschafft werden. Dieses großartige Bauwerk, heute noch das imposanteste Farmhaus Namibias, mag nicht nur dem Wunsch der Eltern entsprochen haben, sondern auch der Großzügigkeit meines Großvaters, des Hamburger Reeders und Kaufherren, dessen Schiffahrt und Handel zu jener Zeit den gesamten afrikanischen Kontinent umfaßten. Um seinen Sohn und dessen junger Frau das mühevolle Beginnen in der unerschlossenen Kolonie zu erleichtern, war kein Aufwand zuviel.

Jenseits des Riviers über den Felswänden des Nordufers schimmern die hellen Mauern des Verwalter- und Lagerhauses und der Schmiede aus der Nacht. Der Weg dorthin durch das sandige Flußtal beträgt etwa einen Kilometer und war für mich als Kleinkind unüberbrückbar. Und wenn schon der Hauskomplex für meine kurzen Beine zu ausgedehnt war, so mußte die riesige Farm mir unvorstellbar groß erscheinen. Doch auch mein schwaches Selbstbewußtsein brauchte eine Basis, und so schuf ich mir hier, auf diesem Hügel, mein eigenes Reich, das ich mit Steinbaken begrenzte, abschirmte gegen die fordernde

Welt der Erwachsenen. Drüben, beim Wohnhaus, drohte stets Unruhe. Überall spürte ich die treibende Aktivität der Eltern. Papa und Mama, wie ich sie, auf der zweiten Silbe betont, nannte, betrauten mich gern mit Aufgaben, um mich frühzeitig an Pflichten zu gewöhnen. Hier auf meinem Spielhügel jedoch war ich ungestört, hier ersann meine Phantasie die Abenteuer, die ich mit erfundenen Gefährten erlebte. Die wirklichen Gefahren der Wildnis gingen nicht in die Wachträume des kleinen Jungen ein – sie waren ihm alltägliche Selbstverständlichkeit.

Mein Sternenmann weist hinter mich. Dort unten muß der flache, helle Fels aus dem Boden ragen, auf den mein Handgelenk aufschlug. Er gehört zu den frühesten Bildern der Erinnerung, deren kräftige Farben aus dämmeriger Vergangenheit heraustreten.

Die große Welt des kleinen Jungen

Ich steige hinab in die Mulde hinter meinem Spielhügel. Ja, das muß es sein, ein heller, sich ein wenig über den Boden erhebender Teil des Grundgesteins, ein Denkmal früher, schmerzlicher Erinnerung.

Schon lange stand fest, daß ich zu meinem vierten Geburtstag beritten gemacht werden sollte. Dies war für mich kein Grund zur Freude, sondern lediglich die Bereitstellung eines notwendigen Transportmittels, damit ich allein zu den Wirtschaftsgebäuden jenseits des Riviers und zu den Anpflanzungen gelangen könnte. Wie man ein Reittier lenkt, hatte ich längst, vor den Eltern im Sattel sitzend, gelernt. Meiner noch kurzen Beine wegen kam nur ein Esel in Frage, was meinem Prestige als weißem Herrschaftskind abträglich war.

Doch was David, der schwarze Pferdepfleger, mir am Geburtstagsmorgen gesattelt und gezäumt vorführte, erfüllte mich mit tiefer Abneigung. Da stand ein braunes, zotteliges Tier, größer als ein normaler Esel und bekannt als Produkt einer Eselin und des pferdegroßen, für die Maultierzucht importierten Eselhengstes, der wegen seines ungestümen Charakters zu keinem Dienst tauglich war. Dessen Tochter, Lena genannt und vermutlich ebenfalls widerspenstig, sollte mein Reittier werden? Dem fühlte ich mich, zart und ängstlich wie ich war, nicht gewachsen. Ich hatte Angst. Aber das durfte ich nicht zeigen. »Ein Junge hat keine Angst!« war eine der elterlichen Maximen. Meine Versuche, den ersten Ritt hinauszuzögern, reichten nur bis zum Nachmittag.

»Wir reiten zum Damm«, hieß es. »Und du kommst auf der Lena mit!«

Der Staudamm im Rivier war eine der wertvollen Besonderheiten der Farm. Er staute den in der Regenzeit fließenden Strom zu einer über das ganze Jahr reichenden offenen Wasserfläche, an der Vieh getränkt und mit Motorpumpen Wasser auf eine große, sandige Insel zwischen zwei Flußarmen gefördert wurde. Dort hatte Papa in jahrelangem Kampf gegen Flugsand und Trockenheit mit ungeübten Hilfskräften und primitivem

Gerät ausgedehnte Anpflanzungen von Viehfutter, Gemüse und Obst geschaffen, die damals als Wunder galten. Die Luzerneplantage war die Basis für eine lukrative Rinder- und Straußenzucht. Soweit ich zurückdenken kann, hat die große Wasserfläche des Staudamms mich angezogen. Dort Schiffchen vor dem Wind zum anderen Ufer treiben zu lassen, war mein liebstes Spiel. Und wenn mein Lebenskurs mich später aus der Trockensteppe weit auf die hohe See geführt hat, so war auch dies keine Schicksalswirkung, sondern hatte seine Ursache in einem tief in mir vorgegebenen Antrieb.

Aber auf der Lena dorthin reiten? Ich weigerte mich.

Die Eltern als passionierte Reiter und Züchter waren verärgert über meinen Mangel an reiterlichem Ehrgeiz. Und schon hatte Papa mich auf Lena gesetzt und los gings, hinter den Pferden der Eltern her, zum Damm. Am Spiel der Ohren meiner Eselin und an ihrem gespannten Rücken spürte ich, daß sie mir keine Sympathie entgegenbrachte. Ich begann sie zu hassen. Wir wußten beide, daß irgendwann die Auseinandersetzung kommen mußte, aus der nur einer als Sieger hervorgehen konnte.

Auf dem Rückweg geschah es. Als die Eltern zur Lunzerneplantage abbogen, verweigerte Lena die Gefolgschaft. Zielstrebig marschierte sie auf dem direkten Pfad nach Hause. So sehr ich auch am Zügel riß – schnaubend, mit schiefgezogenem Kopf und angelegten Ohren stapfte sie unbeirrt voran, ja, sie begann sogar unaufgefordert, die Gangart zu beschleunigen.

Im Galopp kam Papa heran.

»Die Peitsche!« rief er. »Zeig ihr deinen Willen! Sonst wird sie dir nie gehorchen!«

Ja, die Peitsche – doch die wagte ich nicht zu gebrauchen. Der erste Hieb würde unvermeidlich die gewaltsame Lösung unseres Konfliktes einleiten und Lena zu boshaften Aktionen herausfordern, denen ich mich nicht gewachsen fühlte. Da war Papa auch schon neben mir, um mit seinem Pferd Lena in die gewünschte Richtung zu drängen.

Doch die war nicht bereit, sich den Weg vorschreiben zu lassen. Sie zeigte sich ihres großen Vaters würdig. Blitzschnell keilte sie mit den Hinterhufen hoch aus, dem Pferd in die Seite.

Ich fand mich zwischen den Steinen am Boden wieder. Mühsam mich aufrichtend, sah ich Lena im Galopp entschwinden. Auch das noch! Ein guter Reiter hält im Sturz die Zügel fest, um nicht in der Wildnis sein Reittier zu verlieren.

Im linken Arm riß ein grausamer Schmerz. Das Handgelenk war unbeweglich. Es war auf einen auffälligen, hellen, hervortretenden Teil des Felsgrundes aufgeschlagen.

Oft habe ich später erinnernd diesen Stein betrachtet. Und heute, nach sechzig Jahren, weist mich Orion im Mondlicht wieder hierher und läßt mich den Kummer des kleinen Jungen nachempfinden.

Papa war nach meinem Sturz vom Pferd gesprungen, schien jedoch beruhigt, als ich allein wieder auf die Füße kam. Auch Mama war abgestiegen. Sie betastete mein Handgelenk, von dem aus einer Schürfwunde Blut tropfte.

»Eine Prellung«, meinte sie. »In ein paar Tagen ist es wieder gut. Beiß die Zähne zusammen! Ein Junge weint nicht!«

Vor Mama im Sattel sitzend ging es nach Hause. Der Schmerz ließ nicht nach, und trotz aller Ermahnungen konnte ich das Schluchzen nicht unterdrücken. Und neben diesem Kummer regten sich andere, zwiespältige Gedanken. Da war der schwache Trost der Befriedigung: Nun war es bewiesen, daß Lena keine Partnerin für mich sein konnte. Aber daneben stand die Frage, ob ich nicht doch versagt hatte. Hätte ich mit energischen Hieben Lena meinen Willen aufzwingen können?

Das Handgelenk wurde mit Brettchen und Binden geschient. Es hat mir lange Kummer bereitet. Hinzu kam das ständige Gebot der Eltern, den Schmerz zu verbeißen, was mir das bedrückende Gefühl mangelnder Mannhaftigkeit verlieh. Jahre später stellte ein Arzt zufällig ein schiefes Handgelenk fest, die Folge eines schlecht verheilten Bruchs. Nun, die Hand ist dennoch zu voller Tauglichkeit verheilt. Eine Fahrt mit dem Pferdewagen zum etwa drei Tagereisen entfernten Arzt in Windhoek hätte auch kein besseres Resultat erbracht.

Das Problem eines Reittieres für mich mußte gelöst werden. Nicht nur wegen der notwendigen Mobilität, sondern auch weil ich Angst vor Giftschlangen hatte. Diese sonnten sich gern auf den Trampfelpfaden, wo man sie in ihrer der Erde angepaßten Farbe leicht übersah, wenn man den Blick in die Ferne richtete. Im warmen Sand grub sich die Peitschenschlange ein, kaum erkennbar an den hervorstehenden Augen oder der dort endenden Spur. Zwar wußte ich, daß diese Reptilien nicht aggressiv sind. Überrascht man sie jedoch im Schlaf, so kommt es leicht zu einem Biß, der für ein Kind tödlich sein kann. Nie werde ich die Puffotter vergessen, die sich direkt vor mir aufrichtete, als ich sie, schnell auf einem engen Felspfad laufend, überraschte. Weil es kein Zurück mehr gab, mußte mich ein Sprung, mit äußerster Kraft über die Gefahr hinweg, retten. Auf dem Rücken eines Reittieres würde ich mich sorglos bewegen können. Der kräftige Hufritt der mit dieser Gefahr vertrauten Pferde verscheuchte die Schlangen.

Der alte Felix wurde mein erstes Pferd. Wegen seines Altersphlegmas und seiner Steifbeinigkeit war er bereits vom Dienst befreit worden. Mich jedoch hat er noch brav im nahen Umkreis der Farm getragen. Zum Aufsitzen stellte ich ihn an einen Baum oder Stein. Nie hätte er sich ohne ausdrückliche Aufforderung in Bewegung oder gar einen kurzen Trab gesetzt.

So hat mich mein Sternenmann in die frühe Kindheit zurückgeführt. Das Bild der Eselin Lena und meiner schmerzenden Hand ist dunkel. Ihm hat auch die Zeit nichts von seiner Tragik genommen. Wenn es heißt, die Rückschau verschönere die finsteren Stationen des Lebens – für mich trifft es nicht zu. Die dunklen Bilder und tragischen Erinnerungen haben über das ganze Leben ihr Gewicht behalten. Ja, gerade sie sind es, die herausragen und häufig zu bedeutsamen Wegmarken wurden. Noch heute empfinde ich den Kummer des kleinen Jungen über sein Versagen und das schmerzende Handgelenk.

Unter den Bildern aus früher Kindheit finde ich, gleich neben den Eltern, die Gestalt von Josua, dem Hausjungen. Der Ausdruck »Unsere Jungs« war damals für das männliche schwarze Personal jeglichen Alters üblich, wie auch die Bezeichnung »Kaffern« für alle Schwarzen. Beide Begriffe wurden von Weißen und Eingeborenen benutzt, wobei Kaffer nicht unbedingt eine Diskriminierung bedeutete.

Der Hausjunge Josua war ein gestandener Mann. Die hohe,

athletische Gestalt und das für einen schwarzen Afrikaner ungewöhnlich schmale Gesicht verliehen ihm eine hoheitsvolle Würde. Diese flößte mir einen Respekt ein, den ich vor keinem anderen Bediensteten empfand. Seine Aufgaben waren das Tischdecken und das Auftragen und Servieren der Mahlzeiten. Daneben hatte er unsere Kleidung zu pflegen und persönliche Handreichungen zu leisten. Weil er als ehrlich und zuverlässig galt, hatte er als einziger Schwarzer ständigen Zutritt zu unseren Wohnräumen. Diese Vertrauensstellung sowie der Umstand, daß er der einzige Ovambo auf der Farm war, brachten ihn in einen Gegensatz zum übrigen Personal, das sich aus Hererofamilien rekrutierte. Diese wohnten jenseits des Flußbettes, etwa einen Kilometer vom Farmhaus entfernt, in ihren Pontoks, den üblichen Rundhütten aus Holzstangen, die mit einer Mischung aus Lehm und Rinderdung überkleidet waren. Josua dagegen schlief als einziger in unserer Nähe in einer Kammer neben dem Pferdestall. Es war nicht nur die ständige Dienstbereitschaft, die dies erforderlich machte. Ein einzelner, zwischen den Hereros lebender Ovambo wäre gefährlichen Anfeindungen ausgesetzt gewesen. Zwar waren die früheren Stammesfehden durch die weiße Herrschaft unterdrückt worden. Doch im nahen Beieinander kam es häufig zu Reibereien, bei denen verbrannte Hütten, Verletzte und sogar Tote nicht selten waren.

Meine Erinnerungen an die Mahlzeiten sind gefärbt von der Besorgnis vor elterlichen Erziehungsmaßnahmen. »Ein Kind ißt, was auf den Tisch kommt!« Hiergegen gab es keinen Widerspruch, denn »Ein Kind spricht nicht ungefragt bei Tisch!« Aber da waren die Fleischstücke, kurz gebraten und innen noch rot, wie es die Eltern liebten. Sie erregten meinen Widerwillen, weil sie mich an das Blut geschlachteter Tiere erinnerten. Auch fettes oder sehniges Fleisch war mir zuwider. Und die Haut auf der Milchsuppe, die gegessen werden mußte.

In diese nicht immer erfreulichen Erinnerungen ragt wie ein Standbild Josuas Figur hinein. Reglos, straff aufgerichtet, mit verschränkten Armen stand er in meinem Blickfeld vorm Ausgang zum Küchenhaus. Die Augen ständig auf den Tisch gerichtet, war er jederzeit zu schnellen Handreichungen bereit.

Die hochgeschlossene weiße Jacke, die Messingknöpfe, auf denen die Hohenzollernkrone prangte, die sorgfältig gebügelte, lange weiße Hose wirkten betont soldatisch. Obgleich er jedes Wort verstand, blieb sein Gesicht unbeweglich.

Und doch wußte ich, daß ich in ihm einen Verbündeten hatte, der mir, soweit er es vor den Eltern verbergen konnte, behilflich war. Da wies beim Servieren sein dicker, schwarzer Daumen diskret auf ein mageres, durchgebratenes Fleischstück. Oder ich fand meine in Tellern gereichte Milchsuppe mit Mehl angedickt, um die Bildung von Haut zu vermeiden. Dann hatte Josua schon in der Küche mit Susanna, der dicken Herero-Küchenfrau, meine Versorgung organisiert, um mir elterliche Zurechtweisung zu ersparen. Nie wurde hierüber ein Wort verloren. Solange ich noch ein Kleinkind war, habe ich seine Fürsorge als eine mir als Herrschaftssohn zustehende Dienstleistung ohne Bedenken angenommen. Bis eines Tages, ich mag wohl vier Jahre alt gewesen sein, Josuas Gutherzigkeit mich in einen Konflikt mit dem solidarischen Stolz der weißen Herrschaft brachte.

Ich hatte »Shambock« bekommen. Der Shambock war eine kurze, aus Lederriemen geflochtene Peitsche. Mit ihr pflegte Papa, wie es zu jener Zeit üblich war, gelegentlich pädagogische Maßnahmen an Pferden, Hunden aber auch an mir und dem Personal eindrucksvoller zu gestalten. Die Ahndung von Missetaten war das Recht und die Pflicht des Herren über alle Lebewesen der großen Farm. In seinem Ermessen standen Maß und Form jeder Bestrafung, die man ertragen mußte wie ein Gewitter, dessen Ausbruch und Heftigkeit unvorhersehbar sind. So hatte man sich auch mit den Aktionen des Shambock als einer naturgegebenen Unabänderlichkeit abzufinden. Selbst eine versehentliche, unberechtigte Bestrafung bedurfte keiner Entschuldigung des Farmherren. Die Achtung, die ich meinem Vater entgegenbrachte, hat hierunter nie gelitten. Zweifel am erzieherischen Wert des Shambock sind mir erst viel später gekommen.

Warum ich in diesem besonderen Falle Shambock bekommen hatte, weiß ich nicht mehr. Aber es muß wohl wegen eines schwerwiegenden Delikts gewesen sein, weil ich, nach erfolgtem Strafvollzug, noch von Mama in die Schuhkammer gesperrt wurde. Mit dem Gesicht zur Wand und dem Verbot, mich zu rühren, mußte ich in der dunklen Ecke zwischen den Schuhregalen stehen, bis man mich holen würde.

Da stand ich nun, noch schluchzend wegen der schmerzenden Rückseite, jedoch bemüht, diesen Zustand zu überwinden. Schließlich galten auch für solche Fälle die elterlichen Regeln: »Ein Junge weint nicht« und »Jammer nicht, tu' was!«. Aber was konnte ich tun? Hinter mir lag auf dem Boden das Fell eines Duikers. Diese zierliche Gazelle war, als Kleintier gefangen und gezähmt, mir ein lieber Spielkamerad gewesen, bis einer unserer Hunde ihr versehentlich einen tödlichen Biß beigebracht hatte. Ich nahm das Fell, schlug es um den Rücken und zog es vor der Brust zusammen. Die wärmende Weichheit und die Erinnerung an das sanfte Tierchen taten wohl. Dazu sprach ich in die Ecke hinein: »Es tut nicht mehr weh! Das Duikerfell nimmt den Schmerz!« Ich wußte, daß ich mir selber Trost zusprechen konnte, auch das nach einer elterlichen Regel: »Du mußt dir immer alleine helfen können!«

Doch da – was war das? Ein leises Klopfen am offenen Fenster. Vorsichtig drehte ich mich um und sah, von einer schwarzen Hand emporgehalten, einen Emaillebecher mit einem Löffel.

»Antoff«, hörte ich Josuas Stimme. Er hatte nie gelernt, meinen Vornamen richtig zu sprechen. »Antoff, hier! Lekker Ei!«

Durfte ich meine Ecke verlassen? Wenn Mama in diesem Augenblick käme, um mich zu holen?

»Antoff, lekker Ei!« kam es wieder vom Fenster. Ich sprang nach vorn. Unten stand Josua mit dem Becher, der gezuckertes, schaumig geschlagenes Ei enthielt, meine Lieblingsspeise, die es nur zu besonderen Anlässen gab.

»Susanna Ei gemacht«, flüsterte er. »Viel Zucker – gut! Schnell essen! Becher zurück! Niemand darf sehen!«

Josua wußte, daß bei einer Entdeckung auch ihm der Shambock sicher war.

Doch ich zögerte. Durfte ich das annehmen? Daß ich Shambock bekommen hatte, war eine Angelegenheit, die nur mich und die Eltern anging. Ich, ein weißes Herrschaftskind, sollte Trost von einem schwarzen Dienstboten annehmen, die Einmischung eines Kaffern in die Belange der Weißen dulden? Welche Anmaßung von Josua! Und mich mit Vornamen anzureden! Für das Personal war ich der »Klein-Baas«, der kleine Herr. Nein, Josua sollte sich zum Teufel scheren mit seinem Zuckerei! War dieses doch sicherlich von Susanna unerlaubt von den zugeteilten Eiern abgezweigt worden. Das durfte ich nicht billigen, indem ich es annahm.

Doch dann wußte ich es: Jede Sekunde des Zögerns konnte Josua in Gefahr bringen. Er hatte es doch gut gemeint. Dafür sollte er keine Strafe bekommen. Also schnell den Becher geleert! Herrliche Süße – Trost für meinen Schmerz!

»Hier, Josua! Schnell weg, damit niemand dich sieht!«

Wieder in meiner Ecke, spürte ich das Schuldgefühl, weil ich die Begünstigung der Dienstboten angenommen hatte. Doch die in der Eile über die Lippen geschmierten Reste des Zuckereis und der Nachgeschmack halfen mir zur Überwindung des Zwiespalts.

Es sollte jedoch nicht lange dauern, bis ich erneut in einen ähnlichen Konflikt geriet. Diesmal war ich es, der die von den Eltern gesetzten Grenzen zwischen Schwarz und Weiß überschritt.

Der Zufall hatte mich zur Ecke des Wagenschuppens geführt, als Papa dort mit harten Worten Josua zur Rede stellte. Worum es ging, weiß ich nicht, aber Papas Erregung ließ auf eine erhebliche Verfehlung des Hausjungen schließen. Und als dieser gar eine Widerrede begann, zuckte der Shambock auf seine Schulter. Josua wich ruckartig zur Seite und prallte hart gegen die scharfe Wellblechkante des Verschlags. Mit einem Schmerzensruf sprang er zurück und griff an seinen Oberarm, wo das Hemd sich blutig färbte. Dort war ihm die Ecke des Blechs ins Fleisch gedrungen.

»Da hast du deine Strafe!« hörte ich Papa sagen, bevor er ins Haus ging. Josua schlurfte in seine Kammer, die freie Hand auf die Wunde gepreßt.

Er tat mir leid. Aber was konnte ich tun? Die Behandlung von Verletzungen und Krankheiten waren Mamas Aufgabe.

Trotz aller Distanz zum Personal, war es für sie eine selbstverständliche Pflicht, den Betroffenen und ihren Familien mit tatkräftiger Hilfe und der Farmapotheke beizustehen. Aber sicherlich würde Josua die Missi, wie sie genannt wurde, nicht um Linderung der Schmerzen bitten, die der Herr als Strafe bezeichnet hatte.

Ein Blick rundum – niemand, der mich sehen konnte. Dann zu Josua in seine Kammer. Ich besah seine Wunde, einen stark blutenden Schnitt. Wieder zurück zum Haus, an Mamas Arzneischrank, um Jod, Watte und Verbandmull zu holen. Wie ich es oft gesehen hatte, verband ich Josuas Wunde.

»So, Josua, das wird bald heilen. Morgen verbinde ich dich wieder. Aber niemand darf es wissen!«

Josuas Wunde war bald vergessen. Sein überschwenglicher Dank war mir peinlich, und das gemeinsame Geheimnis hat mich noch lange belastet.

In diese Zeit fiel eine Fahrt mit dem Pferdewagen nach Nomtsas. Weil Papa diese Farm zu pachten beabsichtigte, blieben wir einige Tage dort. Die deutschen Eigentümer hießen uns willkommen, und für mich gab es eine besondere Freude: drei weiße Kinder, von denen ein Junge mir gleichaltrig und zwei Mädchen etwas älter waren. Spielgefährten! Noch nie hatte ich dieses Glück erfahren!

Da gab es Ballspiele, Hütten bauen und Streifzüge im Feld. Doch das Erstaunlichste war, daß die Kinder des schwarzen Personals daran teilnahmen.

»Dürft ihr mit Kaffernkindern spielen?« fragte ich meine weißen Freunde.

»Warum nicht?« erhielt ich zur Antwort. »Für manche Spiele sind drei zu wenig. Wir spielen immer zusammen.«

Verwunderlich war auch, daß wir zu den Pontoks gingen, wo schwarze Mammies die weißen Kinder umarmten. Nie hätten meine Eltern diese Vertraulichkeit geduldet.

Für zwei herrliche Tage genoß ich dieses Wunder einer Kindergemeinschaft. Auf der Rückfahrt konnte ich nicht an mich halten, ich mußte den Eltern von den schönen Erlebnisssen erzählen.

»Wie schade, daß ich bei uns nicht mit anderen Kindern spielen kann«, sagte ich und wagte, die heikle Frage anzuschneiden: »Die Kinder auf Nomtsas dürfen mit Kaffern spielen. Warum darf ich das nicht?«

Sicherlich hatte Mama diese Frage erwartet. Dennoch kam ihre Antwort nur zögernd:

»Auf Nomtsas wohnen die Kaffern dicht beim Farmhaus. Bei uns ist das anders, da kannst du nicht mit schwarzen Kindern spielen.«

Aus dem Nachdruck ihrer letzten Worte spürte ich, daß ich mich hiermit zufrieden geben mußte. Doch hat wohl meine Freude an Spielgefährten dazu beigetragen, daß bald darauf eine junge Farmerswitwe mit zwei im Alter passenden Kindern für einige Zeit zu uns kam. Auch ein mehrmonatiger Aufenthalt an der Küste in Swakopmund brachte mir beglückende Spielerlebnisse, aber auch die Erfahrung zwischenmenschlicher Spielregeln, die einem allein aufwachsenden Kind fehlen. Ein Bruder, der in meinem sechsten Lebensjahr geboren wurde, war wegen des Altersunterschieds unter den dortigen Lebensumständen kein tauglicher Gefährte. Dieser Bruder kam zur Welt, nachdem als Kriegsfolge das bisher deutsche Südwest-Afrika unter südafrikanische Verwaltung geriet, und erhielt aus Protest den Vornamen Germanus.

Die Abgrenzung des herrschaftlichen Lebensbereichs von schwarzen, aber auch von weißen Untergebenen war bei uns stärker ausgeprägt als auf anderen Farmen. Sogar zu den weißen Nachbarn hielten die Eltern eine betonte Distanz. Es entsprach ihrer Vorstellung einer kaiserlichen Gesellschaftsordnung, in der familiäres Herkommen und Standesbewußtsein eine erhöhte Selbsteinschätzung rechtfertigten.

Am Tage nach unserer Rückkehr von Nomtsas gab mir Josua einen blankpolierten Stock aus bunt gemasertem Holz, der oben in einem geschnitzten Knauf endete. Dieser stellte der Kopf einer Oryxantilope dar, dessen Einzelheiten und Verzierungen eingebrannt waren. Ein besonders schöner Kirri, wie dieser Knotenstock genannt wurde.

»Ich mache für dich«, meinte er stolz. »Weil du so gut zu mir wie mein Kind. Meine Kinder weit weg im Ovamboland.«

Ich hatte mir nie Gedanken um Josuas Familie gemacht. Einmal im Jahr reiste er für drei Wochen in seine Heimat. An diesem Tag erzählte er mir von seinen zwei Söhnen, einer Tochter und seiner Frau. Sie lebten in einer Hütte, größer und fester als die Pontoks der hiesigen Eingeborenen, in einem großen Dorf, dessen Häuptling Josuas Vater sei, ein reicher Häuptling, der acht Frauen habe. Über hundert Rinder gehörten ihm und viel Land, das von zehn gekauften Buschmann-Sklaven bearbeitet werde.

»Josua«, fragte ich. »Wenn dein Vater so reich ist, warum arbeitest du hier als Hausjunge?«

Seine Antwort kam zögernd. Langsam erzählte er von einem Streit mit seinen Brüdern. Deswegen habe er das Dorf verlassen müssen. Er allein, weil seine Familie nicht ungefährdet hier, zwischen den Hereros, leben könne.

Ich war noch zu jung, um mir über Josua Gedanken zu machen. Über den besten und zuverlässigsten unserer Jungs. Der seine Kinderliebe auf mich erstreckte und damit uns beide in die Gefahr eines Konflikts mit den Grundsätzen meiner Eltern brachte. Aber Josuas Kirri habe ich sorgsam verwahrt. Oft habe ich den Antilopenkopf gestreichelt und an den Hausjungen gedacht, der unter den Bildern früher Kindheit neben den Eltern steht.

»Orion, alter Freund, hab Dank für die Kindheitsbilder, die du heute mir altem Mann zeigst! Aber auch du selbst gehörst zu einem besonderen Bild, nämlich der Weihnachtsfeier, zu der immer deine Sterne dem kleinen Jungen geleuchtet haben.«

Wenn tags die Temperatur auch im Schatten auf über vierzig Grad anstieg und nachts der Orion im Norden stand, hörte ich die Eltern von Weihnachten sprechen.

»Jetzt fällt zu Hause der Schnee«, hieß es. In Bilderbüchern wurden mir Landschaften gezeigt, in denen Erde und Bäume mit einer dicken, weißen Masse bedeckt waren. Schnee sei gefrorener Regen, wurde mir erklärt. Gefrorenes Wasser kannte ich aus der kalten Jahreszeit, in der sich manchmal nachts eine dünne Eisschicht auf der Tränke bildete. In Deutschland also gefriert der Regen und legt sich als Schnee auf die Tannenbäume, die keine Blätter sondern Nadeln haben. Einen Tannenbaum konnte ich mir gut vorstellen, ähnlich dem Gestell, das Mama jedes Jahr zu Weihnachten aus einem Verschlag holte und als »Tannenbaum« bezeichnete. Es bestand aus einer Metallkonstruktion, von deren Mittelschaft sich dünne Stangen etagenweise zur Seite erstreckten. Diese waren mit grünen Papierfransen, den »Tannennadeln« beklebt. Das Ganze glich einem mehrfachen, umgekehrten Schirmgestell, das sich nach oben verjüngte. Es wurde übers Jahr zusammengeklappt aufbewahrt, zu Weihnachten abgestaubt und auf der Veranda aufgebaut.

»Auch zu Hause werden jetzt die Tannenbäume geschmückt«, sagten die Eltern, und ich habe auch als Kind schon empfunden, daß ihre Augen dann versonnen in eine mir unvorstellbare Welt blickten. Hatten auch die Erwachsenen ihre Traumwelt, ähnlich derjenigen, die ich mir auf meinem Spielhügel geschaffen hatte? Warum war ihr »zu Hause« in Deutschland und nicht hier, auf unserer Farm?

Mein afrikanischer Tannenbaum wurde mit Watte bestückt, die für die Eltern den Schnee andeutete. Dazu gab es bunte Dekorationen, Kugeln, Ketten, auch Gestirne, Vögel und Schmetterlinge und anderen, im Stil der Jahrhundertwende gefertigten Schmuck. Mein besonderes Interesse fand ein mattsilberner, zigarrenförmiger Hohlkörper, an dem unten eine kleine Halbkugel hing.

»Ein Luftschiff«, hatte Mama erläutert. »In Deutschland gibt es diese so groß, daß Menschen darin hoch über der Erde in die Ferne fliegen können.« Und Onkel Hans von Schiller, Mamas Bruder, sei Offizier auf einem solchen Luftschiff gewesen und habe im Kriege Bomben über England abgeworfen. Ja, in Deutschland mußte es viele wunderbare Dinge geben, mehr als ich in meinen Märchenbüchern fand. Da gab es Bahnen, die in Tunneln unter Städten oder auf langen Brücken weit über die Erde fuhren. Die Häuser waren so hoch, daß man von kleinen, beweglichen Zimmern, Fahrstühle genannt, hinauf und hinab transportiert wurde. So viele Menschen lebten in Deutschland, daß die Kinder nie allein zu spielen brauchten, sie fanden immer Gefährten. Und überall gab es dort Wasser, über das ganze Jahr ohne Einschränkung! Auf die Frage, warum wohl die Eltern ein so herrliches Land verlassen und sich hier in unfruchtbarer Wildnis angesiedelt hatten, konnte ich damals noch nicht kommen.

Zur Vorbereitung der Weihnachtsfeier gehörte auch die rechtzeitige Kühlung der Kerzen. Diese waren zu jener Zeit vermutlich aus weicherem Material hergestellt als heute. Sie wurden schon mittags in den Kühlschrank gelegt, einen mannshohen Verschlag aus Latten und Maschendraht, auf dessen mit Holzkohle gefüllte Doppelwandung Wasser tropfte. Dieser schattig und luftig aufgestellte Behälter erzeugte in seinem Innern eine Verdunstungskühle, die jedoch in der heißen Zeit kaum unter zwanzig Grad gelegen haben mag.

Früh am Abend hatte sich das schwarze Personal gewaschen und in sauberer Kleidung einzufinden. Sie alle galten als Christen. Einmal im Jahr kam der evangelische Pastor aus der Missionsstation in Rehoboth, um alle Neugeborenen zu taufen. Dies war für die ganze Sippe wegen der hiermit verbundenen Feier, dem Absingen geistlicher Lieder und vor allem wegen der Geschenke der weißen Herrschaft stets ein fröhliches Fest. Dieses christliche Ritual, wie auch den sonntäglichen Gottesdienst, den der alte Elias als Oberhaupt der Hererosippe bei deren Hütten abhielt, habe ich lange den Gepflogenheiten der Eingeborenen zugeordnet. Hierzu gehörten auch die Verehrung der Fetische, die Bereitung von Zaubertränken und rituelle Tänze, mit denen sie gute und böse Geister zu beeinflussen suchten. Erst viel später wurde mir klar, daß auch ich die Taufe empfangen hatte. Über deren Bedeutung jedoch wußte ich nichts.

Für das schwarze Personal war das Weihnachtsfest wegen der üblichen Geschenke ein wichtiges Ereignis, zu dem sich auch Alte und Kinder fröhlich lärmend einfanden. Die Frauen erschienen in langen, bunten Gewändern, die der Mode der Jahrhundertwende nachempfunden waren. Auf dem Kopf wurde aus farbigem Tuch ein Turm aufgebaut, der die stattlichen Gestalten noch größer erscheinen ließ. Die Männer trugen ihre beste Dienstkleidung, meist knappe, militärisch wirkende Jacken aus Khakistoff oder Drillich, auf deren blanken Knöpfen noch viele Jahre nach dem Ersten Weltkrieg das kaiserliche Emblem prangte.

Nach dem Absingen deutscher Weihnachtslieder, die über Missionsschüler verbreitet wurden, erfolgte die Verteilung der Geschenke. Wer glaubte, sich beim Singen durch Lautstärke hervorgetan zu haben, forderte vorab eine besondere Belohnung.

Aus dem Store, dessen Warenbestand etwa dem eines dörflichen Gemischtwarenladens vergleichbar war, wurden Extrarationen an Kaffee und Zucker sowie Süßigkeiten für die Kinder verteilt. Dazu gab es Taschenmesser und Werkzeuge für die Männer sowie für die Frauen Emaillegeschirr, Nähzeug und bunte Tücher. Besonders letztere waren begehrte Objekte, wurden jedoch eingehend nach Farbe und Muster beurteilt. So fand ein solcher Kopfputz, auf den ein mit schnaubenden Nüstern wild heransprengendes Pferd gedruckt war, seiner prächtigen Farben wegen zunächst die Zustimmung der Beschenkten. Aber Susanna rief entsetzt:

»Ein wildes Pferd! Es springt auf dich!«

Auf die erstaunte Nachfrage der Eigentümerin des Tuches wurde dieser das Bild erklärt, dessen zweidimensionale Darstellung sie nicht hatte erkennen können. Sofort warf sie es fort, um der Bedrohung zu entgehen.

Die Weihnachtsbescherung für das Personal war stets eine aufregende Veranstaltung, weil die Geschenke häufig nach Bedarf und Geschmack unter heftigem Feilschen getauscht wurden. Bis schließlich, nach mehr oder weniger autoritärer Vermittlung der Eltern, alle laut schnatternd zu ihren Pontoks jenseits des Riviers zogen.

Die feierliche Kleidung, die wir Weißen am Weihnachtsabend anlegten, war für mich die blaue Matrosenmontur. Sie entsprach dem Vorbild der kaiserlichen Marine und blieb mein Festanzug auch noch, nachdem 1918 meuternde deutsche Matrosen die Revolution eingeleitet hatten.

Hierüber habe ich von den Eltern nie ein Wort gehört. Ich erfuhr lediglich, daß der Kaiser jetzt in Holland lebe.

»Aber er wird zurückkehren«, meinte Mama. »Und falls

nicht, so wird der Kronprinz die Regierung übernehmen. Deutschland kann nur von einem Kaiserhaus gelenkt werden.«

Daß mit der Weimarer Republik das Deutsche Reich mittlerweile zu einer demokratischen Regierungsform gefunden hatte, wurde ignoriert und ist mir, der ich mir als Kind noch keine Gedanken hierüber machen konnte, nicht bewußt geworden. Für mich blieb die Vorstellung des Wunderlandes Deutschland verbunden mit dem Begriff der Monarchie.

Zur traditionsgebundenen elterlichen Haltung gehörte es auch, das Weihnachtsfest möglichst »wie zu Hause« zu feiern. Hierzu bedurfte es des papierbeklebten Drahtgestells und des Jugendstilschmucks.

Nach Abschluß aller Vorbereitungen wurden die Kerzen aus dem Kühlschrank geholt, eiligst aufgesteckt und angezündet. Erst jetzt durften ich und später auch mein kleiner Bruder zum »Tannenbaum«. Mein Interesse galt jedoch stets weniger dessen Glanz als den zu erwartenden Geschenken. Aber der Zugang zu diesen blieb vorerst verwehrt.

»Nun wollen wir uns an unserem schönen Weihnachtsbaum, seinen Lichtern und seinem Schmuck freuen!« hieß es.

Schon früh habe ich eine Ahnung des hohen Gefühlswertes gespürt, den die Eltern dem geschmückten Drahtgestell verliehen. Dies mußte wohl mit den Begriffen von »zu Hause« und »in Deutschland« zusammenhängen.

Aber ich wußte auch, daß die Wartezeit bis zur Freigabe des Gabentisches nur kurz bemessen war. Noch während die Eltern feierlichen Gesichts in den Glanz der Kerzen blickten, begannen diese, sich zu krümmen, neigten sich tiefer und vertropften ihre Wachstränen auf Zweige und Fliesen. Und dann geschah es so manches Mal, daß ein tiefgebeugtes Lichtlein die papierenen Tannennadeln oder den Watteschnee erreichte und in Brand setzte. Der unerwünschte Lichteffekt erzeugte Qualm und Gestank, ein Feuerwerk, das mit einem hierfür bereitgelegten nassen Lappen erstickt wurde.

Stets habe ich den Unmut der Eltern über die gestörte Feierlichkeit empfunden, wenn der Lichtglanz unter dem Putzlappen verzischte. Aber was sie bekümmerte, erschien mir von Komik gefärbt. Wichtiger jedoch war, daß der Ruf: »Der Baum brennt!« die Zeit der Besinnlichkeit abrupt beendete und, nach Abschluß des Löschvorgangs, den Weg zu den Geschenken freigab.

Da fanden sich, aus Windhoek beschafft, wunderbare, noch nie gesehene Dinge. Ein kleines Automobil, eine Eisenbahn, die, mit einem Schlüssel aufgezogen, sich selbsttätig bewegten! Wann haben je wieder im späteren Leben Geschenke eine derart freudige Überraschung ausgelöst wie jene ersten technischen Spielzeuge in der afrikanischen Wildnis? Doch auch Bücher, meist von Verwandten aus Deutschland mir zugedacht, haben immer mein Interesse gefunden. Aus ihnen wurde mir vorgelesen, manchmal von Mama, häufiger von einem der weißen weiblichen Wesen, die als Hausdamen, Wirtschafterinnen oder Kindermädchen der vielbeschäftigten Farmersfrau behilflich waren.

Von diesen guten Geistern habe ich früh lesen, schreiben und rechnen gelernt und mich vom sechsten Lebensjahr an allein und mit Eifer in Märchen und Sagen vertieft. Sie gaben mir Anregungen für meine Wachträume auf dem Spielhügel.

Hierher gehört noch ein anderes, ein nachweihnachtliches Bild: Ich half Mama, lange Papierbänder herzustellen, die aus ihrem Tuschkasten grün gefärbt und einseitig zu Fransen eingeschnitten wurden. Diese Girlanden, sorgsam um die Drahtzweige des Tannenbaums geklebt, ersetzten die verbrannten Nadeln.

So steht vor meinen Kinderaugen der Weihnachtsabend als ein Bild gestörter Feierlichkeit. Die ernsten Augen der Eltern, die züngelnden Flammen, der Geruch verbrannten Papiers. Fallender Schmuck, auf den Fliesen zerspringend. Doch im Rückblick sehe ich durch die weiten, offenen Bögen der Veranda in die Nacht, die über der schweigenden Wildnis ruhte. Und heute weiß ich, daß mir nirgendwo in der Welt je wieder dieses Fest so tief eingebettet wurde in die Unendlichkeit einer feierlichen Stille, die von den Enden der Welt zu den Sternen reichte. In ihrem Mittelpunkt lag unser Haus unter dem Glanz des Orion, der mir heute den Weg zu jenen Bildern weist.

Wenn auch die Schafzucht den breitesten Raum im Farmbetrieb einnahm, so hingen die Herzen der Eltern doch an den Pferden. Durch Kreuzung europäischer Vollblüter mit den kleineren afrikanischen Tieren wurden das Temperament und die Kraft der einen mit der Ausdauer und Härte der anderen verbunden, um hochwertige Tiere für den Verkauf zu züchten. Weil sie frei in der Herde aufwuchsen, war das Einfangen und Zähmen stets ein langwieriger und aufregender Vorgang.

Da war Krischan, der große fuchsfarbene Hengst, den Papa sich als eigenes Reitpferd ausersehen hatte. Mit einer Schlinge eingefangen und an einen Ochsenwagen gebunden, wurde er vom Pferdeposten zur Farm gezerrt. In wochenlangen Kämpfen im weichen Flußsand, von zwei Männern an einem langen Lederriemen gehalten, mußte er mit Sandsäcken an die Last auf dem Rücken gewöhnt werden. Als Papa schließlich selbst in den Sattel stieg, gelang es Krischan, ihn abzuwerfen. Blutend, mit gebrochenem Nasenbein und geprelltem Knie humpelte er nach Hause.

»Laß doch erst einen Kaffern aufsitzen«, sagte Mama. »Wenn der sich die Knochen bricht...«

Ihre Handbewegung deutete an, wie unwichtig dies wäre.

»Auf das schöne Tier kommt mir kein Kaffer«, war Papas Antwort. »Das wird mein bestes Reitpferd.«

Wie sehr habe ich Papas Kraft und seinen Mut zum Zureiten bewundert! Aber auch seine Geduld im Umgang mit Pferden, die im Gegensatz stand zu der Raschheit, mit der er das Personal oder mich bei Verfehlungen strafte.

»Pferde sind nicht böse, nur unvernünftig«, war seine Meinung. »Menschen dagegen können erfassen, was richtig ist. Deswegen muß man sie hart zurechtweisen, wenn sie nicht lernen wollen.«

Und richtig war auf der Farm nur sein Wille. Er kämpfte weiter mit Krischan, der sein liebstes Reitpferd wurde. Aber es hat nie einen anderen als den Herren der Farm getragen.

Es waren die Herden der Schafe und Pferde, der Rinder und Strauße, die das Leben auf der Farm bestimmten. Aber es sind nicht nur die Haustiere, deren Spuren ich in meinem Kinderdasein finde. Jung gefangene, zierliche Gazellen, mit der Flasche aufgezogen, wurden mir zutrauliche Spielgefährten. Zeitweilig fanden kleine Paviane einen Platz als lustige Hausgenossen. Doch deren Umgang mit wertvollem Porzellan und die Notwendigkeit, Eßwaren, Schmuck und jegliche blanken oder bunten Gegenstände vor ihren diebischen Fingern zu sichern, ließen das elterliche Interesse an ihnen bald erlahmen.

Viel Mühe hat Papa sich mit einem jungen Geparden gemacht, von dem er glaubte, ihn wie einen Hund zähmen zu können. Doch Max, wie das hübsche Tier hieß, zeigte keinerlei Zuneigung zu seinem Herren. Seine ungestüme Wildheit und Angriffslust verstärkten sich im Heranwachsen. Eine lange Kette, an einem Pfahl vor seiner Hütte befestigt, mußte seinem Lebensbereich eine Grenze setzen. Dorthin wurden ihm Gefäße für Wasser und Fleisch hingestellt. Dies reizte die Hunde und Katzen, sich an das Futter zu machen, wenn Max in seiner Hütte lag und sich schlafend stellte. Wenn er dann, in langen Sätzen heranspringend, versuchte, einen der Diebe zu erwischen, wußte dieser, daß ein Sprung ihn aus der Reichweite des Geparden rettete. Bis eines Tages dieses Spiel zu unerwarteten Folgen führte.

Ich saß auf der Verandatreppe und beobachtete, wie Mau, unser Hauskater, versuchte, sich einen Knochen aus dem Napf des Geparden zu holen. Als dieser aus seiner Hütte herausschoß und der Kater, wie gewohnt, sich mit einem Sprung zurück in Sicherheit bringen wollte, riß Max' Halsriemen. Vor Angst laut jaulend, von dem heiser fauchenden Raubtier verfolgt, floh Mau an mir vorbei ins Eßzimmer und suchte Zuflucht im Klavier. Durch den schmalen Spalt über den Pedalen zwängte er sich in das Instrument. Der dicke Kopf seines Verfolgers paßte nicht durch diese Öffnung, jedoch dessen lange, krallige Vordertatze. Wenn diese versuchte, des Katers habhaft zu werden, sprang Mau an der senkrechten Rückwand des Klaviers empor, vergeblich bemüht, an den schräg verspannten Saiten Halt zu finden. Im Abgleiten mischten sich die Wehlaute des Musikinstruments, reißender Saiten und das Knurren und Jaulen der Tiere. Josua und Mama gelang es schließlich, Max wieder anzuketten während ich den blutenden Mau in die Arme schloß.

Seine Wunden heilten schneller als die des Klaviers, dessen Schaden mich stärker bekümmerte als die Eltern. Oft habe ich Mama den Vers von Wilhelm Busch zitieren hören, wonach »... ein Klavier, wenn's schön poliert als Zimmerzier...« dienlich sei. Ich jedoch hatte gern die »Phonola«-Einrichtung betätigt, jenen Mechanismus, der, wie bei Drehorgeln, mittels Papierschablonen und eines Pedals die Tasten bewegt und Musikstücke erklingen läßt. Es hat lange gedauert, bis ein Klavierstimmer aus Windhoek zur Reparatur des Instruments angereist kam.

Die Erinnerung an Max führt zu dem Bild eines anderen Geparden. Es war ein ungewöhnlich großes Raubtier, von dem ich selbst nur das Fell in Papas Arbeitszimmer gesehen habe. Doch dieses Fell mit seinem Einschlußloch hat dem kleinen Jungen über Jahre immer wieder ein Bild des Schreckens vor die Augen gestellt, ein Bild, das die Fundamente seiner Kinderwelt erschütterte, weil der Herr der Farm, der Vater, hiervon betroffen worden war.

Seit frühester Kindheit hatte Papa im Zentrum meines Daseins gestanden. Über alles Geschehen ragte die Gestalt dieses Mannes, der, hochaufgerichtet, seinen Blick in die Weite seines großen Besitzes richtete, dessen schonungsloser Einsatz die Existenz aller Wesen auf der Farm ermöglichte und sicherte. In diesem Bereich gab es nur einen Willen, den des weißen Herren. Er war es, der alles bewegte und dennoch wie ein Fels im Strom stand, unverwundbar, gefeit gegen jedes Mißgeschick.

Erst heute vermag ich zu ermessen, welch tiefe Bestürzung und Verunsicherung das empfindsame Kind – ich war damals wohl fünf Jahre alt – befallen haben muß, als es erkannte, daß auch den Farmherren Unheil treffen konnte. Ein Unheil, das um so schwerer wog, als es durch selbstverschuldete Unachtsamkeit verursacht worden war.

Von diesem Tage an fügt sich zu dem Bild des selbstbewußten Herrschers ein anderes: Papa auf seinem Pferd, zusammengesunken, sich mühsam im Sattel haltend. Er wäre gestürzt, wenn nicht der Verwalter auf der einen und David auf der anderen Seite reitend ihn gestützt hätten. Um seinen Hals lag ein Wulst von Stoff, aus dem Blut sickerte. Auch das zerrissene Hemd war blutig und bedeckte kaum die tiefen Wundmale auf der Brust und den Schultern.

Das Jammergeschrei des schwarzen Personals holte Mama aus dem Haus. Wortlos, mit sicheren Griffen, half sie, Papa vom Pferd zu heben und ins Haus zu bringen. Weder beim ersten Anblick des Verletzten, noch in den nächsten Tagen habe ich je einen Ausdruck des Schreckens oder eine Klage bei ihr bemerkt. Mit äußerster Sorgfalt und Umsicht war sie um Papa bemüht. Für mich fielen im Vorbeigehen ein paar beruhigende Worte ab – es sei nur eine tiefe Fleischwunde am Nacken und die Spuren der Raubtierkrallen auf der Brust. Aber alles sei sauber und werde bei guter Behandlung und Ruhe von selbst verheilen. Mamas selbstsichere Beurteilung der Verletzungen, ihr Vertrauen in eigene pflegerische Fähigkeiten, bewogen die Eltern, Papa nicht mit dem Pferdewagen in mehrtägiger Fahrt nach Windhoek zum Arzt zu bringen.

Papas Wunde am Nacken verheilte zu einer tiefen Narbe, die ihm für immer verblieb. Eine tiefe Wunde erhielt aber auch mein Glauben an seine allvermögende Kraft und an seine Unfehlbarkeit. Erst allmählich, in Bruchstücken, erfuhr ich den Hergang des Unfalls. Offensichtlich war dieser durch eine Nachlässigkeit verursacht, die Papa das Leben hätte kosten können.

Was war geschehen? Auf einem Viehposten hatte mehrmals nachts ein großes Raubtier, nach den Spuren ein Gepard, die Mauer des Kraals übersprungen und in der Umfriedung Schafe gerissen. Papa hatte Fallen hingeschickt und war bald darauf, vom weißen Verwalter und David begleitet, dorthin geritten. Mit gesenktem Kopf war ihm der Älteste der Hirtenfamilien entgegengekommen.

»Baas, der Gepard – er war in der Falle. Aber er hat sich losgerissen und ist weg. Mit der Falle.«

»Ihr habt sie schlecht verankert, ihr Dummköpfe!« hatte Papa gescholten. »Ihr solltet wissen, wie stark ein Gepard ist. Und verfolgt habt ihr ihn auch nicht. Wenn er sich der Falle entledigt und wiederkommt, ist es eure Schuld!«

»Baas, du weißt, ein verwundetes Tier ist gefährlicher als ein freies. Wir haben keine Waffen. Du mußt das Raubtier suchen und mit deinem Gewehr erschießen!«

Weil Pferde vor Raubtieren scheuen, ließen die beiden Weißen diese zurück und nahmen zu Fuß die Suche auf. Hintereinander, Papa voran, folgten sie mit schußbereiten Gewehren der Schleifspur, die von der schweren Falle in den Boden gerissen war. Durch dichten Busch führte sie auf eine Lichtung, an einer verfallenen Hütte vorbei, um sich dahinter wieder im Gestrüpp zu verlieren. Die Augen weit voraus gerichtet, folgte Papa den Zeichen auf der Erde. Hier mag ihm der entscheidende Fehler unterlaufen sein, indem er die Spur nicht mit der nötigen Sorgfalt prüfte.

So war er völlig unvorbereitet, als der Gepard ihn aus der Hütte heraus von der Seite ansprang. Rücklings stürzte er zu Boden, konnte jedoch mit Glück der Bestie den Gewehrkolben in den Rachen stoßen. Aber das Tier blieb über ihm. An einer Vorderpfote hing die Falle. Doch die andere Tatze riß blutige Striemen in Papas Brust und schlug ihm die tiefe Wunde in den Nacken. Der Verwalter, wenige Meter dahinter, konnte nicht schießen, er hätte Papa gefährdet. Erst ein Sprung nach vorn gab ihm die Möglichkeit, das Gewehr von der Seite direkt auf das Fell des Geparden zu setzen und diesem mit einer Kugel das Rückgrat zu zerschmettern. Als das Raubtier brüllend zur Seite sank, gab Papa ihm im Sitzen mit einem Kopfschuß den Rest. Es war ein besonders großes Tier, das die Falle samt Verankerung aus der Erde gerissen und einige Kilometer weit mitgeschleppt hatte.

Bei der Verfolgung der Spur hatte Papa übersehen, daß diese an der Hütte vorbei, jedoch wieder zurück in die Behausung hineinführte.

In meiner Welt war alles Bewegen, Bewahren und Ordnen vom Farmherren ausgegangen, der, fast beiläufig, auch mein Vater war. Nun hatte diese Kraft versagt, und ich mußte schon sehr früh erkennen, daß auch die Eltern, meine einzigen Leitbilder, verletzlich und fehlbar waren. Ich, selbst ängstlich und ohne Selbstvertrauen, erfuhr eine weitere Verunsicherung, die wirksam blieb, auch als Papas Wunden längst verheilt waren.

Ein anderes Bild steigt in meiner Erinnerung auf. Papa hatte mich auf dem Pferdewagen zu einem Viehposten mitgenommen. Schon bevor wir zu den Pontoks der Hirten kamen, war erkennbar, daß dort Ungewöhnliches vorging. Männer, Frauen und Kinder umsprangen johlend etwas auf dem Boden Liegendes. Vater lenkte den Wagen heran. Da lag ein Mann im Sand. Seine Hände und Füße waren auf dem Rücken zusammengeschnürt, ein jämmerliches Bündel Mensch – ein Buschmann. Die Gestalt, nicht größer als die eines Knaben, war nackt. Gelbliche Haut hing wie ein zu großes Kleidungsstück über einem Gestell dünner Knochen. Aus dem verhutzelten Kindergesicht blickten uralte, kleine Mauseaugen zu uns herauf. Erdverkrustete, blutige Striemen wiesen auf die bereits erfahrene Behandlung hin. Doch die Züge zeigten keinerlei Regung. Auch der Körper lag still, wie gefühllos gegen die Fußtritte der lachend ihn umtanzenden anderen Eingeborenen.

»Baas, was schenkst du uns?« rief Lukas, das Familienoberhaupt des Viehpostens. »Wir wollen Geschenk, weil Buschmann gefangen!«

»Bindet ihn los!« sagte Papa. »Bringt ihn zur Farm!«

»Nein Baas. Laß ihn uns. Wir Buschmann totschlagen. Nicht zur Farm. Bitte, Baas!«

»Ihr tut ihm nichts!« drohte Papa. »Bindet ihn dort an den Pfahl. Und morgen schafft ihr ihn zur Farm!«

Lukas protestierte. »Bitte, Baas. Wenn Buschmann nicht tot, kommt zurück, Schafe stehlen. Dann wir bekommen Strafe von Baas, wenn Schafe fehlen.« Die lautstarke Zustimmung der Hirtenfamilie unterstrich Lukas' Bitte.

»Tut, was ich euch sage!« herrschte Papa sie an. »Ihr bekommt euer Geschenk, wenn der Buschmann auf der Farm ist. Und ihr schlagt ihn nicht mehr. Sonst werde ich euch bestrafen. Jetzt zum Kral, Schafe zählen, los!« Betroffen fügte sich Lukas.

Auch die anderen murrten. Offensichtlich hatten sie sich auf das erwartete Spektakel gefreut.

Buschmänner waren selten in unserer Gegend. Dieser Rest einer Urbevölkerung, der nicht bereit war, für die Weißen zu arbeiten, sondern ein armseliges Leben in Freiheit vorzog, war vor der Zivilisation in die wasserarme Wüstensteppe der Kalahari zurückgewichen. Wenn jedoch in regenlosen Jahren das Wild von dort in die besseren Weidegebiete der weißen Farmer abwanderte, folgten ihm die Buschmänner. Sie zeigten sich nicht, sie hielten sich im Busch- oder Bergland verborgen. Jedoch häuften sich in solchen Zeiten die Verluste an Vieh. Für einen Buschmann, der außer selbstgefertigten Gegenständen kein persönliches Eigentum kennt, ist alles, was die Wildnis bietet, nutzbar. Auch das Vieh der Farmer. Äußerst geschickt erbeuteten die kleinen, erdfarbenen Jäger manches von der Herde abgesonderte Tier. Die Folge war eine Bestrafung der Hüter durch den Weißen, wenn Rinder oder Schafe fehlten. Es war der uralte Kampf zwischen den Seßhaften und den wandernden Nomaden, von dem schon die Bibel berichtet.

Am nächsten Tag wurde der gefangene Buschmann zur Farm gebracht und in einen Verschlag gesperrt. Seinen Bogen und den Köcher mit den Pfeilen nahm Papa in Verwahrung, nachdem die Pfeilspitzen sorgfältig gereinigt worden waren. Sie sind mit einem lähmenden Pflanzengift versehen, dessen Herstellung nur die Buschmänner kennen.

Am Abend beauftragte Mama Josua, dem Buschmann Wasser und Maisbrei zu bringen. Aber Josua weigerte sich empört:

»Ich Diener für Weiße, nicht für Buschmann! Ovambo nicht Buschmann Essen bringen. Warum Essen für Buschmann? Kann viele Tage leben ohne Wasser, ohne Essen.«

Josua mußte sich fügen und erfüllte widerwillig seinen Auftrag. David, der Pferdepfleger, wurde angewiesen, den Gefangenen am nächsten Morgen zur vierzig Kilometer entfernten Polizeistation zu bringen. Von dort würde er, vermutlich mit weiteren aufgegriffenen Stammesgenossen, in die Kalahari abgeschoben werden.

Als ich am anderen Tage zum Stall kam, sah ich, wie David den Buschmann mit Peitsche und Fußtritten zu einem gesattelten Pferd trieb. Dort legte er ihm eine Schlinge um den Hals, befestigte deren anderes Ende am Sattel und saß auf. Ein leichter Hieb brachte das Reittier, ein kräftigerer den Gefangenen zum flotten Traben, und schon war das Gespann vom Hof.

»Buschmann ist schlechter Mensch«, sagte der alte Elias, das Oberhaupt unserer Herero-Sippe, der neben mir stand. »Buschmann arbeitet nicht, hat kein Haus. Nur wilde Tiere fangen und Vieh von Farmern stehlen.«

Ich war betroffen und fragte den Alten:

»Elias, darf David das tun? Wenn der Buschmann müde wird oder stolpert, wird ihm die Kehle zugeschnürt!«

»Buschmänner laufen besser als Pferde«, erklärte mir Elias lachend. »Sie werden nicht müde, sie fallen nicht. Dieser ist sehr zufrieden, weil er nicht totgeschlagen wurde. Als ich jung war, bevor die Deutschen hierher kamen, wurden Viehdiebe am Fuß aufgehängt und langsam zu Tode geprügelt. Dieser Buschmann kommt zur Polizei, erhält reichlich Wasser und Essen und ein richtiges Nachtlager. Das ist für ihn keine Strafe, er hat es besser als in der Kalahari. Aber die Polizei wird ihn dorthin zurückschicken. Das ist nicht gut, er wird wiederkommen und Vieh stehlen.«

Die Buschmänner seien dumm, erklärte mir Elias. Weil sie nicht begreifen wollten, daß ein gesichertes Leben auf einer Farm besser sei. Weil die Weißen Brunnen gebaut hätten, die auch in der Trockenzeit Wasser geben. Auch in Notzeiten erhielte das Farmpersonal Fleisch und Mais. In der Kalahari dagegen müßten in diesem Trockenjahr viele Buschleute sterben. Und diejenigen, die als Viehdiebe hierher kämen, müßten getötet werden. Das sei ein uraltes Gesetz unter den Eingeborenen.

Wenige Tage nach seiner Abschiebung zur Polizei erschien unser Buschmann wieder auf der Farm, marschierte zu seinem Haftquartier, wo er sich fröhlich lachend niederließ. Stolz wies er ein großes Küchenmesser und einen leeren Sack vor. Durch Vermittlung eines der Buschmannsprache mächtigen Hottentotten erfuhren wir seine Erlebnisse. Die Polizei sei sehr freundlich gewesen. Man habe ihn in einem großen Raum mit einem wunderbar weichen Lager eingeschlossen und ihm sehr reichliches, gutes Essen gegeben. Doch weil er nicht lange dort bleiben wollte, habe er ein Fenster aufgebrochen, um ins Freie zu gelangen. Dort habe er das Messer und den Sack gefunden, beides sehr nützliche Dinge. Nun sei er hungrig und wolle gern noch einmal von dem guten Maisbrei essen und in dem schönen Haus schlafen. Deswegen sei er zurückgekommen. Fröhlichen Gesichts ließ er sich wieder einschließen und trabte am nächsten Morgen lächelnd mit der Schlinge um den Hals neben Davids Pferd davon. Diesmal kam er nicht wieder.

Ob Elias wohl recht hatte? Er war ein Christ, der am Sonntag mit seiner Familie Kirchenlieder sang und betete. Er arbeitete nicht mehr, war aber stets hilfsbereit und gutmütig und wegen seiner weisen Ratschläge von Weißen und Schwarzen geachtet. Aber er hätte den Viehdieb zu Tode foltern lassen.

Papa pflegte unsere Jungs, aber genau so auch mich, für Verfehlungen zu bestrafen. Dem Buschmann dagegen hatte er das Leben gerettet und ihn der Polizei überlassen, deren Strafe dem Viehdieb als Wohltat erscheinen mußte und ihm eher ein Anreiz zu weiteren Diebstählen als eine Abschreckung sein würde. Für mich konnte nur Papas Entscheidung maßgebend sein, und sie hatte naturgesetzlichen Charakter. Und ich wußte schon als Kind, daß Denkprozesse bei Weißen und Schwarzen zu verschiedenen Ergebnissen führen können. Dies bestätigte mir auch ein anderer Vorfall.

Wieder hatte ich Papa zu einem Viehposten begleitet. Hier war am Abend zuvor die übliche Zuteilung an Lebensmitteln abgeladen, aber noch nicht auf die Familien verteilt worden. Als wir dort eintrafen, spielte sich ebenfalls eine turbulente Szene ab. Die eigenen Jungs verprügelten in grausamer Weise einige fremde Eingeborene.

Papa ritt zwischen die Männer und rief nach dem Oberhaupt der Familie, das sich aus dem Knäuel löste:

»Was ist hier los?«

»Baas, wir finden diese fremden Kaffern hier, sie stehlen unser Essen!«

»Eure Schuld«, herrschte Papa den Alten an. »Wenn ihr den Proviant nachts draußen liegen laßt, anstatt ihn gleich auf die Hütten zu verteilen. Wer sind diese fremden Männer?« – »Baas, diese Männer leben im Busch, nicht arbeiten, nur stehlen.«

»Bringt sie her!« befahl Papa.

Vier Männer, denen die Kleidung vom Leib gerissen war, wurden herangestoßen. Sie bewegen sich mühsam, offensichtlich hatten unsere Jungs sie gründlich zusammengeschlagen. Auf der nackten Haut waren blutige Male zu sehen.

»Wo kommt ihr her?« herrschte Papa sie an. Die vier blickten zur Erde. »Nun, wirds bald? Sonst gibt es die Peitsche. Und dann zur Polizei, Gefängnis und Zwangsarbeit!«

»Nein, Baas. Nicht zur Polizei«, kam es zögernd in Afrikaans, das neben dem Deutschen als Umgangssprache diente. »Wir sind von Gamas.«

»So, ihr gehört nach Gamas, auf die Farm von Mister de Wit? Dort seid ihr fortgelaufen, um hier zu stehlen! Nennt eure Namen, damit ich eurem Baas sagen kann, was für Schurken ihr seid!«

Stockend kamen die Namen, die Papa sich notierte. Dann rief er den Oberhirten heran:

»Nun gebt ihnen noch eine Tracht Prügel. Aber nur so viel, daß sie noch nach Gamas laufen können!«

Als wir zum Kral ritten, klang hinter uns das freudige Gejohle der eigenen und das Jammergeschrei der fremden Männer.

Auf dem Rückweg nach Hause, bereits ein gutes Stück vom Viehposten entfernt, da standen plötzlich die vier Übeltäter vor uns und hoben bittend die Hände:

»Baas, schenk uns Tabak. Gib uns Mehl und Zucker für den weiten Weg nach Gamas. Auf dem Viehposten ist genug Essen. Bitte, Baas!«

Selbst Papa war einen Augenblick verblüfft. Wie konnten diese Diebe, denen Papa Prügel hatte verabfolgen lassen, es wagen, uns anzubetteln? Was mochte in ihren Köpfen vor sich gehen?

Papa schrie sie an: »Schert euch fort!« Doch erst die Peitsche ließ sie endgültig verschwinden.

»Sie sind wie brave Hunde«, meinte Papa. »Nachdem sie ihre Schläge bezogen haben, kommen sie angekrochen und wollen gestreichelt werden.«

Ja, das wußte ich auch. Papas Vergleich war mir, einem mit

Tieren aufgewachsenen Farmkind, damals eine einleuchtende Erklärung.

Wie sich später herausstellte, gehörten die Diebe nicht nach Gamas. Doch mit ihrer Lüge hatten sie sich geschickt vor dem Polizeigefängnis bewahrt. Vermutlich waren es sogenannte »Klippkaffern« gewesen, Damaras aus den westlichen Bergen.

Zum ersten Mal am Meer

Aus der Nacht holt Orion die alten Bilder heran. Weil das Dämmerlicht des Mondes die klaren Grenzen des Tages verwischt, fließt der Strom der Erinnerungen ungehemmt unter den Sternen durch die Weite, folgt Wegen, die lange überweht waren. Sie führen zu Menschen und Dingen, die nicht zur Farm gehörten und dennoch bis auf meinen Spielhügel wirkten. Da sind Straßburgs, die für eine kurze Zeit meine Vizeeltern waren und mir ein so reiches Maß menschlicher Güte schenkten. Und Hajo, ein richtiger Junge, ein Draufgänger, so, wie ich es gern gewesen wäre. Und da ist vor allem Kati, ihr helles Haar und ihre meerfarbenen Augen. Wie habe ich sie geliebt, wenn ich mit ihrem Foto in meinem Kinderreich träumte.

Ich war fünf Jahre alt und muß wohl sehr krank gewesen sein. Auch als ich begann, meine Beine wieder zu benutzen, wurde ich weiterhin von Mama ungewöhnlich sanftmütig umsorgt. Selbst Papa strich mir gelegentlich über das Haar. Dennoch blieb ich kraftlos und matt. Weil ich unter der Hitze der warmen Jahreszeit litt, wurde beschlossen, mich nach Swakopmund zu bringen. Dort, wo der Seewind die Kühle des Atlantischen Ozeans heranträgt, sollte ich Erholung finden.

Mit Mama ging es per Wagen nach Windhoek und weiter mit der Bahn zur Küste. Schon die Eisenbahn war ein erregendes Erlebnis. Und dann stand ich staunend zum ersten Mal vor der hohen See. Wasser, bisher nur eine seltene Kostbarkeit, hier reichte es soweit wie mein Blick. Daß es nicht trinkbar war, minderte das Wunder nicht. Wie in der Steppe, war auch hier der Reiz des fernen Horizontes zu spüren. Doch im Gegensatz zur starren Ruhe des Buschlandes war diese Weite von ständiger Bewegung erfüllt. Hinzu kam die herrliche Farbe, das Blau, das von der dunklen Tönung der Ferne in die helle Durchsichtigkeit vor dem Strand überging. Die Faszination, die mich beim Anblick der See überkam, ist für immer geblieben und hat weite Strecken meines Lebens bestimmt.

Swakopmund, die »kaiserliche Kleinstadt«, ist auch heute noch eine liebenwerte Ansammlung von Häusern, die im Stil der Jahrhundertwende in den Wüstensand am Atlantik gestreut wurden. An ihnen entlang führten schmale Lattenroste, die »Trottoirs«, die als Fußwege dienten. Es war behördlich angeordnet, daß Eingeborene den Weißen in den Sand auszuweichen hatten. In einigen Straßen lag ein schmaler, einspuriger Schienenstrang. Auf ihm wurden kleine Plattformwagen, die »Trolleys«, von schwarzem Personal geschoben, um Lasten zu transportieren. Mit einfachen Stühlen besetzt, diente dieses einzige Verkehrsmittel auch der Personenbeförderung.

Vor dem Leuchtturm sprang eine Mole über die Brandung der See. Hinter dieser, am flachen, ruhigen Wasser, lag der Badestrand. Dort durfte ich mit anderen Kindern spielen und baden – auch dies war ein völlig neues Glück.

Zum ersten Mal sah ich die großen Schiffe vorbeiziehen. Sie kamen von Walvisbay, der einzigen geschützten Reede an diesem Teil der Küste, und fuhren nach Europa, dem Land, von dem die Erwachsenen träumten. Zu jener Zeit waren es nur englische und holländische Dampfer. Wegen des Krieges in Europa könne die Woermann-Linie noch keine Schiffe aus Hamburg nach Afrika schicken, wurde mir erklärt.

Weil ihre vielfältigen Aufgaben Mama auf die Farm zurückriefen, wurde ich bei dem kinderlosen Ehepaar Straßburg für einige Wochen »in Pension« gegeben. Heute weiß ich, daß diese beiden warmherzigen Menschen ihre ganze unerfüllte Kinderliebe über mich ausgeschüttet haben. Und sicherlich habe ich, der ich solch ständige Umsorgung nicht kannte, ihnen diese nicht in gleichem Maße erwidert. Dazu war ich zu schüchtern. Zu unglaubhaft erschien es mir, daß Erwachsene ein kleines Kind nach seinen Neigungen, Essenswünschen und Spielgewohnheiten fragten und sich bemühten, diesen zu entsprechen. Wie oft wurde ich ohne besonderen Grund von Frau Straßburg in den Arm genommen und gestreichelt, eine Zuwendung, wie sie mir von meiner vielbeschäftigten Mama kaum je zuteil wurde. Ich habe dieses reiche Maß an Mütterlichkeit genossen, doch mag sein Überfluß mich auch manchmal ein wenig bedrückt haben.

Im Nachbarhaus gab es zwei kleine Mädchen, Kati und Ursel Troller. Sie wurden meine täglichen Spielgefährtinnen. War schon Frau Straßburg mit ihrer gütigen Fürsorge mir ein neuartiges und liebenswertes weibliches Wesen, so wurde Kati, die ältere der beiden Schwestern, mir zu einer Märchenfigur, die auf der Farm einen festen Platz in meinen Spielträumen erhielt. Sie war schon sieben Jahre alt, zartgliedrig und wenig größer als ich. Was sie mir zu einem feenhaften Wesen werden ließ, waren nicht nur die lieben Augen, deren Blau durchsichtig war wie die Farbe der hellen See. Es war auch das seidige, goldfarbene Haar, das schulterlang ihr schmales, schon ein wenig jungmädchenhaftes Gesicht umrahmte. Ich habe lange gezögert, bis ich es schließlich wagte, diese Pracht zu streicheln. Vermutlich hat mich auch die ruhige Selbstverständlichkeit bezaubert, mit der sie, die Ältere, die schon zur Schule ging, mich mit mütterlicher Kameradschaft in ihren Spielbereich aufnahm. Ich durfte sie von der Schule abholen. Dann gingen wir umschlungen nach Hause, unberührt vom Spott und Gelächter ihrer Schulkameraden.

Ursel dagegen, mir gleichaltrig, war eine handfeste, lustige Kameradin, deren Betriebsamkeit uns zu fröhlichen Spielen führte. Doch gerade ihr jungenhaftes Wesen lenkte meine Neigung zur ruhigen Besonnenheit der älteren Schwester.

Kati hatte zu Weihnachten von Verwandten aus England eine Puppe geschickt bekommen. Etwas so Schönes hatte ich noch nie gesehen. Aus dem Porzellankopf strahlten unter langen Wimpern Schlafaugen, deren Blau der Farbe von Katis Augen glich. Auch das feine, helle Haar ähnelte dem der Puppenmutter. Weil ein solches Wunder nur aus Europa kommen konnte, mahnten Katis Eltern zu äußerster Vorsicht wegen des zerbrechlichen Porzellankopfes. Nur im Zimmer wurde das kostbare Spielzeug gehätschelt, es mit in den Garten oder gar auf die Straße zu nehmen, war zu gefährlich.

Ich habe diese Puppe geliebt, wie ich Kati liebte. Beglückt durfte ich zusehen, wie sie aus- und angekleidet, gefüttert, gekämmt und zum Schlafen gelegt wurde. Mit welcher Wonne habe ich das Zauberwesen gestreichelt, wenn Kati es mir hinhielt oder ich es im Wagen durchs Zimmer fahren durfte. Es selbst in die Hände zu nehmen, wagte ich nicht.

Als mir eines Tages Kati ihren Liebling in den Arm legte, war ich zutiefst beglückt aber auch verwirrt über dieses Zeichen ihrer Gunst und ihres Vertrauens. Vorsichtig drückte ich das kostbare Stück an meine Brust, strich über das Haar und blickte verzückt in die Glasaugen.

»Nun leg sie zum Schlafen in den Wagen«, sagte Kati.

Da geschah es. Die Puppe glitt mir aus den Händen und stürzte auf die Fliesen. Der Porzellankopf zerplatzte in unzählige Scherben, die weit über den Boden sprangen.

An die nächsten Sekunden kann ich mich nicht erinnern. Ich meine, daß ich laut geschrien habe. Und ich sehe Kati auf der Erde knieen, während ihre Hände zitternd über die Splitter fuhren. Erst langsam, dann immer schneller begann ein lautloses Schluchzen ihren Körper zu schütteln. Ihr Gesicht konnte ich nicht sehen. Nur die dunklen Flecken auf dem Boden zeigten, daß sie weinte.

Frau Troller kam hereingestürzt, kniete sich neben Kati und nahm sie in den Arm. Als diese das Gesicht hob, sah ich die geliebten Augen voller Tränen.

Wie ein Felsblock stürzte das Schuldgefühl auf mich. Mit einem Ruck wandte ich mich um, rannte aus der Tür und nach Hause. Wortlos sprang ich an Frau Straßburg vorbei, warf mich auf mein Bett und drückte das Gesicht ins Kissen, um meine Tränen zu verbergen. Ich hörte meine Vizemutter kommen, fühlte ihre streichelnde Hand auf meinem Haar und hörte ihre angstvollen Fragen. Aber ich konnte nicht antworten, nur noch weinen.

Meine Untat blieb nicht lange verborgen. Aus dem Nebenzimmer hörte ich Frau Straßburg ihrem Mann berichten, was sie von Frau Troller erfahren hatte. Nun mußte meine Bestrafung erfolgen. Ob Herr Straßburg wohl einen Shambock hatte? Nun, groß und kräftig von Statur, würde er mir in irgendeiner Weise die verdiente Züchtigung zukommen lassen. Ich wußte, daß ich diese überstehen konnte. Viel bedrükkender jedoch war mir die Gewißheit, daß damit meine tiefe Wunde nicht geheilt sein würde. Zu groß war der Schmerz über den zerbrochenen Puppenkopf und den unausbleiblichen Verlust von Katis Zuneigung.

Als Straßburgs hereintraten, drehte ich mich zur Wand. Und dann geschah das Wunder.

Ich fühlte den weichen Frauenarm auf meiner Schulter und wieder die Hand auf meinem Haar.

»Du armer Junge«, hörte ich. »Daß dir ein solches Unglück passieren mußte!«

Sie nahm meinen Kopf in ihren Schoß und strich mir sanft über die Stirn. Und Herr Straßburg?

»Du brauchst nicht traurig zu sein«, kam seine Stimme aus dem Hintergrund. »Ich habe mit Trollers gesprochen. Wir werden eine neue Puppe für Kati bestellen. Es wird einige Monate dauern. Aber dann wird sie wieder ein genau so schönes Spielzeug haben.«

»Und nun wollen wir essen«, schlug Frau Straßburg vor. »Ich hab dir Schokoladenpudding gemacht, um dich zu trösten.«

Wie war das möglich? Statt Bestrafung Schokoladenpudding, meine Lieblingsspeise? Ich war fassungslos.

Am nächsten Tag sollte ich zu Trollers gehen, um Katis Verzeihung zu erbitten. Aber ich weigerte mich, das Haus zu betreten, in dem ich ein so schreckliches Unglück verursacht hatte. Für dieses konnte es keine Verzeihung geben.

»Dann gehen wir zusammen«, sagte Frau Straßburg entschlossen. An ihrer Hand stand ich vor Kati und ihrer Mutter. Und auch hier setzte sich das Wunder fort. Statt Schelte hörte ich tröstende Worte. Langsam trat Kati auf mich zu und reichte mir die Hand. Als ich zögerte, legte sie mir den Arm auf die Schulter. Ihr weiches Haar lag an meinem Gesicht, als wir beide weinend vor dem leeren Puppenwagen standen.

Als ich Swakopmund verließ, schenkte Kati mir ein Foto von sich. Ich habe es sorgsam verwahrt und nie jemandem gezeigt. Auf meinem Spielhügel habe ich es angesehen und gestreichelt. In vielen Träumen habe ich Kati zu schönen Plätzen auf der Farm geführt, ihr aufs Pferd und beim Klettern in den Felsen geholfen.

Bei meinem nächsten Aufenthalt in Swakopmund habe ich

Kati gelegentlich gesehen. Jedoch war diese Zeit so sehr von der Jungenfreundschaft mit Hajo geprägt, daß für ein Mädchen kein Raum blieb. Und auch sie mag wohl gespürt haben, daß ihre bemutternde Freundschaft bei mir keine Entsprechung fand.

Dina, mein treuer Kafferngaul

Zwei Jahre hat mich der alte Felix auf seinem Rücken in Farmnähe getragen. Doch weil seine Beine steifer und meine länger geworden waren, sollte ich zu meinem sechsten Geburtstag mit einem weiteren und vollwertigen Reitpferd ausgestattet werden. Was galt schon ein Farmerssohn, der nicht zu den Viehposten oder Nachbarfarmen reiten kann?

Zum Leidwesen der Eltern empfand ich keine große Freude über das geplante Geschenk. Das schnellere Transportmittel würde zwar meine Beweglichkeit verbessern, aber auch meine Einsatzmöglichkeit im Farmbetrieb erhöhen, worauf ich keinen Wert legte.

Mir war ein Halbblüter aus der eigenen Zucht zugedacht. Um einer Enttäuschung, wie bei der Überlassung der Eselin Lena, vorzubeugen, durfte ich diesmal bei der Auswahl eines geeigneten Tieres mitreden. Und ich lehnte den elterlichen Vorschlag ab. Ich wollte kein großes schnelles Pferd. Schon längst hatte ich mich mit Dina angefreundet, der kleinen Afrikanerstute, die zu den Dienstpferden der Stalljungs gehörte. Ich wußte um die Instinkte und Erfahrungen der Afrikanerpferde, die mir in der Wildnis nützlich sein konnten. Aber vor allem schätzte ich Dinas gutmütige Gelassenheit. Daß sie als faul galt, erschien meinem zaghaften Gemüt als ein Vorteil. Die Eltern jedoch waren enttäuscht.

»Einen Kafferngaul willst du? Kein Weißer reitet solch ein Vieh!«

Doch mit wochenlanger Quengelei war ich schließlich ans Ziel gelangt. Dina wurde mein erstes richtiges Reitpferd.

Der Tag kam, an dem ich zum ersten Mal mit Papa zur Inspektion eines Viehpostens reiten mußte. Dieser Ritt führte zu einem der großen, finsteren Bilder der Erinnerung, einem Bild, dessen Farben die Zeit nicht verschönen konnte, das aber zu einem richtungweisenden Markstein am Lebensweg wurde.

Unser Tagesziel war Tsabis, eine Pachtfarm, wo ein Brunnen das Wasser für zweitausend Schafe und die Hirtenfamilien lieferte. Papa ritt auf Krischan, für den es ein leichtes war, Tsabis vor der Nacht zu erreichen. Aber Dina mit ihren kurzen Beinen? Noch bedrückender war, daß Papa am nächsten Tag zum Narip wollte, einem trockenen Rivier. Dort, etwa einen Tagesmarsch nach Norden, sollte auch jetzt, in der Trockenzeit, Wasser zu finden sein. So hatten es Hirten von Buschmännern erfahren. Aber wie weit war es wirklich zum Narip? Ein Buschmann kann neunzig Kilometer an einem Tag laufen und eine Woche ohne Wasser auskommen. Aber ich und meine Stute?

Während der Morgenstunden war ich hinter Papa im Schritt auf dem Felspfad durch das Bergland geritten. Nun öffnete sich das Tal in die Weite der Steppe. Unter der wachsenden Last des Lichts begann die Luft zu flimmern.

»Nun laß dein Pferd laufen!« rief Papa mir zu und ließ Krischan antraben. »Dina soll zeigen, was sie kann.«

Da wußte ich, daß jetzt meinem Pferd und mir die grausame Prüfung bevorstand, die wir beide wohl nicht bestehen würden, eine Prüfung, deren Qual mir bis heute als ein Ritt durch die Hölle der Hoffnungslosigkeit in bedrückender Deutlichkeit erhalten geblieben ist.

»Dina, lauf so gut du kannst«, sagte ich ihr. »Sonst wird Papa böse!« Das Spiel ihrer Ohren zeigte, daß sie sich angesprochen fühlte. Doch sie blieb in dem üblichen Zuckeltrab, den Afrikanerpferde auch bei größter Hitze über viele Stunden durchhalten.

»Sie gibt sich ja gar keine Mühe«, rief Papa verärgert. »Treib sie an! Die Peitsche! Los!«

Ich schrie meine Stute an und versetzte ihr einige Hiebe, um meinen guten Willen zu zeigen. Doch sie zuckelte ungerührt in dem von ihr gewählten Schritt weiter.

»Sie will nur nicht«, kam es drohend von Papa, der wieder einmal gewartet und die Halbherzigkeit meiner Bemühungen bemerkt hatte. »Laß sie galoppieren, oder ich werde euch helfen!«

Nochmals versuchte ich, Dinas Gangart zu beschleunigen. Doch sie verfiel nach einigen Galoppsprüngen wieder in ihren Trott. Da war Papa neben uns, riß mir die Zügel aus der Hand und galoppierte mit Krischan an. Gewaltsam zerrte er Dina hinter sich her. Mit hochgerissenem Kopf mußte sie mitrennen.

Ich klammerte mich am Sattel fest und schrie voller Angst: »So kann Dina nicht richtig sehen! Die Erdmännchenlöcher!« In dieser Gegend lebten viele der kleinen Nagetiere. Ihre Höhlen führen von der Erdoberfläche in die Tiefe. Wie leicht kann ein Pferd hineintreten und sich ein Bein brechen. Doch Papas Zorn überwog die übliche Vorsicht.

»Jammer nicht! Ein Junge hat keine Angst!« Er riß Dina neben sich und ließ seine Peitsche hart auf ihre Kruppe klatschen. »Nein«, schrie ich. »Nicht so schnell! Die Erdmännchenlöcher!« Daß manche Hiebe nicht auf Dinas, sondern auf meinem Rücken niedergingen, empfand ich als selbstverständliche Folge meiner Zaghaftigkeit. Wer Angst zeigt, verdient Strafe. So hatte ich es gelernt.

Doch Vaters Peitsche, Dinas Widerstand, mein Protestgeschrei – all dies widersprach dem elterlichen Grundsatz: Schonung von Mensch und Tier, um in der Wildnis mit geringster Mühe die höchste Leistung zu erzielen. Das mußte auch Papa einsehen. Wortlos ließ er Dinas Zügel fahren, und fortan ging es in dem von ihr bestimmten Tempo über die heiße Ebene zum Horizont. »So kommen wir heute nicht nach Tsabis«, knurrte Papa bei der Mittagsrast. »Weil du nicht energisch genug mit deinem Kafferngaul bist. So wirst du nie ein richtiger Farmer!«

Weiter unter der brennenden Sonne über die endlose Steppe, bis mit sinkendem Licht der kalte Nachtwind aufkam. Eine flache Mulde wurde zum Nachtlager. Wasser aus der Feldflasche spülte mühsam einige Bissen Trockenfleisch hinunter. Obgleich todmüde, lag ich schlaflos unter meiner Decke und der Last des Schuldgefühls, das mir Dinas Sturheit verursachte.

Am nächsten Vormittag in Tsabis waren die Herden bereits zur Weide geführt und konnten nicht beim Herauslassen aus den Kralen abgezählt werden. Papa war wütend, weil wir erst einen Tag später zum Narip aufbrechen konnten.

Wieder wurde es ein mühseliger Weg unter der Glocke glühenden Lichts und Papas Vorwürfen wegen Dinas Langsamkeit. Staub und Verzweiflung trieben mir Tränen in die Augen. Wenn nur Papa nichts merkte! »Tränen sind nutzlos in diesem Land, man kann sie nicht trinken«, hatte Mama gesagt.

Gegen Abend hoben sich die Kronen großer Kameldornbäume über das Grasland. Der Narip! Würden wir dort Wasser finden? Die Bäume gaben keinen Anhalt, ihre Wurzeln reichen in unzugängliche Tiefen.

An der angegebenen Stelle fand sich nur trockener Sand. So würden wir morgen ohne Wasser in einem qualvollen Ritt nach Tsabis zurückkehren.

Als die Sonne sank, suchten wir einen Lagerplatz und ließen die Pferde zum Grasen frei.

Da begann Dina, kaum des Sattels ledig, zielstrebig auf unserer Spur zurück zu marschieren. Was mochte der Grund sein? »Ungehorsames Vieh!« rief Papa. »Hol sie zurück!«

Widerwillig folgte sie mir zum Lager.

»Hast uns den ganzen Tag aufgehalten«, sprach ich sie an. »Und nun weglaufen? Das gibt's nicht!«

Sie nahm die Ohren nach vorn und sah mich aus ihren dunklen Augen eindringlich an. Sie hatte etwas im Sinn. Das war offensichtlich. Schon nahm sie wieder den Kopf zur Seite und versuchte, kehrt zu machen. Papa kam heran.

»Laß sie«, sagte er. »Wir wollen sehen, was sie vorhat.« In langsamem Schritt führte Dina uns durch das Flußbett, senkte die Nüstern schnüffelnd zum Boden und bog dann zum Nordufer ab. Unter dem Felssturz begann sie mit den Vorderfüßen im Sand zu scharren.

Da begriffen wir. Im letzten Dämmerlicht suchten wir flache Steine und machten uns ans Graben. Schon bald zeigte sich feuchte Erde. Tiefer und breiter wurde das Loch, – da sickerte von den Seiten das Wasser zusammen und füllte die Mulde. Dina spreizte die Vorderbeine, senkte den Kopf hinab und trank schlürfend während ich sie streichelte. Später, am Lagerplatz in meine Decke gehüllt, spürte ich die Wärme tröstlicher Genugtuung, in der mein geknicktes Selbstgefühl wieder ein wenig auflebte.

»An diesem Ufer werde ich einen Brunnen bauen, der über das ganze Jahr Wasser gibt«, hatte Papa gesagt. »Hierher kommt ein Viehposten mit zweitausend Schafen.« Aber auf ein Lob für Dina, die uns die Mühe langen Suchens erspart hatte, wartete ich vergebens.

Mit getränkten Pferden und gefüllten Feldflaschen konnten

wir am nächsten Morgen in direkter Richtung zur Farm aufbrechen, wobei jedoch Dinas Zuckeltrab eine weitere Übernachtung im Freien bedingte. Meine und sicherlich auch Papas Gedanken gingen zur Farm, wo Mama wegen unseres langen Ausbleibens in Sorge sein mußte.

Wieder wurde es ein mühevoller Ritt durch Hitze und Staub. Doch mein Herz wog heute leichter. Auch Papa schien sich mit der Verzögerung abgefunden zu haben. Dina trottete in beharrlichem Gleichmaß dahin, wobei sie sehr aufmerksam ihren eigenen Weg wählte. Oft wich sie von Krischans Spur ab, um tiefen Sand oder steinige Stellen zu umgehen. Wo Papa sein Pferd durch Gebüsch gelenkt hatte, machte sie Umwege und vermied dadurch, ihr Fell oder auch meine nackten Beine mit Dornen in Kontakt zu bringen. Ich war ihr dankbar für diese Vorsicht. Mein Vertrauen in ihre Klugheit gab mir Sicherheit, ihr Gleichmut übertrug sich auf mich.

Im letzten Tageslicht sah Papa sich nach einem Lagerplatz um. Da war es nicht ich, der schüchterne kleine Junge, nein, es war die Einheit von Pferd und Reiter, die mir den Mut zu einem Vorschlag gab:

»Laß uns weiterreiten. Wir sind doch schon aus dem dichten Busch heraus. Der Weg, der von Norden zur Farm führt, kann nicht mehr weit sein.«

Papa sah unwillig herüber. Dina spielte mit den Ohren und warf den Kopf hoch, als wollte sie mir Mut machen. Ich holte tief Luft und wagte einen weiteren Anlauf:

»Manche Afrikanerpferde können doch, wie Hunde, allein den Weg nach Hause finden. Auch bei Nacht. Vielleicht kann Dina das auch. Laß sie vorausgehen. An den Sternen können wir ihre Richtung kontrollieren.«

Papa schwieg. Er, der selbstbewußte Herrscher über eine der größten Besitzungen dieses Landes, der Züchter vieler wertvoller Pferde, er sollte sich der Führung dieses geschmähten Kaffergauls anvertrauen? Ich wußte, daß ihm die Zustimmung schwer fallen mußte. Aber ich bewunderte ihn auch, als er schließlich einwilligte.

»Na, dann reit mal voraus. Aber Vorsicht, falls dein Gaul stolpert!«

Ja, da übernahm nun dieser Kafferngaul die Führung durch die dunkle Wildnis. Aber auch dabei war mir nicht recht wohl. Wenn nun Dina versagte? Ich wußte noch nicht, was Verantwortung bedeutet, aber unbewußt mag ich wohl deren Last empfunden haben. Doch ich hatte es ja selbst so gewollt. Nun mußte ich dazu und zu meinem Pferd stehen.

»Dina«, flüsterte ich ihr zu, »du mußt den Weg finden. Blamier uns nicht!«

Ich ließ die Zügel lose auf ihrem Hals liegen. Im spärlichen Sternenlicht war die Erde nur zu erahnen. Doch mein Pferdchen stapfte sicher in die Dunkelheit, umging Büsche und Unebenheiten, ohne zu stolpern. Oft senkte es den Kopf zum Boden. Ob es eine Witterung aufnehmen konnte, wie Hunde es tun? Hinter mir hörte ich Krischans Huftritte. Der kalte Nachtwind ließ mich frösteln. Ich schob die nackten Beine vor den Sattel an Dinas Fell und legte die Hände fest auf den Pferdehals. Mit der Wärme der Stute stieg auch ihre Sicherheit in mir auf. Der Dunst des Tierleibs umfing mich wie ein Mantel, an dem Papas unausgesprochener aber mir stets bewußter Groll abglitt. Mit wachsendem Vertrauen zu meinem Pferd versank das Schuldgefühl, das mir die Wahl dieses Tieres auferlegt hatte. Unbeirrt schritt Dina in die Nacht, hielt ihre gewählte Richtung, wohl eine Stunde lang. Dann zögerte sie plötzlich, schnüffelte an der Erde und bog zielstrebig nach Süden. Der ruhigere Gang der Pferde ließ auf ebenen Boden schließen. Papa stieg ab und entzündete eine Fackel aus trockenem Gras. Ja, da liefen die Fahrspuren der Ochsenwagen, die Pad, wie die unbefestigten Wege dort hießen.

Auch während der letzten Stunde führte uns Dina. Ich hätte stolz sein können auf mein Pferd und mich, die wir den Herrn der Farm durch die nächtliche Steppe leiteten. Aber so weit reichte mein Selbstbewußtsein nicht. Es wäre mir anmaßend und respektlos gegenüber Papas Autorität erschienen. Ich empfand nur die Erlösung von der Qual der letzten Tage. Als wir gegen Mitternacht die Pferde in ihr Gehege am Farmhaus entließen und Papa gegangen war, legte ich die Arme um den Hals meiner Stute.

»Dina, mein Pferdchen«, meinte ich sie trösten zu müssen.

»Die verfluchte Peitsche! Als ob du nicht ohne sie könntest! Aber du hast es dem Alten gezeigt. Mein lieber, kluger Kaffern-gaul!« Ungehemmt quoll noch einmal der so lange unterdrückte Kummer empor. Ich spürte Tränen in den Augen. Doch ein Stups der Pferdenüstern ermahnte mich: Ein Junge weint nicht! Aber wie sollte ich je die Härte, die unbeugsame Kraft meines Vaters erlangen? An meiner Schulter spürte ich Dinas Kopf. Sie hatte recht: Es ist nicht immer nur die Kraft. Nein, auch mit Klugheit und Beharrlichkeit lassen sich Durststrecken überwinden. Das hatte mein kleines Pferd mir gezeigt.

Dina ist mir eine liebe Freundin geworden. Ich genoß ihre Zärtlichkeit, wenn sie ihren Kopf an meiner Schulter rieb. Manchen Kummer oder Ärger habe ich am weichen Fell ihres Halses abgestreift, und sie hat geduldig zugehört, wenn ich ihr mein Leid klagte. Oft habe ich sie mit auf meinen Spielhügel genommen, wo sie in meiner Nähe graste oder den Schilderungen meiner erfundenen Erlebnisse zuhörte. Auf ihrem Rücken konnte ich meinen Spielbereich über die nächsten Berge und Riviere ausdehnen. Angeregt durch deutsche Kriegsliteratur, erfand ich befreundete Truppen, die ich auf geheimen Wegen durch die Berge in günstige Positionen gegen ihre Feinde oder zu Wasserstellen führte, jedoch stets, ohne mich selbst an Kampfhandlungen zu beteiligen. Dinas Trittsicherheit auf schmalen Felspfaden oder an steilen Hängen machte sie mir zu einer zuverlässigen Kameradin meiner Abenteuer.

Aber der Besitz eines richtigen Reitpferdes gab den Eltern die Möglichkeit, mich aus erzieherischen Gründen mit weiteren Aufgaben und Pflichten zu betrauen. Botschaften und Werkzeuge waren zu fernen Viehposten, Pferde am Beizügel zum Gespann oder Beschlagen zu bringen. Nachdem die Bahnstrecke von Windhoek nach Südafrika verlängert und Kalkrand zu unserer nächsten Bahn- und Poststation geworden war, hatte ich den wöchentlichen Postdienst zu besorgen. Dann ritt ich die vierzig Kilometer dorthin und meist am selben Tage noch zurück. Dank Dinas Trittsicherheit in felsigem Gelände fand ich einen abkürzenden Weg durch eine vom Fischrivier abzweigende Schlucht. Auf diesem vertrauten Wege brauchte ich mein Tier nicht zu lenken und konnte meinen Träumen nachhängen. Bis Dina mir eines Tages zeigte, daß Unaufmerksamkeit gefährliche Folgen haben kann. In einem trockenen Flußbett unterhalb einer hohen Felswand folgten wir einem von Schafen getretenen Pfad, als Dina plötzlich die Spur verließ und zur anderen Seite des Riviers strebte, obgleich das Laufen dort, im tiefen Sand, viel mühsamer war. Als ich versuchte, sie auf den festen Boden zurückzuführen und ihr sogar einen leichten Hieb versetzte, brach sie ruckartig seitwärts aus und strebte zum anderen Ufer. Wenige Sekunden später hatte ich die Erklärung. Der harte Aufprall von Steinen auf dem Pfad und das Wutgeschrei einer Pavianherde zeigte die Gefahr, der wir entgangen waren. Die scharfäugigen Tiere hatten uns kommen sehen und sich, entgegen ihrer normalen Gepflogenheit, in die Felsen geduckt, wo ich sie, vor mich hinträumend, nicht bemerkt hatte. Gewöhnlich hört man die Rufe der Affen von weitem und sieht ihre Führer auf hochgelegenen Punkten Ausschau halten. Aber ich wußte auch, daß sie in felsigem Gelände gern aus sicherer Höhe einen vermeintlichen Feind gut gezielt mit Steinen bewerfen. An diesem Tage hatten sie den Überfall sorgfältig geplant, um uns mit ihren Wurfgeschossen zu überfallen. Ihr Gezeter zeigte ihre Enttäuschung darüber, daß wir dem Angriff ausgewichen waren. Dankbar habe ich Dina gelobt und sie gestreichelt, was sie mit Kopfnicken quittierte.

Wie Dina, so zog auch ich es vor, harten Auseinandersetzungen des Lebens auf Umwegen auszuweichen. Aber die freie Natur kennt keine Barmherzigkeit, und es war unvermeidlich, daß auch wir beide manchmal zu hartem Einsatz gefordert wurden.

Ich hatte einen Brief nach Nomtsas gebracht. Die Antwort war am nächsten Mittag fertig, zeitig genug, um mit Dina noch vor der Nacht wieder zu Hause zu sein. Da die Pad einen weiten Umweg um ein tief in die Felsen eingeschnittenes Rivier schlägt, wählte ich die direkte Richtung. Ich wußte, wo man mit einem trittsicheren Pferd in die Schlucht und auf der anderen Seite wieder nach oben gelangen konnte.

Es passierte beim Hinabklettern, kurz bevor wir den Sandboden des Riviers erreichten. Dina stolperte, brach in die Knie und fiel zur Seite. Über ihren Hals stürzte ich auf scharfkantige Steine. Im Aufrichten spürte ich brennende Schmerzen und sah Blut am linken Arm und Bein. Zwei große Schürfwunden, an deren Rändern Hautfetzen hingen.

Auch Dina stand wieder und schüttelte sich. Aus der Satteltasche nahm ich das Verbandpäckchen, tupfte Jod in meine Wunden. Darüber legte ich blutstillenden Mull, der mit Binden fest gewickelt wurde. Es schmerzte grausam. Aber hier galt nur das Gebot: »Nicht weinen, handeln!« Wir mußten ja weiter.

»Komm, Dina«, sagte ich und nahm sie am Zügel, »das letzte Stück hinab geh ich zu Fuß. Das ist sicherer.«

Doch als sie sich in Bewegung setzte, sah ich, daß auch sie verletzt war. Sie lahmte auf dem linken Fuß. Über dem Fesselgelenk war eine stark blutende Wunde. Ob auch der Knochen oder gar das Gelenk verletzt waren?

Im Sand des Riviers, wo wir einen sicheren Stand hatten, versorgte ich Dinas Verletzung genau so, wie meine Blessuren. Doch der Verbandmull reichte nicht mehr. Was tun? »Du mußt dir immer alleine helfen können«, hörte ich Mamas Worte. Ich durchsuchte die Satteltaschen. Da waren das Messer, Bindfaden, Draht, Streichhölzer, Reparaturzeug für Sattelgurt und Zaum, – aber nichts, um Dinas Blutung zu stillen. Mein Hemd? Das war gefährlich. Die steil in die Schlucht fallende Sonne heizte die reglose Luft auf Temperaturen von über sechzig Grad auf, ich durfte meinen Körper nicht entblößen. Aber meine Unterhose! Mit dem Messer zerschnitt ich sie in passende Stücke, die in mehreren Lagen Dinas Wunde bedeckte. Die restliche Binde und Bindfaden ergaben einen festen Verband. Schon die ersten Schritte zeigten, daß Dina nur sehr mühsam laufen konnte. An Reiten war nicht zu denken, und auch den steilen Aufstieg aus der Schlucht würde sie nicht schaffen. Sollte ich allein dort aufsteigen? Ich würde zu Fuß bis zur Nacht die Farm erreichen und morgen mit Hilfe zurückkehren. Aber ich durfte Dina nicht verlassen. Mit ihrer Behinderung könnte sie Hyänen oder Geparden eine Beute werden. Nein, es gab nur eins: In der Schlucht flußaufwärts zu marschieren bis dorthin, wo das Rivier sich zu einem flachen Tal öffnet und die Pad kreuzt. Und dazu mußte ich tun, was mir zuwider war: Dina meinen Willen aufzwingen, sie zum Laufen bringen.

Obgleich es nicht allzu weit zur Pad war, wurde es für sie ein mühsamer und langwieriger Weg. Die Glut der Sonne umgab uns wie eine schwere, heiße Masse. Immer wieder blieb mein Pferd stehen und sah mich traurig an. Ich klopfte ihm den Hals und versuchte, es aufzumuntern.

»Dina, ich weiß, daß es weh tut. Auch meine Wunden schmerzen. Aber wir müssen weiter! Raus aus dem tiefen Sand und der Hitze! Auf der Pad haben wir frische Luft und festen Boden. Komm, reiß dich zusammen! Es muß sein!«

Langsam voranstapfend, zerrte ich Dina hinter mir her. Meine Verletzungen brannten, und die Kehle war trocken vor Durst. Aus der Feldflasche nahm ich sparsame Schlucke, um Lippen und Zunge anzufeuchten. So würde das Wasser bis morgen reichen. »Auch bei größter Hitze muß der Mensch einen und das Pferd zwei Tage lang ohne Wasser auskommen«, hatte ich gelernt.

Da war endlich die Pad. Nun ging es weniger mühsam voran, aber auch nur sehr langsam. Als die Sonne versank, suchten wir uns ein Nachtlager. Ich wagte nicht, das so stark lahmende Pferd im Dunkeln über die steinige Piste zu führen. Oft hatte ich mit den Eltern im freien Feld übernachtet, jetzt war ich zum ersten Mal allein. Ich fand eine kleine Sandkuhle, die durch eine Felsrippe vor dem kalten Nachtwind geschützt war. Steine, unter denen sich Schlangen, Skorpione oder Taranteln aufhalten konnten, räumte ich beiseite, sorgsam bedacht, nur die Oberseite anzufassen, um nicht mit darunter lebenden giftigen Tieren in Berührung zu kommen. In der Nähe fand sich genügend trockenes Holz für ein Feuer, das uns über Nacht vor Raubwild schützen mußte. Von Schakalen war nichts zu befürchten. Hyänen jedoch oder ein Gepard konnten einem schlafenden Kind gefährlich werden. Ich wußte noch nicht, ob ich mich auf Dinas Wachsamkeit verlassen konnte. Rund um den Feuerplatz mußte das trockene Gras entfernt werden, Funkenflug könnte einen Steppenbrand verursachen. Zu essen hatte ich nichts, ein Schluck Wasser mußte genügen. Dina entließ ich mit hängenden Zügeln und herausgenommener Trense zum Grasen. Afrikanerpferde wissen, daß sie sich dann nicht weit entfernen dürfen. Doch sie bewegte sich kaum, offensichtlich litt sie unter starken Schmerzen.

Weil ich keine Schlafdecke mitgenommen hatte, mußte die Satteldecke die dem Feuer abgewandte Seite schützen. Ich brauchte mich nicht zu zwingen, von Zeit zu Zeit zu erwachen, um die Flammen zu versorgen. Wenn sie heruntergebrannt waren, weckte mich die Nachtkälte. Auch meine Wunden gönnten mir nur einen Dämmerschlaf. Einmal weckte mich Dinas Schnaufen und Stampfen, vielleicht war ein Raubtier in der Nähe. Ich ließ das Feuer hoch auflodern und holte sie in meine Nähe.

Im Morgengrauen machten wir uns wieder auf den Heimweg. Selbst auf der Pad war es ein qualvoller Marsch, auf dem ich mein Reittier durch die Steppe zog. Immer wieder verhielt das humpelnde Pferd, und ich mußte es mit Zügel und Zuspruch wieder in Bewegung bringen.

Erst am frühen Nachmittag konnte ich Dina an ihren Stallplatz stellen. Die Eltern hatten sich noch keine Sorgen gemacht, sie hatten angenommen, daß ich noch eine weitere Nacht in Nomtsas verbracht hätte. Papa versorgte Dinas Fuß. Es war eine bis auf den Knochen reichende Wunde, die jedoch nach einigen Wochen verheilte.

Hajo Brauer und die Schiffe

Zum nächsten Aufenthalt in Swakopmund gehört das Bild der Kühneschen Privatschule. Auf der Farm hatten die jeweiligen Hausdamen nebenbei mich lesen, schreiben und rechnen gelehrt. Nun nahm ich in Swakopmund erstmalig für einige Wochen an einem richtigen Schulunterricht teil, um meinen Wissensstand mit dem gleichaltriger Kinder zu vergleichen.

Mit zwei weiteren Lehrerinnen regierte Fräulein Kühne ihre kleine Schule mit preußischer Disziplin, wobei der stets griffbereite Rohrstock ein selbstverständliches pädagogisches Hilfsmittel war. Der Strafvollzug erfolgte vor der Klasse, für die Jungen auf den Hosenboden, für die Mädchen auf die Finger. Neben dem Lehrstoff vermittelte mir diese Schule erstaunliche Erkenntnisse. Ich, zu striktem Gehorsam gegenüber Erwachsenen erzogen, lernte von den Kameraden die Umgehung unangenehmer Vorschriften und Pflichten, ohne hiermit aufzufallen.

Die vielen Spielgefährten waren ein beglückendes Erlebnis, aber sie lehrten mich auch das Erfordernis der Anpassung an die Gemeinschaft. Es waren nicht immer die bravsten Jungen, die unsere Spiele anführten, und ich mußte manche Bedenken überwinden, wenn wir heimlich unbenutzte Trolleys fortschoben, um damit die abschüssigen Schienen zum Strand hinunter zu sausen. Wenn eine Trolley in der unteren Kurve in den Sand stürzte, konnten wir Kinder sie nicht wieder aufrichten. Wer hierbei erwischt wurde, erhielt Prügel.

Zu den Erinnerungen an Swakopmund gehört die Gestalt von Hajo Brauer. Sein Vater, ein Hüne, von der friesischen Nordseeküste stammend, wurde Hafenkapitän der Woermann-Linie, als diese nach dem Ersten Weltkrieg wieder eine regelmäßige Schiffsverbindung nach Südwest-Afrika einrichtete. Die Unterstellung des Landes unter südafrikanische Verwaltung hatte die Grenze zur geschützten Reede von Walvisbay geöffnet, die bisher ein südafrikanischer Gebietsteil in der deutschen Kolonie gewesen war. Damit stand nun auch für das zentrale Südwest ein sicherer Landeplatz zur Verfügung, der, nach dem Bau einer Bahn, von Swakopmund in einer knappen Stunde erreichbar war. Brauers wohnten in Swakopmund, und diesmal war ich bei ihnen in Pension. Hajo war fast zwei Jahre älter als ich, von großer, kräftiger Statur. Mit ihm und Helmut, dem mir gleichaltrigen Nachbarsjungen, fand ich schnell zu einer echten Freundschaft. Selbstverständlich war Hajo stets unser Anführer. Er wies uns an, aus Steinen und Holz kleine Molen und Brücken zu bauen, die der nächsten Flut standhalten mußten. Oder wir ruderten bei ruhigem Wetter zu den Felsen vor der Mole. Nie hätte der Bootsbesitzer einem anderen als Hajo sein Fahrzeug anvertraut. Dagegen lehnte Hajo das Trolleyfahren ab.

»Ein schlechtes Spiel«, sagte er. »Trolleys werden gebraucht. Wenn aber die Leute sie erst suchen und dann mühsam wieder auf die Schienen wuchten müssen – das ist nicht gut.«

Auch ein anderes, beliebtes Kindervergnügen untersagte uns Hajo. Unterhalb der Mole verbrachten manche Schwarze ihre Mittagszeit in der Sonne schlafend. Man bewarf sie von oben mit Sand und freute sich an ihrem Erschrecken im Bewußtsein, daß sie es nicht wagen durften, die Hand gegen ein weißes Kind zu erheben.

»Einen Kaffern ärgern, der sich nicht wehren darf, das ist feige«, war Hajos Begründung.

Wenn deutsche Schiffe Walvisbay anliefen, fuhr Käpten Brauer zur Abfertigung hinüber. Wann immer es möglich war, durften wir ihn begleiten. Hier erwuchs meine Neigung zur Seefahrt. Auf den Barkassen und Schleppern fuhren wir zu den auf der Reede ankernden Dampfern. Daß Hajo es verstand, mit einem solchen Fahrzeug zu manövrieren, erschien Helmut und mir selbstverständlich. Aber sehr bald empfand auch ich den Reiz, ein kleines Schiff durch die Wellen zu steuern oder auch nur ein langes Kielwasser zwischen See und Himmel zu ziehen. Ich spürte, daß ein Wasserfahrzeug besser zu meinem Wesen paßte als ein Pferd. Einem lebenden Wesen meinen Willen aufzuzwingen, hat meiner zaghaften Natur immer ein leises Unbehagen bereitet. Ein Schiff jedoch gehorcht willenlos dem Ruder, und die Einschätzung der Kräfte von Wind, Wellen und Strömung war mir eine lockende Herausforderung.

Selbstverständlich war Hajo auf allen deutschen Dampfern zu Hause. Er führte mich bei den Offizieren ein, und oft lebten wir an Bord, solange das Schiff auf der Reede lag. Diese Kolosse aus Stahl mit ihren gewaltigen Maschinen, die Dimensionen der Laderäume, das Labyrinth von Gängen und Treppen mußten ein Kind aus der Steppe tief beeindrucken. Doch vor allem war es die Vorstellung des Fahrens, die mich faszinierte. Der Wunsch, auf der Brücke zwischen Himmel und Wasser schwebend, zum Horizont und zu fernen Küsten zu ziehen, ging in meine Träume ein.

Vom Bootsdeck eines Dampfers aus beobachtete ich das Löschen der Ladung. Plötzlich stand jemand neben mir. Als ich aufsah, umfing mich Heinz Bogners strahlender Blick. Diese Augen, in der Farbe dunklen Bernsteins, die ständig klaren Frohsinn und Wärme verströmten und selbst im ernsten Gespräch zu lachen schienen, sie gehören zu einem meiner unverlierbaren Bilder. Heinz mag damals gerade zwanzig gewesen sein und war jüngster Offizier des Schiffes. Was ihn bewog, mich, den neunjährigen Farmjungen, vom Bug zum Heck, vom Wellentunnel zum Peildeck zu führen, weiß ich nicht. Doch seine Erklärungen, seine Schilderung der Seefahrt fügten sich in meine Wunschträume. Ich wußte noch nichts von den seltsamen Gesetzen menschlicher Wegkreuzungen, und daß Heinz' Augen mir noch mehrmals unvermutet über einem Lebensabschnitt leuchten sollten.

Zu Walvisbay gehören zwei weitere Bilder, und in ihrem Mittelpunkt steht Hajo.

Mit ihm und Helmut stand ich auf dem Kopf der Brücke, als ein Schlepper zum Anlegen herankam. Wie üblich, warf man uns eine Trosse zu, deren feste Schlinge, das Auge, wir über den Eisenkopf eines Festmacherpollers legen sollten. Hajo fing die Leine auf, und wir zogen sie auf die Brücke. Weil jedoch der starke Wind das Schiff zurückdrückte, gelang es uns nicht, das Auge über den Poller zu ziehen. So sehr wir uns auch dagegen stemmten, wir wurden zentimeterweise zum Brückenrand gezogen. Helmut und ich gaben auf und wir ließen die Trosse fahren. Doch für Hajo gab es kein Loslassen. Während seine Fäuste das Tau umklammerten, gelangt es ihm, sich auf den Knieen hinter den Poller zu klemmen. Der Zug der Trosse zerrte seine Schultern und Arme über den Eisenkopf als wolle es ihn zerreißen. Bis die Maschine des Schleppers diesen wieder an die Brücke schob und Hajo das Auge überhaken konnte. Mit einer lässigen Handbewegung quittierte er den Dank des Schlepperkapitäns. Da ist das andere Bild. Mit einem Ruderboot waren wir weit auf die Bucht hinausgefahren. Unerwartet sprang mit einer Wand gelben Staubs der Sandsturm aus der Namibwüste heran, wühlte das Wasser auf und drohte, unser Boot zur offenen See zu treiben. Mit aller Kraft rissen Helmut und ich an den Riemen. Hajo hielt das Steuerruder, bemüht, den Bug genau gegen den Sturm zu richten. Doch alle Anstrengungen reichten gerade, das Boot auf der Stelle zu halten.

»Los, ihr beiden!« schrie Hajo uns an. »Lang durchziehen! Riemen waagerecht nach vorn stoßen! Sonst kommen wir nicht an Land!«

Wir schafften es nicht. Meter um Meter wurden wir zurückgetrieben. Bis Helmut seinen Riemen ins Boot warf.

»Ich kann nicht mehr«, keuchte er. »Da hinten, das Motorboot! Es kann uns zurückschleppen.«

Seewärts lag ein mit Eingeborenen besetztes großes Fischerboot. Ja, das schien auch mir die Rettung.

Hajo sprang auf, schob uns wortlos von der Ruderbank und ergriff beide Riemen.

»Nimm das Ruder!« befahl er mir. »Halt genau gegenan! Achte auf die Wellen, damit sie dir den Bug nicht zur Seite drücken! Duck dich, dann fängst du weniger Wind! Und du legst dich flach auf den Boden!«, wies er Helmut an.

Mit langen, gleichmäßigen Zügen ruderte er gegen den Sturm. Wenn die Böen ein wenig nachließen, verstärkte er seine Anstrengung und riß das Boot voran. Wie lange konnte er das durchhalten? Er warf einen Blick voraus. Aus den jagenden Sandwolken heraus wurde die Brücke sichtbar.

»Nach Backbord neben die Brücke!« rief er. »Da bekommen wir Windschutz.«

Wie eine Maschine fuhr Hajos Körper vor und zurück und zog die Riemen durchs Wasser. Bis das Boot auf den Strand lief. »Daß du das geschafft hast«, sagte Helmut bewundernd. »Aber die Fischer hätten uns doch einschleppen können.«

»Mich nicht«, war Hajos Antwort. »Das Hohngelächter von meinem Alten, wenn sein Sohn sich von Kaffern an Land bringen ließe! Und er denen noch 'ne Belohnung geben muß. Das krieg ich dann tagelang aufs Butterbrot! Nee!«

Das war Hajo. Und so wünschten sich auch meine Eltern ihren ältesten Sohn. »Du mußt dir immer allein helfen können! Verlaß dich auf niemanden!« Aber wie konnte ich werden wie Hajo? Nicht nur ihm, auch seinem Vater waren meine maritimen Neigungen aufgefallen. Zum nächsten Weihnachtsfest fand ich beim Tannenbaum einen Segelkutter mit verstellbarer Takelage, Ruder und Kiel, den Käpten Brauer mir gebastelt hatte. Er wurde mein liebstes Spielzeug. Ich lernte, Segel und Steuerung einzustellen, um das Schiff über die ganze Breite des Wassers am Staudamm ziehen zu lassen. So habe ich die ersten seglerischen Erfahrungen in afrikanischer Trockensteppe erworben. Als auch die Eltern meine Freude am Spiel mit Schiffen erkannten, kam ein Dampfer mit aufziehbarer Maschine hinzu, der sich, wie die Barkassen in Walvisbay, steuern ließ. Meine Vorliebe jedoch gehörte dem Segler, und sie blieb mir lebenslang. Wenn ich über das Kielwasser meiner Seefahrtszeit zurückschaue, dann finde ich manche harte Stunde, in der ich Hajo neben mir gefühlt habe, ihn, der die Trosse nicht fahren ließ und der aus eigener Kraft das Ufer erreichte. Er fiel als Offizier im Zweiten Weltkrieg und fand sein Grab in afrikanischer Wüste.

Hajos Bild holt mir die Geschichte von zwei anderen Jungen aus der Vergangenheit. Es ist kein eigenes Erlebnis. Aber Bodo, der ältere der beiden Brüder, hat es mir so eindrucksvoll geschildert, daß dieses schreckensvolle Bild mir ebenfalls bleibender Besitz wurde.

Als wir zu Henkes Farm kamen, hingen drei Tierfelle zum Trocknen aufgespannt vor der Tür. Drei Löwenfelle! Zwei stammten von erwachsenen Tieren, das dritte war sehr klein.

»Die haben wir gestern erlegt«, erklärte Bodo, der uns begrüßte. »Kommen Sie herein! Die Eltern sind vorgestern nach Mariental gefahren.«

Henkes Farm war weit im Osten, zur Kalahariwüste hin gelegen. Weil es in diesem Jahr dort nicht geregnet hatte, zog das Wild, und mit ihm die Raubtiere, westwärts in die besseren Weidegebiete der Farmer.

Gestern morgen hatten sich in einem Kral die Reste eines getöteten Rindes gefunden. Die großen Spuren konnten nur von einem Löwen herrühren, der die Mauer übersprungen und offensichtlich einen Teil der Beute fortgeschleppt hatte. Die Schleifspur wies in den Busch.

In Abwesenheit der Eltern fühlten sich die Söhne für den Farmbetrieb verantwortlich. Bodo war siebzehn, Wilhelm knapp zwei Jahre jünger. Beide waren groß gewachsen und mit den Anforderungen der Wildnis vertraut, wozu selbstverständlich auch die Jagd und der Kampf gegen das Raubwild zählten. Jedoch waren Löwen in diesem Gebiet noch nie angetroffen worden.

Die beiden hatten sofort beschlossen, das Raubtier zu erlegen, um weitere Überfälle zu verhindern.

»Aber das möchte ich nicht noch einmal erleben«, gestand Bodo. »Hinterher waren wir beide fertig. Und das nächste Mal sind wir vorsichtiger. Wir hätten wissen sollen, warum das Biest die Beute fortgeschleppt hat, anstatt sich im Kral sattzufressen.«

Zu Pferde hatten sie die Spur verfolgt, die weit fort, in ein mit dichten Dornbüschen bewachsenes Gelände führte. Plötzlich waren die Reittiere unruhig geworden, hatten erregt geschnaubt und das weitere Vordringen verweigert. Offensichtlich hatten sie das Raubtier gewittert. Die Jungen waren abgestiegen, hatten die Tiere angebunden und sich mit schußbereiten Gewehren auf der Spur durch das Gestrüpp gezwängt. Auf einer Lichtung hatte ihnen der Löwe plötzlich gegenübergestanden.

»Kaum zwanzig Meter vor uns«, erzählte Bodo. »Und er floh nicht, wie es sonst doch alle Raubtiere tun. Er richtete sich drohend auf, kaum auf uns zu. Wir haben beide auf ihn angelegt, doch da sahen wir erst, warum er uns angreifen wollte. Links unter einem Busch die Löwin mit dem Kleinen! Auch sie zum Angriff bereit, um ihr Junges zu verteidigen.

Wir haben nicht überlegt, ob wir fliehen sollten. Es wäre wohl zwecklos gewesen. Ich hab nur Wilhelm angeschrien, er solle die Löwin nehmen. Dann hab ich auf den Löwen geschossen. Der sprang nach rechts – nur ein Streifschuß! Hinter niedriges Buschwerk geduckt, kam er heran, um mich von dort anzugreifen. Ich mußte etliche Meter zur Seite springen, um ihn ins Visier zu kriegen. Hab wieder geschossen, die restlichen vier Schuß aus dem Magazin. Da knickte er zusammen, brüllte, wollte wieder hoch. Aber er kam nur auf die Vorderbeine. Ich habe nachgeladen, bin rangegangen, Kopfschuß – aus! Er hatte sich nicht mehr aufrichten können, weil er eine Kugel im Rückgrat hatte. Dann hab ich mich umgedreht. Hinter einem Busch saß Wilhelm auf dem Boden, blaß und schwitzend. Aber das kann er selbst erzählen.«

»Die Alte kam gleich auf mich zugesprungen«, berichtete Wilhelm. »Ich habe genau gezielt. Bei jedem Sprung, wenn die Brust frei war, genau drauf! Aber sie sprang immer weiter heran. Da war der fünfte Schuß raus – Magazin leer! Sie fünf Meter vor mir! Hab das Gewehr umgedreht, um ihr den Kolben ins Maul zu stoßen. Da fiel sie um. Und ich auch. Meine Beine knickten zusammen. Nicht noch einmal. Ja – die Schleifspur –, die Beute für das Junge. Da haben wir nicht nachgedacht.«

Wir waren die ersten, denen die Jungen ihr Erlebnis erzählten. Wilhelms Gesicht spiegelte noch sein Entsetzen.

»Aber alle fünf Schüsse haben gesessen«, fügte er hinzu. »Alle fünf in der Brust. Aber so ein Biest ist zäh. Ein Sprung mehr, und es hätte mich erwischt.«

Die Erzählung der beiden Jungen hat mich noch lange verfolgt. Wilhelm war fünf Jahre älter als ich. Aber er war doch noch ein Junge. Schaudernd habe ich mir die Situation vorgestellt und die beiden bewundert. Doch im Gegensatz zu Hajo sind mir Bodo und Wilhelm nie Vorbilder geworden.

Bei uns wurde wenig gejagt. Raubwild wurde mit Fallen und vergiftetem Köder bekämpft. Papa schoß Paviane, die unsere Obst- und Gemüsepflanzungen verwüsteten, jedoch Fallen zu meiden wußten. Die aufgehängten Kadaver dienten zur Abschreckung. Gelegentlich mußte ich jagdliebende Gäste zu den Weideplätzen des Wildes führen. Ich habe es ungern getan, weil mir die hübschen Tiere leid taten. Nachdem ich auf Fräulein Kühnes Schule gelernt hatte, die Gebote der Erwachsenen großzügiger zu beachten, habe ich den Jägern, denen es wichtig war, möglichst viele Tiere zu erlegen, allenfalls einen Springbock gegönnt, weil diese in großen Herden lebten. Ging es jedoch um die prächtigen, aber selteneren Oryx-Antilopen oder gar einen Kudubullen, dann zeigte ich mich zwar bemüht, jedoch nur, um nach vergeblichem Suchen zu erklären, daß die Tiere heute wohl einen anderen Weg gewählt hätten. Der Umgang mit Waffen hat mich nie gereizt. Jedoch konnte ich selbstverständlich mit einem kleinen Gewehr gut schießen.

Die Geschichte der Henke-Jungen sprang von Farm zu Farm, und auch ich wußte bald, daß die beiden Helden waren. Helden, wie ich sie aus meinen Sagenbüchern kannte. Zu dieser Literatur waren bald nach dem Ende des Ersten Weltkriegs die Kriegsgeschichten hinzugekommen, die von den Taten deutscher Soldaten berichteten. »Im Felde unbesiegt«, »Auf See unbesiegt« und »In der Luft unbesiegt« hießen drei dieser Bücher, in denen deutsche Kämpfer stets als siegreiche Helden erschienen. Warum Deutschland dennoch besiegt worden war, habe ich mich damals noch nicht gefragt. Doch diese Helden mußten einem deutschen Jungen Vorbild sein. Aber Heldentum erfordert Tapferkeit. War ich tapfer? Es bedrückte mich, daß ich keinen Ehrgeiz empfand, es Bodo und Wilhelm nachzutun.

Dürre, Wasserflut und Heuschrecken

Zwei Jahre hatte es nicht geregnet. Das Gras auf den Weiden war abgefressen. Von den etwa vierzehntausend Wollschafen verhungerte die Hälfte. Zwar konnten die Mais- und Luzernepflanzungen am Rivier aus den tiefen Brunnen bewässert werden. Doch dieses Futter reichte nur, um die wertvollen Pferde und Zuchtrinder mühsam am Leben zu halten. Das magere Vieh war unverkäuflich, und die wenige anfallende Wolle deckte nicht die Kosten. Schwer wie die flammende Sonne lastete die Not auf den Farmen.

Doch für Papa, der seit vierzehn Jahren ständig seinen Betrieb erweitert und verbessert hatte, konnte es keinen Stillstand geben. Während andere Farmer unter Entbehrungen bemüht waren, alle Kosten aufs Äußerste zu senken, trieb Papa den Ausbau voran. Teure Geräte wurden angeschafft, um einen Erddamm quer über ein flaches Tal aufzuschütten. Hier sollte in der Regenzeit Wasser gestaut und eine große Maispflanzung angelegt werden. Papas Bestreben, neue technische Möglichkeiten zu nutzen, brachte ein Automobil auf die Farm, das, weil es noch keine geeigneten Wege gab, auf einem Ochsenwagen von Windhoek herangeschaukelt kam. Mühsam wurden Pisten geebnet, bis wir zu einigen Viehposten und schließlich sogar zur Bahnstation mit diesem Vehikel fahren konnten. Die Ersatzteilbeschaffung dauerte Monate, und manches Mal mußte der Ford von Zugtieren zur Farm zurückgeschleppt werden. Für unser Wohnhaus ließ Papa ein Stromaggregat aufstellen, und mit einem goldglänzenden Schalterknopf durfte ich das elektrische Licht einschalten.

Bis zum Ende des Ersten Weltkrieges hatte Papa als Sohn des Hamburger Kaufherren bei der Woermannschen Handelsfirma in Windhoek einen uneingeschränkten finanziellen Rückhalt gehabt. Doch das Auslandsvermögen der Hamburger Firma war durch den Krieg weitgehend verlorengegangen und Papas Finanzquelle versiegt. Um dennoch seine Vorhaben weiterzuführen, nahm er Bankkredite auf, deren Rückzahlung nach einigen guten Regenjahren leicht möglich sein mußte.

Und der ersehnte Regen kam. Schon vor Weihnachten gab es kräftige Gewitter. Gras und Blätter wuchsen reichlich. Zuchtschafe und -rinder wurden zugekauft, um die Verluste auszugleichen. Die neue Maispflanzung am Erddamm versprach reichliches Futter.

Doch dort geschah die erste Katastrophe. Ungewöhnlich starker Regen ließ das Wasser über die Krone des Dammes steigen, zerriß ihn und spülte die Saat fort. Die Arbeit vieler Monate war umsonst gewesen. Aber Papa ließ alle verfügbaren Männer und Geräte vom Morgengrauen bis in die Nacht einsetzen, um den Schaden zu reparieren und noch vor Ende der Regenzeit eine neue Ernte zu sichern. Diesmal wurde ein Überlauf seitlich in die Felsen gehauen, um ein wiederholtes Überspülen des Dammes zu verhindern.

Es fiel mehr Regen, so dicht und anhaltend, wie wir es noch nie erlebt hatten. Viele Tage war das Rivier nicht zu überqueren, und die Anpflanzungen waren unerreichbar.

Es kam jener Tag, an dem ich früh erwachte und erschreckt ein ungewohntes polterndes Rauschen vernahm. Ich lief nach draußen. Das erste, was ich von der Veranda aus erblickte, waren die Eltern, die, in ihrem Nachtzeug, zusammengesunken im Regen auf den Steinwall vorm Hof saßen. Erst dann sah ich hinunter über das Flußtal. Vom Fuß unseres Haushügels bis hinüber zur Felskante am Nordufer, über fast einen Kilometer Breite wälzte sich die braune Flut. Wirbelnd, sich überschlagend gischteten meterhohe Wellen über unsichtbare Hindernisse in rasendem Lauf flußab. Große Bäume trieben vorbei, drehten sich in den Strudeln. Die ganze Insel, die Plantagen, Pumpstationen und Gerätehäuser waren unter dem reißenden Strom verschwunden. Darüber sank aus dem tiefen, düsteren Himmel immer neuer Regen auf das Inferno.

Ich lief zu den Eltern, versuchte, einen Blick aus ihren Augen zu erhalten. Doch sie sahen nur stumm über den Fluß. In Mamas Augen sah ich Tränen, ein Anblick, der mich tiefer traf als das Unheil vor uns. Tränen in den Augen eines Erwachsenen, in den Augen meiner geliebten Mutter, die mir verboten hatte, zu weinen! Sie, die immer ein aufmunterndes Wort bereit hatte, die schwierigste Situationen mit einem Scherz überbrücken konnte – sie weinte! Und neben ihr Papa, reglos, den Blick auf die Flut gerichtet.

Irgendwann gingen wir ins Haus. Papa, den ich nie anders gesehen hatte als hochaufgereckt, den Blick in die Weite gerichtet, in der Haltung eines Herrschers, – er setzte mühsam einen Fuß vor den anderen, den Kopf gesenkt, die Schultern herabhängend, wie ein sehr alter Mann. Nur drei Worte hörte ich von ihm:

»Vierzehn Jahre – weg!«

An diesem Morgen meine ich aus Mamas Mund zum ersten Mal das Wort vernommen zu haben, das über vielen späteren Jahren ihres Lebens stehen sollte: »Verfluchtes Afrika!«

Dieses Bild der gebrochenen Eltern steht vor allen anderen Eindrücken jener Zeit in herausragender Deutlichkeit. Es hat mich tiefer erschüttert als seine Ursache.

Nach zwei Tagen hatte sich das Wasser verlaufen, und wir ritten zu den Pflanzungen. Doch von diesen war nichts mehr zu finden. Gebäude, Maschinen und Einzäunungen waren umgerissen und unter Schwemmsand begraben, der fruchtbare Boden fortgespült. Was in vierzehn Jahren Arbeit geschaffen worden war, lag jetzt als Wüste von Schlammbergen, tiefen Rinnen und entwurzelten Bäumen vor uns.

Doch das Leben mußte weitergehen. Wasser und Gras waren reichlich vorhanden, und vom großen Erddamm war viel Mastfutter zu erwarten.

An einem klaren Morgen sah ich im Osten über den Bergen eine seltsam rötliche Wolke heraufziehen. War es Staub, der zu großer Höhe aufgewirbelt wurde? Aber wie konnte dort, aus dem steinigen Boden so viel Staub herausgefegt werden? Zudem war kein Windhauch zu spüren. Langsam quoll das Phänomen über den Himmel heran und mit ihm ein schwirrendes Rauschen.

Ich holte Mama aus dem Haus.

»Heuschrecken!« rief sie entsetzt. »Wenn sie nur nicht auf unserem Land einfallen! Wo sie sich über Nacht niederlassen, bleibt kein Halm und kein Blatt, nur noch kotbedeckte Erde!«

Der brausende Strom floß über den Himmel und hängte für

Stunden einen roten Schleier vor die Sonne. Über Tage und Wochen folgten weitere Schwärme. Die Viehposten meldeten kahlgefressene Weiden. Vom Mais am neuen Staudamm blieben nur die harten Stengel, die auch das Vieh nicht fressen konnte. Es blieb wieder nur die Erwartung der nächsten Regenzeit.

Auch diese brachte reichlich Niederschläge. Doch die hohe Bodenfeuchtigkeit ließ die Heuschreckeneier, die jahrelange Trockenheit in der Erde überstehen, bereits jetzt schlüpfen. Überall im Grasland zeigten sich dunkle Flecken, Schwärme junger Heuschrecken, noch flugunfähig, die fressend weiterzogen und kahle Erde hinterließen. Sie wuchsen, schlossen sich zu breiten Strömen zusammen, die große Weidegebiete vernichteten. Bis sie schließlich, nach Wochen, ihre Flügel entfalteten und sich in die Luft erhoben. Mit Feuer versuchten wir, die »Fußgänger«, wie sie genannt wurden, um das gute Grasland herumzulenken. Doch bei der Ausdehnung der Farm konnte dies nur in der Nähe menschlicher Wohnplätze erfolgen. Nur der Süden der Farm blieb von den Insekten verschont. Dort wuchs das Gras hoch, wurde gelb und trocken und bot Nahrung für die verbliebenen Tiere. Bis auch hier die Weiden durch Unheil bedroht wurden.

Als die Sonne längst versunken war, blieb im Südwesten der Himmel leuchtend rot. Grasbrand! Dort stand über weite Flächen die Steppe in Flammen. Sofort brach Papa mit allen Männern auf, um vor der Zugrichtung der Feuerwand einen breiten gras- und buschfreien Streifen zu schaffen und das Unheil aufzuhalten. Dies war eine gefährliche Arbeit, die schon Menschenleben gefordert hatte, wenn der Wind umgesprungen oder die Glut weit vorausgeschleudert worden war.

Bei Tagesanbruch fuhr ich mit Mama auf der Maultierkarre zum Brand, um den Männern Essen zu bringen. Bis zum Mittag gelang es, unter Ausnutzung der kleinen trockenen Flußtäler, sandiger oder felsiger Geländeteile, eine Schutzzone zu schaffen, an der die Flammen zusammenbrechen mußten. Aus einem Tankwagen wurde Wasser verteilt, um den Durst zu löschen und Säcke anzufeuchten, mit denen überspringende Funken gelöscht wurden. Papa ritt ständig vor der Feuerfront, um deren Weg unter Kontrolle zu halten. Es gelang, die Glut zum Erlöschen zu bringen. Dennoch war ein großer Teil der von den Heuschrecken verschonten Weiden verbrannt.

Die Schrecken der Unglücksjahre betrachte ich wie große Wandbilder aus der Entfernung. Doch daneben tritt überdeutlich ein Ereignis heraus, das, weniger schicksalhaft, dennoch uns alle, Weiße wie Schwarze, tief berührte.

Als Folge der starken Regenfälle hatten sich manche Insekten stark vermehrt, darunter jene Mücke, die, nachts fliegend, eine tödliche Pferdekrankheit, die Sterbe, überträgt. Wertvolle Tiere gingen verloren. Die Zuchtpferde wurden vom Pferdeposten zur Farm gebracht und im sorgfältig abgedichteten Stall an die Stelle der afrikanischen Arbeitspferde gestellt. Nur bei hochstehender Sonne durften sie zum Grasen in den Pferdecamp am Hause.

Wir saßen beim Frühstück, als Josua hereinkam und mit stockender Stimme zu Mama sagte:

»Missi – David ist gekommen. Er sagt, Schach sei krank.«

Schach, Mamas geliebtes Reitpferd, der große, braune Hengst, für uns alle der Inbegriff eines edlen und guten Pferdes.

Mama schoß empor.

»Schach krank?« kam es fast wie ein Schrei aus ihr. »Sterbe?«

»Ich weiß nicht«, antwortete Josua. »David sagt, Baas und Missi sollen zu Schach kommen.«

Schneller als wir stürzte Mama zum Stall. Da stand Schach an der Krippe. Das Fell war schweißnaß, er zitterte und drohte zu fallen. Der Kopf war zum Boden gesenkt, aus Maul und Nüstern lief dunkler Schaum. Schach hatte die Sterbe, es gab keine Rettung.

Mama warf sich an ihn und legte ihm die Arme um den Hals. »Schach«, rief sie. »Nein, du darfst nicht sterben! Nein, du nicht!«

Das Tier versuchte den Kopf zu heben, wankte und stürzte schwer auf den Boden. Die großen, dunklen Augen sahen zu uns auf, sie suchten Hilfe bei der Herrin. Mama kniete nieder, streichelte das Pferd, das sich stöhnend wälzte, bemüht, wieder auf die Füße zu gelangen. Doch es war schon zu schwach, der

Kopf fiel zur Seite. Am Abend war Schach tot. Zum zweiten Mal sah ich Mama weinen.

Ein Maultiergespann schleifte den toten Hengst aus dem Stall und im Regen über die Steine des Hofes. Als die Tierleiche sich drehte, sah ich an der Unterseite abgerissene, blutige Hautfetzen und rohes Fleisch – ein widerwärtiger Anblick.

Auch ich mußte weinen. Schach war mir ein wirklicher Freund gewesen. Größer und kräftiger als Krischan, hatte er stets die Führungsrolle unter den Gebrauchspferden beansprucht. Aber immer hatte ich mich auf seine Gutmütigkeit und Hilfsbereitschaft verlassen können. Beim Pferdeholen aus dem Camp waren es er und auch Dina gewesen, die mir Mühe ersparten, weil sie nicht fortliefen wie die anderen Tiere, sondern auf Zuruf herankamen, das Lockbrot aus der Hand fraßen und die übrigen Pferde nachzogen. Schach war das einzige große Pferd, auf dem ich schon als Kleinkind bedenkenlos geritten war, um es zur Schmiede oder zu Mama zu bringen. Man hatte mir hinaufhelfen müssen, aber, einmal oben, hatte ich stets gespürt, wie vorsichtig sich der Hengst bewegte, um mich nicht zu gefährden. Dieses stolze, gütige Wesen, ein herrliches Tier – nun war es ein erbärmliches Bündel schmutzigen Fleisches, wurde von Maultieren vom Hof geschleift!

Von Mama war tagelang kein Wort zu hören. Papa, durch alles Unglück ebenfalls still geworden, litt mit ihr. Das immer lautfröhliche Küchenpersonal, die Stalljungs – sie alle verrichteten schweigend ihre Arbeit. Die Farm trauerte um einen unersetzlichen Freund.

Dürre, Überflutung, Heuschrecken und Steppenbrand stehen nur großflächig in meiner Erinnerung. Die Eltern waren bemüht, uns Kinder nicht die Sorgen um den Erhalt der Farm spüren zu lassen. Mamas positive Lebenshaltung, ihr Humor haben unser Kinderdasein selbst in den schweren Zeiten durch Licht und Freude geführt. Erst als ich in ihren Augen Tränen sah, spürte ich, daß Furchtbares geschehen sein mußte. Alles Unglück dieser Jahre konzentriert sich im Rückblick auf zwei Bilder, auf denen ich Mama weinen sehe: Da finde ich die Eltern, vorm Haus sitzend und ihr unter der Flut vernichtetes

Werk suchend. Und das andere Bild zeigt Mama auf der Treppe stehend und ihrem geliebten Reitpferd nachsehend, das als blutiger Kadaver vom Hof gezerrt wird.

Fremde Männer kamen, Deutsche, Engländer, Buren, die laut redeten, Gebäude und Anlagen besahen, als seien sie die Herren. Nächtelang saßen sie mit Papa auf der Veranda, sprachen über Vieh und Wasser, nannten Zahlen. Und immer war der Bankdirektor aus Windhoek dabei. Ständig schaffte Josua Whisky heran, und einige Male fand ich morgens einen der Fremden in einer Alkoholwolke im Stuhl schlafend vor.

Die volle Bedeutung dieser Vorgänge habe ich als Elfjähriger nicht begriffen. Als Mama sagte, sie würde mit mir und meinem Bruder nach Deutschland fahren, erregte dies nur freudige Neugier auf das Wunderland der Erwachsenen und die Schiffsreise. Mir ist nicht bewußt geworden, daß die Farm überschuldet war, verkauft werden mußte und wir sie für immer verlassen würden. War es doch üblich, daß begüterte Familien gelegentlich nach Deutschland reisten und ihre Kinder für die letzten Schuljahre dorthin schickten, um deren kolonial-provinziellen Gesichtskreis zu erweitern. Papa blieb ja zurück. Daß er uns nach Abwicklung des Verkaufs der Farm folgen würde, ist mir erst später klar geworden.

Unbelastet vom Gefühl schmerzlicher Endgültigkeit nahm ich Abschied. Es ging ja nach Deutschland, »Nach Hause«, wie ich es immer von den Eltern gehört hatte. Das war jene wunderbare Welt, die mir aus den Schilderungen der Erwachsenen und aus meinen Büchern von je her vertraut war, die einen breiten Raum in meinen Vorstellungen und meiner Phantasie einnahm. Ein Land, in dem es immer und überall Wasser und doch keine Heuschrecken gab, in dem alles viel besser und schöner sein sollte.

Josua kam zu mir und drückte mir die Hand.

»Klein-Baas, du mußt zurückkommen«, sagte er. »Wenn du groß bist, wirst du Farmer, und ich werde dein Hausjunge.«

Die Küchen- und Waschfrauen standen schluchzend vorm Haus. Daß Susanna mich in die Arme schloß, war mir peinlich, sie wußte doch, daß Mama dies mißbilligte.

Aber einen Abschied gab es, der auch mir schwer fallen mußte. Ich ging zum Pferdecamp. Während die anderen Tiere in der Ferne grasten, stand Dina allein am Tor. Hatte sie mich erwartet? Ihre weichen Lippen glitten über meine Hand, nahmen das Brot – zum letzten Mal! Ich legte ihr die Arme um den Hals und lehnte mich an sie. Doch sie drehte sich um und rieb ihre Stirn sanft an meiner Brust. Mir schien es selbstverständlich, daß mein Pferd den Ernst des Augenblicks spürte. »Dina«, sagte ich. »Du bist immer gut zu mir gewesen, hast mir so oft geholfen. Wer wird dich reiten, wenn ich fortgehe? Ich wünsche dir einen guten Herren! Und ich werde dich nicht vergessen. Ich weiß, daß meine Gedanken noch oft zu dir gehen werden, zu meiner lieben Freundin!«

Die Wärme des Pferdeleibs und sein Geruch umfingen mich. Unter meinen Fingern schmiegte sich das weiche Fell. Da waren die großen, dunklen Augen, mit denen Dina mir so vieles zu verstehen gegeben hatte. In der Kehle spürte ich die Beklemmung der Wehmut aufsteigen und wandte mich ab. Keine unmännliche Rührung! Von der Hausecke winkte ich Dina zum letzten Mal. Sie hatte den Kopf durch den Zaun gesteckt und sah mir mit aufgestellten Ohren nach.

Nach Deutschland, »nach Hause«!

Ein Ochsenwagen mit großem Gepäck und Kisten voller Möbel war bereits vor Tagen auf den Weg gebracht worden. Nun fuhr Papa uns mit dem Auto zur Bahn. Der Abschied von ihm war nicht anders, als wenn wir nach Swakopmund gefahren wären. Eine kurze Umarmung, ein Scherzwort. Ich war elf Jahre alt und hatte gelernt, daß man keine Gefühle zeigt. Der Zug fuhr an, Papa stand winkend am Bahndamm und versank in der Weite der Steppe.

Schon bald nach der Abfahrt begann der Zug langsamer zu fahren, ruckte einige Male wieder an und blieb schließlich stehen. Die Dampflok schnaufte wie in voller Fahrt, die Räder drehten sich, ohne den Zug zu bewegen. Ein Teppich von Wanderheuschrecken, den »Fußgängern«, glitt über die Schienen. Auf den zerquetschten Insekten fanden die Räder keinen Halt. Ein Lokführer stieg aus und ließ aus einem langen Schlauch heißen Dampf gegen die anrückenden Tiere zischen. Langsam gehend, hielt er kurzfristig die Schienen frei bis der Zug das Hindernis überquert hatte. Doch bis zum Bergland vor Windhoek waren noch etliche Schwärme zu passieren, bevor wir wieder freie Fahrt hatten.

In Walvisbay brachte uns Käpten Brauer an Bord des Frachters »Sultan«, der bereits auf uns gewartet hatte. Noch während wir in unsere Kabinen geführt wurden, hörte ich das Poltern der Ankerwinde – wir waren auf dem Weg nach Deutschland!

Wieder an Deck, sah ich die Küste vorbeiziehen, die Dünen der Namibwüste, glühend unter der Abendsonne. Vor Swakopmund dröhnte der übliche Gruß der Schiffssirene hinüber. Vertraute Bilder, die Mole, der Leuchtturm, versanken in der Dämmerung. Über dem Schiffsbug leuchtete der Orion auf. Er stand jetzt auch über unserer Farm, und mit dieser Vorstellung kam mir für einen Augenblick die unklare Ahnung, daß dieser Abschied mich durch Raum und Zeit viel weiter von meinem geliebten Spielhügel hinwegführen würde als die üblichen Reisen nach Swakopmund. Doch das, was vor mir in der Nacht auf mich wartete, zog noch stärker. Was weiß schon ein halbwüchsiger Junge vom Glück der Weite und Freiheit afrikanischer Steppe, vom Zauber des kristallklaren, hohen Lichts, wenn er in dieser Welt aufgewachsen ist? Daß es ein Glück und ein Zauber waren, die ein Leben lang in unbewußten Tiefen meines Herzens wirksam blieben, weiß ich erst jetzt, da ich als alter Mann mein Kinderreich wiederfinde.

Der »Sultan« war ein Frachter, unter dessen Brücke sich vier sehr geräumige und komfortable Passagierkabinen befanden. Durch große Fenster konnte ich aus meiner Koje über das Vorschiff und über die See blicken. Die Mahlzeiten wurden zusammen mit den Schiffsoffizieren eingenommen. Wir und noch zwei weitere Passagiere hatten selbstverständlich Zugang zu allen Schiffsräumen. Schon am ersten Tag fand ich meinen Platz auf einem Sitz in der Brückennock, von wo ich rundum, vom Bug bis zum Kielwasser schauen konnte. Ein seit langem von Phantasien getragener Traum ging in Erfüllung: auf einem Schiff durch grenzenlosen Raum zu ziehen.

Unerwartet strahlten mich am ersten Morgen Heinz Bogners Sonnenaugen an. Vor zwei Jahren hatte er mich in Walvisbay in die verlockende Welt der Seefahrt eingeführt. Nun fuhr er als dritter Offizier auf dem »Sultan«. Oft saßen wir in seiner Kammer, zitierten Wilhelm Busch, und er führte mich über Ringelnatz und Masefield zu Uhland und Fontane aus seiner kleinen Bibliothek. Ich ging mit ihm auf der Brücke seine Mittelwache, tags wie nachts von zwölf bis vier Uhr. Bald konnte ich das Schiff nach dem Kompaß steuern, die Loguhr ablesen und mit der Schiffsglocke die Wachen einläuten. Heinz, wie ich ihn nennen durfte, wies mir die ersten nördlichen Sterne. In die Dunkelheit hinein fragte er nach meinem Spielhügel, nach Dina und zum ersten Male schilderte ich einem anderen Menschen meine Traumspiele. Auch er erzählte von seiner Kindheit und davon, was die See schenkt und fordert. Er blieb mir, dem zehn Jahre Jüngeren, ein Freund bis zu seinem tragischen Ende.

Der Kapitän, ein grauhaariger, alter Fahrensmann mit schalkhaften, hellblauen Augen, begutachtete mein Kielwasser, als ich am Ruder stand.

»Da kann man bis zum Horizont ein Lineal dranlegen«, meinte er. »Du solltest Seemann werden.«

Er hängte mir ein Fernglas um. »Das behältst du für diese Reise.«

Stolz trug ich meinen Kieker, wie es die Schiffsoffiziere taten.

Zum ersten Mal stieg ich auf einem fahrenden Dampfer in den Heizraum. Zwar war ich in Walvisbay, während der Liegezeiten, schon dort unten in der finstersten Tiefe des Schiffsraums gewesen, wo Heizer gelegentlich eines der Feuerlöcher aufgerissen hatten, um Kohle auf die verhaltene Glut zu schaufeln. Doch jetzt, in Fahrt, war die riesige Schiffsmaschine ständig mit hohem Dampfdruck aus den Kesseln zu versorgen.

Mit langen, eisernen Schürhaken rissen die Heizer die Klappen der Feuerlöcher auf und stießen in die prasselnde Glut, um Kohle und Asche zu trennen. In genau gezieltem Schwung schleuderten sie mit schweren Schaufeln weitere Kohlen in die Flammen, deren Hitze wie eine dicke Masse herausschlug. Die Luft war heiß und stickig und erfüllt vom Lärm der Schaufeln auf den eisernen Flurplatten und vom Tosen aus den offenen Feuern. Die von oben zugeführte Frischluft brachte in den Tropen keine Kühlung. Der Feuerschein ließ den dichten Kohlenstaub wie einen Schleier wallen. Von den Heizern konnte ich nur die Augen erkennen sowie diejenigen Glieder und Körperteile, die vom Schweiß oder einem Lappen vom Kohlenstaub befreit worden waren. Sie zuckten wie an unsichtbaren Fäden gezogen vor der schwarzen Tiefe des Raums.

Dahinter, aus dem Dunkel heraus, krochen andere Gestalten heran. Tiefgebückt schleiften sie auf Planen Kohle von den Bunkern vor die Kessel. Wie große, dunkle Tiere strebten sie für Sekunden aus der Finsternis zum Feuerschein, um wieder in die undurchsichtige Tiefe zurückzuschrecken.

Wenn ich je eine Vorstellung der Hölle gehabt hatte, so kam sie dieser beängstigenden Szene nahe.

Doch am tiefsten traf mich, daß es Weiße waren, die in dieser Hölle eine fürchterliche Arbeit leisteten. Noch nie hatte ich Menschen meiner Rasse in solchem körperlichen Einsatz unter grauenhaften Bedingungen gesehen.

Die Äquatortaufe verlief ohne das übliche derbe Zeremoniell. Da nur mein Bruder und ich zu taufen waren, verzichtete Neptun auf den Besuch an Bord. Unvermutet ergoß sich vom Bootsdeck ein Eimer Seewasser über mich. Mit einer prunkvollen Urkunde wurde mir der Name »See-Aal« verliehen.

»Weil du schnell und wendig und schwer zu greifen bist«, meinte der Kapitän. »Und weil du dich geschickt aus heiklen Situationen herauswindest, nicht nur mit Händen und Füßen, auch mit List und Mundwerk!«

Weil es an der Goldküste, dem heutigen Ghana, noch keine Häfen gab, wurde bei Accra vor der Küste geankert. Mit dem »Mammychair«, einem Holzkasten, wurden wir in ein Brandungsboot hinabgelassen, wo es im Seegang ein unsanftes Aufsetzen gab. Acht athletische Afrikaner paddelten mit rhythmischem Gesang zum Ufer. Im Heck stehend, steuerte der Headman, verharrte vor der Brandung, um dann, im günstigsten Augenblick mit einem Schrei die Männer zu äußerster Leistung anzufeuern und das Boot auf einer Welle zum Strand zu reiten. Auf den Schultern der Crew wurden Passagiere und Ladung an Land getragen.

Staunend sah ich große Plantagen und die immergrüne Vegetation eines tropischen, fruchtbaren Landes. Doch die Weißen klagten über das ungesunde Klima. »Wer seine Familie liebt, läßt sie in Europa«, hieß es.

Brandungsboote brachten die Ladung zum »Sultan«, Rohkakao in Säcken. Um den Transport zu beschleunigen, schleppten die beiden Schiffsbarkassen die Boote von der Brandung heran und zurück. Ich stieg zu Willy, dem Obermatrosen, in seine Barkasse und lernte, Boote im Seegang zu schleppen. Vor Secondee, einem anderen Küstenort, schleppten wir viele Tonnen schwere Baumstämme, zu Flößen zusammengebunden, zum Dampfer, wo sie mit dem Ladegeschirr an Bord gehievt und auf dem Vordeck festgezurrt wurden. Wieder spürte ich die Lust, ein Wasserfahrzeug im Seegang zu steuern. Auch ein Schiff ist ein lebendiges Wesen. Es reagiert auf Wellen und Wind und hilft mir, den besten Kurs zu finden, jedoch ohne daß ich, wie beim Reiten, meinen Willen gegen den eines anderen Wesens setzen muß.

Die Laderäume des »Sultan« waren voll, ein Teil der Baumstämme lag festgezurrt an Deck. Entlang der niedrigen Küste führte unser Kurs nach Westen. In der Nacht wies Heinz mir ein fernes Leuchtfeuer.

»Cape Palmas, das Palmenkap«, sagte er. »Eine Ecke Afrikas. Dort beginnt die Pfefferküste. Ein gefährliches Gebiet für die Schiffahrt.«

Auf der Seekarte wies er mir die Felsen und Untiefen, die wir in sicherem Abstand umfuhren. Da fand ich manchen Namen meiner Vorfahren und Verwandten. Schiffe der Woermann-Linie, nach der Familie benannt, waren dort auf unbekannte Hindernisse gelaufen und hatten diesen ihre Namen gegeben.

»Und dahinter nur Wildnis, Busch und Urwald«, fügte Heinz hinzu. »Eine Handvoll Weißer an kleinen Küstenorten. Keine Wege ins Innere, keine Zivilisation, weil dieses Land nie Kolonie war.«

Das Leuchtfeuer von Cape Palmas, das schwache Blinken aus der Nacht – ich konnte nicht ahnen, daß es zu einem Meilenstein meines Lebens und ein Wegweiser zu abenteuerlicher Seefahrt an dieser verrufenen Küste werden sollte. So wollte es die seltsame Fügung eines Schicksals, von dem ich nicht weiß, ob es Ursache ist oder Wirkung.

Nun zog die Sonne ihren Bogen über dem Kielwasser – wir waren auf der nördlichen Erdhälfte. Der Orion neigte sich nach Süden und nahm wieder eine aufrechte Haltung ein. Doch nun schien er mir auf den Händen zu stehen, während seine Beine in die Höhe ragten.

Doch Mama sah ihn anders.

»Nun kommt er wieder auf seine Füße«, meinte sie und deutete mir das Sternenbild, wie sie es sah. Da begriff ich, daß der Orion auch von der nördlichen Erdhälfte aus sich als aufrecht stehender Mann zeigt. Mir wurde klar, daß ein für Europäer auf dem Kopf stehendes Bild dennoch, vom Süden Afrikas aus gesehen, als richtig erscheinen kann.

Gran Canaria. Eine Rundfahrt durch die kleine Stadt und in die Berge. Wieder auf See, wo die Wellen weiße Kämme unter einem grau verhangenen Himmel zeigten. Der Wind war feuchtkalt. Am Ruder spürte ich, daß auch ein großes Schiff von den Wellen aus dem Kurs gedrängt wird und der Hilfe bedarf, um die Richtung zu halten. Mit dem Bootsmann prüfte Heinz die Verzurrung der Baumstämme auf dem Vordeck.

»Damit die See sie nicht losreißen kann«, erklärte er mir.

»Die See?« fragte ich ungläubig. »Hier an Deck? Kann die See hier heraufkommen?«

»Die Biscaya«, sagte Heinz. »Wenn es dort viel Wind gibt, dann kann die See über das Deck fegen. Dann muß alles fest sein.«

In der Abenddämmerung lag unter düsteren Wolken ein schmaler, dunkler Strich: Kap Finisterre, das erste Stückchen Europas. Schon zum Abendessen schraubte der Steward die Schlingerleisten auf den Tisch, damit das Geschirr nicht herunterrutschen konnte. Als ich mich zum Schlafen legte, rollte ich zwischen Wand und Kojenbrett hin und her, bis ich mir aus Kissen und Decken eine Mulde gebaut hatte, in der ich ruhiger lag. Um Mitternacht hangelte ich mich, mit einer großen Öljacke versehen, zu Heinz auf die Brücke und klemmte mich hinter einem Pfosten fest. Daß ein so großes Schiff solch wilde Bewegungen vollführen konnte! Wie hoch mochten wohl die Wellen sein? Im Finstern war nichts zu sehen. Nur die Köpfe der Brecher schimmerten im fahlen Meerleuchten, wenn sie aus dem Dunkel heranrasten. Ein donnerndes Poltern übertönte das Brausen des Sturms. »Da ist Rasmus eingestiegen«, rief Heinz und wies hinunter. Rasmus, die Personifizierung des stürmischen Seegangs, hatte zugeschlagen. Über dem Vordeck, wo das Holz lag, brodelte leuchtender Schaum, gischtete bis zu uns auf die Brücke und floß nach Lee ab. Der Rudergänger ließ das Rad wirbeln, um den Dampfer auf seinem Kurs zu halten.

»Ist das Sturm?« fragte ich Heinz.

»Ein kleiner Sturm ist das schon«, meinte er. »Hoffentlich wird es nicht noch mehr. Die Holzladung.«

Noch auf Heinz' Wache geschah es. Ein mächtiger Stamm war von der überkommenden See verschoben worden. Nun hing er nur noch an einem Ende, schlug beim Schlingern krachend gegen den Aufbau des Vorschiffs. Der Kapitän ließ das Schiff mit langsamer Fahrt gegen die See laufen. So lag es ruhiger und nahm weniger Wasser über. Mit dem Bootsmann und drei Matrosen stieg Heinz hinunter, um im Scheinwerferlicht mit einem Stahlseil das lose Ende des Baumstammes einzufangen, das in unberechenbaren Schwüngen hin und her fegte. Eine gefährliche Arbeit für die Männer, die, vom Wasser umspült, keinen festen Halt hatten. In diesem Moment warf ein Brecher den Schiffsbug zur Seite. Der nächste schoß heran, stürzte über das Deck. Die vier verschwanden im Gischt. Als sich das Wasser verlief, hingen sie angeklammert am Vorschiffsaufbau. Der lose Stamm schlug gegen einen Lüfter, riß diesen ab und sprengte das Seil, das ihn am anderen Ende gehalten hatte. Der nächste Schwall schleuderte ihn dicht an Heinz vorbei gegen die Reeling, wo er die Eisenplatten durchschlug und über Bord ging.

»Der tut uns nichts mehr«, hörte ich den Kapitän.

Heinz kam zurück auf die Brücke und berichtete dem Kapitän. Dann trat er zu mir.

»Ja, das ist eine andere See als bisher«, meinte er und fügte lachend hinzu: »Eine See, die Jünglinge ruckartig zu Männern macht. Zumindest steht es so in manchen schlauen Büchern.«

Ich konnte ihn nur groß ansehen. Der Mann, der im reißenden Wasser und Gischt die Ladung befestigt hatte, der unter dem Brecher begraben und fast vom Baumstamm zerquetscht worden war, das war nicht mehr der Heinz, der Gedichte zitierte und sich von meinen Träumen erzählen ließ.

Der Sturm flaute ab. Es ging zum Kanal, über die Nordsee, und nach einer fünfwöchigen Reise liefen wir in die Elbe ein.

Jugend in Hamburg

Die Elbe im Morgenlicht – noch viel breiter, als ich es mir vorgestellt hatte. Von der Dampferbrücke sah man weit ins Land. Alles war grün, die weiten Felder, die Bäume. Hier gab es keine Trockenzeit! Es ging in das Märchenland der Erwachsenen!

Hamburg breitete sich vor uns aus, die Stadt, die immer Mittelpunkt gewesen war, wenn die Eltern von »zu Hause« gesprochen hatten. Es muß wohl ein Sonntag gewesen sein, als wir in den Hafen einliefen. Überall wehten Flaggen.

»So viele schwarz-rot-gelbe Flaggen«, stellte ich fest und fragte Heinz nach deren Bedeutung.

»Das ist schwarz-rot-gold, nicht gelb«, lachte er. »Es ist die deutsche Flagge. Schon seit sechs Jahren.«

»Hier hat man eine andere deutsche Fahne als in Südwest-Afrika«, war Mamas Erklärung. »Hier findet man schwarz-rot-gelb schöner als unser schwarz-weiß-rot.«

Riesige Kaischuppen zogen vorbei. Noch nie hatte ich so große Gebäude gesehen. Davor die Menschen, die Kisten und Säcke transportierten. Daß Weiße solch schwere Arbeit verrichten mußten!

Winkende Verwandte standen auf dem Kai, kamen nach dem Anlegen an Bord, um uns abzuholen. Verwirrend viele waren es, Onkel, Tanten, Vettern, Kusinen.

Der Dampfer war für die lange Überfahrt noch ein wenig vertrautes Afrika gewesen. Nun ging es hinein in die aus so vielen Erzählungen vertraute und doch fremde, neue Welt! Schon auf der Taxifahrt zum Hause von Onkel Kurt spürte ich, wie die Stadt mich einsog in ihr kompliziertes System rechtwinkliger Begrenzungen. Wie riesige Käfige erschienen mir die Wohnblocks. Zwischen ihnen, tief eingeklemmt, das Straßengewirr als Auslauf für viele, eilige Menschen. Nur nach oben fand der Blick ein wenig Freiraum. Doch auch das kleine Stückchen Himmel war grau verhangen. Hohe Steinmauern, Asphalt und ein kleiner Ausschnitt düsterer Wolken. War das Hamburg, von dem die Eltern geschwärmt hatten?

Doch Onkel Kurts großes Haus lag an einer breiten, ruhigen

Straße in einem Garten, der an ein Gewässer, den Feenteich, angrenzte. Da fand sich, beglückend für mich, ein kleines Boot, mit dem ich rudern durfte.

»Aber nur bis zur Brücke, nicht auf die Alster! Das ist zu gefährlich«, wurde ich gewarnt.

Alle Grundstücke waren durch Zäune und Hecken voneinander abgegrenzt. Nicht einmal hinübersehen konnte man. Warum? Hier gab es doch kein Vieh, das am Fortlaufen gehindert werden mußte. Wollten die Menschen nichts voneinander wissen? Auch die wenigen Fußgänger auf der Straße gingen, anders als in Afrika, grußlos aneinander vorbei.

Schon wenige Tage nach unserer Ankunft machte sich ein fröhlicher Haufen Vettern und Kusinen auf, um unter Tante Marias Führung dem neuen Verwandten aus Afrika Hamburg zu zeigen. Nun sollte ich, schon elf Jahre alt, jenes Wunder erleben, von dem die Eltern so oft erzählt hatten: Die Bahn, die hoch über und tief unter der Erde die Stadt durchquert – unvorstellbar!

Schon der Bahnhof war imponierend. Die große Halle, mit blanken, gelben Kacheln ausgekleidet – welche Pracht! In Afrika hätte hier eine kleine Wellblechbaracke neben den Geleisen gestanden.

Da, der Zug! Hinein, ein Fensterplatz. Schon kam der erste Sprung aus dem Bahnhof, hoch über die Straße zwischen Häuserwänden. Haltestellen, wieder Straßen und Häuser, so groß, wie ich sie noch nie gesehen hatte. Die Menschen darin, wie mochten sie sich zurechtfinden? In Afrika konnte man sich nach der Sonne richten, nach Bergen und Bäumen. Aber hier, bei bedecktem Himmel und den vielen Straßen, die alle gleich aussahen?

Dann ging es unter die Erde. Mit Donnergetöse und immer gleicher Geschwindigkeit über endlose Strecken im Dunkeln. Dazu die erdrückende Vorstellung der großen Häuser über uns. Sogar unterirdische Haltestellen gab es. Alle waren verschieden ausgemalt oder gekachelt. Ich versuchte zu vergleichen, welche die schönste war. Aber es kamen immer neue, andere. Das alles sollte noch Hamburg sein, immer noch Stadt?

Wieder empor ans Tageslicht. Gebäude, ein Park, eine Kirche, Häuserblocks, enge, tiefe Straßen.

»Aussteigen!« Tante Maria zählte die Häupter der lärmenden Gruppe und führte uns auf die Straße. Ein neues Wunder: eine Straßenbahn! Auf Schienen, mitten auf der Straße!

»Tante Maria, wo fährt die hin?«

»Da gibt es viele Linien, überall hin in der Stadt.« Wie groß mußte diese Stadt sein, in der man nicht nur die Hochbahn sondern auch noch die Straßenbahnen brauchte! Und nun sollte es mit einem solchen Gefährt, das so fröhlich klingeln konnte, weitergehen.

»Wir müssen warten, bis die richtige Linie kommt«, verkündete die Tante und studierte den Fahrplan. Die Kindergruppe lärmte um mich herum.

Ja, und dann spürte ich es in mir, und es war schon sehr drängend. In Afrika ging man bei innerem Druck »hinter einen Busch«. Aber hier? Nur sauberes Pflaster zwischen schönen Häusern. Doch es wurde immer dringender! Die Tante fragen? Nein, diese hochgewachsene, vornehme Dame, der ein Pelzmantel – so etwas Elegantes hatte ich noch nie gesehen – eine madonnenhafte Unnahbarkeit und mir einen tiefen Respekt verlieh, die konnte ich nicht wegen eines banalen Bedürfnisses fragen. Wo ich sie doch erst seit vorgestern kannte. Nein, das war zu genierlich. Aber wohin mit meiner Not?

Da sah ich – und erfaßte intuitiv den Sinn des Hinweises – ein kleines Emailleschild, darauf das Wort »Männer« und eine Hand, deren Zeigefinger eine Treppe hinabwies. Das mußte es sein, und es wurde auch allerhöchste Zeit.

Hin, die Stufen hinab. Ein großer, halbdunkler Raum und da, ja, da war es: Offene Türen und dahinter Klos! So viele? Wozu? Egal, hinein, die Hose und...

Da wurde die Tür aufgerissen. Ein kleiner, alter Mann mit verknittertem Gesicht schrie mich an: »Erst betohln, min Jung! Los, Geld her! Ok wenn dat ilig is!«

Was war das für eine Sprache? Nur eines hatte ich verstanden: Geld her! Wofür Geld? Mußte man dafür bezahlen? Geld hatte ich nicht bei mir. Im Sitzen mußte ich mit dem Alten verhandeln:

»Ich hab kein Geld.«

»Dann döffst hier nich rin. Minnerbemiddelte is dor achtern, letzte Dör. Dat kost nix. Obers no minnerbemiddelt sühst du nich ut. So'n feinen Anzug, wie 'n Herrschaftskind. Un denn för nix schieten! Nee, nich bi mi! Dat kost 'n Groschen! Anners komms' nich weg!«

»Ich habe das nicht verstanden«, wagte ich schüchtern zu sagen.

»Nicht verstanden? Wo kommst du denn her? Mit so'n feinen Matrosenanzug, und denn keen Platt verstohn? Kommst du von Binnenland?«

»Nein, aus Afrika.«

»So, von Afrika? Vertell, vertell!« Doch dann kam es in verständlicher Sprache: »Das soll ich glauben? Mein Jung, ich bin bei Woermann auf Afrika gefahren, auf Ost und auf West. Na, und von wo willst du gekommen sein?«

»Von Walvisbay.«

»So, von Walvisbay? Dann sag mir mal wie der Hafen von Walvisbay aussieht.«

»Da gibt es keinen Hafen«, konnte ich sagen. »Nur ankern auf Reede.« Wollte der schreckliche Kerl nicht endlich verschwinden? Wo ich doch jetzt einige diskrete Handgriffe tun mußte. Und die wartende Gruppe draußen, bei der ich mich nicht abgemeldet hatte.

Aber wie herauskommen aus diesem düsteren Verlies? Ich war gefangen in der Gewalt meines feindseligen Zerberus. Hilflos, ohne Lösegeld, ohne Verbindung mit der Außenwelt, ohne einen Fluchtweg. Dieser übelwollende Mann vor mir. Noch nie war ich von einem Menschen bedroht worden. Ich war mit Gefahren vertraut gewesen, kannte die Bedrohung durch Hunger, Durst, wilde Tiere oder Naturgewalten. Aber dort, in der Wildnis war der Mensch immer Helfer, zumindest ein Leidensgenosse gewesen. Und nun fühlte ich mich erstmalig von einem Menschen bedroht, von diesem erzürnten alten Mann, dessen Willkür ich schutzlos ausgesetzt war. Eine neue, schreckensvolle Erkenntnis!

Doch mit der Beschreibung von Walvisbay hatte ich sein Interesse geweckt.

»Tscha«, gab er zu. »In Walvisbay gibt's keinen Hafen. Aber wie kommt man denn an Bord?«

»Mit Barkassen und Leichtern von der Landungsbrücke.« Und dann fügte ich hinzu: »Ich hab dort Barkasse gefahren. Wenn ich von der Farm weg an der Küste war.«

»Wieso das?«

»Käpten Brauer hat es mir erlaubt, der Hafenkapitän. Sein Sohn ist mein Freund.«

»Kiek an! Käpten Brauer hat mich mit an Land und nach Swakopmund genommen. Mußte dort zum Arzt. Hab 'n Bier mit ihm getrunken. In 'n ganz feinen Hotel beim Strand.«

»Hotel Fürst Bismarck«, wußte ich.

»Richtig, min Jung. Kommst ja wohl wirklich von da her.«

Kann er mich nicht mal kurz allein lassen? Nein, er lehnt sich in die Tür und fragt:

»Und mit welchem Dampfer bist du gekommen?«

»Mit dem ›Sultan‹. Käpten Pens.«

»Stimmt. De föhrt op Süd- und Ost-Afrika.«

Nun schien meine Herkunft bewiesen. Darüber, daß ein Hamburger Toilettenwärter afrikanische Häfen und sogar Käpten Brauer kennt, konnt ich mir in meiner Notsituation keine Gedanken machen. Blieb doch das Problem des Entgelts weiterhin ungelöst. Ja, schon kam der Alte darauf zurück: »Wieso hast du kein Geld? Wie bist du denn hergekommen?«

»Mit der Hochbahn. Tante Maria hat es bezahlt.«

»So«, sagte er gedehnt. »Und wo ist sie jetzt, die Tante Maria?«

»Draußen. Mit den anderen.«

Er hob den Kopf. »Dann kannst du dir ja den Groschen holen von Tante Maria.«

»Ja«, sagte ich. »Wenn ich hier fertig bin.« Was war wohl ein Groschen? Ich griff zur Papierrolle. Nun endlich trat er zurück und ließ mich allein.

Aber als ich hinausging, kam er mit auf die Straße. Und damit begann für mich eine weitere martervolle Erfahrung.

Da stand ich nun an der Straßenbahnhaltestelle. Jedoch keine Tante Maria, keines der Kinder! Aber neben mir mit argwöhnischem Gesicht der Toilettenmann.

»Na«, fragte er. »Wo is sie denn nu, deine Tante Maria?«

Er mußte mich für einen Betrüger halten. Mir wurde klar, daß es hier nur noch eines geben konnte, das Gesetz der Steppe: Der Schwache flieht!

Ein Sprung über die Straße, den Fußweg entlang, im Ohr die Schimpfworte des Wärters. Dort um die Ecke und um die nächste! Ein Blick zurück: Kein Verfolger! Ein Hauseingang, eine Klapptür, ein dämmeriges Treppenhaus – abwarten! Und dann vorsichtig zurück, dorthin, wo ich die anderen verlassen hatte, wo man mich suchen würde. Noch konnte Tante Maria nicht wieder dort gewesen sein. Neben dem Aufgang zur Hochbahn stehend, konnte ich die Straßenbahnhaltestelle im Auge behalten, ohne vom Toiletteneingang gesehen zu werden.

Warten! Wie lange schon? Niemand kam, um mich zu suchen. War ich verloren? Wie sollte ich je zurückfinden in dieser riesigen Stadt? In welcher Straße lag des Onkels Haus? Zwecklos, jemanden zu fragen, wenn man nicht weiß, wo man hingehört.

Menschen kamen und gingen – sie alle wußten, wohin. Wie ich sie beneidete! Straßenbahnen rumpelten vorbei, über mir donnerte die Hochbahn in die nächste Straßenschlucht. Alles lief an mir vorüber, alles hatte ein Ziel. Nur ich stand hilflos in diesem ungewohnten Verkehr, ohne einen Anhalt, eine Richtung, die mir in dieser abweisenden Welt hätte helfen können. Noch nie hatte ich dieses Gefühl hoffnungsloser Verlassenheit erlebt. Wäre ich in der Steppe gewesen, in den Bergen meiner Heimat, ich hätte mir den Hinweg gemerkt, und die Sonne, Felsen, Bäume hätten mir den Rückweg gewiesen. Aber hier, wo der Himmel bedeckt war und alle Häuser und Straßen mir gleich erschienen! Ich war verzweifelt. Tränen stiegen mir in die Augen.

Aber das durfte nicht sein! »Ein Junge weint nicht!«, hatten die Eltern mich von klein auf gelehrt. Sie hätten mich ausgelacht mit meiner Angst. Nein, keine Tränen. Doch das galt für die Wildnis, wo man sich helfen konnte.

Ein älterer Herr sah mich schluchzen und verhielt seinen eiligen Schritt.

»Was hast du?«, fragte er. »Geht es dir nicht gut?«

»Ich kann nicht nach Hause«, klagte ich.

»Warum nicht?«

»Ich weiß den Weg nicht.«

»Wo bist du denn hergekommen?«

»Von dort, mit der Hochbahn. Mit den anderen. Aber die sind weg!«

»Dann fahr mit der Hochbahn zurück! Weißt du, wo du eingestiegen bist?«

»Ja«, meinte ich sagen zu dürfen. »Die Haltestelle kenne ich. Aber ich habe kein Geld.«

Er griff in die Tasche. »Hier hast du Fahrgeld. Nun fahr nach Haus!« Er eilte weiter. Wie sollte er auch wissen, daß ein elfjähriger Junge sich nicht zurechtfinden kann.

In meiner Hand hielt ich zwei Geldstücke. Zehn Pfennig stand auf jedem. War das der Fahrpreis? Oder hatte er mich für einen Bettler gehalten? Das wäre schlimm! Doch nun hatte ich Geld, was wohl in Europa so wichtig war wie in Afrika meine Wasserflasche. Ich mußte es versuchen. Aber allein in die Hochbahn, die mich über Brücken und durch Tunnel weit durch diese fürchterliche Großstadt verschleppen konnte?

Mamas Stimme klang in mir auf: »Ein Junge hat keine Angst! Ein Junge kann alles allein! Heul nicht, tu' was!« So war ich erzogen worden, und so mußte ich handeln. Auch in dieser beängstigenden Großstadt. Also los, das Geld in der Hand, die Treppe hinauf zum Schalter, oben am Bahnsteigende. Ein Zug fuhr gerade ab, »Barmbek« las ich auf dem letzten Wagen. Was hieß »Barmbek«?

»Wohin?« kam es vom Schalter.

»Zu der Station mit den gelben Kacheln. Über der Erde«, sagte ich.

»Kenn ich nicht. Wie heißt die Haltestelle?«

»Den Namen weiß ich nicht. Die große Halle, gelbe Kacheln an den Wänden bis zum Dach.«

»Quatsch nicht!« grunzte der Mann. »Sag, wo du hinwillst!«

Wieder lief ein Zug ein. »Großhansdorf« stand am ersten Wagen. War das ein Zielbahnhof? Ein Dorf, vermutlich außerhalb der Stadt. Nein, unmöglich konnte ich mich dieser unberechenbaren Maschinerie anvertrauen, die mit mir durch das unübersehbare Häusergebirge und die endlosen Tunnel rasen würde, irgendwohin. Das war zu gefährlich!

Wieder die Treppe herunter, zur Straße. Und da, wirklich, da stieg mit suchendem Blick Tante Maria aus einer Taxe! Jubelnd stürzte ich in ihre Arme. Sie zog mich ins Auto, drückte mich an sich, als wir durch die vielen, langen Straßen fuhren.

Doch als ich mit meinem Erlebnisbericht bei ihr ein fröhliches Lachen auslöste, zog ich mich zurück. War das zum Lachen? Der grimmige Toilettenmann, die hilflose Verlassenheit im Getriebe der Steinwüste, war das lächerlich? In einer Konditorei, bei Schokolade und Kuchen, wartete die Kindergruppe auf uns.

»Nun such dir ein schönes Stück Torte aus!« Gehorsam nahm ich eine Schnitte und würgte sie herunter. Die Schrecken der letzten Stunde wirkten noch lange.

Und sie blieben eines jener finsteren Bilder, die mir wie Höllenkreise erscheinen. Ich mußte sie ohne Vergils Geleit durchschreiten. Sie können, wenn überstanden, Unverwundbarkeit verleihen.

Gleich neben diesem Bild finde ich ein anderes. Es ist ein unbedeutendes Erlebnis, das nur unerklärliche Verwunderung in mir ausgelöst hat.

Onkel Kurt forderte mich auf, mit ihm zum Reiten zu gehen. Sicherlich glaubte er, mir hiermit eine Freude zu bereiten. Wie sollte er auch wissen, daß Reiten mir nur eine Notwendigkeit aber kein Vergnügen war. Als gehorsamer Neffe stellte ich keine Fragen, des Onkels Wunsch war Gebot.

»Geben Sie dem Jungen ein gutes Pferd«, sagte er zum Stallmeister. »Der ist mit Pferden aufgewachsen.« Und schon war ich auf einem munteren Braunen in der Reitbahn.

Doch was während der nächsten Stunde geschah, war mir völlig unverständlich. Zu fünft ritten wir nach dem Kommando eines Reitlehrers im Kreise herum, gelegentlich die Richtung und die Gangart wechselnd, ohne daß ich ein Ziel oder einen Zweck erkennen konnte. Reiten war mir bisher nur ein Mittel zur Überwindung von Entfernungen gewesen. Was hier erfolgte, erschien mir sinnlos.

Doch als folgsamer Junge ritt ich, ohne zu fragen, in der Reihe mit. Mein Pferd reagierte von selbst auf jeden Zuruf des Lehrers. Gegen Ende der Stunde stellte ich befriedigt fest, daß ich am besten geritten war. Die anderen Pferde schwitzten, meines dagegen war völlig trocken. Papa hätte mich gescholten, wenn mein Tier nach diesem mühelosen Ritt in der kühlen Halle feucht gewesen wäre.

Im Stall kam der Reitlehrer zu uns.

»Du hast dein Pferd nicht herangenommen, es nicht durchgearbeitet«, meinte er vorwurfsvoll. »Es schwitzt gar nicht. Aber du hast einen guten Sitz, leicht und gelöst.« Und dann, zu Onkel Kurt gewendet: »Der Junge kann noch nicht mit Pferden umgehen. Er sollte reiten lernen. Er bringt gute Voraussetzungen mit.«

Vom Reiten wurde nicht mehr gesprochen. Aber da war das Wasser, der Feenteich, und das Boot, ein Dinghy, mit dem ich rudern durfte. Sehr bald hatte ich alle Winkel des Gewässers und der nahen Kanäle erforscht und die maritime Welt zwischen dem Grün der Gärten wurde mir zu eng. Da war die Brücke, die den Blick zur großen Alster freigab.

»Nur auf dem Feenteich und auf den Kanälen«, war die ausdrückliche Anweisung gewesen. »Nicht auf die Alster, wo die Dampfer und die vielen Segelboote fahren. Du kennst die Ausweichregeln nicht. Wenn du gerammt wirst...!«

Natürlich bleib ich nicht auf dem Feenteich. Ganz von selbst fand mein Boot den Weg unter die Brücke. Nur mal hinaussehen! Und dann ein paar Meter auf das große Wasser. Noch ein wenig weiter, von wo man in der Ferne die Kirchtürme der Innenstadt sehen konnte. Wo der Wind kleine Wellen aufwarf, die ein leises Vorgefühl von Seegang aufkommen ließen.

Aber wenn ich die Nase hinaussteckte auf die Alster, zogen die Segler an mir vorbei, Jollen und Yachten, vom Wind getrieben, vom Skipper lässig und mühelos mit der Pinne gesteuert. Neidvoll sah ich den hübschen Schiffen nach. Das war etwas anderes als das anstrengende Rudern!

Im Keller fanden sich eine hölzerne Stange und ein Besenstiel. Mit Draht und Bindfaden konstruierte ich für mein Bootchen das, was man ein Sprietsegel nennt. Es reichte, um vor dem Wind zu segeln, aber an ein Kreuzen war nicht zu denken, ich mußte gegen den Wind zurückrudern. Schon an Käpten Brauers Modell-Kutter auf dem Staudamm in Afrika hatte ich gelernt, daß ein Schiff nur mit einem Kiel oder Schwert gegen den Wind kreuzen kann. Ein Brett als Seitenschwert angebunden, saß zu lose. Beim Bemühen, es besser zu befestigen, erwischte mich eine Bö und drückte den Bootsrand unter Wasser. Zwar kenterte ich nicht, aber mein Dinghy war vollgelaufen. Ich hatte nichts zum Ausschöpfen. Wild schlug das Segel im Wind, ich mußte es herunternehmen. Würde ich es schaffen, mit dem kaum zu regierenden Fahrzeug zum Steg zurück zu gelangen? Weil das Wasser bis an die Dollen stand konnte ich die Riemen nicht einlegen, um zu rudern.

Doch der Feenteich ist nicht tief. Mit meinem Mast konnte ich den Grund erreichen und unter ständiger Gefahr, doch noch zu kentern, mühsam staakend dem Ufer zustreben. Aber da stand, zu meinem Schrecken, Großmama auf dem Steg, sie, die mich wiederholt so eindringlich vor den Gefahren des Wassers gewarnt hatte! Es dauerte eine geraume Weile, bis ich naß und erschöpft bei ihr landete, um die Strafpredigt in Empfang zu nehmen.

»Du kommst mir nicht wieder in dieses Boot!« schimpfte sie. »Ich weiß, daß du trotz Verbots auf die Alster ruderst. Wenn dir so etwas da draußen passiert, mit deinen selbstgebastelten Plünnen! Auf einem Boot, das nicht zum Segeln taugt. Und du kannst ja gar nicht segeln! Also, du gehst nicht wieder mit dem Dinghy aufs Wasser! Verstanden?«

Da stand ich in triefendem Zeug in meinem vollgelaufenen Fahrzeug und nahm Abschied von der geliebten Schipperei.

»Nun marsch ins Haus! Zieh dir was Trockenes an! Und dann kommst du zu mir herunter. Los!«

In Erwartung weiterer Bestrafung schlich ich in ihr Zimmer.

»Also, noch einmal: Das Boot ist dir verboten! Ich hab keine Lust, dauernd in Angst zu leben. Und deine Mama ist viel zu großzügig. Sie weiß ja auch nicht, wie gefährlich die Alster sein kann. Die unberechenbaren Böen! Und der Schiffsverkehr! Du hast gelernt, mit Pferden umzugehen, aber nicht mit einem

Dinghy auf der Alster. Das muß man auch lernen. Deswegen werden wir morgen zu Möller gehen. Der soll dir das Segeln beibringen. Bevor du das nicht kannst, gehst du nicht wieder allein aufs Wasser.«

Am nächsten Tag zogen wir zum Steg vor dem Hotel Atlantik, wo Herr Möller mit seinem Gehilfen Ruder- und Segelboote vermietete oder auch selbst mit zahlenden Gästen über die Alster fuhr. Er war bereit, mich für sechs Mark pro Stunde das Segeln zu lehren. Außer in den Segelvereinen gab es damals keine andere Möglichkeit.

So holte ich mir nun an windigen Tagen von Großmama die sechs Mark und lernte segeln. Es war ein guter Unterricht, und ich muß annehmen, daß auch mein Lehrer mit mir zufrieden war. Sonst hätte er mich wohl nicht so bald allein segeln lassen, was ich, da Großmama weiterhin großzügig war, weidlich auskostete. Nun war ich es, der an der Pinne saß und, vom Wind geschoben, mitleidig auf die Ruderer herabsah.

Herrn Möllers Zutrauen zu den mir beigebrachten Fähigkeiten ging schließlich so weit, daß er mich beauftragte, an seiner Stelle die Gäste auf der Alster spazieren zu segeln. Dies schloß, wie ich es von ihm gehört hatte, die Erklärung des Stadtpanoramas, der Brücken, Kirchen und Gebäude ein und endete mit Anekdoten über Hamburger Honoratioren und der drastischen Erklärung des Hamburger Grußes. Für diese Alsterrundfahrt kassierte mein Lehrer drei Mark pro Person bei mindestens vier Teilnehmern, was ihn aber nicht hinderte, auch von mir weiterhin Lehrgeld zu verlangen. Ich fand jedoch bald eine Möglichkeit, das Segeln zu verbilligen. Nach dem Ablegen erklärte ich meinen Fahrgästen, ich sei nicht, wie von Möller werbewirksam vorgestellt, der Sohn eines Hamburger Großreeders. Viel vorteilhafter war die Berichtigung, ich stamme von einer Farm in Südwest-Afrika und meine Familie sei durch widrige Umstände verarmt. Die Schilderung der Naturkatastrophen und selbst alltäglicher Begebenheiten mit Eingeborenen, Pavianen und Giftschlangen erregten die Teilnahme der älteren und besonders meiner binnenländischen Passagiere und trugen mir manches reichliche Trinkgeld ein.

Als Großmama nach den Fortschritten meiner Segelkenntnisse fragte, berichtete ich wahrheitsgemäß und bot ihr, der ich diese preiswerte Schipperei verdankte, die vereinnahmten Trinkgelder an. Worauf sie lachend meinte, die hätte ich mir ja selbst verdient, die solle ich behalten. Aber die Fortsetzung meiner nautischen Ausbildung schien ihr nicht mehr erforderlich.

Herr Möller allerdings war anderer Ansicht. Auf meine Erklärung, ich hätte nun genug bei ihm gelernt, meinte er:

»Nee, min Jung. Und wenn du fofftich Johr no See föhrst, du lernst jümmers noch wat to!«

Damals hielt ich dies für Zweckpessimismus, der ihm seine mühelose Einnahmequelle erhalten sollte. Heute weiß ich, daß er recht hatte.

Wustrow, das Dorf auf dem Fischland, zwischen der Ostsee und dem Bodden, es ist als eines der fröhlichen, bunten Bilder bei mir geblieben, nicht zuletzt wegen der unglaubhaften Geschichte vom grünen Hütchen auf der Sonne.

»Aber sie zeigt es nicht jedem. Man muß immer wieder und mit viel Liebe die Sonne grüßen, wenn sie morgens aufsteht oder uns abends verläßt. Wenn du das oft genug getan hast, wird sie sich dir zuliebe schön machen und sich ein leuchtend grünes Hütchen aufsetzen.«

So hatte es mir Onkel Hans Jaenichen erzählt, als wir abends die Sonne von der hohen Düne aus in der Ostsee versinken sahen. Onkel Hans war Bildhauer. Bei ihm und Tante Hedwig, Papas Schwester, der Malerin, verträumte ich einige Wochen des ersten Sommers in Deutschland. Das alte Fischerhaus mit dem tiefen Reetdach kam aus den Märchenbüchern meiner Kindheit. Und auch das Innere glich einem Bilderbuch. Die Möbel waren mit Gestirnen verziert, und an den Wänden hingen bis zur Decke Hedwigs Darstellungen von Menschen, Tieren, Blumen und Landschaften.

Das war etwas anderes als die zarten, naturgetreuen Aquarelle von Landschaften und Blüten, die ich Mama in der frühen Zeit in Afrika hatte malen sehen, als der Farmbetrieb ihr noch Muße hierzu gelassen hatte. Ihre hübschen Bildchen hatten dem Malstil höherer Töchter zur Zeit der Jahrhundertwende entsprochen. Hedwigs Bilder dagegen waren voll vitalen Lebens, ja, sie steigerten die Eindrücke des Dargestellten und öffneten mir ein Fenster in eine neue Welt der Farben und Formen, deren Entstehung ich täglich miterlebte. Daß die Phantasie von Erwachsenen nicht nur bis in die ausgesprochenen Gedanken reichte, sondern sogar gestaltet wurde, war eine beglückende, aber gelegentlich auch verwirrende Erkenntnis.

Ich schlief in Hedwigs Atelier neben einem bis zur Decke reichenden Bild, auf dem sie sich selbst gemalt hatte. Da stand sie, als junge Frau, lebensgroß, unbekleidet, einen Arm rückwärts über den Nacken eines gewaltigen, schwarzzottigen Büffels geschwungen. Meiner kaiserzeitlichen Erziehung entsprechend, ließ diese sehr freie Selbstdarstellung der ehrwürdigen Tante meine jugendlich unruhigen Sinne zwischen Bewunderung und Befangenheit pendeln. Überdies war es mir nicht vorstellbar, daß eine Frau sich waffenlos, ja, völlig nackt, an eine Bestie schmiegte, die zu den wildesten und gefährlichsten Tieren meiner afrikanischen Heimat zählte.

Doch auch dies gehörte zu der so wundersamen Welt des Bilderbuchhauses, deren anfängliche Unwahrscheinlichkeit erst langsam versinken mußte, bis ich selbst den Mut fand, auch meiner Phantasie den Käfig zu öffnen, in dem sie bisher, vor den Blicken der Erwachsenen sorgsam verborgen, auf begrenztem Raum gelebt hatte.

Wie anders dagegen erschienen mir Onkel Hans' Plastiken. Vor allem waren es seine Pferde, deren Schönheit ich, mit diesen Tieren aufgewachsen, wohl beurteilen konnte. Neben dem Ateliermodell des Denkmals der Hamburger Husaren standen die Skulpturen von berühmten Renn- oder Springpferden, von Hans für die Eigentümer modelliert. Weil diese eine völlig naturgetreue Nachbildung wünschten, hatte Hans eine Vorrichtung entwickelt, um das Tier im Lauf oder Sprung mit zwölf Fotoapparaten gleichzeitig von allen Seiten aufzunehmen. Nach diesen Bildern wurde die Plastik nachgearbeitet, ein Verfahren, das unter Kunstliebhabern eine widersprüchliche Beurteilung erfuhr, jedoch den Wünschen der Pferdefreunde entsprach. Auch Hans hat diesen Zwiespalt empfunden und mir seine Abneigung gegen die technische Kontrolle seines Werkes zugegeben. Die meisten seiner schönen Pferdebronzen entstanden aus freiem Gestalten, und ich habe die Sicherheit bewundert, mit der er seine Modelle, selbst in extremen Bewegungen und Haltungen, skizzierte und dann in Ton ausführte.

Das grüne Hütchen jedoch, das die Sonne aufsetzen sollte, das mochte ich ihm nicht abnehmen.

»Woher nimmt sie es denn?« fragte ich. »Ist es wirklich ein Hut? Wie ihn Frauen tragen?«

»Es ist ein kleiner, spitzer Hut«, erklärte er. »Aber du mußt immer wieder hinschauen, wenn sie auf- oder untergeht. Dann wird sie ihn dir zeigen, dich belohnen, weil du dich an ihrer Schönheit erfreust!«

Ich habe nicht weiter gefragt. Wenn auch die vielfältige Welt des Märchenhauses meine eigene Phantasie um etliches erweitert hatte, hier konnte ich Onkel Hans nicht folgen. Da ich das Hütchen trotz aller Bemühungen nicht zu sehen bekam, habe ich es jenem Bereich künstlerischen Schauens zugeordnet, in den ein Normalsichtiger keinen Einblick hat.

Bis zu dem Tag, an dem ich die Wahrheit von Onkel Hans' Worten erkennen und ihn um Verzeihung für den heimlichen Unglauben bitten mußte, sollten viele Jahre vergehen.

Mit Großmama Woermanns Hilfe wurde in Bergstedt ein Stück Land mit einem Haus erworben, das zwischen den hamburgischen Vororten Ohlstedt und Volksdorf auf dem Gebiet der preußischen Provinz Holstein lag. Hier betrieb Mama eine kleine Hühnerfarm. Papa ging als angestellter Plantagenleiter nach Kamerun, wohin die Familie zu jener Zeit aus klimatischen und schulischen Gründen nicht folgen konnte. Er kam alle zwei Jahre und, nachdem die Schiffsreise nach Kamerun durch den Einsatz schneller Bananentransporter auf zwei Wochen verkürzt wurde, jedes Jahr zum Urlaub nach Hause. Mama hat sehr darunter gelitten, daß er stets nur als ein lieber Gast bei uns war, der jedoch nicht mit Familienangelegenheiten behelligt wurde. Einmal hat sie ihn für ein Jahr »nach draußen« begleitet und uns der Obhut einer Haushälterin anvertraut.

Ihre Tagebücher zeigen, wie oft ihre Gedanken in dieser Zeit zu uns gingen. Über Papas Zeit in Kamerun stehen Mamas Worte »Verfluchtes Afrika, es zerreißt das Herz!«

Nachdem mich schon in Hamburg die Abgrenzung der Grundstücke erstaunt hatte, lernte ich in Bergstedt, daß es innerhalb Deutschlands noch andere, bedeutsame Grenzen gab. Ich hatte radfahren gelernt und radelte im Ort verbotenerweise stets auf dem Fußweg statt auf dem holperigen Pflaster. Vom korpulenten Dorfpolizisten auf seinem Dienstrad verfolgt, fuhr ich zum nächsten Grenzschild, das auf der einen Seite den preußischen Adler und auf der anderen das Hamburger Wappen trug. Hinter diesem durfte der Ordnungshüter nicht tätig werden. Allerdings fand er bald unseren Wohnsitz heraus und kassierte die Strafe von Mama, die sie mir mit der Ermahnung »Laß dich nicht wieder erwischen!« vom Taschengeld abzog.

Mit unserer Ansiedlung in Bergstedt begann ein neuer Lebensabschnitt: Erstmals sollten wir richtig eingeschult werden. Für meinen Bruder gab es die Vorschule in Ohlstedt und für mich die private Realschule in Volksdorf. Schon lange vorher wurde ich auf das strenge Schulreglement hingewiesen: »Es wird höchste Zeit, daß du in eine richtige Schule kommst, in der man dir Zucht und Ordnung beibringt!«

Die Ankündigung der bedrohlichen Erziehungsmaßnahmen, die mich endlich in den festen Rahmen eines pflichtgetreuen Staatsbürgers pressen sollten, hatte mir Sorgen bereitet. So saß ich schließlich eines Morgens unter etwa fünfzehn Mädchen und Jungen in beklemmender Spannung auf der Schulbank und erwartete Fräulein Mehlert, die neue Klassenlehrerin, bei der ich mich, als ebenfalls Neuer, vorzustellen hatte. Wie mochte sie aussehen? Wie das ältliche, resolute Fräulein Kühne in Swakopmund, das so wirkungsvoll mit dem Stock umgehen konnte?

Die Tür öffnete sich, und ich sah ein weibliches Wesen hereinschweben, das in keiner Weise zu meinem bisherigen Bild von pädagogischer Autorität passen wollte. Hier war Wirklichkeit geworden, was ich nur aus den Darstellungen in meinen Sagenbüchern kannte. Die herrlichen Gestalten olympischer

Weiblichkeit, ihre erhabene Ruhe hatten mich von jeher angezogen. Standen sie doch im Gegensatz zur ständigen, tatkräftigen Aktivität meiner robusten Mama, die in der afrikanischen Kindheit die dominierende Frauenfigur gewesen war. Ein Bild von Botticellis dem Meer entsteigenden Venus hatte schon früh meine kindlichen Sinne zu schwärmerischer Begeisterung entflammt. Sie war mir zum Idealbild einer liebevollen Frau geworden.

Und nun stand ein solches Wesen leibhaftig vor mir! Volles, dunkelblondes Haar um ein schmales Gesicht, aus dem gütige Augen strahlten. Ein Stirnreif verlieh der Erscheinung hoheitsvolle Würde. Daß sie, im Gegensatz zu meiner unbekleideten Meeresvenus, ein loses, bis zu den Füßen fallendes Gewand trug, unterstrich den göttlichen Charakter dieses Wesens.

Ich war hingerissen von so viel edler, weiblicher Schönheit. Und es war mir völlig klar, daß von diesem Wesen nichts Bedrohliches ausgehen konnte und daß ich ihm nur mit tiefer Verehrung begegnen durfte. Auch die nächste Lehrerin, zierlich, rehäugig, mit Nackenknoten, bezauberte mich durch ihre Anmut.

Von Mama nach den Eindrücken des ersten Schultages befragt, konnte ich nur frohlockend berichten, daß die düsteren Prognosen über die strenge Disziplin völlig unzutreffend gewesen seien. In dieser Schule könne es nur ein sanftes, gewaltloses Regiment geben.

»Na, warte nur, bis du Fräulein Emkes kennenlernst«, hieß es.

Diese Dame, Eigentümerin und Leiterin dieser Schule, war allerdings eine Respekt fordernde Persönlichkeit. Von reifem, schwer zu bestimmendem Alter, ist sie mir unter der Charakterisierung »preußisch« in Erinnerung geblieben. Ihre straff aufgerichtete Körperhaltung und der hohe, von Stäbchen gestützte Stehkragen waren der äußerliche Ausdruck einer von Pflicht, Korrektheit und Energie geprägten Geisteshaltung. Vor den hellen blauen Augen gab es keine fadenscheinigen Entschuldigungen, sie drangen bis in die geheimsten Tiefen. Aber ich habe auch gespürt, welch tiefe Güte oder schalkhaften Humor sie ausstrahlen konnten. Ich muß wohl dreizehn gewesen sein, als sie im Unterricht fragte, was uns für das Leben am erstrebenswertesten erschiene. Spontan entfuhr es mir: »Ich möchte immer zufrieden sein.«

Ihr Aufbrausen und den entrüsteten Blick werde ich nie vergessen.

»Zufriedenheit wünschst du dir?« rief sie erregt. »Schäm dich! Wer ein richtiger Mann werden will, darf nie zufrieden sein! Immer muß er in die Höhe und in die Weite streben. Gerade du solltest dich daran halten, solltest deinen Ehrgeiz pflegen! Zufriedenheit – lächerlich! Das schlag dir aus dem Sinn!«

Ich war betroffen über diese verdammende Kritik an meinem Wunsch, und ich habe darüber gegrübelt, ob und wie ich wohl meinen mangelnden Ehrgeiz beflügeln sollte. Sehr viel verständlicher dagegen war mir das Urteil des Algebralehrers:

»Du könntest Klassenerster sein, wenn du nur wolltest! Aber du bist zu faul, ja, stinkend faul! Du tust nur das Nötigste und bist mit deiner Mittelmäßigkeit zufrieden!«

Aber auch diese Feststellung konnte die Divergenz meiner schulischen Ambitionen mit hochgespannten pädagogischen Zielen nicht verringern. Dem vermochte auch der Respekt vor der Meinung Erwachsener und besonders der Lehrer nicht abzuhelfen. Aber auch dieser erhielt eines Tages einen kräftigen Stoß, als ich es nicht unterlassen konnte, auf eine Meinungsverschiedenheit hinzuweisen.

Ich war in eine meinem Alter entsprechende Klasse gesteckt worden. Meine Kenntnisse in Deutsch, Rechnen und Erdkunde erwiesen sich als ausreichend. Jedoch gab es Fächer, von denen ich noch nie etwas vernommen hatte, wie Biologie, Französisch und Religion. Um auf das Klassenniveau zu gelangen, erhielt ich in einigen Fächern Nachhilfe und nahm am Unterricht zunächst nur als Zuhörer teil.

In der Biologiestunde wurde über den Seehund gesprochen. Fräulein Tate erläuterte uns dessen Fähigkeit, sich auf dem Land und im Wasser zu bewegen.

»Wenn der Seehund nach links schwimmen will, drückt er mit seiner Schwanzflosse das Wasser auf der rechten Seite gegen seinen Kopf, der dann nach links ausweicht und die neue Schwimmrichtung ergibt«, erklärte sie und illustrierte dieses Verfahren an der Tafel.

Mein maritimes Interesse erwachte. Das war ja etwas ganz Neues! Der Steuermechanismus des Seehundes funktionierte also genau umgekehrt wie bei einem Schiff! Wie war das möglich? Bei allem Respekt vor der unfehlbaren Autorität einer Lehrerin, wollte mir ihre Erklärung nicht einleuchten.

Zaghaft meldete ich mich und wagte zu sagen, daß bei Wasserfahrzeugen eine Kursänderung nach links durch Backbordruderlage erzielt würde. Um meine ungeschickte Darlegung zu untermauern, marschierte ich unaufgefordert zur Tafel und zeichnete einen zweiten Seehund mit nach links gelegtem Schwanz. Fräulein Tate, zunächst sprachlos über meine Eigenmächtigkeit, sah mich langsam von oben bis unten an, holte tief Luft und platzte los: »Nun hört euch das an! Da kommt ein Junge aus einem Land, wo es fast kein Wasser gibt, und will uns sagen, wie ein Seehund schwimmt! Ein Junge, der noch nie etwas von Biologie gehört hat! Wie kannst du dir das erlauben? Hier bin ich die Lehrerin, und ich weiß, wovon ich rede! Der Seehund steuert so, wie ich es hier gezeichnet habe. Verstanden? Geh, setz dich und halt den Mund!«

Mit einem mächtigen Schwung fuhr der Schwamm über meinen Seehund. Unter dem Hohngelächter der Klasse schlich ich an meinen Platz. Zu Hause fragte ich Mama um Rat. Aber sie, die am Wasser aufgewachsen war, konnte mir auch nur die Wirkung des Schiffsruders bestätigen. Tagelang habe ich über dieses Problem nachgedacht und dazu den Spott der Kameraden über meinen Seehundschwanz erduldet.

Bis, einige Wochen später, Fräulein Tate vor die Klasse trat und laut verkündete, sie müsse sich korrigieren. Ein Zoologe habe ihr meine Seehundstheorie bestätigt. Ich war gerührt über ihre Aufrichtigkeit. Wir haben uns gut vertragen. Aber ich hatte gelernt, daß auch Lehrer irren können.

Den Religionsunterricht hatte Mama für mich als unnötig bezeichnet. Doch weil alle anderen hieran teilnahmen, mochte ich mich nicht ausschließen. Und eine gute Lehrerin vermittelte auch mir Kenntnisse der christlichen Religion.

Zu der freudigen Erkenntnis, daß in dieser Schule nur mit langem Zügel und ohne Stock regiert wurde, kam das Glück, so viele Kameraden zu haben. Selbstverständlich waren sie alle, Mädchen wie Jungen, meine Freunde, und zu meinem ersten Geburtstag der Schulzeit wurde die ganze Klasse eingeladen. Mamas nachträgliche Feststellung, da seien ja einige rechte Rabauken dabeigewesen, und die Erfahrung, daß zu den Geburtstagen anderer nur ein ausgewählter Kreis geladen wurde, machten mich zwar nachdenklich, verliehen mir aber noch nicht die Fähigkeit, meine Sympathien zu differenzieren. Erst als meine griechische Göttin hinterrücks mit Papierkugeln beschossen wurde und sich nicht zu wehren wußte, begann ich eine Abneigung gegen den Schützen zu spüren. Ja, und da war Eberhard, der häufig in Prügeleien verwickelt war und immer eine Rechtfertigung hierfür bereit hatte. Als wir wieder einmal mein Wurstbrot gegen sein Käsebrot tauschten, rief er plötzlich erregt, ich wolle ihn übervorteilen und ließ seiner Behauptung sofort einen Stoß gegen meine Brust folgen. Fassungslos starrte ich ihn an. Was wollte er von mir? Hatte er doch bisher stets gern mein Wurstbrot genommen. Als er wieder auf mich eindrang, sprang ich beiseite und ließ ihn ins Leere schlagen.

»Du Feigling«, schrie er, »warum wehrst du dich nicht? Los, komm her! Mal sehen, wer stärker ist!«

Durch Flucht in die Klasse entging ich seinem Angriff, verfolgt von seinen höhnischen Rufen, mit denen er die anderen auf meine Schwäche und Feigheit hinwies.

Erst langsam erkannte ich, daß Eberhard und einige andere bei den übrigen kein Ansehen besaßen und von diesen nicht ins Haus gebeten wurden. Ich stellte fest, daß Gruppen sich nach Neigungen und Interessen zusammentaten. Langsam fand auch ich einen Kreis Gleichgesinnter und lernte, daß dieser sich gegenüber dem Rest der Klasse abgrenzen durfte. Einfacher erschien mir zunächst der Umgang mit den Mädchen, die ruhiger, toleranter und hilfsbereiter waren als die Jungen. Um so länger dauerte es, bis ich auch hier die weißen und schwarzen Schäfchen zu unterscheiden begann. An meinem nächsten Geburtstag war der Kreis der Geladenen sehr viel kleiner, und Mama hatte nichts an den Gästen auszusetzen.

Jahrzehnte später begegnete ich meiner Griechengöttin wieder. Sie, die inzwischen mit Mann und Kindern ausgestattet war, gestand mir, daß mein erster Schultag auch ihr erster gewesen sei, an dem sie, vor Eberhard und seinen rüpeligen Genossen gewarnt, als frischgebackene, einundzwanzigjährige Lehrerin nur mühsam ihre Beklemmung und Angst vor der Klasse habe verbergen können.

Die Jahre auf der Emkes-Schule wurden eine Zeit ungetrübter Freude. Hinzu kamen die Sommerferien auf Buckhagen, dem schönen Gut an der Schleimündung, auf dem Mama aufgewachsen war und wo jetzt Onkel Paul von Schiller wirtschaftete.

Zu Hause waren die pädagogischen Zügel sehr lang geworden. In Papas Urlaub wurde er nicht mit familiären Angelegenheiten belastet, und von Mamas erzieherischen Bestrebungen war kaum noch etwas zu spüren. Der Wechsel in das bescheidenere Leben, der Rückzug aus der Gesellschaftsschicht, der sie entstammten, hatte die Eltern einen Teil ihrer lebensfrohen Tatkraft gekostet. Papa war ein stiller Mann geworden. Mama überbrückte mit ihrem Humor viele Probleme. Sie war liebevoll bemüht, ihre Söhne nicht das spüren zu lassen, was sie als Beschränkung des Lebensstils ansah, was wir Kinder jedoch im vollen Genuß der neuen, zivilisatorischen Wunder nicht empfanden.

Auf diese reich gefüllte, sorglose Jugendzeit fiel nur kurzfristig ein Schatten. Die Volksdorfer Schule war verstaatlicht worden. Mit neuen Lehrern wurde der konservative, christlich-preußische Stil abgelöst durch eine den Grundsätzen der Weimarer Republik entsprechende Ausrichtung. An Festtagen wurde die schwarz-rot-goldene Fahne gehißt, über die wir zu Hause nur abfällige Bemerkungen hörten. Da war der Max, in Sibirien aufgewachsen, und Paul, aus China stammend. Oder Axel, dessen Familie ihre nordschleswigsche Heimat verlassen hatte, als diese 1918 an Dänemark abgetreten worden war. Auch sie trugen die gleichen geringschätzigen Redensarten in die Schule. Verwarnungen der Lehrer nahmen wir nicht ernst, die Meinung der Eltern wog schwerer. Und für diese galt nur der Reichpräsident, Generalfeldmarschall von Hindenburg, der

Sieger der Schlacht bei Tannenberg. Dieses ehrwürdige Relikt der Kaiserzeit war die Symbolfigur der konservativen, nationalen Politik.

Es geschah bei der Verfassungsfeier. Zum ersten Male wurde, wie es in den staatlichen Schulen üblich war, nun auch bei uns der Schaffung der republikanischen Reichsverfassung gedacht und aus diesem Anlaß das Bildnis Hindenburgs mit einem schwarz-rot-goldenen Band geschmückt. Wir vier Freunde saßen nahe beieinander, und schon fielen spöttische Bemerkungen über diese widersprüchliche Dekoration des Reichspräsidenten.

Eine harte Hand an meiner Schulter riß mich von der Bank und schob mich auf den Flur. Vor mir stand Doktor Hayungs, der von mir hochverehrte Mathematiklehrer.

»Nun ist es genug!« sagte er sehr ruhig, aber bestimmt. »Du paßt nicht auf diese Schule! Das werden wir deinen Eltern mitteilen.«

Ich war zutiefst erschrocken. Daß eine, wie ich meinte, harmlose Ironie derartige Konsequenzen haben könnte, war mir völlig unverständlich. Aber es blieb dabei, und zum nächsten Osterfest verließ ich die verehrte Griechengöttin und die Freunde.

Noch oft bin ich später Dr. Hayungs begegnet und habe ihm recht gegeben. Wir waren unreife Lausejungen und haben manchen Wirbel in einer Schulordnung erzeugt, die den Respekt vor pädagogischer Autorität und dem Ansehen des Staates zu pflegen hatte.

So zog ich auf die Oberrealschule Uhlenhorst, weil diese günstig zur Hochbahn lag und weil ich dort in die Klasse meines nachbarlichen Freundes Peter aufgenommen wurde. Was ich auf dieser Knabenschule gelernt habe, hat sich im Leben als brauchbar erwiesen. Hierzu gehörte nicht nur der Lehrstoff, sondern auch eine hervorragende Kameradschaft, die es ermöglichte, auch die schwächsten Schüler durch alle Fährnisse des Lehrplans und schließlich des Abiturs zu schleppen. Dennoch konnten wir nicht verhindern, daß 1931 einer aus unserer Mitte von der Schule gewiesen wurde, weil er ein Hakenkreuz aufs Tintenfaß gemalt hatte.

Politik war mir nie mehr gewesen als die Regen- oder Trokkenzeiten meiner afrikanischen Heimat, nämlich ein unerschöpfliches Thema der Erwachsenen. Mamas Grundsatz: »Vermeide Diskussionen über Politik, Religion und Kindererziehung, sie führen zur Mißstimmung«, hatte mein Desinteresse hieran gefördert. Nun erfuhr ich zum zweiten Mal die Folge unbedachter politischer Äußerungen. Über das Recht der freien Meinungsäußerung in einer Demokratie hatte ich, mit einem lockeren Mundwerk ausgestattet, noch nicht nachgedacht.

In diese Zeit fielen Gespräche mit Ernst Woermann. Er gehörte zu einer Linie der Familie, die als abseitig galt. Ernsts Vater war der älteste Sohn des Firmengründers Carl Woermann, nach dem die Firma C. Woermann benannt war. Dieser hatte, um die Familien- und Firmentradition fortzuführen, seinem Erstgeborenen ebenfalls den Vornamen Carl verliehen. Letzterer zeigt jedoch im Heranwachsen befremdliche Neigungen: Er interessierte sich in ungewöhnlichem Maße für Kunst und schrieb Gedichte. Von seinem Vater vor die Alternative Firma oder Kunst gestellt, entschied er sich für die letztere. Er wurde Kunsthistoriker, Dozent und war bis zum Zweiten Weltkrieg Direktor der Dresdener Galerie, die er um etliche wertvolle Bilder erweitern konnte. Jedoch wurde ihm auferlegt, fortan seinen Vornamen Karl zu schreiben – einen Carl Woermann durfte es außerhalb der Firma nicht geben. Karls jüngerer Bruder Adolph wurde Firmenchef und brachte das Unternehmen, insbesondere die Reederei, zu Weltgeltung. Auch Adolph nannte seinen Ältesten hoffnungsvoll Carl. Aber auch dieser Carl, mein Vater, wurde kein Kaufmann, sondern Farmer, durfte jedoch die Schreibweise seines Namens beibehalten.

Der Sohn des Kunsthistorikers Karl Woermann war Ernst, ein Jurist in der Diplomatenlaufbahn. Als wir uns kennen- und schätzenlernten, diente er als Attaché an deutschen Botschaften in Europa. Seine ungewöhnlich stattliche und repräsentative Erscheinung wie auch sein vornehmes und souveränes Wesen haben mich immer wieder beeindruckt.

Ich war ihm zunächst mit Vorbehalt begegnet. Stand er doch

bei den Eltern im Verdacht, ein »Linker« zu sein. Er habe nämlich zu einer Zeit, als die SPD prostestierend aus dem Regierungskabinett ausgezogen war, dies bedauert, weil, wie er meinte, in einer Demokratie eine Opposition erforderlich sei. Doch schon bei unserer ersten Begegnung gewann Ernst meine Sympathie, und seine Argumente öffneten mir die Augen für politische Fakten. Ich begriff, daß Demokratie zweckmäßig und die Monarchie für Deutschland abgetan sei.

Zu Hause jedoch klang es anders. Ausgerechnet an meinem Geburtstag war es, als Mama entsetzt ausrief: »Unser Geld ist weg!« Die Darmstädter- und Nationalbank, größtes deutsches Finanzinstitut, das auch unser Konto führte, hatte, wie auch andere Banken, im Strudel der Wirtschaftskrise ihre Schalter schließen müssen. Auch die sechs Millionen Arbeitslosen wurden der Regierung angelastet. Durfte ich Onkel Ernst glauben? Was galt Onkel Kurts Wort, der die Regierenden für unfähig erklärte?

Alstersegelei und die Yachtschule

Mit dem Schulwechsel von Volksdorf nach Hamburg war ich der Segelei wieder näher gekommen. Zwar hatte ich mit meinem Bruder inzwischen den Oberalsterfluß mit dem Paddelboot befahren und auch die Schlei, wenn wir auf Buckhagen, bei Onkel Paul und Tante Lotti mit Vettern und Kusinen die Ferien verlebten. Aber nun lockten die der Schule nahe Alster und die weißen Segel.

Die Jugendabteilung des Norddeutschen Regatta Vereins nahm mich auf, und nun schipperte ich manchen Nachmittag in einem richtigen Segeldinghy. Weil ich noch keine Vereinskameraden kannte, segelte ich stets allein. Die anderen Jungen und Mädchen besaßen eigene Boote, und offensichtlich gab es auch hier, wie in der Schule, Gruppen, die sich nach Bootstypen und Sympathien zusammengefunden hatten. Der Jugendobmann empfahl mir, an Regatten teilzunehmen, erst dies sei die hohe Schule des Segelns. Also meldete ich mich mit einem Clubdinghy zu meiner ersten Wettfahrt. Dieser Bootstyp war oben völlig offen und lief daher, wie ich es bei meinem ersten Segelunternehmen auf dem Feenteich erlebt hatte, bei Schräglage leichter voll Wasser als die anderen Jollen, die bis zum Mast und seitlich eingedeckt waren.

Es wehte ein harter Westwind, der den östlichen Teil der Alster zu niedrigen, aber steilen Wellen aufschäumen ließ. Schon beim Start wurde ich von der Konkurrenz nach den Regeln des Wettsegelns zurückgedrängt und sah die anderen davonziehen. Ärgerlicher war jedoch, daß ich mit meinem geringen Gewicht nur wenig Ballast auf das Luvbord brachte. Bei jeder Bö mußte ich dem Segel Lose geben, um nicht über die Bordwand Wasser ins Boot zu schöpfen. Dennoch schwappte nach den ersten Schlägen eine gute Menge Alster über meine Füße. Das Dinghy wurde schwerer und langsamer, und als ich nach der nächsten Wendemarke auf Gegenkurs ging, gehorchte es kaum noch dem Ruder. Also, Segel herunter und ausschöpfen, bevor das Boot völlig voll lief. Keinesfalls wollte ich kentern, ein Wiederaufrichten wäre nur mit fremder Hilfe möglich gewesen.

Mit der kleinen Schöpfkelle begann ich die mühsame Arbeit, während die anderen Jollen, bereits auf der zweiten Runde um die Marken, an mir vorbeizischten. Aber ich war nicht der einzige Havarist. Da trieben etliche gekenterte Jollen auf der Alster, und die Besatzungen warteten, über dem Rumpf hängend, auf Hilfe. Eine Barkasse der Alsterpolizei kam heran und stoppte neben mir.

»Gib deine Leine herüber«, rief der Beamte.

Die Vorleine? Der wollte mich abschleppen! Sollte ich mich von ihm zum Club bringenlassen? »Du mußt dir immer allein helfen können!« Wie oft hatte ich es gehört. Und Hajo, damals in Walvisbay! Nein, das kam nicht in Frage!

Ich winkte ab. »Danke, ich komme allein zurecht«.

Er drehte ab zur nächsten treibenden Jolle.

Schräg vor dem Wind, ohne Segel, gelangte ich zum Clubhaus, wo die anderen schon längst bei Kaffee und Grog saßen.

»Warum hast du dich nicht abschleppen lassen?« hörte ich. »Du Dummkopf! So lange mit nassem Zeug im kalten Wind, hast wohl lange keinen Schnupfen gehabt?« Wieder eine neue Erfahrung!

Auch meine nächste Regatta wurde ein Mißerfolg. Der leichte Luftzug reichte gerade, die Boote in Fahrt zu halten. Die alten Hasen wußten, aus welcher Straße und an welcher Brücke sie einen günstigen »Drücker« erwischen und sich einen Vorsprung verschaffen konnten. Auf Umwegen gelangten sie vor denen ins Ziel, die, wie ich, den geraden Kurs zwischen den Bahnmarken absegelten.

Ich sah es ein: Von der hohen Schule des Segelns, wie es der Obmann gesagt hatte, verstand ich noch nichts. Das war etwas anderes als meine simple Schipperei. Doch ich entschied mich für letztere. Ich hatte keinen Ehrgeiz, der Schnellste zu sein. Ich wollte meinen Kurs zwischen Himmel und Wasser legen, am liebsten bis zum Horizont. Aber den gab es auf der Alster nicht. Die Dickschiffe, wie man die seegehenden Yachten nannte, lagen in den Häfen der Elbe und der Ostsee. Aber wie gelangte man auf ein Dickschiff?

Zum Winterbeginn fand die Versammlung der Jugendabteilung des Vereins statt. Es war die Planung für das kommende

Jahr festzulegen. An einem langen Tisch saßen etwa zwanzig Jungen und einige Mädchen, um über eine Tagesordnung abzustimmen. Da wurde über den Unterricht in Segeltheorie, Spleißen und Knoten und Navigation palavert, über die Posten des Obmannes, der Bootswarte auf Alster und Elbe und manches andere. Das meiste war mir völlig neu. Daß es auch auf der Elbe Vereinsboote gab, erfuhr ich zum ersten Mal. Für welche der Jungen konnte Navigation nützlich sein? Gab es eine Möglichkeit, auf seegehenden Yachten zu segeln?

Die Wellen der Diskussion wogten hin und her. Die Älteren tranken Bier, in der heißen Luft hingen Rauchschwaden. Einzelne Stimmen drangen aus dem brodelnden Lärm heraus und gingen wieder im Durcheinander der anderen unter. Nur in Bruchstücken erfaßte ich, um was es ging. Etliche Punkte der Tagesordnung wurden geklärt, jedoch war offensichtlich zu wichtigen Fragen der Elbsegelei und eines Navigationskurses keine Einigkeit zu erzielen.

An der Längsseite des Tisches saßen drei langaufgeschossene Jungen, die ich noch nie im Club gesehen hatte. Sie mochten etwa siebzehn, fünfzehn und dreizehn Jahre alt sein. Wie ein Fels aus der Brandung ragte diese Gruppe stumm und reglos in die lärmende und gestikulierende Versammlung. Jeder der drei hielt eine dicke Zigarre in der Hand, die er von Zeit zu Zeit gemächlich zum Mund führte, um dann eine Qualmwolke in den Raum zu stoßen, die das Gesicht verschleierte.

Die Zeit lief dahin, ohne daß eine Einigung über die strittigen Punkte zustande kam. Bis schließlich der Obmann, den Lärm übertönend, in den Raum rief: »So kommen wir zu keinem Ende! Gleich zehn Uhr, wir müssen zu Beschlüssen kommen!«

Der Lärm verebbte, und es blieb auch ruhig, als der Obmann den ältesten Zigarrenraucher ansprach:

»Nun, Odje, was meinst du denn?«

Aus einer mächtigen Qualmwolke kam es bedächtig, aber bestimmt: »Ich meine, wir sollten ...« und es folgten die Vorschläge zu den offenen Fragen. Als er geendet hatte, bliesen die beiden Jüngeren ihren Rauch in die Luft und erklärten, sie seien der gleichen Meinung.

Es blieb ruhig im Raum, keine Einwendung, keine Frage wurde laut, und der Zigarrendunst stieg langsam zur Zimmerdecke. Odjes Worte wurden zum Beschluß.

Ich war fasziniert. Da sagt jemand den ganzen Abend kaum ein Wort – aber wenn, dann ist es wie ein Gesetz! Waren das Elbsegler? Und welche Bedeutung hatten die Zigarren?

Es war klar, daß ich zur Elb- und Seesegelei strebte. Mit den drei Jungen, Odje, Hannes und Wolfi, ergab sich bald ein enger Kontakt. Sie segelten mit ihrem Vater, der neben der renommierten Bertramschen Privatschule eine seetüchtige Yacht besaß. Der gleichaltrige Hannes erläuterte mir seine Ansicht zur Segelei auf der Alster:

»Die meinen, nur sie könnten segeln, weil sie an jeder Uferecke und in jeder Bö die Segel anders trimmen, um noch schneller zu sein. Und wenn sie 'nen nassen Hintern haben, müssen sie nach Haus, damit sie keinen Schnupfen kriegen. Nee, das Schnellsegeln ist nicht unsere Linie! Aber das Schiff auch bei dickem Wetter, bei Tag oder Nacht heil über die See zu schippern, das ist richtige Seemannschaft! Da mußt du genau navigieren, mußt mit Wind und Tidenströmen rechnen. Kreuz mal im Nebel die Elbe runter! Und nicht jammern, wenn's mal keinen Schlaf oder kein warmes Essen gibt! Mußt dich durchbeißen, wenn Rasmus dir auf die Nase haut, auf See gibt's keine Schutzhütten! Das mußt du wissen, wenn du Dickschiff segeln willst!«

Natürlich wollte ich und begann als erste Maßnahme, Zigarren zu rauchen, ging jedoch später zur Pfeife über. Dazu kam der Navigationskursus, in dem sich die angehenden Seesegler zusammenfanden. Aber wie kam man zu der nötigen praktischen Erfahrung, ohne die man nicht auf den Schiffen der älteren Mitglieder als Mannschaft anheuern konnte?

Es gab nur eine renommierte Schule, die über Dickschiffe verfügte, die Hanseatische Yachtschule in Neustadt an der Ostsee. Doch diese veranstaltete nur sechswöchige Kurse für junge Männer ab achtzehn Jahren. Als sich jedoch im Verein etwa zwanzig Jungen zwischen sechzehn und achtzehn fanden, die bereits seglerische und navigatorische Kenntnisse besaßen, wurde für diese in den Sommerferien ein vierwöchiger Kursus, ein »Kinderkreuzzug« eingerichtet.

Daß Mama mit meiner Teilnahme an einem solchen Lehrgang einverstanden war, verdanke ich Heinz Bogner, den ich gern, wenn er in Hamburg war, traf. Er überzeugte Mama von dem erzieherischen Wert dieser Ausbildung. Oft ging ich zu ihm, der inzwischen zum Ersten Offizier aufgerückt war, an Bord, stand auf der Brücke am Ruder und träumte von der großen See.

Auch Papa hatte auf einer Rückreise von Kamerun Heinz Bogner kennengelernt und begeistert von ihm erzählt. Das Schiff war an der französischen Küste auf einen Felsen gelaufen und hatte ein Leck erhalten. Der Kapitän ließ den Dampfer auf den Steinen liegen, ein Abschleppen hätte einen Wassereinbruch und die Gefahr einer Katastrophe zur Folge gehabt. Da sei Heinz mit einigen Matrosen in den Laderaum gestiegen und habe in harter und gefährlicher Arbeit aus einer Ladung von Zementsäcken diese über das Leck gestaut und mit Bohlen festgekeilt. Das erhärtende Material habe den Schaden abgedichtet und das Schiff konnte abgeschleppt werden. Diese Rettung sei nur dem Vorschlag und dem aufopfernden Einsatz von Heinz und seinen Helfern zu danken.

Dank Heinz Bogners Hilfe kam ich endlich zur Seesegelei und trat mit einer tatendurstigen Gruppe von Vereinskameraden zum Ferienbeginn auf der Neustädter Yachtschule an. In dunkelblauem Anzug mit weißem Hemd, schwarzem Schlips und Schirmmütze, wie es die Schulordnung zum Landgang vorschrieb. Für den Dienst wurde Marinearbeitskleidung, das »Päckchen«, zugeteilt.

Die Hanseatische Yachtschule war nach dem Ersten Weltkrieg unter Mitwirkung der Reichsmarine auf privater Basis gegründet worden. Die Ausbilder waren Marineoffiziere. Der Dienst war straff und militärisch, äußerst korrekt, jedoch ohne Bezug zu Waffen. Neben der seemännischen Ausbildung gab es ein intensives körperliches Training. Einsatzbereitschaft und Disziplin waren damals selbstverständliche Voraussetzungen für den Dienst auf den Schulschiffen mit ihrer ungefügen Takelage. Nur einige besaßen schwache Hilfsmotore. Man setzte seinen Stolz darein, auch bei Flaute ohne Maschine sein Ziel zu erreichen, und die damaligen Häfen erlaubten, selbst die großen Schoner unter Segeln an die Pier zu legen.

Dieser erste Yachtschullehrgang steht in meiner Erinnerung in seiner Gesamtheit als ein richtungsweisendes Erlebnis, jedoch ohne einzelne, herausragende Bilder. Lediglich eine Begegnung ist meinem schwärmerischen Gemüt bedeutsam geworden und hat über Jahre gewirkt. Auf einer der Segelreisen begegnete ich in Kopenhagen zum ersten Mal der kleinen Meerjungfrau, die, als bronzenes Bild, am Ufer nach ihrem Prinzen ausschaut. Ihre jugendliche Weiblichkeit paßte besser als Botticellis Venus zu dem, was ein junger Mann sich als begehrenswertes Idealbild vorstellt. So trat fortan Andersens nordische Märchenfigur an die Stelle der schaumgeborenen Griechengöttin.

Die vier Segelwochen auf der Yachtschule wiesen mir wieder den Weg aus zivilisatorischer Begrenzung in die Freiheit eigener Entscheidungen, wie ich sie aus afrikanischer Steppe kannte. Hinzu kam das erstmalige Erlebnis einer festen Gemeinschaft, die nur im Für- und Miteinander bestehen kann, einer Kameradschaft, die in mehr oder weniger loser Form für immer erhalten blieb. Bei meinen Eltern jedoch stand das Ergebnis der paramilitärischen Erziehung im Vordergrund, und so waren sie sofort einverstanden, als ich nach dem Abitur und der Vollendung des achtzehnten Lebensjahres den Wunsch äußerte, mich nochmals und diesmal zu einem »richtigen« Yachtschullehrgang zu melden. Dies erschien ihnen nützlicher als die Jurisprudenz, für die ich mich auf der Hamburger Universität eingeschrieben hatte. Noch wichtiger war die Meinung Onkel Kurts, dessen Wort als Chef der Familienfirma schwerer wog als das Papas, der »nur« Landwirt war. Onkel Kurt mißbilligte mein juristisches Studium.

»Juristen haben einen verbogenen Verstand«, erklärte er mir. »Wenn du Jurist wirst, gibt es keinen Platz für dich in unserer Firma. Seesegeln ist eine gute Vorbereitung auf das Leben. Noch besser wären einige Reisen um Kap Horn als Matrose auf einem Großsegler.« Er empfahl mir die Reederei Vinnen, die noch zwei Segelschiffe in Fahrt hatte.

Nun, ich entschied mich für die Yachtschule.

So ging es – wegen des rauhen Wetters – im Herbst 1932 wieder nach Neustadt. Aus dieser Zeit treten einige Bilder hervor, deren Bedeutung mir jedoch erst im Nachhinein klar wurde.

An einem Sonntag nahm mich mein Crewkamerad Erich auf seinem Motorrad mit zu einer Veranstaltung der SA. Zum ersten Mal unter Männern mit braunen Hemden und Hakenkreuzbinden, hörte ich einen prominenten Redner der NSDAP. Ich erlebte die Begeisterung der Nationalsozialisten, als sie stehend, mit Hitlergruß sangen »Die Fahne hoch...« Dieser Bewegung gehöre die Zukunft, sagte Erich. Er sei bereits Mitglied, und es sei an der Zeit, daß auch ich mich der Partei anschlösse. Doch der überfüllte Saal, das »Heil«-Geschrei und die mir unverständlichen, gebrüllten Reden stießen mich ab.

Unser Gruppenoffizier auf der Yachtschule war ein junger Leutnant, der sich von meinem ersten Kursus her meiner erinnert und mich, obgleich ich der Jüngste war, zum ersten Wachführer bestimmt hatte. Nur ungern war ich seinem Befehl gefolgt, ich strebte nicht nach Führungspositionen. Die dienstlichen Angelegenheiten bedingten einen häufigen Kontakt mit ihm. Als er mich eines Abends in seine Kammer holte, nahm ich an, daß er mich, wie es gelegentlich und ohne Aufdringlichkeit geschah, auf die Möglichkeiten der Offizierslaufbahn bei der Marine hinweisen wollte. Doch er eröffnete mir, es gäbe wichtigere Aufgaben im Dienste des Vaterlandes zu erfüllen. Dies könne nur im Rahmen der nationalsozialistischen Bewegung und ihrer Organisationen unter dem Führer Adolf Hitler erfolgen. Für einen Mann wie ich es sei, käme die Reichsmarine nicht in Frage, diese sei eine müde, erzkonservative Organisation. Die Zeit sei reif, um mit neuen Männern eine neue Welt aufzubauen. Hierfür benötige man eine Elite, wie sie in der SS, den Sturmstaffeln der NSDAP, herangebildet würde.

Ich war verblüfft. Politische Parolen, die nicht für ein staatstreues Bürgertum paßten, wurden von rechten und linken Radikalen verbreitet. Aber von einem deutschen Offizier?

Bei einer Flasche Wein erfuhr ich, daß er aus der Marine ausgestoßen worden war.

»Und warum?« wollte ich wissen.

»Ich wurde von einem jüdischen Offizier gefordert und habe ihm das Duell verweigert«, erfuhr ich.

Ein Duell? So etwas kannte ich nur aus Büchern, konnte es so etwas heute noch geben? Ich fragte nach.

»Aber selbstverständlich«, sagte er. »Der Jude hatte mich einen arroganten Hund genannt. Darauf habe ich ihn als Judenlümmel beschimpft, der nicht wert sei, deutscher Offizier zu sein. Natürlich mußte er mich fordern. Auf Pistolen. Aber mit einem Juden kann ich mich nicht duellieren, es widerspräche meiner Ehre. So mußte ich meinen Dienst quittieren und bin hier gelandet. Aber die Yachtschule ist nicht anders als die Marine. Ich werde zur SS gehen. Da werden deutsche Männer gebraucht. Und auch Sie sollten darüber nachdenken!«

Ich war verunsichert, weil ich den Gedanken dieses Mannes, der uns ein Vorbild sein sollte, nicht zu folgen vermochte. Doch ein anderer Vorfall verhalf mir zum Schlußstrich unter dieses Problem.

Zum Ausbildungsprogramm gehörte auch das »Kutterpullen«, das Rudern in den schweren Marinekuttern, eine, vor allem im Seegang, harte Arbeit, die mit militärischer Exaktheit geübt wurde. Mit zwei Kuttern waren wir bei hartem Südwestwind nach Pelzerhaken am Ausgang der Neustädter Bucht gerudert, gepullt, wie es marinemäßig hieß. Klaus und ich waren, wie üblich, Bootssteuerer und hatten unter der Aufsicht unseres Leutnants die erforderlichen Kommandos zu geben. Wie befohlen, hatten wir am Ziel an einem niedrigen Steg angelegt, der vom Strand in die See reichte. Der starke, zum Land wehende Wind warf im flachen Wasser kleine Brandungswellen auf, hinter denen unsere Fahrzeuge an ihrem Liegeplatz dümpelten.

Klaus kam zu mir. »Wie sollen wir hier wegkommen?« fragte er. »Wenn wir ablegen, um die Riemen einzulegen, drückt uns der Wind auf den Strand bevor wir in Fahrt kommen. Und dann noch durch die Brandung.«

Er war ein erfahrener Segler. Seine Bedenken bestätigten sich. Beim Ablegen landeten beide Kutter am Strand. Mit den Leinen zogen wir sie wieder an den Steg.

Nun übernahm unser Leutnant selbst das Kommando über Klaus' Kutter.

»Zeigt, daß ihr Kerle seid!« rief er. »Absetzen, Riemen ein und dann pullen, pullen, und wenn euch die Arme ausreißen!«

Er nahm selbst die Pinne und brüllte seine anfeuernden Kommandos. Doch auch er trieb an den Strand. Wir holten den Kutter zum Steg, und er versuchte es noch einmal, wieder vergeblich. Als das Boot aufsetzte, sprang er an Land.

»Mit solchen Scheißkerls kann man nicht arbeiten!« schrie er. Und dann marschierte er in Richtung Neustadt davon.

Fassungslos sahen wir uns an. Wie war das möglich? Klaus, älter und selbstsicherer als ich, sprach es schließlich aus:

»Wer hier wohl ein Scheißkerl ist! So eine Dummheit, bei dem auflandigen Wind an diesen Steg zu gehen. Kein Seemann würde das machen. Der hat ja keine Ahnung. Und dann weglaufen, seine Crew im Stich lassen!«

Was ich nicht zu sagen gewagt hätte, Klaus polterte es ungehemmt hervor. Dann begannen wir zu überlegen. Klaus wies auf einen Pfahl, der etwa zwanzig Meter vor dem Steg im Wasser stand.

»Den müssen wir zu fassen kriegen.«

Wir waren uns schnell einig. Die lange Schleppleine des ersten Kutters wurde an dessen Heck befestigt und mit der des zweiten verbunden. Dessen Mannschaft riß, auf dem Steg laufend, den ersten Kutter in Fahrt, so daß er bis ins freie Wasser schoß. Dann Riemen ein und schon war der Pfahl erreicht. An den Schleppleinen wurde das zweite Boot herangeholt. Als beide am Pfahl lagen rief Klaus: »Das habt ihr großartig gemacht! Aber das ist erst die Hälfte. Jetzt wird um den Sieg gepullt! Wir müssen vor unserem Leutnant zu Hause sein! Der muß ja durch die Stadt und um den Hafen herumlaufen. Dafür braucht er 'ne Stunde. Wenn ihr reinhaut, sind wir mit achterlichem Wind vor ihm zurück. Und das muß sein! Verstanden?«

Und ob sie verstanden hatten!

Als die Kutter am Schulsteg lagen und ich die Kameraden in ihre Quartiere schicken wollte, widersprach Klaus: »Dem müssen wir es zeigen! Du machst ihm Meldung, wie es sich gehört.«

Ich fügte mich. Als unser Leutnant schließlich eintraf, standen beide Besatzungen am Tor angetreten, und ich meldete mit dem üblichen militärischen Zeremoniell die Kutter hafenklar. Ohne uns anzusehen, quittierte er mit einem kurzen »Danke« und verschwand. Während der wenigen Tage bis zum Lehrgangsende fiel kein Wort über diesen Vorfall. Der Arme hatte wohl eingesehen, daß seine soldatischen Vorstellungen keine seemännische Entsprechung besaßen.

Er fiel im Krieg als Kommandeur einer SS-Division, deren Reste, an der Ostfront eingekesselt, geschlossen den Tod der Gefangenschaft vorzogen.

Der Lehrgang und damit auch die Segelsaison endeten mit dem Oktober. Nun mußten die großen Schiffe ins Winterlager zu den Werften gebracht werden. Wer noch Zeit hatte, konnte sich als Mannschaft melden. Was ich natürlich tat, nicht ahnend, daß sich hieraus ein Abenteuer ergeben sollte, das heute zu den wichtigen Bildern in der Galerie der Erinnerungen gehört.

Ich wurde zum Schulleiter, Kapitän von Nostiz, bestellt.

»Sie bringen den ›Albatros‹ nach Eckernförde«, erfuhr ich.

»Ich? Als Skipper?« fragte ich erschrocken.

»Ja, als Skipper!«

Den »Albatros« nach Eckernförde? Einen Schoner von fünfundzwanzig Metern Länge und dazu Bugspriet und Klüverbaum, die, acht Meter über den Bug hinausragend, das Manövrieren im Hafen erschwerten! Wir liebten dieses schöne Schiff, einen über fünfzig Jahre alten ehemaligen Zollkreuzer, auf dem wir unter der Führung zweier Offiziere und eines Bootsmanns gesegelt waren. Nun sollte ich, vermutlich der jüngste Schüler, den »Albatros« als Skipper führen? Ich zögerte. Hatte der Kapitän mehr Vertrauen in meine Fähigkeiten als ich selbst?

»Herr Kapitan«, wandte ich ein, »ich habe doch gerade erst...«

Vor drei Tagen hatte ich meine Prüfung bestanden, die mich zum Führen eines Jollenkreuzers auf der Lübecker Bucht berechtigte.

»Weiß ich.« Seine Handbewegung schob meine Argumente beiseite. »Uns fehlt ein Skipper.« Und dann mit einem zwingenden Blick: »Können Sie's, oder können Sie's nicht?«

Hinterher habe ich mich verflucht, doch in jenem Augenblick meinte ich, nicht anders zu können, als einmal tief Luft zu holen und zu sagen: »Ich kann es. Aber nur mit einer guten Crew.«

»Die suchen Sie sich selber!« sagte er. »Und ich verlasse mich auf Sie, daß alles klappt!«

Ja, er verließ sich auf mich, der ich durchaus nicht von meinen Fähigkeiten überzeugt war. Verzagt ging ich zu Klaus. Er war sofort bereit.

»Selbstverständlich segeln wir den Kahn nach Eckernförde«, rief er begeistert. »Wir allein, ohne Aufsicht und Drill – großartig!«

Er verwarf meine Bedenken, sprach mir Mut zu und brachte mein Selbstvertrauen langsam in Normallage.

In unserer Gruppe fanden wir vier weitere, zu jedem Abenteuer bereite und in sechs gemeinsamen Segelwochen erprobte Männer für unser Vorhaben.

»Ihr sechs wollt den ›Albatros‹ segeln?« kam es von den anderen Kameraden. »Wo wir doch mit zwanzig Mann unsere Mühe mit der altmodischen Takelage hatten!«

Worauf Klaus ihnen mit diskretem Stolz erläuterte, daß nicht die Quantität die Mannschaft mache.

An einem Novembermorgen ging es bei frischem Nordwest aus dem Hafen, schulmäßig sittsam unter kleinen Segeln. Pelzerhaken wurde gerundet, die Schule kam außer Sicht, unsere Begeisterung brach über die Ufer. Die Toppsegel wurden gehißt, der Flieger und alle Vorsegel. Der alte »Albatros« sollte endlich einmal richtig laufen. Nach sechs Wochen straffen Schulbetriebs berauschte uns das Gefühl uneingeschränkter Freiheit auf einem herrlichen Schiff. Heinz' Ziehharmonika verschwindet wegen des überkommenden Gischts unter Deck. Dafür kommt eine Flasche Rum herauf.

»... ja wir sind die Herren der Welt, die Könige auf dem Meer...«

Das Seeräuberlied geht über die Lippen, die sich zwischen den Versen um den Hals der Rumflasche schließen. Es folgen die »... thirteen men on the dead man's chest, ho, ho, ho, and a bottle of rum...« Aber das war schon die zweite Flasche.

Hochauf wie die Bugsee schäumt die Lust an der brausenden Fahrt, wenn die Leereeling durchs Wasser pflügt. Los, »Albatros«, zeig was du kannst! Dies ist kein Schulsegeln! Nein, hier geht's zu wie auf den alten Teeklippern!

»Haut den Sprit in die Kehle und den Bugspriet in die Ostsee!« ruft Klaus. »Das ist segeln!«

Wir müssen auf Nordkurs, zum Fehmarn-Belt, weil wir mit dem großen Schiff nicht durch den schmalen Sund kreuzen können. Nochmals wenden! Der Rudergänger läßt das Rad herumwirbeln, die Schoten der Vorsegel werden losgenommen, aber der Schoner dreht nur langsam, viel zu langsam! Das Wendemanöver mißlingt. Wir fallen zurück auf den alten Kurs. Ein neuer Versuch! Fahrt aufnehmen und noch einmal! Was ist mit dem Schiff? Wieder will es nicht dem Ruder gehorchen.

Von unten, aus der Luke, kommt ein hartes Poltern und Scheppern. Klaus steigt hinab – ein Schrei: »Wasser im Schiff!«

In Lee schwappt es schon bis in die Kojen. Bodenbretter, Polster und Kleidung treiben auf wirbelnder Flut in den Räumen herum!

Segel runter! Motor? Zu schwach für dieses Wetter und auch schon halb unter Wasser. Die Handlenzpumpe wirft nur einen dünnen Strahl über Bord. Eimer und Kochtöpfe her, durch den Niedergang nach draußen reichen! Wenn wir nur zwölf Hände mehr hätten!

Nach zwei harten Stunden ist das Wasser wieder draußen, wo es hingehört. Das Leck: Die Wanten des Großmastes, an den Außenplanken befestigt, hatten das alte Holz an der Luvseite auseinandergezogen. Jede anrollende Welle schickte einen kleinen Wasserfall durch fingerbreite Spalten hinter die Innenverkleidung ins Schiff. Wir hatten dem betagten Schoner mehr zugemutet, als es im Schulbetrieb üblich war.

Aus war's mit der Teeklipper-Segelei! Soweit erreichbar, verstopfen wir die Leckstellen. Dann hocken die sechs, vor kurzem noch so hochgestimmten »Könige auf dem Meer«, trübsinnig und schuldbelastet auf ihrem Fahrzeug, das ohne Segel fürchterlich im Seegang rollt. Und ich bin der Skipper, verantwortlich für Schiff und Mannschaft! Der Teufel hatte mich geritten, zu diesem Auftrag ja zu sagen!

Wir müssen handeln. Es gibt nur eine seemännisch richtige Entscheidung: Mit kleinsten Segeln unter Landschutz zurück. In drei Stunden könnten wir in Neustadt sein.

Aber was steht uns dort bevor? Das Schuldbekenntnis vor dem Schulleiter! Die ironische Quittung der Kameraden für unsere großspurigen Worte! Wir sehen uns an. Nein, nicht zurück!

Muß nicht der »Albatros« jetzt erst recht in die Werft? Versuchen, weiterzusegeln! Bis Fehmarn haben wir noch Landschutz. Und dann – mal ansehen!

Also weiter! Wir setzen die kleinsten Segel, die Sturmsegel. In Böen lösen wir die Schoten, um Masten und Wanten zu entlasten. Dazu pumpen und schöpfen wir hinaus, was an Wasser dennoch eindringt.

Um Mitternacht stolpert Heinz an Deck und läßt die letzte Flasche Seelentrost im Wassergang zerschellen. Das hochprozentige Naß fließt in die Ostsee! War es unsere Rettung, das Opfer für Rasmus, das wir beim Auslaufen versäumt hatten? Es wirkt noch nachträglich, der Wind flaut ab, dreht nach Süden, und am Morgen können wir, wenn auch nur mit ganz langsamer Fahrt, den Kurs auf Eckernförde ansetzen. Um die nächste Mitternacht legt eine erschöpfte, durchfrorene Crew den »Albatros« an die Werftpier. Nach fast vierzig Stunden pausenloser Arbeit an Segeln, Pumpe und Eimern, ohne Schlaf, bei kümmerlicher, kalter Kost.

Per Bahn nach Neustadt – es kam das letzte Problem: Was sollte ich dem Schulleiter sagen? Als ich begann, in zurückhaltender Formulierung die Fortsetzung der Reise mit dem lecken Schiff zu begründen, schnitt er mir abrupt das Wort ab: »Gut gemacht! Sonst hätten Sie auch mich blamiert!«

Und als er noch etwas von weichem Holz und harten Männern hinzufügte, wuchs unsere Oberweite um etliche Zentimeter.

Es hat noch mancher weiterer Seemeile bedurft, bis ich erkannte, daß es falsch gewesen war, mit dem nicht mehr seetüchtigen »Albatros« weiterzusegeln. Wir hatten unser Prestige über die Sicherheit gestellt.

Doch zunächst fuhr ich stolz und mit mir zufrieden nach Hause. Jedoch schon vier Wochen später ging es auf eine abenteuerliche Reise, die mir ein ungeahnt reiches Maß an seemännischer und menschlicher Erfahrung eintragen sollte.

Sturmfahrt nach Venedig

»Wir lieben die Stürme, die brausenden Wogen ...« hatten wir zu zollfreiem Whisky gesungen, als wir an einem trüben Dezembermorgen Cuxhaven im Dunst versinken sahen. Da war der Skipper dazwischengefahren:

»Schluß damit! Wer das gedichtet hat, war nie im Winter auf dem Atlantik. Und die Biscaya ...« War der Skipper abergläubisch?

Auch von der spanischen Schönen und feurigem Wein hatten wir gesungen. Lag doch Spanien am Weg zum sonnigen Mittelmeer.

Dort, im Zielhafen Venedig, wurde die »Wega«, eine seetüchtige Yacht, von ihrem Eigentümer erwartet. Unser Skipper war ein junger Handelsschiffskapitän, der auf Frachtern die See und auf seinem Jollenkreuzer die Elbe befahren hatte. Zwei Marineoffiziere stellten den ersten und zweiten Wachführer. Dazu kam ein Bootsmann, auch er Berufsseemann, der schon lange auf der »Wega« fuhr. Die Mannschaft: Acht fröhliche Segler, von denen ich der jüngste war. In meinem Seefahrtsbuch erhielt ich jedoch bereits die Bezeichnung »Matrose« statt des bisherigen »Jungmanns«.

Daß der Weg in den warmen Süden durch die Nordsee, den Kanal und die berüchtigte Biscaya recht holperig werden konnte, war uns klar. Doch was Rasmus uns dann entgegenwarf, hatte sich keiner vorstellen können. Zwar hatten wir, wie es sich gehört, ihm beim Auslaufen ein Trankopfer gespendet, doch die Flasche Rum hatte auf dem Weg von der Kombüse bis zum Cockpit den größten Teil ihres Inhalts eingebüßt.

Die Nordsee, zwar winterlich düster, war uns noch wohlgesonnen. Ein östlicher Wind brachte uns schnell zum Kanal. Aber er wurde härter, brachte feine Schneeflocken, und schon als wir Dover passierten, war er zum Sturm geworden. Doch er wehte von Osten und schob uns vor sich her, an der englischen Küste entlang, die jedoch bei dem schlechten Wetter nicht zu sehen war. Nacheinander wurden auch die gerefften Segel geborgen, bis nur noch die Sturmfock, ein winziges Vorsegel, unser Schiff durchs Wasser riß. In wenigen Stunden baute sich ein mächtiger Seegang auf. Der Skipper war ständig an Deck und gab dem Rudergänger Anweisungen. Um die Gefahr des Querschlagens zu vermeiden, war genau vor Wind und Wellen zu steuern, wenn große Brecher von achtern heranrollten. Dazwischen ging es wieder auf den richtigen Kurs, der etwas südlicher verlief.

Im letzten Abendlicht begann mein Törn als Rudergänger. Der Wind legte noch zu, und der gegen den Sturm laufende Flutstrom ließ die See steiler und höher auflaufen. Es wurde dunkel, die Brecher waren nicht mehr zu sehen. Nur an den Bewegungen des Schiffes war zu erspüren, wann die nächste Gruppe der gefährlichen Riesen heranschoß, denen ich das Heck zuwenden mußte. Dann brach sich ihre Wucht am Kielwasser und nur der Gischt prasselte zu uns aufs Deck.

Wachablösung. Ernst kam ans Ruder, und ich ging nach unten. Schnell ein Brot aus dem festgebundenen Topf, und dann zur Koje. Freiwache bis Mitternacht.

Da legte das Schiff sich plötzlich auf die Seite. Ich rollte gegen die Wand, Hans stürzte durch den Raum über den Tisch auf mich. Borde und Fächer ergossen ihren Inhalt auf den Boden. Langsam richtete das Schiff sich auf. Aber ein harter Stoß warf es wieder auf die Seite. Das war der nächste Brecher. Wieviele würden noch folgen, bis wieder die Periode der niedrigeren Wellen einsetzte? Nur noch ein kleiner Schlag folgte, und ich fühlte, daß wir wieder auf den sicheren Kurs vor der See gelangten.

Ernst kam herunter: »Adje, komm hoch! Wieder ans Ruder! Befehl vom Skipper.«

Also keine Freiwache. Wieder ins Ölzeug und nach oben, wo der Skipper selbst am Ruder stand.

»Sie bleiben Rudergänger«, rief er. »Zumindest solange die Flut noch läuft.«

Ich blieb noch über die Flut hinaus. Kurzfristig löste der Skipper mich ab. Die Kameraden versorgten mich mit Brot und Tee. Erst als es hell wurde, übernahm Ludwig, und ich stieg nach unten. Dort sah es chaotisch aus. Nasses Zeug, Decken, Geschirr und seekranke Männer rutschten haltlos im engen Raum hin und her. Als das Schiff erneut aus dem Kurs lief und einige Tonnen Wasser aufs Deck donnerten, ließ der Skipper mich wieder ans Ruder holen. Von Ablösung war nicht mehr die Rede. Wir brausten weiter nach Westen in die nächste Nacht hinein. Voraus kam das Leuchtfeuer von Start Point in Sicht. Wenn es gelang, dahinter nach Nordwesten abzudrehen und unter Landschutz zu kommen, konnten wir Plymouth erreichen. Für eine kurze Zeit galt es, in den Perioden der niedrigen Wellen so weit wie möglich nach Norden zu halten, um unter der Steilküste ruhigeres Wasser zu finden. Um Mitternacht fiel der Anker hinter dem Wellenbrecher von Plymouth, und ich sank nach dreißig Stunden Rudertörn in meine Koje.

Unser Bootsmann erkrankte und fuhr nach Hause. Sigi, der Smutje, meinte, die Ursachen der Krankheit zu kennen: Reichlicher Whiskygenuß und die Sorge um den weiteren Reiseverlauf. »Mit dem Haufen von Hampelmännern kommt das Schiff nicht heil über die Biscaya«, sollte der Bootsmann gesagt haben, bevor er sich zum Aussteigen entschloß. Er war ein erfahrener Seemann.

Zwei Versuche, den großen Sprung nach Spanien zu wagen, schlugen fehl. Von hartem Südwest wurden wir wieder zurückgedrückt. Bis schließlich eine günstige Brise uns in den Atlantik hinausschob, weit nach Westen, um Raum zu haben, wenn der Wind wieder auf Südwest drehen würde. Mit den zurückgelegten Meilen stieg die Stimmung, und die Träume von bunten, südlichen Häfen wurden klarer. Aber der Himmel senkte sich in tiefen, dunklen Wolken herab, und der Wind sprang wieder in die schlechte Ecke. »Gale warning south to southwest«, quäkte der Rundfunkempfänger, bevor er wegen geringer Reichweite verstummte. Dann stürzte es heran aus der Richtung, in der unsere Träume lagen. Waren im Englischen Kanal noch das Bewußtsein der Küstennähe und gelegentlich vorbeiziehende Dampfer den Gedanken ein Halt gewesen, so wußten wir jetzt, daß wir allein waren in einer Welt, in der es nichts Festes mehr gab außer unserer Yacht, die zwischen den wachsenden Wellen immer kleiner wurde. In endloser Folge rasten die grauen Berge von einem Horizont zum anderen. Die ruhelose Düsternis lastete schwer auf unseren unerfahrenen Gemütern. Hier, weit im Atlantik und außerhalb der Dampferrouten, war im Notfall keine Hilfe zu erwarten.

Immer tiefer bohrte sich der Bug in die heranstürmenden Wassermassen, wurde wieder emporgerissen, um die Fluten abzuschütteln und erneut einzutauchen. Wir machten keine Fahrt mehr voraus.

»Maschine anstellen, wir müssen Westhöhe machen«, ruft der Skipper zu Age, der im Niedergang steht. Age zögert einige Sekunden, bevor er den Befehl an Hans, unseren Techniker, weitergibt. In seinem Gesicht sehe ich einen Ausdruck von Geringschätzung, der mir Unbehagen bereitet. Age war Kunstmaler. Er sprach wenig, war immer gleichmütig, freundlich und hilfsbereit. Stets wußte er Rat, wenn man ihn fragte, und tat in schwierigen Situationen wortlos das Richtige. Hält Age nichts von der Motorhilfe?

Die Maschine, ein Glühkopfmotor, springt an. Härter werden die Stöße, mit denen die Yacht gegen die See geschoben wird.

»Motor wird heiß«, meldet Ludwig, der vom Ruder das Thermometer beobachtet.

»Abstellen!« befiehlt der Skipper.

Ages Gesicht ist wieder entspannt.

»Hast du gewußt, daß der Motor heiß wird?« frage ich ihn.

»Ja, bei der Schräglage kann die Schmierung ausfallen«, sagt er.

»Warum hast du das nicht dem Skipper gesagt?«

Age zuckt die Schultern. »Er ist der Skipper. Aber er hat auch eingesehen, daß der Motor für dieses Wetter zu schwach ist. Die ›Wega‹ ist kein Dampfer.«

Weitersegeln ist zwecklos, wir müssen beidrehen. Mit gerefften Sturmsegeln, den Trysegeln, und festgelegtem Ruder treibt das Schiff langsam quer vor dem Wind und erzeugt gegen die Wellen einen Sog, eine Fläche quirlenden Wassers, das die Wucht der Brecher verringert. Strich um Strich, mit zermürbender Stetigkeit fallen das Barometer und die Stimmung. Unter Deck ist alles feucht. Man kann sich nur hinter dem Tisch oder in der Koje festklemmen, um nicht umher geschleudert zu werden.

Mit Günter, unserem Mediziner, und Hans habe ich die Abendwache. Wir sitzen im Cockpit, es gibt nichts zu tun. Unser Wachführer ist unten an der Seekarte. Sich selbst überlassen, taumelt das Schiff durch die Finsternis. Wanten und Tauwerk heulen in schrillen Tönen. Von den Füßen her steigt die Kälte im feuchten Zeug auf. Ist es nur die Kälte, die mich zittern läßt? Dazu die Beklemmung, die vom Magen in die Kehle kriecht. Ist es das Liftgefühl, vom Seegang verursacht? Oder gar Angst? Es ist Angst, ganz gemeine Angst. Aber »Ein Junge hat keine Angst!« Warum klappern die Zähne?

»Sowas macht man freiwillig«, ruft Günter mir ins Ohr. »Jetzt zu Hause, Sessel, Heizung, Rotwein!«

»Dazu das Lied von den geliebten Stürmen und brausenden Wogen« gebe ich ihm zurück. »Nun hast du sie!«

Gut, daß Günter gesprochen hat. Es lenkt ab von der lähmenden Bedrohung.

»Diese Festbeleuchtung«, schreit er, »kann einen verrückt machen.«

Ja, das ist es, was immer wieder die schmerzenden Augen gegen den peitschenden Gischt in die Nacht zwingt: das Meerleuchten. Grünglasig stürzen die Brecher aus der Dunkelheit heran, – liegen wir auf ihrer Bahn? Wenn wir vom Rücken eines Berges hinabgleiten, scheinen sie über uns zu hängen. Was ist oben und unten in diesem grausamen Spiel?

Smutje hat es geschafft, zum Wachwechsel Tee und Brote bereitzustellen. Der heiße Tee tut gut und noch besser der Rum, der das Seelenbarometer um einige Striche steigen läßt. Dann zur Koje, fest einkeilen. Im Dämmerschlaf fühle ich die Schläge der See.

Mitternacht. Ernst kommt herunter. »Klarmachen zum Wachwechsel!«

»Wie sieht's draußen aus?« frage ich. »Barometerstand?«

Er antwortet nicht, sackt auf die Bank und wirft den Kopf über die Arme auf den Tisch.

»Was ist los? Geht's dir nicht gut?«

Er dreht den Kopf. Das Dämmerlicht der Petroleumlampe zeigt die Salzkruste auf den Augenbrauen, die Tränen, die auf den Tisch tropfen.

Ich reiche ihm die Thermosflasche. »Hier, Tee mit Rum. Das hilft!«

»Ich kann nicht mehr«, quält er heraus. »Das kann man nicht aushalten, das da draußen. Ich geh nicht wieder rauf.«

Wieder eine endlose Wache. Untätig im Cockpit sitzen, in die dröhnende Finsternis starren, nichts tun können. Bilder kommen, eine Wiese mit Blumen, blondes Mädchenhaar in der Sonne. Die kleine Lampe zu Hause im Wohnzimmer, Wärme, Geborgenheit. Ich versuche ein Gespräch mit Günter. Er geht darauf ein. Gebrüllte Worte, vom Wind zerfetzt, fliegen hin und her. So gehen irgendwann auch diese vier Stunden zu Ende. Als ich um vier Uhr zum Wachwechsel die Logbucheintragung mache, schreibe ich den vierundzwanzigsten Dezember. Das Barometer steht seit zwei Stunden.

Am Morgen läßt der Sturm nach. Regenböen glätten das Wasser, und mittags schiebt uns ein guter Nordwest gegen die auslaufende Dünung nach Süden. Im Kielwasser versinkt die Angst der Sturmnacht. Doch der Schrecken war tief in uns gefahren. Unser Schiff hatte die Prüfung bestanden. Aber wir, die Crew? – Über den blauen Himmel zogen weiße Wolkenballen, die Bugwelle rauschte, der Kompaß wies den richtigen Kurs.

»Das Wetter ist unser Weihnachtsgeschenk«, meinte Age. »Nun wird der Tannenbaum aufgetakelt.«

Der wurde in der Kajüte festgezurrt. Doch die vom Schiffsausrüster mitgelieferte Dekoration entsprach nicht unseren Vorstellungen von einer stilvollen Weihnachtsfeier.

»Die Farben treiben mir jetzt schon die Tränen in die Augen«, meinte Günter. »Wie soll das erst heute abend werden?«

»Vergiß den Kitsch«, sagte Age. »Ich mach was anderes«

Das Goldpapier aus der Whiskykiste, auf Pappe geklebt, ergab ein stilvolles Material. Sterne entstanden, Sonne und Mond, denen Ages Stift fröhliche Gesichter aufsetzte.

Zum Abendwachwechsel war es soweit. Das Schiff rollte nur leicht, wir wagten es, kurze Kerzen auf den Tannenzweigen anzuzünden. In Smutjes Punschkessel waren sicherlich außer dem Rotwein noch härtere Zutaten geflossen. Ein festliches Essen und das Getränk ließen die Weihnachtsstimmung lautstark in die Nacht schallen.

Doch das Schönste war der Tannenbaum. Weil Age uns eine Überraschung gezaubert hatte. Da hingen nicht nur die strahlenden Gestirne, da schaukelte auch unsere »Wega« unter vollen Segeln über sanfte Wogen. Und das Prunkstück war ein goldener Engel. War es noch ein Engel, dieses Bildnis, das dort an seiner Harfe zupfte? Engel sind grammatikalisch und auch als Erzengel männlich. Häufiger jedoch deutet ihr äußeres Erscheinungsbild auf weibliche, mütterliche Funktionen. Und all die kleinen Barockengelchen, die haben neutral zu sein. Aber was hier am Weihnachtsbaum als Blickfang im Rhythmus der Dünung schaukelte, entsprach keiner dieser Vorstellungen. Am Rücken trug es zwar bestimmungsgemäß Flügel, die sogar Übergröße hatten, doch schon das langwallende Goldhaar betonte einen äußerst femininen Stil. Und vorn, ja, da zeigten sich unter dem nur angedeuteten Gewand überaus reizvolle, jugendlich-weibliche Formen. Die schlanken Hüften liefen nach unten in einen bei Schiffen als Achtersteven bezeichneten Rumpfteil aus, dessen anmutige Rundung zum Streicheln einlud. Daran fügte sich ein vollendet proportionierter, über das andere Knie geschlagener Oberschenkel. Einen solchen Engel hatte keiner von uns je gesehen. Der schaukelte sich dort lächelnd und singend in unsere Männerherzen hinein.

»Age, was hast du da Schönes gemacht! Daß du so etwas zeichnen kannst!«

»Nur aus der Erinnerung, leider«, meinte er versonnen.

Der Engel wurde der strahlende Mittelpunkt unserer Weihnachtsfeier. Wir sangen und prosteten ihm zu, ließen Augen und Finger über seine Figur gleiten, bis die Kerzen verloschen.

Der Tannenbaum mit seiner wundersamen Dekoration blieb an seinem Platz, obgleich er den Durchgang zum Vorschiff erschwerte. Er sollte uns ins neue Jahr, bis Vigo oder gar Lissabon begleiten. In drei Tagen konnten wir die spanische Küste erreichen. So rechneten wir, auf günstigen Wind vertrauend.

»Barometer 754, stark fallend!« Schon am ersten Weihnachtstag zog das nächste Tief heran. Bald ging es wieder unter Trysegeln nach Westen, und am Abend trieben wir erneut beigedreht in die Biscaya. Es traf uns noch härter als vor Weihnachten. Immer tiefer sank das Barometer. Der Sturm riß ganze Wellenkämme empor, fliegender Wasserstaub verringerte die Sicht und unsere psychische Widerstandskraft auf ein Minimum. Verstört hockten wir unter Deck irgendwie festgeklemmt und horchten nach draußen.

Doch am Tannenbaum tanzte der Engel und sang sein Lied zur Harfe. Ich hob die Hand, um ihn herunterzureißen. Es gehörte nicht in diese höllische Welt, dieses Sinnbild weiblicher Zärtlichkeit, der Hoffnung auf Wärme und Liebe – Vorstellungen, die unsere Gegenwart nur noch grausamer erscheinen ließen. Meine Finger packten das himmlische Wesen – und glitten sanft streichelnd daran herab.

In der Koje horche ich im Halbschlaf auf das Poltern der See gegen die Bordwand, registriere, wie weit das Schiff sich auf die Seite legt.

Ludwig kommt herunter, um uns zum Mitternachts-Wachwechsel zu holen. Da trifft ein Hammerschlag das Deck, ein Wasserfall stürzt mit Glas- und Holzsplittern durch das eingedrückte Oberlicht über uns beide. Wir hatten vergessen es zu sichern.

Raus, die Öffnung dichtnageln! Die Wache hinten im Cockpit kann im Dunkeln die Katastrophe nicht bemerkt haben. Schon kommt der nächste Guß von oben, die Flut schwappt über dem Boden hin und her.

»Ludwig, los! Hammer und Nägel aus dem Werkzeugschrank! Ich hau die Abfallkiste kaputt – Bretter draufnageln!« Wieder ein Strom Salzwasser von oben.

Unter dem Anprall war Ludwig zusammengesunken. Nun greift er in seine Koje, zieht ein kleines Kruzifix hervor. Hinter den Tisch geklemmt, hebt er das Kreuz an die Lippen. Sekundenlang wirft die Deckenlampe Licht auf sein erstarrtes Gesicht und auf ein zusammengebrochenes Bündel Mensch.

»Ludwig, hoch! Sonst versaufen wir!«

»Laß mich beten«, sagt er heiser. »Wir können nichts mehr tun!«

Wie kann das möglich sein? Aufgeben? Unsinn! »Jammer nicht, tu was!« hatte man mir als kleines Kind eingebläut. Und

Ludwig will mir nicht helfen? Woher kommt plötzlich diese kalte Wut? Schon ist es passiert, ich stoße ihm den Fuß in die Seite. Er rutscht unter den Tisch ins Wasser, verliert sein Kruzifix, der nächste Guß stürzt voll über ihn.

Günter kommt, vom Lärm hochgeschreckt, aus dem Vorschiff.

»Hol du Hammer und Nägel!« schreie ich ihn an.

Er versteht sofort. Die Abfallkiste, Bretter, mit Günter nach oben, an der Wache vorbei, die nichts bemerkt hat. Aufs Kajütsdach und in den Pausen zwischen den Wasserstürzen, im Dunkeln, blind die Bretter aufnageln. Ein Persenning darüber – das Leck ist wieder dicht.

Wieder vier Stunden an Deck in einer Welt, in der wir nur noch als ein winziges, geschlagenes Stückchen fester Materie existieren. Am Nachmittag zieht ein deutscher Afrikadampfer mit nördlichem Kurs in der Ferne vorbei. Auch ihm läuft manche See über das Deck. Wie damals dem »Sultan«, als er uns von Walvisbay nach Hamburg brachte und der Sturm die Decksladung losriß. Wie anders sieht die wilde See aus zwölf Metern Höhe aus, anstatt aus zwei Metern Abstand!

Der vorbeifahrende Dampfer war aus Kamerun gekommen, der Kapitän hatte Mama Post von Papa mitgebracht. Wenn auch unsere Familie finanziell nicht mehr mit der Reederei verbunden war, so bestanden doch vielfache persönliche Kontakte, insbesondere zu den Offizieren der Dampfer. Als dieser Kapitän sich in Hamburg mit Mama traf, erzählte er von dem Sturm in der Biscaya.

»Stellen Sie sich vor«, sagte er. »Am Abend, bevor der Orkan ausbrach, haben wir dort eine Yacht gesehen! Nun, die sind sicherlich abgesoffen, diese Verrückten, die im Winter dort mit einem so kleinen Segler herumschippern. Geschieht ihnen ganz recht!«

Aus der Beschreibung hatte Mama auf unsere »Wega« geschlossen.

»Barometer 742, fällt weiter!« Es fällt immer tiefer, Stunde um Stunde. Ludwig liegt in der Koje, mit dem Gesicht zur

Wand. Er kommt nicht mehr nach oben. Skipper und Wachoffizier hängen am Kartentisch und starren vor sich ins Leere. Wir sind apathisch, betäubt von den Schlägen der See. Auch Hans und Ernst kommen nicht mehr an Deck.

»Die Crew verlottert«, sagt Age zu mir. »Das ist gefährlicher als dicker Wind. Wenn jetzt Hände gebraucht werden, kommt keiner.«

Die Worte des Bootsmannes kommen mir in den Sinn: »Mit den Hampelmännern kommt das Schiff nicht heil über die Biscaya!«

»Was würdest du tun?« frage ich.

»Der Skipper und der Erste müßten für Ordnung sorgen. Ein Tritt in den Hintern, ein Schlag ins Kreuz! Dann vergessen diese Waschlappen ihre Angst und kommen wieder an Deck!«

Ich bin verblüfft. So etwas von Age, der immer gleichmütig war, der oft wortlos die Pflichten anderer übernommen hatte!

»Barometer 736, fallend!« Kein Ende abzusehen. Wir sind stumm geworden, horchen nur noch auf die Stöße der Brecher, wenn sie, über den Sog auslaufend, immer häufiger auf die Bordwand und Deck prallen. Alle denken das Gleiche, und doch ist jeder allein mit der Frage: Wie lange hält unsere Yacht das aus? Als wieder ein Schlag gegen die Planken donnert, sagt Age wie beiläufig vor sich hin: »Das ist nicht gut. Warum legen wir das Schiff nicht höher an den Wind?«

Ich starre ihn an, frage: »Was meinst du damit?«

»Die Brecher schräg von vorn sind weniger gefährlich« sagt er. »Sie gleiten am Rumpf ab.«

»Wie willst du das machen?«

»Trysegel weg. Sturmfock mit dem Vorliek auf den Baum, Kopf zum Mast. Drückt den Bug zum Wind.«

Ja, Age, und nur er, kann noch denken, ist nicht gelähmt wie wir anderen. Es gelingt mir, ihn zum Skipper zu bringen und den Vorschlag zu wiederholen. Er erklärt auch, wie wir die Segel auswechseln sollen. »Mit Adje und Günter, dann schaffen wir das.«

Es wird eine harte Arbeit. Mancher Schwall reißt die Füße

weg, beim Schlingern schlagen wir gegen Mast und Baum. Ausgepumpt und geschunden kriechen wir zurück. Günters Hand ist gequetscht, und ich habe eine Platzwunde an der Stirn, muß mich von Günter verbinden lassen.

»Barometer 732, fällt weiter!«

Ages Maßnahme war richtig gewesen. Was an Wasser noch über den Sog sprang, glitt nach achtern ab. Warum hatte er das nicht schon längst vorgeschlagen?

Das Barometer ist noch bis 729 gefallen, bis es endlich stehenblieb. Am nächsten Tag segelten wir wieder, wenn auch nur unter Trysegeln. Bis zum Abend, dann kam das nächste Tief. Es war nur schwach, aber es zwang uns zum Beidrehen. Wie sollten wir je nach Spanien kommen?

Smutje gelang eine kräftige Suppe, die unseren psychischen Unterdruck ein wenig auffüllte. Ludwig kroch aus der Koje und sah mit matten Augen in die Welt, die er schon aufgegeben hatte.

Ich bot ihm die Hand: »Ludwig, – vorgestern nacht – es tut mir leid! Ich habe durchgedreht.«

Er erwiderte meinen Händedruck. »Red nicht davon«, sagte er. »Vergiß es. Wir sind doch alle kaputt.«

Schon der niedrigere Seegang weckte wieder Hoffnungen. Aber als Günter sogar ein paar Takte von der spanischen Schönen summte, wies ihn der Skipper zurecht. Es sei nicht angebracht, von Spanien zu singen, bevor wir dort seien. Wir waren nicht abergläubisch, nein. Aber wer konnte wissen, wieviele Tiefs der Atlantik noch für uns bereithielt? Es war klar, daß Rasmus uns grollte, weil die Rumflasche fast leer gewesen war, als sie ihn erreichte.

»Früher, wenn bei Kap Horn der Sturm die Segler zurücktrieb, wurde dem Rasmus geopfert«, sagte der Skipper.

Auch wir kannten solche Geschichten. Etwas, das der ganzen Mannschaft teuer war, mußte nach Luv über Bord geworfen werden. Mancher Bordhund, manche Kiste Schnaps sind diesen Weg gegangen.

Ja, Rasmus mußte versöhnt werden. Irgendwer schlug es vor, und alle stimmten zu: Der Tannenbaum, das Schönste an

Bord, das wäre ein Opfer, das uns allen schmerzlich sein würde. »Bringt den Baum herauf!« befahl der Skipper. Niemand lächelte. Dies war eine ernste und notwendige Maßnahme.

Ich springe nach unten, binde den Baum los und drücke die Zweige an meiner Brust zusammen. Durch Ölzeug und Pullover fühle ich die Wärme des Engels, der nun in der See ertränkt werden soll. Im Hinaufsteigen tasten meine Finger noch einmal nach dem Traumbild, spüren die weiblichen Formen zwischen den harten Nadeln. Meine Gedanken sind jedoch schon bei der Frage, wie der Baum gegen den Sturm über Bord kommen soll. Weil ein richtiges Opfer nur wirkt, wenn es nach Luv erfolgt.

Erst an Deck kommt mir die Erkenntnis, daß der Engel ohne meinen Willen in die Jackentasche gelangt ist. Nun gut, schnell handeln, damit es nicht bemerkt wird!

Die Crew hockt angeklammert im Cockpit. Mit aller Kraft werfe ich den Baum gegen Gischt und Wind. Vergeblich, er fliegt zurück aufs Deck. Rasmus will das Opfer nicht. Ich stoße die Tanne an der Bordwand ins Wasser. Der quirlende Sog zieht sie vom Schiff, Zweige recken sich anklagend auf – weg! Die See hat die Gabe genommen. Ob es helfen wird? Hatte ich doch Rasmus um den wertvollsten Teil des Opfers betrogen!

Fünf Tage später liefen wir vor dem Wind entlang der iberischen Küste nach Süden. Die Sonne trocknete unsere Klamotten, und abends kam riesengroß Freund Orion zu einem Klönschnack. Und endlich ein ruhiger Liegeplatz an der Pier in Lissabon.

Im Hafen lag ein deutscher Afrika-Dampfer. Ich ließ mich beim Kapitän melden, wurde zu ihm geführt – und stand vor Heinz Bogner!

»Da habt ihr tüchtig was auf die Nase bekommen!« lachte er, der selbst noch auf Segelschiffen gefahren war, zu meinem Bericht. »Nun sollt ihr sehen, wie es bei mir an Bord zugeht! Duschräume sind bereit. Hier ist eine lange Speisekarte. Die eßt ihr runter und wieder rauf! Wer was Besonderes will, soll es dem Koch sagen. Hol deine Crew her!«

Manch einer von uns beschloß an diesem Tage, zukünftig nur noch auf Passagierdampfern zur See zu fahren und stürmerischen Seegang aus zwölf statt aus zwei Metern Augenhöhe zu betrachten.

Wir mußten weiter. Der nächste Sturm erwischte uns in Gibraltar. Gegen Seegang geschützt, lagen wir auf der Reede vor Anker. Der Wind erreichte Orkanstärke und brachte etliche Ankerlieger ins Treiben. Wir hatten zwei Anker ausgebracht, und eine Deckswache mußte durch laufende Peilung kontrollieren, ob diese das Schiff hielten.

Als ich um sechs Uhr früh, nach zwei Stunden im kalten Regen und Sturm meine Ablösung weckte, weigerte diese sich. Erst ein Kinnhaken brachte den Kameraden an Deck. Age hatte recht, die Borddisziplin mußte mit Gewalt durchgesetzt werden.

Es blieb nicht bei diesem Vorfall. Selbst der ruhige Günter bekam Streit. Viele Arbeiten wurden schlecht oder gar nicht ausgeführt. Vom Skipper wurde ich beauftragt, für die Ordnung an Bord zu sorgen.

»Weil Sie so gut boxen können«, war seine Begründung. »Wenn die Kerle nicht parieren wollen, dann prügeln Sie die faulen Säcke an die Arbeit! Sie sind mir für den Dienstablauf verantwortlich! Sie wissen, wie gefährlich es ist, wenn das nicht funktioniert!«

Ich war tief betroffen. Aber Age, mein Vorbild, gab dem Skipper recht. Freudlos segelten wir unter einem regenschweren Himmel nach Algier.

Der Zoll kam an Bord. »Deutsche?« fragte der Beamte. »Wir werden Krieg miteinander führen!«

Wir nahmen seine Worte als einen Scherz. Aber er wiederholte: »Ja, Krieg zwischen Frankreich und Deutschland! Wir werden es erleben! Seit gestern ist Hitler deutscher Kanzler. Das bedeutet Krieg!«

Es war der 31. Januar 1933. Seit Gibraltar hatten wir mit unserem kleinen Empfänger nichts hören können.

In Malta verließ uns mein Wachführer. Er sei magenkrank, erklärte er.

»Kein Wunder bei der Stimmung an Bord«, meinte Günter. »Da muß einem ja schlecht werden.«

Der Skipper befahl mir, die erste Wache zu übernehmen. Ich weigerte mich und schlug Age vor. Er sei der bessere Seemann.

»Vielleicht«, bekam ich zur Antwort. »Aber er kann sich nicht durchsetzen. Sie werden Wachführer!«

Ich mußte mich fügen. Ich strebte nicht nach Verantwortung und Führung. Aber Age und Günter redeten mir zu und versprachen, mir zu helfen.

Endlich die Adria! Sie war blau und die Kette der Inseln so bunt wie auf Postkarten. So hatten wir es uns gewünscht! Herrliches Segeln zwischen malerischen Häfen!

Bis die Bora kam. Wie eine graugelbe Wand stürzte sie von den Bergen herunter, traf uns auf der ungeschützten Strecke vor dem Quarnero-Golf. Nach einer Stunde lagen wir wieder beigedreht in orkanstarken Böen. Es gab kein Meerleuchten wie in der Biscaya, nur heulende Finsternis. Am stechenden Schmerz im Gesicht waren Schnee und Hagel zu spüren. Doch wir hatten den Atlantik und die Biscaya bestanden, schlimmer konnte es hier nicht werden. Durch die Nacht und den nächsten Tag trieben wir, bis wir begriffen, daß uns hier, kurz vor dem Ziel, die Katastrophe erreichen sollte.

Auf der Seekarte zirkelte Age die Strecke ab, die wir in den letzten zwanzig Stunden getrieben waren.

»Noch fünfzehn Meilen«, meinte er. »Das sind rund fünf Stunden.«

»Und dann?« fragte ich.

»Die Brandung. Da kommt keiner lebend an Land.« Er hatte es als erster ausgesprochen.

»Ich glaube nicht an den Kurs, den der Skipper errechnet hat«, wagte ich zu sagen. »Ich hab es beobachtet. Jede Welle setzt uns einen bis zwei Meter übers Heck zurück. Unser Kurs liegt etwa zwölf Grad südlicher. Wir stehen hier und treiben auf Ancona. Ein großer Hafen.«

»Und wenn schon«, war Ages Antwort. »Die Einfahrt finden wir bei Nacht im Schneesturm nicht. Dann versaufen wir eben zwei Stunden später.«

Beim Abendwachwechsel ließ der Skipper Schwimmwesten anlegen. Wozu? Um das Leben um einige Sekunden zu verlängern? Ein, zwei Stöße des Aufpralls würden das Schiff und uns zerschmettern.

Mit Günter und Hans sitze ich im Cockpit unter den Stößen

des Stroms aus peitschendem Wasser und Schnee. Jeder ist allein mit seinen Gedanken. Soll so das Leben zu Ende gehen, das doch gerade erst begonnen hat? »Jammer nicht, tu was!« Aber was? Wie im Käfig springen die Gedanken hin und her und finden plötzlich den Weihnachtsengel. Niemand weiß, daß ich ihn Rasmus vorenthalten habe. Deswegen ertrinken? Muß ich ihn noch opfern, um die Bora zu beruhigen oder das Leuchtfeuer von Ancona zu finden?

Aberglauben! Kann ein Stück Pappe den Sturm beeinflussen? Auf dem Atlantik habe ich den Engel behalten, und wir sind davongekommen. Sollte es jetzt anders sein? Unsinn!

Doch warum so viele Gedanken um ein Stück Goldpapier? Warum haben die erfahrenen Kapitäne bei Kap Horn dem Rasmus geopfert? Gibt es Zusammenhänge, die unsere Sinne nicht erfassen? Fort, ins Wasser mit dem Weihnachtsflitter! Es geht um unser Leben!

Mitternachtswachwechsel. Aus dem Spind hole ich den Engel. Er lächelt mich an, das Traumbild vom echten Blondhaar.

Die Wache im Cockpit ist verwundert, als ich wieder erscheine.

»Will mal versuchen, was zu sehen«, erkläre ich. »Die Küste kann nicht weit sein.«

Wie kann ich den Engel nach Luv loswerden? Im Überlegen starre ich in die Nacht, dorthin, wo ich Ancona vermute. Der Schnee kommt ungleichmäßig, in Schauern. In meiner Brusttasche verstrahlt die Wärme des Engels. Und dann geschieht es.

Da kommt für drei Sekunden von weit her ein feiner Lichtstrahl, verlischt wieder, glüht noch einmal auf und wird von der nächsten Schneebö verwischt. Ancona? Ein Sprung zum Kompaß – zweihundertvierzig Grad etwa. Das paßt zu meiner Rechung.

»Herr Leutnant! Age! Da – ein Blink! Ancona!«

Wir starren in die Finsternis, aber die schmerzenden Augen finden keinen Halt.

»Bist du sicher?« fragt Age.

Wie sollte ich sicher sein? Aber die Art des Lichts, die Richtung! Zweifel kommt auf, macht mich zögern. Aber ich weiß es: Tu was!

»Es muß Ancona sein!« schreie ich.

»Und wie willst du dahin kommen?«

»Das Trysegel los und schräg vor der See ablaufen. Wie damals im Kanal!«

»Fragen Sie den Skipper. Der muß zustimmen«, sagt der Wachoffizier.

Nach unten zum Skipper. Doch der sagt nein. Ein kurzer Wortwechsel, und dann läuft mein Handeln automatisch ab, ohne bewußtes Wollen.

»Ich mache es!« schreie ich. »Und wenn es Ihnen nicht paßt...«

Wie kam die schwere Schlingerleiste vom Tisch in meine Hand und drohend vor sein Gesicht?

»Das ist Meuterei«, sagt er zurückweichend, aber offensichtlich zu keiner Gegenwehr bereit.

Wieder nach oben.

»Was sagt er?« höre ich.

»Will nicht«, schreie ich. »Aber ich will! Age, gib das Trysegel los! Ich dreh nach Backbord!«

Das Ruder los, aber niemand hilft mir.

»Age, Günter! Los! Wenn wir doch versaufen, die kleine Chance nutzen!«

Keiner rührt sich. Aber auch das habe ich gelernt: Du mußt dir allein helfen können! Ruder wieder festlegen und...

Da kriecht Age an die Trysegelschot. Keine Zeit, ihn zu umarmen!

Los geht der Ritt vor der Bora mit Kurs auf die Hoffnung, auf die winzige Chance einer Rettung. Genau vor die großen Brecher, wenn ich sie hinter mir ahne, und dann wieder auf die zweihundertvierzig Grad am wild tanzenden Kompaß. Das Handeln läuft ab wie im Traum. Alles Denken und alle Angst sind verweht.

Gibt es Impulse, die uns in der Finsternis handeln lassen, in der die normalen Sinne keine Zeichen erkennen? Auch das Schiff weist mir mit seinen Bewegungen die Höhe und Richtung der Wellen. Füße und Knie müssen erfühlen, was die Augen nicht sehen. Brave »Wega«! Sie hilft mir, den Weg durch das Chaos zu finden. Gute Schiffe sind wie Freunde: In der Not stehen sie uns mit bedingungsloser Hingabe bei, mit Kräften, die der Verstand nicht zu erfassen vermag.

Irgendwo im Dunkeln hinter mir hocken die Kameraden und wohl auch der Skipper. Aber ich bin allein im Universum, allein mit der tapferen, kleinen »Wega«.

So gebe ich auch keine Meldung, kein Ausruf kommt mir, als das Leuchtfeuer hell und nah aus dem Schneesturm herausbricht.

Noch einmal wälzt sich die Nacht darüber, aber jetzt weiß ich den Weg. Eine Kurskorrektur. Da, die kleinen Einfahrtslichter, immer wieder verlöschend unter der Brandung an der Mole.

Auch die anderen haben die Lichter gesehen. Age und Günter hangeln nach vorn, nehmen das Segel herunter und machen den Anker klar.

Ich blieb am Ruder stehen, als wir schon sicher hinter der Mole lagen, drehte am Rad, das sich widerstandslos bewegen ließ. Das Schiff dümpelte leicht am Anker, im Mast heulte der Wind. Ich war völlig leer, haltlos, ausgelaufen, willenlos.

Age schlug mir auf die Schulter: »Komm runter, wir sind im Hafen!«

Unten kam mir das Lob der Kameraden entgegen. Ich mußte es abschütteln wie schmutziges Wasser. War doch mein Handeln belastet mit dem schlimmsten Verstoß gegen die Schiffsordnung, der Meuterei.

Zwar ließ der Eigner das Verfahren, das der Skipper gegen mich einleiten wollte, einstellen. Er war froh, sein Schiff in Venedig in Empfang nehmen zu können. Doch mein Schuldgefühl wog schwer in einer Zeit, da im Hitlerreich Disziplin und Gehorsam unabdingbare Maximen wurden. Es blieb für lange Zeit eine Last, an der ich zu tragen hatte. Welcher böse Geist hatte mich zur Unbeherrschtheit getrieben? Mit vernünftiger Erklärung hätte ich den Skipper für meinen Plan gewinnen können. Aber diese Vernunft hatte ich nicht aufgebracht.

Als ich in jener Nacht in Ancona meine Jacke auszog, fand ich den Weihnachtsengel. Ich hatte ihn vergessen, als er während der Fahrt zum Leuchtfeuer an meiner Brust lag. Hatte auch er mir geholfen, den Weg zum Hafen zu finden? Er sah betrüblich aus. Salzwasser hatte den Liebreiz des zarten Gebildes gemindert. Dennoch konnte ich mich nicht von ihm trennen, hatte er doch mit mir, für mich gelitten. Behutsam unterzog ich Gesicht und Figur einer Restaurierung. Er ist bei mir geblieben, der Engel aus dem Goldglanz der Whiskypackung. Er lächelt zu Weihnachten von unserem Tannenbaum und verträgt sich mit dem echten Blondhaar, obgleich er der engelhaften Übersinnlichkeit ermangelt. Dann streichle ich ihn, und wir erinnern uns der gemeinsam durchlebten Sturmnächte.

Die Nazis an der Macht

Nach einer kurzen Kulturreise durch Italien ging es zurück nach Deutschland, wo die Durchsetzung der nationalsozialistischen Politik bereits voll im Gange war. Nachdem man mir als Kind die Monarchie gepriesen, mich dann die Vorzüge der Demokratie gelehrt hatte, lernte ich nun eine neue Regierungsform, die autoritäre Staatsführung kennen, der ich bei meinem Hang zu persönlicher Freiheit zunächst mit Skepsis entgegensah.

Schon lange vor der »Machtergreifung« Hitlers waren die marschierenden und singenden Sturmtruppen in braunen und schwarzen Uniformen eine vertraute Erscheinung gewesen. Sie stellten zunächst nur eine Minderheit dar, die ihre Ideologie nicht nur mit Argumenten, sondern auch mit roher Gewalt verfocht. Diese richtete sich jedoch diszipliniert nur gegen die gleichartig organisierten politischen Gegner, wie den kommunistischen Rotfrontkämpferbund und die Eiserne Front der SPD. Die Sphäre des normalen Bürgers sowie die staatlichen und wirtschaftlichen Organisationen und deren Besitz wurden respektiert und blieben unberührt.

»Rabauken und Krakeeler«, hieß es zu Hause. »Rechte und linke Tagediebe und Arbeitslose, die sich gern prügeln. Sie glauben an großmäulige Versprechungen ihrer Parteibonzen und meinen, mit Geschrei und Krawallen sei die Welt zu verändern. Nein, Ruhe ist die erste Bürgerpflicht!«

Nur dieser Spruch galt für uns sowie Staatstreue und Gehorsam gegenüber der Obrigkeit.

Nun war Hitler völlig legal vom ehrwürdigen Reichspräsidenten von Hindenburg zum Kanzler ernannt worden. Wenn Hindenburg und führende Männer der Politik und Wirtschaft Hitlers Plänen zustimmten, dann mußten sie hierin Möglichkeiten zur Behebung der Not sehen, die aus unserer Perspektive nicht zu erkennen waren.

Über die Ermächtigungsgesetze schuf Hitler sich die Basis für die Unterdrückung der Opposition und die Verwirklichung seiner Ziele. Und der Erfolg gab ihm vermeintlich recht.

»Wir dürfen wieder stolz auf unser Deutsches Reich sein«, sagte Papa, als er im Urlaub zu Hause war. »Der Versailler Vertrag, der uns sechs Millionen Arbeitsloser, die Inflation und die untragbare Staatsverschuldung gebracht hat – Hitler hat den Mut gehabt, diesen schändlichen Vertrag endgültig zu brechen!«

»Kann man einen solchen Vertrag einseitig brechen?« fragte ich. »Was werden die Franzosen und Engländer jetzt tun?«

»Du siehst es ja, sie tun gar nichts! Und wir sind endlich wieder ein freies Volk. Was die bisherige Regierung jahrelang vergeblich versucht hat, Hitler schafft es! Es gibt keine Arbeitslosen mehr! Autobahnen werden gebaut, wie es sie noch nie gegeben hat. Die Industrieproduktion steigt ständig. Seit 1914 hat es solchen Wohlstand nicht gegeben!«

Hatte Papa recht? Wie oft hörte ich von ihm: »Wenn ich nur hier bleiben, hier arbeiten könnte, in diesem freien, neuen Deutschland. Wo die Landwirtschaft wieder gesundet. Sie muß alle ernähren können. Hitler reduziert den Import von Rohstoffen und Lebensmitteln und macht uns unabhängig von internationalen Spekulationen.«

Onkel Kurt jedoch hatte Bedenken. Die strenge Bewirtschaftung der Devisen im Im- und Export bereitete ihm Schwierigkeiten. Doch die Wunder des Wiederaufbaus überwogen. Von ihnen wurde ständig in den gleichgeschalteten Medien berichtet. Zeitungen und Rundfunk waren die einzigen Informationsquellen für den Normalbürger. Diese staatlich gelenkte Propaganda war neuartig und äußerst wirksam. Politisch unerfahren und zur Verpflichtung gegenüber dem Staat und der Gemeinschaft erzogen, ohne Vergleichsmöglichkeiten, konnte ich diese Informationen nur kritiklos hinnehmen.

Über eines jedoch machten wir uns Gedanken, das waren die antijüdischen Maßnahmen. Sie waren zunächst nur auf die »Arisierung« des Beamtentums, auf das Verbot der Eheschließung und auf den empfohlenen, aber in Hamburg nur wenig beachteten Boykott jüdischer Läden und Firmen beschränkt. Diese Bevormundung durch die NSDAP erregte Mamas Mißfallen.

»Diese Kerle können mir doch nicht vorschreiben, wo ich

kaufen darf!« sagte sie empört. »Niemand in Hamburg hat so gute Kinderkleidung wie Siegfried Freundlich! Und wenn mir ein Kleid von Hirschfeld gefällt, nehme ich es!«

Mein kleiner Bruder bekam weiterhin seine Anzüge aus Freundlichs »Hamburger Kinderstube«.

Auch der Fall des lieben, alten Onkel Petz erregte sie.

»Das hat er nicht verdient! Ein so guter und anständiger Mann!«

Onkel Petz stammte aus der angesehenen jüdischen Familie Rée und hatte Mamas Lieblingskusine geheiratet. Als hoher Richter wurde er zwangspensioniert und lebte bis zum Kriegsende zurückgezogen mit seiner Familie in seinem Haus. Verwandte und Freunde waren liebevoll bemüht, ihm die gelegentlichen behördlichen Schikanen zu erleichtern.

Mamas beste Freundin Sophie, eine jüdische Witwe, die auch uns Kindern seit vielen Jahren eng verbunden war, verließ Deutschland, und die Eltern halfen ihr, Geld und Habe nach Südafrika zu schaffen und dort eine neue Existenz zu finden. Auch von anderen jüdischen Familien erfuhren wir, daß sie Deutschland verließen. Im Hafen stapelten sich Berge von Kisten mit jüdischem Umzugsgut, dem beweglichen Besitz der Auswanderer.

Unter meinen Freunden war Reinhard, älter als ich, Inhaber einer nach Südamerika exportierenden Firma. Als er sich ein jüdisches Konkurrenzunternehmen aneignete, erfuhr ich von ihm: »Der Jude kann seinen Betrieb nicht behalten. Nun geht er nach Rio und führt dort sein Geschäft fort. Aber er wird mein neuer Partner in Brasilien. So hilft es uns beiden.«

Vermutlich hatte Reinhard recht, wenn es auch nicht zu dem Bild des Freundes passen wollte, die Notlage des Konkurrenten zu nutzen, um dessen Firma, vermutlich weit unter ihrem Preis, zu erwerben. Nach dem Krieg ergab sich, daß Reinhard dem Juden aus einem trotz Verbots im Ausland unterhaltenen Devisenkonto den vollen Wert der arisierten Firma bezahlt hatte.

Vermutlich waren diese wenigen uns bekannten Fälle, wie auch das Beispiel des renommierten Hamburger Bankhauses, Ausnahmen. Und obgleich die Betroffenen keine leibliche Gefährdung erlitten, warf doch die Judenhetze, auch in den Augen der Eltern, einen finsteren Schatten auf das Bild des NS-Systems. Unsere jüdischen Bekannten waren sicherlich keine Staatsfeinde. Aber wenn ehrenwerte Männer wie der Reichspräsident und von Papen, Hugenberg, Graf von Schwerin-Krosigk und viele weitere, Hitlers Maßnahmen gegen die Juden billigten, so mußte es hierfür Gründe geben, die ein Durchschnittsbürger nicht kennen konnte. Selbstverständlich half man den Betroffenen, die Heimat und Freunde verlassen mußten, nach Kräften. Ich selbst hatte keine jüdischen Kontakte, und als die grausame Judenverfolgung großen Stils begann, war ich nicht mehr in Deutschland.

Bereits 1933 wurde angeordnet, daß Studenten sechs Wochen »freiwilligen« Arbeitsdienstes abzuleisten hätten. Ich wählte hierfür ein Arbeitslager der deutschnationalen »Stahlhelm«-Organisation, weil in diesem die politische Schulung liberaler war als in den von der SA geführten Lagern. Mit fünf Kommilitonen zog ich in das Arbeitslager Langenhorn am nördlichen Hamburger Stadtrand. Einer der Lagerbullen, der sich als Tiefbauarbeiter vorstellte, begrüßte uns:

»Na, ihr Schlipsproleten, nun sollt ihr mal sehen, was Arbeit ist! Hast du schon einmal eine Schaufel in deinen zarten Händen gehabt?«

Offensichtlich war in diesem Lager die Klassenkampfmentalität noch nicht überwunden. Zum Glück konnte ich kontern:

»Was heißt Arbeit im Tiefbau? Fünfundvierzig Wochenstunden, was ist das schon! Und jeden Abend bei Mutti und die ganze Nacht in einem richtigen Bett! Nee, min Jung, vertell du mi nix von Arbeit!«

Als er empört aufbegehrte, wies ich ihm mein Seefahrtsbuch: »Ich war Seemann. Vier um vier Stunden. Rund um die Uhr. Kein Wochenende. Und im Winter auf See. Und jetzt studier ich.« Damit war die Diskussion zu meinen Gunsten beendet.

Rolf, ein Sportstudent, hatte einen Bekannten im Lager und erfuhr von diesem, daß in der ersten Nacht der Heilige Geist, ein Rollkommando, die Neuankömmlinge mit einer Tracht Prügel begrüßen würde. Das sei üblich und unvermeidlich.

Offentsichtlich wurde das Lager terrorisiert von einer kleinen Gruppe von Schlägern, die unerkannt nachts mißliebige Lagerinsassen verprügelten und den »Neuen« ihre Macht zeigen mußten. Der Lagerleitung war es nicht gelungen, hiergegen einzuschreiten.

Durch Verhandlung mit dem Barackenältesten, wobei eine Flasche Schnaps für uns sprach, erreichten wir die Zusammenlegung der Studenten in eine Ecke. Heimlich nahmen wir Knüppel unter die Bettdecke und organisierten einen unauffäligen Wachdienst. Als sich nach nächtlichem Tumult am Morgen einige der Schläger mit Platzwunden und einer gebrochenen Nase als dienstunfähig meldeten, die Studenten jedoch fröhlich und unversehrt erschienen, war unser Ansehen erheblich gestiegen. Nun war es möglich, das Rollkommando zu identifizieren und in ein besonderes Lager abzuschieben. Zum ersten Mal hörte ich von einem Konzentrationslager, das im nahen Glashütte gelegen sei. Dort, so hieß es, würden Kriminelle und Linksradikale umerzogen. Einen der Betroffenen habe ich etwa ein Jahr später wiedergetroffen. Auf meine vorsichtige Frage nach dem Glashütter Lager erhielt ich die Antwort, es sei ihm strikt verboten, sich hierüber zu äußern. Gerüchtweise verlautete, daß diese Umerziehung mit härtester Gewalt erfolge.

In unserem Lager herrschte fortan Ruhe, und als wir Studenten begannen, Fuß- und Handballmannschaften, eine Kapelle und eine Theatergruppe aufzuziehen, hatten wir gewonnen.

Die ideologische Ausrichtung der Arbeitsmänner erfolgte in diesem Stahlhelm-Lager nur in gemäßigter Form. Sie konzentrierte sich auf die Ethik der Arbeit, die Bürgerliche und Arbeiter vereinen sollte, um gemeinsam ein der Volksgemeinschaft nützliches Werk zu vollbringen. Dies erfolgte, indem wir eine riesige Grube aushoben und die Erde mit Schaufeln und Loren zu einem mächtigen Berg aufschütteten. Hier solle eine Badeanstalt entstehen, hieß es. Als ich ein Jahr später den Erfolg unserer Arbeit bewundern wollte, karrten fleißige Arbeitsmänner den Berg wieder in die Grube. Nun, dem ethischen Sinn meines Arbeitsdienstes hat dies keinen Abbruch getan, und der Nutzen obrigkeitlicher Maßnahmen ist von jeher für den simplen Bürger schwer zu erkennen.

Auf der Universität befaßte ich mich mit der Jurisprudenz, deren strenge gedankliche Konstruktionen mir jedoch manches Unbehagen bereiteten. Umso ernster nahm ich meine Segelverpflichtungen. Die inzwischen erworbenen Kenntnisse verschafften mir schnell Zugang zur Seesegelei, und bald gehörte ich zur festen Crew der »Schaarhörn«, einer schönen Yacht, deren Eigner Hans W. Petersen mir ein väterlicher Freund wurde. Von ihm, nicht von den Eltern, kam gelegentlich die besorgte Frage nach dem Fortgang meines Studiums. Doch für mich stand das Segeln im Vordergrund. Zu jener Zeit begannen deutsche Yachten, wieder an internationalen Hochseeregatten teilzunehmen, und es war Hans W. Petersens besonderes Anliegen, sich mit Hilfe der maßgebenden Organisationen hierfür einzusetzen.

Auch das neu geschaffene Reichssportministerium unter seinem Führer von Tschammer und Osten, nahm sich des Segelsports an. Im Herbst 1933 wurden zehn deutsche Segler, darunter auch ich, ausgewählt und nach Berlin eingeladen, um dort zu trainieren und eine neue Einmannjolle für die Olympiade 1936 zu entwerfen, deren seglerischer Teil in Kiel stattfinden sollte. Erstmalig genoß ich eine großzügige und aufwendige Veranstaltung, für die den Teilnehmern aus allen Sportarten keine Kosten entstanden.

Als wir dem Reichssportführer vorgestellt wurden, horchte er auf. »Woermann?« fragte er. »Professor Woermann in Dresden, seine Frau kommt aus meiner Familie, sein Sohn Ernst ist an der Botschaft in London. So sind wir verwandt. Darauf müssen wir trinken! Heute abend, mein Wagen holt dich ab!«

Vor dem Büro des Reichssportministers empfing mich sein Adjutant.

»Wir werden mit ihm essen gehen«, informierte er mich. »Dazu Bier und Korn. Essen Sie tüchtig, damit Sie nicht gleich umfallen. Es gibt viel zu trinken!«

Bier und Korn lagen mir gar nicht. Aber es mußte sein. Von Tschammer hatte einen gewaltigen Zug.

»Ihr Hamburger werdet nie richtige Nazis werden«, meinte

er fröhlich. »Aber ich kann das verstehen. Wer mit Engländern, Negern und Juden Handel treibt, darf politisch nicht einseitig sein.«

»Unsere Familienfirma ist bald einhundert Jahre im Auslandsgeschäft tätig«, konnte ich sagen. »Sie hat schon einige politische Kurswechsel überstanden.«

Er stürzte das nächste Glas Bier hinunter, einen Korn hinterher und schlug mir auf die Schulter: »Kannst getrost offen mit mir reden. Ich frag nicht nach der Politik, solange man mir nicht querschießt. Bist ein anständiger Kerl, das genügt mir. Aber segeln sollst du! Und wenn's mal irgendwo hakt und ich helfen kann, dann sag Bescheid!«

Bier und Korn. So sehr ich mich auch zurückhielt, die Welt begann, um mich zu kreisen. Der Fahrer brachte mich in den Wagen und lieferte mich beim Hotelportier ab.

Noch bei manchen Segelveranstaltungen traf ich den Reichssportführer. Aber ich wußte: Keine Einladung zum Trunk annehmen! Seine Zechgewohnheiten überstiegen bei weitem das, was ich mir zumuten durfte.

In unserer Hamburger Yachtschulkameradschaft gab es viele, die bereits hohe berufliche Positionen innehatten. Weil für diese die Zugehörigkeit zu einer NS-Organisation zweckmäßig erschien, war einer von ihnen, Arend Wulf, ein gewitzter junger Anwalt, auf die kluge Idee gekommen, im Rahmen der Marine-SA einen nur aus Yachtschülern bestehenden Marinesturm aufzuziehen. Auch mir, als Studenten, erschien es passender, in dieser Form organisiert zu sein, als im stark ideologisch ausgerichteten NS-Studentenbund. Aus den Reihen der älteren Kameraden wählten wir unsere eigenen Führungschargen und gestalteten den Ausbildungsplan, der von Spleißen und Knoten über Seemannschaft bis zur Astronavigation auf der Seefahrtsschule und zu wehrtechnischen Vorträgen reichte. Dieses umfangreiche Programm ersparte es uns, sonntags früh im braunen Hemd und gestiefelt zum Exerzieren anzutreten. Allerdings ließ sich eines nicht vermeiden, nämlich der etwa alle drei Monate fällige Dienst im Verwaltungsgebäude der Marine-SA. Hierfür hatten wir Männer abzustellen, um dort den Posten-, Boten- und vor allem den Streifendienst zu leisten. Aufgabe dieses Streifendienstes war es, auf Straßen und in Lokalen auf gutes Benehmen uniformierter Nazis zu achten. Wir sahen dies nicht als »Dienst am Volke« an, sondern als ein spaßhaftes Zugeständnis an die SA, das uns durch die Etablissements des nahen Vergnügungsviertels Sankt Pauli führte.

Dort trafen wir eines Nachts in einer Kneipe einen betrunkenen SA-Führer, einen glatzköpfigen, untersetzten Dickwanst, der mit Gästen in Streit geraten war. Wir verwarnten ihn mit der Empfehlung, sich nach Hause zu begeben.

»Raus!« schrie er uns an. »Verschwindet! Sonst knallt es!«

»Herr Obersturmführer, überlegen Sie es sich. Wir kommen in fünf Minuten wieder.«

Wir waren zu dritt. Aber wie sollten wir einen Gewalttätigen möglichst unauffällig zur Ruhe bringen und wohin mit ihm?

»Ein widerlicher Kerl«, konnte ich mich nicht enthalten zu sagen. »Dem eine zu verpassen, wäre reine Freude. Aber was dann? Vergessen wir ihn!«

»Geerts Wagen!« rief Alfred. »Damit bringen wir ihn zum Sturmhaus! Die anderen werden staunen, wenn wir mit solch fetter Jagdbeute kommen!«

Geert verfügte, was damals noch sehr ungewöhnlich war, bereits über ein Auto, mit dem wir zum Streifenrevier gefahren waren.

Ich war erschrocken, als Alfred meine scherzhaft gemeinte Bemerkung aufgriff. Aber auch Geert stimmte freudig zu. Welcher Teufel mag uns geritten haben, als einfache SA-Männer eine solche Kontroverse zu riskieren?

Geert holte seinen Wagen zur Kneipe, wo der Wirt sich vergeblich bemühte, den Betrunkenen zu beruhigen. Wir bauten uns um diesen auf.

»Herr Obersturmführer, bitte verlassen Sie sofort das Lokal! Sonst müssen wir ...«

»Schert euch zum Teufel!« wurden wir angeschrien. »Untersteht euch, einen Obersturmführer anzufassen, ihr Muschkoten! Das hat noch keiner gewagt, und es kann euch teuer zu stehen kommen!«

Als wir dicht an ihn herantraten, wurde er handgreiflich.

Doch ein unauffälliger aber präziser Schlag in die Magengrube brachte ihn zur Ruhe. Mit den Koppelriemen an Armen und Beinen gefesselt, wurde er in Geerts Wagen geworfen. Auf dem Sturmhaus sperrten wir ihn im Keller ein, wo er nach langem Toben schließlich einschlief.

Am Morgen erhielt er Kaffee und wurde entlassen, nachdem wir vereinbart hatten, keine Meldung ins Wachbuch einzutragen.

Eine dienstliche Verfolgung dieser Affäre mußten beide Seiten vermeiden. Dennoch sprach sich der einmalige Vorfall unter den SA-Führern herum und brachte unseren Sturm in Mißkredit und in den Ruf eines Feudalclubs. Doch die schützende Hand der Reichsmarine, die sich weiterhin aus unseren Reihen Reserveoffiziere versprach, konnte uns dieses Mal noch vor Unannehmlichkeiten bewahren. Wir begriffen, daß die SA kein Sportclub war und daß derartige Späße uns üble Folgen eintragen konnten.

Schon 1933 wurden uns von der Marine Kurzlehrgänge im Sperr- und Minensuchdienst angeboten. Unserer Erziehung entsprechend, war der Wehrdienst fürs Vaterland selbstverständlich. Im Hause und in der Schule hatte man uns aus der Geschichte gelehrt, daß gelegentliche Kriege unvermeidbar seien und daß ein Volk wehrfähig sein müsse. Weil die Einführung der Wehrpflicht bevorstand, nutzten wir die Möglichkeit, auf diesen Marinekursen, bei sehr zuvorkommender Behandlung, bereits die ersten Stufen der militärischen Laufbahn zu erreichen.

Im Rahmen dieser Ausbildung fanden sich im Frühjahr 1934 fast alle Yachtschüler unseres Marine-Sturms in Swinemünde zu einem Sonderlehrgang bei der dortigen Marineartillerie-Abteilung ein. In zwei Kompanien aufgeteilt, erhielten wir drei Monate lang eine Grundausbildung, die mit der Ernennung zum Gefreiten abschloß.

Eine Woche vor Lehrgangsende wurde mir von Hamburg telegrafisch mitgeteilt, daß der Start zur Regatta nach dem in der Themsemündung gelegenen Burnham um drei Tage auf den nächsten Samstag vorverlegt sei. Die »Schaarhörn« erwarte mich rechtzeitig in Cuxhaven. Mein erstes, großen Hochseerennen! Spätestens am Donnerstagabend mußte ich Swinemünde verlassen.

Als der Kompaniefeldwebel mir dies verweigerte, bestand ich auf einem Gespräch mit dem Kompaniechef, einem jungen Oberleutnant. Doch auch dieser hatte kein Verständnis für meine sportlichen Neigungen.

»Sie sind Soldat, stehen unter Militärgesetz. Die Kompanie wird am Sonntag entlassen, und auch Sie kommen keine Stunde früher aus der Kaserne! Verstanden?«

Nein, das konnte ich nicht verstehen. Alle Übungen waren abgeschlossen, der Kursus praktisch beendet.

»Herr Oberleutnant, ich gehöre zur eintrainierten Mannschaft einer Yacht, die für das erste deutsche Rennen nach England gemeldet ist. Ich muß Donnerstag fahren!«

»Reden Sie keinen Unsinn!« sagte er drohend. »Ihr Dienst endet am Sonntagmorgen.«

»Aber Herr Oberleutnant«, wandte ich ein. »Der Lehrgang ist beendet. Nur noch Reinigungsdienst, Gammelei und das Kompaniefest am Samstag. Statt meiner wird Bertram die Ziehharmonika spielen. Das ist doch völlig unwichtig.«

»Was wichtig oder unwichtig ist, haben nicht Sie zu beurteilen. Dienstschluß ist am Sonntag! Weggetreten!«

Ich zog mich zurück, erbost über die, wie ich meinte, pedantische und mir unverständliche Dienstauffassung der Vorgesetzten. Und ich war nicht bereit, mich zu fügen.

Es gelang mir, den Norddeutschen Regatta Verein in Hamburg anzurufen, dem ich empfahl, telegrafisch den Reichssportführer zu bitten, meinetwegen das Marineoberkommando in Berlin anzusprechen. Diese Aktion verlief erfolgreich.

Am nächsten Tag wurde ich zum Kompaniechef befohlen.

»Sie werden Donnerstag nach Cuxhaven in Marsch gesetzt«, sagte er sachlich kühl. »Und wenn Sie wollen, auch schon heute. Leute wie Sie braucht die deutsche Marine nicht. Ihre Beförderung entfällt. Als Offiziersanwärter sind Sie gestrichen. Wissen Sie, was das heißt? Degradierung!«

Am Nachmittag ließ der Kompaniefeldwebel mich holen, ein ruhiger, besonnener Mann, der uns drei Monate lang streng aber wohlwollend geführt hatte. Offensichtlich war er tief betroffen.

»Was haben Sie da angestellt?« sagte er betrübt. »Sie, der beste Soldat der Kompanie! Ihre Beurteilung – einmalig gut! Und jetzt, Befehl vom Kochef: Beurteilung neu schreiben. Soldatisch untauglich, keine Dienstauffassung, keine Beförderung! Zum Offizier ungeeignet! Ein Kerl wie Sie – Admiral hätten Sie werden können, ja! Haben Sie denn gar keinen Ehrgeiz?«

Keinen Ehrgeiz! Die Leier kannte ich, sie rührte mich nicht mehr. Er versuchte nochmals, mich umzustimmen: »Überlegen Sie es sich! Vielleicht läßt es sich noch rückgängig machen. Sie sind doch ein typischer Klarfahrer!« Das waren diejenigen, die Schwierigkeiten geschickt zu umgehen oder sich herauszuwinden wußten.

Aber für mich gab es nichts zu überlegen, und am Samstag startete ich auf der »Schaarhörn« nach England. Daß meine so aussichtsreich begonnene militärische Laufbahn ein abruptes Ende gefunden hatte, war mir gleichgültig. Die Regatta nach Burnham jedoch und zurück nach Helgoland, in Konkurrenz mit den Yachten der englischen Freunde, wurde ein Erfolg, der mir bestätigte: Segeln war schöner als Militärdienst!

Auch der SA-Dienst fand in dieser Zeit ein nicht geplantes Ende. Während der größte Teil des Yachtschul-Marinesturms in Swinemünde war, hatte für den in Hamburg verbliebenen Rest eine Besichtigung durch hohe SA-Führer stattgefunden und mit einer Katastrophe geendet. Von den üblichen Themen wie »Der Lebenslauf des Führers« oder »Die Geschichte der SA«, die jeder SA-Mann auswendig zu kennen hatte, war bei den Prüflingen nichts bekannt. Beim Marschieren sangen sie Shanties und Seemannslieder. Als das Horst-Wessel-Lied befohlen wurde, brach der Gesang im zweiten Vers ab. Versuche, die Prüfer auf seemännische Themen zu bringen, waren gescheitert. Das Ergebnis der Besichtigung war negativ. Diese Truppe war offensichtlich vom Geist der NS-Ideologie noch nicht erfaßt. Wir seien ein reaktionärer Feudalclub, hieß es.

Um uns auf den richtigen Weg zu bringen, löste die SA-Führung den Sturm auf, und wir wurden anderen Einheiten zugeteilt.

Ich ließ mich wegen Examensvorbereitung beurlauben. Aber auch die anderen zogen sich mit Ausreden zurück, und von den über hundert Yachtschülern blieb höchstens eine Handvoll in der SA aktiv. Damit war meine militärische und auch die politische Laufbahn beendet, ohne daß mir hieraus Nachteile erwuchsen. Offensichtlich konnte man auch ohne Bindung an NS-Organisationen die Vorteile des Systems nutzen.

Um die Hakenkreuzflagge im Ausland zu zeigen, erfuhr auch der Segelsport eine großzügige Förderung und bot Jungseglern bisher nicht gekannte Möglichkeiten. Diese neue deutsche Flagge, für mich die dritte, nach schwarz-weiß-rot und schwarz-rot-gold nun das Hakenkreuz, mit gebührendem Respekt zu führen, war uns als obrigkeitstreuen Staatsbürgern eine selbstverständliche Pflicht.

Daß diese Flagge auch im Ausland Ablehnung finden konnte, erfuhr ich bereits im November 1933. Mit dem Eigner einer Stettiner Yacht war ich, zusammen mit einem Kieler Freund, zu einem Wintertörn nach Norwegen unterwegs. Im Hafen von Aalborg verlangte eine Gruppe junger Dänen, die Hakenkreuzflagge zu streichen. Was hatten sie gegen dieses nationale Emblem, das jedes Schiff üblicherweise in fremden Häfen zu führen hat? Als sie Anstalten machten, die Flaggleine, die sie von der Pier aus erreichen konnten, zu kappen, schwang der Eigner den Bootshaken gegen die Dänen und schrie sie an: »Die Flagge bleibt dort hängen! Wer sie anrührt, dem schlag ich die Schnauze breit!« Dann zu mir: »Los, zur Polizei! Ich verlange den Schutz meiner Nationalflagge vor diesem Kommunistenpack!«

Mit dem Polizeiwagen kam ich zurück, und bis zur Flaggenparade bei Sonnenuntergang stand ein dänischer Polizist an unserem Schiff.

Die Besonderheit dieses Vorfalls ist mir erst später klargeworden, als in Deutschland die ersten Aktionen gegen Juden begannen. Der Eigner jener Yacht, der die Hakenkreuzflagge verteidigt hatte, war der Bankier Oscar Nathan, dessen patriotisches Empfinden als Deutscher trotz seiner jüdischen Abstammung keine Verunglimpfung des nationalen Symbols zuließ.

Mit ihm, der die rauhe See über alles liebte, habe ich einige Winterreisen gemacht. Im Sommer segelte er mit seinem Schärenkreuzer, einem Rennboot, Regatten. »Aber das richtige Segeln beginnt im November«, pflegte er zu sagen, wenn wir mit seinem stämmigen, kleinen Schiff auf Törn gingen. Ein winziger, mit Briketts beheizter Kachelofen wärmte das Wasser für den Grog, der Skipper rauchte seine Pfeife, steckte den Kopf aus der Luke und genoß die Aussicht auf die unter Wind und Regen schäumende See. »Die schönste Landschaft ist dort, wo es kein Land mehr gibt«, war sein Schnack, und selbst Nebel und Schnee konnten ihm diese Freude nicht verleiden. Doch waren es nicht nur seine Neigung zu harter Seefahrt, sondern vor allem seine menschlichen Qualitäten, die mich anzogen und die allem widersprachen, was von den Nazis verleumderisch als typisch jüdisch dargestellt wurde. Im Zuge der Arisierung verlor er seinen Posten als Bankdirektor. Bis zum Kriegsende lebte er zurückgezogen auf seinem Landsitz in Süddeutschland, um dann in den Vorstand einer deutschen Großbank zurückzukehren. Vermutlich war er, wie auch Onkel Petz, Halbjude oder wurde von einflußreichen Nazifreunden beschützt.

Noch bei einer anderen Gelegenheit mußten wir die Hakenkreuzflagge verteidigen. Von England kommend, hatten wir den Hafen von Calais angesteuert und waren in der Einfahrt von der Mole aus von jungen Franzosen bedroht worden. »À bas le svastika!« hatten sie geschrien. »Nieder das Hakenkreuz!« Und schon waren die ersten Steine geflogen.

»Kommunisten«, sagten wir verächtlich. »Fremde mit Steinen zu bewerfen! Unglaublich! Gut, daß es so etwas bei uns nicht mehr gibt!«

Als wir im Hafen anlegen wollten, stand die feindselige Gruppe an der Pier, zur Gewalt bereit. Es blieb uns nur, außer Wurfweite, mitten im Hafen zu ankern. Mit dem Beiboot setzten wir zur anderen Hafenseite über und erbaten vom Hafenmeister den Schutz unserer Flagge. Weil er uns nicht helfen konnte – oder wollte –, mußten wir auf den Liegeplatz an der Pier verzichten. Die Möglichkeit, ohne das Hakenkreuz anzulegen, kam für uns nicht in Frage. Ein guter Staatsbürger hatte seine Nationalfahne – auch eine ungeliebte – zu schützen.

Wie selbstverständlich Staatstreue und Gehorsam damals waren, ist mir erst Jahrzehnte später unter einem anderen Regierungssystem klargeworden. Obrigkeitliche Anordnungen waren widerspruchslos hinzunehmen. So zum Beispiel das Groß-Hamburg-Gesetz. Dieses regelte den Austausch von Gebietsteilen zwischen Hamburg und Preußen, um eine Abrundung und verwaltungsmäßige Vereinfachung zu erreichen. Erst mit der Verkündung durch Presse und Rundfunk erfuhren die betroffenen Bürger, daß sie in Kürze der Stadt Hamburg oder auch der holsteinischen Provinzverwaltung unterstellt werden würden. Eine vorherige Diskussion oder gar Meinungsäußerung hierzu war undenkbar.

Segeln ist wichtiger

In der Segelei bahnte sich etwas ganz Neues an: Dank großzügiger, privater Förderung wurden in Hamburg und Bremen Yachten bereitgestellt, auf denen als Skipper und Mannschaft nur junge Männer segelten. Hieraus ergab sich, daß ich mein Studium weiterhin zurückstellen mußte und bald Juniorführer einer Segelgruppe von Freunden wurde. Der »Hamburgische Verein Seefahrt« vertraute uns zwei Jollenkreuzer für Elbe und Küste sowie einen schönen gaffelgetakelten Oldtimer für die Nordsee an. Auf diesen bildeten wir selbst weitere Skipper und Mannschaften aus. Es war eine gute, oft harte Schulung zu einer Zeit, als die Schiffe noch ohne Motor gefahren wurden und elektronische Navigation, Sprechfunk und Echolot auf Sportfahrzeugen noch unbekannt waren. Bezeichnend für die strenge Ausbildungsordnung war, daß Reisen auf dem »Binnenmeer« der westlichen Ostsee nicht als See-Reisen zählten, und daß Seesegeln ausschließlich Männerangelegenheit war. Als der Verein und die Reichssportführung eine stärkere Beteiligung deutscher Yachten an internationalen Hochseeregatten wünschten, kam zu unserer Flotte eine hochwertige, moderne Rennyacht, die »Hamburg« hinzu, mit der wir unter der Führung älterer, erfahrener Skipper auf solchen Rennen starteten.

Wenn ich bei solchen Veranstaltungen den Reichssportführer traf, mußte ich mit ihm auf unsere Verwandtschaft trinken. Aber ich hatte stets eine Begründung bereit, um mich rechtzeitig zurückzuziehen, solange dies noch aus eigener Kraft möglich war. Er half mir, eine Anforderung der Yachtschule Neustadt abzulehnen, die mich als Segellehrer einsetzen wollte. Sie war inzwischen zur NS-Seesportschule umfunktioniert und ideologisch der SA angeglichen worden, was mir nicht passen konnte. Auch entsprachen Ausbildung, Personal und Schüler nicht mehr dem früheren, auf den Offiziersdienst ausgerichteten Niveau.

Aus den Bildern dieser Zeit tritt eines hervor, weil es mich an einen Konflikt erinnert, in den ich offenen Auges und doch unvermeidlich hineingestoßen wurde.

»Sie führen die ›Hamburg‹ auf dem nächsten Rennen«, hatte Hans W. Petersen gesagt, und es war fast wie ein Befehl gewesen.

»Ich, der jüngste Schiffsführer unserer Gruppe? Nein!« war meine erste Reaktion gewesen. »Regattasegeln ist kein Fahrtensegeln. Man muß mehr riskieren. Das teure Schiff und die Crew. Das kann ich nicht. Ich muß auf Sicherheit segeln, wie es seemännisch üblich ist. Keine Regatta!«

»Haben Sie keinen Ehrgeiz?« wurde ich gefragt. »Das muß Ihnen doch eine Freude sein! Sie müssen es machen, und Sie können es auch!«

Unmöglich konnte ich ihm, dem wir so viel verdankten, dies abschlagen. Wieder einmal wurde ich zu etwas gedrängt, das mir Unbehagen bereitete. Doch weil auch die Kameraden mir zuredeten, willigte ich schließlich ein. Und das Dilemma wurde schlimmer, als ich es mir hatte vorstellen können.

»West sieben mit Sturmböen«, war die Vorhersage für den nächsten Tag, als die Yachten sich zum Start für die Regatta im Helgoländer Hafen versammelt hatten. Kein Wetter zum Auslaufen nach Holland, nach Ijmuiden und weiter nach Südengland, um von Cowes zum legendären Rennen um den Fastnet-Felsen an der Südwestecke Irlands zu starten.

Die Skipper wurden zusammengerufen.

»Wer segeln will, muß ausdrücklich bestätigen, daß er es auf eigene Verantwortung tut. Wir, die Regattaleitung, dürfen die Yachten bei diesem Wetter nicht auf die Reise schicken«, hieß es.

Nur wenige Skipper waren bereit, auf den Start zu verzichten. Auch die »Hamburg« mußte zum Fastnet-Rennen nach England. Und die holländischen Freunde erwarteten uns. Für meinen Vorschlag, vorsichtig und keinesfalls als Regatta nach Holland zu segeln, fand ich keine Zustimmung. Es war vor allem meine eigene Mannschaft, die mir Ängstlichkeit vorwarf. Widerwillig erklärte ich meine Bereitschaft.

Die Rakete von der Hafenmole schickte die verbliebenen Yachten über die Startlinie. Noch für eine kurze Strecke im Schutz des Felsens, brausten wir nach Süden und hatten schnell einen Vorsprung vor den größeren Schiffen herausgesegelt. Doch dann empfing uns die Nordsee. Hoch am Wind stürzten wir gegen die kantigen Berge, die aus dem düsteren Grau heranschossen, ihre Kronen an Deck warfen und uns in Gischtwolken einhüllten. Das Leedeck schleifte durchs Wasser, und wenn der Bug in die Tiefe fuhrt, schlug er krachend seitlich auf die Wellen und ließ das Schiff sich zitternd unter dem Aufprall winden. Das durften wir dem Rumpf und der Takelage nicht länger zumuten. Wir hatten zu viel Segel stehen.

Noch weiter reffen! Fritz und Ernst hangeln an den Haltetauen nach vorn an die Winde des Großsegels. Vier Mann warten am Baum, um das Tuch festzuzurren wenn es herunter kommt. Da fällt der Bug in ein tiefes Loch, ein Wasserfall stürzt über die Männer am Mast und wird zum reißenden Strom, als das Vorschiff wieder nach oben schießt. Fritz verliert den Halt, und schon schlägt ihm die eiserne Kurbel mit voller Wucht gegen die Brust. Er sinkt zusammen, zwei Männer greifen zu und schleppen ihn zu mir nach achtern. Das lose Segel und der Baum schlagen mit furchtbarer Gewalt, der Mast biegt und verwindet sich in gefährlichen Zuckungen.

»Werft ihn ins Cockpit!« schreie ich. »Und sofort wieder an die Winsch! Reffen, los! Sonst kommt der Mast runter!«

Die beiden klettern wieder nach vorn, lassen das Segel herunter, während ich an der Pinne versuche, das Schiff nur mit dem Vorsegel in der günstigsten Lage zu halten. Die Männer am Baum kämpfen mit dem schweren, im Wind donnernden Tuch, zwingen es unter die Reffbänder.

Nur für Sekunden kann ich den Blick senken, zu Fritz, der mit geschlossenen Augen vor mir liegt, beim Schlingern hin und her rutschend, vom überkommenden Wasser umspült. Ist er bewußtlos? Oder Schlimmeres?

Nicht daran denken, erst das Segel festmachen, das Schiff sichern!

Geschafft! Mit weniger Schräglage setzt der Bug weicher in die Wellen ein, wir laufen gute Fahrt. Die Konkurrenten sind im Regen und Gischt der Nordsee verschwunden. Wir sind allein.

Fritz wird unter Deck gebracht. In der Koje mit Kissen festgehalten, atmet er röchelnd. Das Gesicht ist verfärbt, die Augen geschlossen. Bei den harten Stößen des Schiffes kann ich seinen Puls nicht fühlen. Runter mit der Kleidung, über Magen und Brust ziehen sich die blutunterlaufenden Spuren der Winschkurbel.

Was nun? Fritz muß zum Arzt. Es gibt nur eine Möglichkeit: In die Weser einlaufen. In fünf Stunden können wir in Bremerhaven sein. Die Regatta, Holland, England – aus!

Manfred und Horst, unser Ältester, blicken mich an. Als ob ich wissen könnte, was wir mit Fritz machen sollen! Ich bin Skipper, kein Arzt! Der Schlag gegen den Magen kann lähmen. So etwas geht vorüber, das weiß ich vom Boxen und vom Judotraining. Aber habe ich nicht auch schon von innerlichem Verbluten gehört?

Warum habe ich mich breitschlagen lassen, als Skipper die Regatta zu segeln? Nun sitze ich in der Tinte! Fritz muß zum Arzt. Aber ich habe den Auftrag, die »Hamburg« zum Fastnet-Rennen zu bringen. Verfluchter Zwiespalt! Weil wir im Hafen nicht genug gerefft hatten, weil wir schnell sein wollten. Das war falsch. Und für alles bin ich verantwortlich, ich, der Jüngste an Bord.

»Roland voraus!« höre ich von oben. Raus, ein Blick nach vorn. Zwischen den Regenböen das hohe Segel des »Roland von Bremen«. Ein größeres Schiff, das uns eine Zeitvergütung gewähren muß. Nicht weit voraus – also liegen wir nicht schlecht. Aber was nützt das? Wir müssen nach Bremerhaven zum Arzt.

Wieder nach unten zu Fritz. Er hat die Augen geöffnet, stöhnt, atmet mühsam und stoßweise.

»Fritz«, frage ich, »wo hast du Schmerzen?«

Er weist auf seine Brust. »Hier«, quält er heraus. »Kann schwer Luft holen.«

»Du mußt zum Arzt«, sage ich. »Wir geben die Regatta auf und segeln nach Bremerhaven.«

Er schlägt die Lider auf und starrt mich erschrocken an. »Aufgeben?« fragt er. »Liegen wir nicht hinter dem Roland?«

»Ja, der ist zwei Meilen vor uns. Aber du mußt in ärztliche Behandlung.«

»Nein«, stößt er heraus. »Auf den Roland! Nicht aufgeben!«

Die beiden anderen stehen neben mir. Wie soll ich entscheiden? Fritz hat die Augen wieder geschlossen, stöhnt vor Schmerz. »Nein«, rufe ich ihn an. »Wir laufen nach Bremerhaven. Du kommst heute nacht ins Krankenhaus!«

Wieder blickt er mich mit weit aufgerissenen Augen an und röchelt heiser: »Unsinn! Den Roland schlagen! Laßt mich in Ruhe!«

»Manfred, Horst«, sage ich. »Ihr habt es gehört! Er will nicht ins Krankenhaus. Wir sollen weitersegeln. Also, los dafür!«

Gegen die ruppige Nordsee ins graue Nichts kreuzen. Segelkontrolle, Navigation, ein Stück Brot aus der Hand. Manchmal kommt es aus einem Winkel herangekrochen, das Wort vom innerlichen Verbluten. Weg damit! Segeln – nach Ijmuiden! Fritz selbst hat es gesagt, Horst und Manfred sind meine Zeugen. Auf den »Roland«!

Mit nordwestlichem Kurs in die Nacht und wieder ein Kreuzschlag zur Küste. Das Barometer beginnt langsam zu steigen, der Wind läßt nach. Noch im Dunkeln wird das schwere Großsegel gegen ein leichteres Tuch ausgewechselt. Über der Fock kommt der Flieger hoch. Die Schoten, lange Stahlseile, schlagen fürchterlich, sind mit den Händen nicht zu halten. Ernst muß verpflastert werden, aus einer Kopfwunde laufen ihm Blut und Wasser übers Gesicht. Aber was soll's – wir segeln Regatta!

Ein klarer Morgen bringt stetigen Nordwestwind. Fritz atmet ruhiger, er ist klar bei Sinnen und wiederholt, wenn auch mit schmerzverzerrtem Gesicht: »Auf den Roland!«

Vor uns im Dunst ein Segel. Ist es der Konkurrent? Mittags rundet er das Feuerschiff Terschelling, zeigt uns die Seite – er ist es. Dreißig Minuten später sind auch wir dort.

»Zweite Yacht«, rufen uns die Männer der Besatzung zu. So ist nur der »Roland« vor uns. Dreißig Minuten auf bisher neunundzwanzig Stunden – das müßte reichen nach der berechneten Zeit!

Nachmittags wird es flau, die Dünung des gestrigen Sturms läßt das Schiff torkeln, die Segel schlagen. Gegen Abend kommt eine frische Brise aus Nordwest auf, erwischt uns früher als den »Roland«, schiebt uns näher an ihn heran. In die Nacht, das Großsegel auf der einen, den riesigen Spinnacker auf der anderen Seite des Mastes. So können wir nur diese eine Richtung einhalten, können unseren Kurs nur geringfügig ändern wenn es im Dunkeln durch den Dampfertrack geht und wir ausweichen müssen – Regatta!

Mitternacht. Da sind die Leuchtfeuer von Ijmuiden. Noch hilft uns der Ebbstrom nach Süden. Wir müssen vor der Flut durchs Ziel zwischen den Köpfen der Hafenmolen.

Immer noch steht der Spinnacker neben dem Großsegel, zieht uns kräftig voran. Dürfen wir mit dieser Besegelung in die lange, schmale Einfahrt laufen? Wenn uns ein Schiff entgegenkommt oder der Wind umspringt, sind wir manövrierunfähig, dann gibt es eine Katastrophe. Egal – Regatta!

Da, eine Rakete neben den Einfahrtsfeuern! »Roland« ist durchs Ziel gegangen! Stoppuhr – hinterher! Eine Bö hilft uns zu rauschender Fahrt. Es ist unverantwortlich, mit dieser Segelstellung nachts dort hineinzubrausen. Regatta!

»Wenn wir drin sind, alle Plünnen runter, ganz gleich, wie! Messer bereit, notfalls Fallen und Schoten kappen!«

Die Einfahrt. Zwischen den Molen ins Dunkle, Die Rakete – die Holländer haben auch uns gezeitet. Das Hafenbecken.

»Anker weg! Alle Segel fallen!«

Groß- und Spinackerbaum schlagen auf die Seereeling. Die Segel rauschen ins Wasser, schwimmen neben dem Schiff, das sich um den Anker dreht. Die Regatta war zu Ende! Neben uns lag der »Roland«. Auch dort wurden die Segel aus dem Hafen geholt. Und es wurde gerechnet. Wer war der Verlierer und mußte jetzt zum harten Drink einladen?

Das Motorboot des holländischen Segelclubs kam zur Begrüßung und schleppte uns zum Liegeplatz. Zwei Ärzte aus der »Roland«-Crew bemühten sich um Fritz. Drei Rippen gebrochen und Prellungen, war die Diagnose. Schmerzhaft, aber ungefährlich. In feste Binden wie in einen Panzer verpackt, begann der Kranke, sich vorsichtig zu bewegen, das erste Glas Whisky zu heben. Er weigerte sich auszusteigen und blieb trotz seiner schmerzhaften Behinderung bis zur Rückkehr nach Hamburg an Bord.

Zweiundvierzig Stunden hatte für uns das Rennen gedauert, und mit einem errechneten Vorsprung von zwölf Sekunden waren wir Sieger geworden.

Aber es sind nicht die Sturmregatta oder der Sieg, die dieses Ereignis zu einem der großen Bilder in der Galerie der Erinnerungen werden ließen. Es ist die schwarze Stunde des grausamen Konflikts zwischen der menschlichen Pflicht gegenüber dem verletzten Freund und dem Auftrag, die »Hamburg« und ihre Mannschaft nach England zu bringen, wo Hans W. Petersen uns erwartete, wo wir erstmalig mit einem modernen Schiff die deutsche Flagge auf der wichtigsten Hochseeregatta vertreten sollten. Heute, rückblickend, meine ich, daß die Entscheidung, weiterzusegeln, sowohl bei Fritz wie auch bei uns anderen dem Geist jener Zeit entsprach, die der Gemeinschaft und ihren Aufgaben ein größeres Gewicht gegenüber dem Einzelwesen einräumte, als dies im modernen Denken der Fall ist.

Wir waren rechtzeitig zum Fastnet-Rennen in Cowes. Den berühmten Felsen umrundeten wir nachts bei Nebel und Flaute, peilten das Nebelsignal seines Leuchtturms – gesehen haben wir ihn nicht. Auch zu einem Preis in der Regatta langte es nicht. Aber wir waren zufrieden, in der Spitzengruppe das Ziel erreicht zu haben.

Ein anderes Bild ist aus dieser Zeit erhalten, gemalt in den düsteren Farben des Nebels und einer Angst, die man nicht durch Tun verbannen kann.

Es war uns allen klar, daß Fritz Schuld hatte. Er hatte sich rasiert. Seit bald zwanzig Stunden trieben wir nun schon auf der glatten Nordsee. Die leichte Brise, die uns aus der Elbe geschoben hatte, war beim Feuerschiff Borkumriff eingeschlafen. Lautes Pfeifen, am Mast kratzen – alles hatte nicht mehr bewirkt als gelegentlich einen kaum spürbaren Windhauch, mit dem wir ein paar Meilen weiter nach Westen geschlichen waren. Die leichte Dünung ließ unseren Oldtimer rollen, die losen Segel, die schwere Gaffel und der Großbaum schlugen knallend hin und her.

»Runter mit den Plünnen!« weise ich Ernst und Heinz an.

»Das geht ja auf die Nerven. Und der Takelage tut es auch nicht gut.«

»Und wenn in fünf Minuten ein Lufthauch kommt, willst du die Gardinen wieder hoch haben«, murrt Ernst. Unwillig birgt er mit Heinz die Segel und zurrt die Blöcke fest, damit sie nicht klappern.

Ruhe, Nichtstun auf dem dümpelnden Schiff.

»Verfluchte Flautenschieberei«, mault Heinz, und er fährt Fritz an, als dieser an Deck kommt: »Du Blödmann! Kein ordentlicher Seemann rasiert sich bei solchem Wetter! Das muß ja die Flaute herausfordern. Noch weit über dreihundert Meilen bis Southampton. So ein Unsinn!«

»Mein Kopfkissen«, gibt Fritz zurück. »Es ist so hart. Wenn ich darauf liege, pieken die Bartstoppeln. Du kannst nicht verlangen, daß ich wegen deines albernen Aberglaubens schlecht schlafen soll.«

Otto übernimmt mit Fritz und Ernst die Wache.

»Vielleicht schafft ihr es, Wind zu besorgen«, gebe ich ihnen mit dem zu steuernden Kurs.

»Kurs? Wozu?« schimpft Heinz. »Kannst ja doch nicht steuern, wenn der Pott keine Fahrt macht.«

Steuerlos dreht sich der Bug, wird von der Dünung zur Seite gedrückt. Gelegentlich erreicht uns Swell, die Bugwelle eines vorbeiziehenden Dampfers und wirft uns völlig aus der Richtung. Wir rechnen. Noch trägt uns der Ebbstrom nach Westen. Aber in wenigen Stunden wird die Flut auflaufen und uns wieder zurückschieben.

»Die Flut bringt Wind«, zitiert Ernst einen alten Spruch.

»Ja, so sicher wie der Hahn auf dem Mist das Wetter ändert, wenn er kräht«, höhnt Fritz.

»Da – Wind!« ruft Otto. »Los! Hoch die Segel! Schnell!«

Im Norden verdunkelt sich das Wasser. Eine feine Kräuselung zeigt einen Windhauch an. Ob er bis zu uns reichen wird?

»Hat doch keinen Zweck«, brummt Wilhelm, der mit Fritz zu Ottos Wache gehört. »Laß uns abwarten, ob der kleine Drücker bis hierher kommt. Ich will in Ruhe meine Pfeife rauchen. Wenn der Rauch zur Seite zieht, dann holen wir die Segel hoch.«

Von unten höre ich den Disput. Wird Otto auf seiner Anordnung bestehen? Er ist Wachführer, und auch er weiß, wie schnell bei Flaute die Disziplin nachläßt, daß Ungehorsam, Spannungen und Streit aufkommen, wenn die Ordnung nicht strikt eingehalten wird.

»Red nicht! Ans Großsegel und hoch damit!« befiehlt er. Seine Männer gehorchen. Ich höre die Winschen knarren. Groß- und Vorsegel kommen hoch.

Otto hat Glück. Mit dem Kräuselwasser kommt eine kleine Brise, die Segel stehen voll, und Fritz kann den richtigen Kurs steuern, der auf das Feuerschiff Terschelling abgesetzt ist. Unter Deck höre ich das Plätschern der Bugwelle. Wir machen Fahrt.

»Gut gemacht!« rufe ich von unten zur Wache hinauf. »Nun schmeckt das Abendessen besser!«

»Feuerschiff voraus!« ruft Heinz. So haben wir doch ein Stück nach Westen geschafft.

Doch auch diese Brise währt nicht lange. Obgleich das Schiff nur leicht dümpelt, schlägt die Takelage wild und laut. Der Schein des Feuerschiffs bleibt fern in der Nacht, er wird nicht heller. Wir machen keine Fahrt mehr. Noch vor Mitternacht wird der Flutstrom einsetzen und uns um einige Meilen zurücktragen.

Unter Deck beschimpft Fritz den Wilhelm, weil der seine Schuhe vor der Koje stehengelassen hatte und Fritz darüber gestolpert war. Anscheinend kommt er nicht in seine Koje. Wir hören ihn lautstark fluchen. Schließlich fragt Ernst nach unten: »Was ist los mit dir? Kannst du deine Koje nicht finden?«

»Seid doch endlich ruhig!« brüllt Wilhelm, »Ich will schlafen!«

»Ich such meine Brille«, ruft Fritz zurück nach oben.

»War das deine Brille?« kommt es von Heinz, der neben dem Ruder sitzt. »Die hab ich ins Steuerbordschapp gelegt.«

»Warum, du Idiot! Ich such die ganze Kajüte ab!« schreit Fritz erbost.

»Damit sie nicht auf den Boden rutscht. Wir sind auf See!« ruft Heinz zurück.

»Bei der Flaute fliegt keine Brille vom Tisch. Merk dir das, du Anfänger!« wird Heinz lautstark von Fritz belehrt.

»Nun haltet endlich eure verdammten Schnauzen!« zetert Wilhelm aus seiner Koje. Und zu Fritz: »Sonst kriegst du einen Tritt in den Hintern!«

Weil der Großbaum gerade wieder polternd in die Schot einruckt, höre ich Fritz' Antwort nicht. Flautenstimmung!

Wieder schiebt uns ein feiner Windhauch für eine gute Stunde fast geräuschlos durch die Nacht. Der Schein des Feuerschiffs wird heller. Dampfer ziehen nahe vorbei, wir liegen in ihrem Track, der beiderseits des Feuerschiffs verläuft.

Um Mitternacht übernimmt Otto die Wache von mir. Noch im Einschlafen höre ich wieder die Segel knallen, das Schiff zittert, wenn der Baum einruckt. Immer wieder wecken mich die Flautengeräusche.

Doch da kommt plötzlich etwas anderes auf. Eine Dampfersirene, ein langer Warnton. Und da, ein anderer, lauter, näher. Nun wieder der erste Ruf. Dann in hohen Heultönen das Erkennungssignal des Feuerschiffs. Das hat noch gefehlt, was für uns schlimmer ist als Sturm: Nebel! Mitten im Dampfertrack! Raus, an Deck! Da steht auch Otto schon am Niedergang, wollte mich wecken.

»Scheißnebel«, sagt er. »Hab noch gerade das Feuerschiff gepeilt. Zweihundertfünfzig Grad, etwa zwei Meilen Abstand. Aber nun ist's pottendick.«

Auch Ernst und Heinz müssen an Deck. Wenn wir gerammt werden, kommt keiner von unten aus dem Schiff.

»Alle Mann an Deck! Schwimmwesten anlegen!«

Verschlafen kommen die beiden nach oben.

»Ihr beide zum Kompaß, Dampfersirenen peilen! Einer nach vorn, einer nach achtern! Ernst bläst das Nebelhorn! Heinz zum Bug, Ausguck nach vorn, Otto ans Ruder. Falls Wind kommen sollte: Nach Norden halten, raus aus dem Dampfertrack!«

Aus der Finsternis heulen einzelne Dampfersirenen. Voraus tönt das Feuerschiff. Ausgerechnet hier muß uns Nebel überfallen, wo der gesamte Seeverkehr zwischen Atlantik, Kanal und der Deutschen Bucht auf engem Raum zusammenläuft.

Fritz und Wilhelm peilen über den Kompaß die Signale der Dampfer. Solange ihre Richtung sich verändert, bedrohen sie uns nicht. Gefährlich wird es, wenn die Peilung »steht«, nicht auswandert, und die Sirene lauter wird. Dann hat ein Fahrzeug Kurs auf uns, die wir ohne Fahrt und steuerlos in der Finsternis treiben. Aus der Nacht wachsen die Signale, das tiefe Dröhnen der großen Schiffe, die hohen Töne der kleinen, Warnschreie mächtiger Raubtiere, denen wir hilflos ausgeliefert sind. Sie verschieben sich am Kompaß und vergehen wieder. Die nassen Segel flappen, vom Baum tropft Wasser.

Doch irgendwann kommt es, das Gefürchtete: »Hier kommt einer, Peilung steht!« Fritz meldet es. Das Fahrzeug kommt von achtern auf.

»Kümo oder kleiner Frachter«, meint Otto nach der Art der Sirene.

Obgleich wir wissen, daß wir sie nicht sehen können, geht der Blick in die Richtung der Gefahr. Ernst bläst mit aller Kraft das vorgeschriebene Signal. Dann wieder horchen, wo der andere sich melden muß. Da tönt es, lauter, näher.

»Peilung steht!« wiederholt Fritz.

Nun hören wir schon das Rummeln seiner Maschine.

»Diesel, vermutlich ein Kümo«, meint Otto. »So laut wie der arbeitet, der hört unsere Tute nicht.«

Immer lauter wird sein Signal, der Diesel stampft, wir hören das Rauschen der Bugwelle.

»Blas ihn an!« rufe ich Ernst zu. Der bläst mit aller Kraft. Aber wir wissen, daß unser kleines Horn nicht weit reicht, kaum den Lärm des Diesels übertönen kann.

Oder doch? Der Diesel stoppt. Hat man dort unser Signal gehört? Nur noch seine Bugwelle rauscht. Menschliche Stimmen kommen in Fetzen aus der Nacht. Ernst bläst wieder in die Richtung, jetzt muß der andere unser Signal hören können.

Der Diesel springt wieder an. Aber jetzt wird man dort wissen, daß wir vor seinem Bug liegen.

»Peilung wandert aus«, meldet Fritz. Wir hören das Fahrzeug vorbeifahren und holen tief Luft. Da kommt seine Bugwelle, läßt unser Schiff rollen, Segel und Bäume schlagen wild – ein wunderbarer, erlösender Lärm.

Das Signal des Feuerschiffs wird leiser, der Flutstrom setzt uns wieder zurück. Die Morgendämmerung schickt ihr diffuses Licht über das Wasser. Erst jetzt wird der Nebel sichtbar und zeigt die engen Grenzen des Sichtkreises um unser Schiff.

Wieder kommt ein Dampfer in gefährliche Nähe, wieder eine unendlich lange Viertelstunde voller Spannung und Angst. Der Ebbstrom hat uns wieder dicht ans Feuerschiff geschoben. Grell und nah schneidet der Heuler durch den Nebel. Aber zu sehen ist nichts.

Von vorn klingt ein neuer Ton auf. Metallisch hart, durchdringender als die anderen Sirenen fordert er seinen Weg. Drohend, wie ein Kriegsruf klingt es, wird schnell lauter.

»Passagierdampfer«, stellen wir fest. Wir wissen, was das bedeutet.

»Der fährt mit reduzierter Fahrt immer noch seine acht Meilen. Er kann unsere Tute nicht hören, Fahrtwind und Bugwelle sind zu laut. Und zum Stoppen braucht er eine Meile.«

»Seine Peilung steht«, stellt Wilhelm fest.

»Wenn das ein dicker Liner ist, der merkt gar nicht, wenn er uns überläuft.« Wir alle kennen solche Geschichten von Yachten, die auf diese Weise verlorengingen.

Immer lauter wird das Signal, läßt unseren engen Raum vibrieren und dringt in die Eingeweide. Die Peilung steht. Ganz nah muß er sein, keine hundert Meter! Starren ins Grau, wo der haushohe Bug erscheinen muß – wird er uns treffen? Das Brausen seiner Bugwelle, das Stampfen der Maschine. Und wieder der Schrei der Sirene, dicht über uns, mit fürchterlicher Gewalt die Welt zerreißend.

»Da ist er!« Hoch oben im Nebel gleitet ein breiter, weißer Streifen vorbei, darin in gleichen Abständen die dunklen Bullaugen. Ein großer Passagierdampfer. Seine mächtige Bugwelle wirft unseren Bug zur Seite und Gischt an Deck. Vorbei!

»Der hätte uns fast das Mittagessen verdorben«, meint Fritz. Ich fühle Schweißtropfen auf der Stirn.

Am Nachmittag peilt wieder ein Fahrzeug auf Kollisionskurs. Sein heiserer, tiefer Warnton kommt nur sehr langsam näher. »Klingt wie eingerostet, der Heuler. Wohl ein langsamer Frachter«, mutmaßen wir.

Immer näher schiebt er sich heran. Wieder gehen die Augen suchend dahin, wo sein Bug auftauchen muß. Wieder sind die Nerven am Zerreißen. Wir schreien, trommeln zu unserem Nebelhorn auf den Blecheimer. Er muß es doch hören, so langsam, wie er fährt!

Da kommt eine menschliche Stimme von oben aus dem Nichts heran: »Don't worry! We see your top!«

Wie ist das möglich? Er sieht die Spitze unseres Segels, hat unsere Angst bemerkt und beruhigt uns! Schon ist Heinz am Mast aufgeentert und verkündet von oben: »Alles frei, kann die Dampfer sehen!« Und zu dem Frachter, der uns aus unserer Angst erlöst hatte: »Thank yo so much!«

Der Nebel war nur noch einige Meter hoch. Eine halbe Stunde später wischte eine frische Brise die Reste hinweg. Sie kam uns entgegen. Der erste Kreuzschlag ging nach Westen, weg vom Dampfertrack! Wir sprachen wenig. Die letzten fünfzehn Stunden waren nicht so schnell beiseitezuschieben.

Es blieb schwachwindig. Erst am nächsten Abend sprang eine günstige Brise heran und gab den Weg zum Kanal frei. Als ich um Mitternacht Otto die Wache übergab, liefen wir auf einem holperigen Kurs durch den niedrigen aber steilen Seegang. In der Koje mußte ich mich mit Kissen und Decken festpacken.

Schweißnaß fahre ich aus dem Schlaf hoch. Mein Herz schlägt wild, und ich spüre den Druck eines Unheils. Was ist los? Ein Traum war es nicht gewesen. Aber irgend etwas hatte mich hochgeschreckt. Raus, an Deck! Die Morgendämmerung sinkt in einen starken Dunst, die Sicht ist schlecht. Otto liegt neben dem Niedergang an Deck, Wilhelm sitzt am Ruder und neben ihm Fritz. Die drei blicken mich verwundert an.

»Bist du aus der Koje gefallen?« fragt Fritz. »Bis zum Wachwechsel sind es noch fünfzehn Minuten. Ich wollte gerade zum Wecken runter.«

»Was ist hier los?« rufe ich, immer noch verstört.

»Was soll los sein?« fragt Otto. »Geh runter, zieh dich an zum Wachwechsel!«

Noch bevor ich nach unten gelangt bin, höre ich einen Schrei: »Brandung an Backbord voraus!«

Wieder nach oben. Da, kaum hundert Meter vor uns, wachsen Brecher aus dem Dunst. Nun ist auch ihr Brausen zu hören. Eine Untiefe!

»Klar zum Wenden!« schreie ich. »Auf Gegenkurs!«

Das Schiff dreht zurück, die Brandung verschwindet im Dunst.

»Loten!«

Fritz holt das Handlot, wirft es aus.

»Drei Meter!« ruft er.

Tief erschrocken sehen wir uns an. Drei Meter? Noch gerade ein Meter Wasser unter unserem Kiel! Wie kann das möglich sein? Nach dem angesetzten Kurs und der seit Mitternacht gelaufenen Strecke müssen wir vor der Themsemündung stehen, wo es über fünfzig Meter tief ist. Dort gibt es weit und breit keine Untiefen. Die Brandung vorhin – zwei Minuten später wären wir dort aufgelaufen, wäre unser Schiff zerschlagen worden! Wir sind völlig verstört.

»Fünf Meter«, ruft Fritz. Dann werden es sechs und bald zehn Meter Wassertiefe.

»Boje an Steuerbord«, meldet Heinz.

Da, im Dunst eine kleine Boje.

»Hart Steuerbord. Auf die Boje!«

Wir steuern das Seezeichen an. Ja, da ist die Aufschrift: »NE Goodwin« lesen wir. Die Goodwin-Sände! Der berüchtigte Schiffsfriedhof nördlich der Themsemündung!

Runter an die Seekarte! Ja, da ist die Boje eingezeichnet. »Nordost Goodwin«, die einzige Markierung vor den Sandbänken. Ein Glückszufall hatte uns dorthin geführt. Nun weiß ich, wo wir sind, und kann den richtigen Kurs ansetzen. Weg von diesen Sänden, wo die Seekarte viele waren Wracks angibt, die hier gestrandet sind, weit außer Sicht der Küste, wo es keine Hilfe gibt.

Aber wie waren wir dorthin gelangt? Welcher navigatorische Fehler hat uns fast in die Katastrophe geführt?

Erst eine eingehende Befragung ergab: Ernst, der letzte Rudergänger meiner Wache, hatte an Fritz den Kurs mit »Süd zu West einhalb West« übergeben. Fritz hatte »Südsüdwest einhalb West« verstanden. Otto war seekrank gewesen und hatte die Navigation nicht kontrolliert. So waren wir vier Stunden mit einem um elf Grad westlicheren Kurs gelaufen, der uns in die Sände geführt hatte.

War es ein Engel gewesen oder der Klabautermann, der mich aus dem Schlaf hochgeschreckt hatte? Und welcher gute Geist hatte uns die Boje gewiesen?

Tjällmorra

Die Ijmuidenregatta und die Nebelfahrt sind in der Klarheit erhalten geblieben, die allen finsteren Erinnerungen eigen ist. Die vielzitierte rosige Verschönerung durch den Zeitablauf kann ich nirgends erkennen. Weil solche Ereignisse meist unerwartet und erschreckend eintreten, fällt ihnen schon im Erleben ein herausragender Platz zu. Aber gerade sie wurden Marksteine und Wegweiser.

Doch daneben stehen andere Bilder, gemalt mit viel Licht, mit Freude und Schönheit. Aber weil sie undramatisch, ja, oft wie selbstverständlich zu mir kamen, blieben sie weniger einprägsam als die düsteren Stationen, und manches Schöne wird nur durch eindringliches Rückbesinnen im Dunst der frühen Vergangenheit sichtbar. Erst viel später, nach langen Fahrten durch die finsteren Tunnel des Lebens, habe ich gelernt, sonnige Abschnitte sogleich bewußt zu genießen.

Da sind die Reisen durch das Licht der Mittsommernächte in der finnischen See und den schwedischen Schären. Wo die Sonne um Mitternacht für eine kurze Zeit dicht unter dem Horizont steht, wo Himmel und Wasser in durchsichtigem Türkis zusammenfließen, und die Bugwelle leise von alten Geschichten raunt. In solchen Nächten erschweigen sich über der mattleuchtenden Schale der Kompaßrose die Freundschaften, die über ein Leben reichen.

Doch nicht nur die gemeinsame Schipperei schuf bleibende Bindungen. Da war Georg, Wachführer der »Neith«, einer Yacht der englischen Marine. Einen Tag und eine Nacht lagen wir auf dem Fastnet-Rennen nahe zusammen, ständig bemüht, einander das Heck zu zeigen, einen Vorsprung zu gewinnen, bis wir uns im Nebel verloren. Bei der Abschlußfeier in Plymouth trafen wir uns, tranken auf unser kleines, privates Rennen und fanden uns in einer über das Segeln hinausreichenden Gemeinsamkeit.

Zwei Jahre später half er mir in Westafrika aus einer prekären Situation.

Und da war die fröhliche polnische Crew, die in Wisby neben

uns lag und die wir in Mariehamn wiedertrafen. Mit Wladislaw, dem langen Medizinstudenten, lotete ich in der Mitternachtshelle, hoch über der See auf Gotlands Kreidefelsen die Tiefe unseres jungen Lebens und den sinkenden Pegel einer Whiskyflasche aus. Einundzwanzig Jahre später, nach grausamem Blutvergießen zwischen unseren Völkern, tranken wir in Warschau auf unsere erste Begegnung und menschliche Kontakte, die Kriege überdauern.

Noch manche andere Verbindung ist über den Krieg hinaus erhalten geblieben. Doch aus allen menschlichen Bildern jener Zeit ragt eines heraus – Tjällmorra.

Tjällmorra, das waren der dunkle Fjord, die bewaldeten Schären und die Felsinseln, die bunten Holzhäuser unter den alten Kiefern. Eine Stunde vor der Stadt gelegen, war diese Ferienanlage einer Stockholmer Firma eingepaßt in die Stille und Einsamkeit zwischen Wald und Wasser. Sie war der Rahmen, in dem ich eine mir neue Form menschlicher Gemeinschaft erfuhr.

Aus Deutschland kommend, wo alles in klar erkennbarer Planung ablief, wurden wir hier in ein zwangloses Miteinander von Jung und Alt, Familien und Ledigen aller sozialen Schichten aufgenommen. Erst allmählich spürte ich die Hand von Aina, die, nicht älter als ich, fast wortlos um reibungslose Harmonie besorgt war. Hinter jeglichem Geschehen wirkte unmerkbar ihr guter Geist, und was sie mit einem kleinen Scherzwort, mit einer Handbewegung kundtat, war unabänderliches Gesetz.

Sie wies uns an Olav und Nils, zwei drahtige junge Sportler, zu denen wir sofort einen herzlichen Kontakt fanden und die uns zu den schönsten Winkeln Stockholms und der Schärenlandschaft führten. Als wir am übernächsten Tag nach Gotland starten wollten, gab es energische Proteste.

»Heut ist das Mittsommerfest. Ihr müßt mit uns feiern!« hieß es.

»Nächste Woche ist die Regatta um Gotland«, war unser Argument. »Wir müssen vorher dort trainieren und die Strecke einmal in Kladde absegeln.«

»Kommt nicht in Frage!« sagte Olav. »Uns fehlen Männer zum Tanz ums Feuer. Ihr dürft nicht vorher fahren!«

Aus Ainas schmalem, von dunklem Haar eingefaßten Gesicht

traf mich ein langer Blick der braunen Augen und bestätigte mir die Unwichtigkeit des Segeltrainings. Aber auch meine Crew war überzeugt, daß die uns empfohlene Pflege internationaler Kontakte hier, in Tjällmorra, hervorragend praktizierbar und daher vordringlich sei.

Um Mitternacht flammte auf dem Felsvorsprung der Holzstoß auf. Gunnars Akkordeon und zwei Gitarren spielten zum Hambo, dem uralten Rundtanz ums Feuer. Mit den Flammen stiegen Musik und Gesang über den Fjord. Ungetrennt schimmerten Himmel und Wasser im Mitternachtslicht, und darin schwammen die runden Felsen wie mächtige, drohende Tiere.

Ainas schmale Gestalt lag beim Tanz leicht, fast körperlos im Arm. Weiche Wärme umfloß sie, strömte zu mir und war doch wie ein Mantel, der vor enger Berührung schützt. Nur ihre Augen kamen mir ganz nah, hielten mich fest und dankten mir, daß ich geblieben war.

»Nun mußt du mit Brit tanzen«, sagte sie. »Sie ist soeben erst gekommen. Brit ist meine Freundin. Sie wird sich um dich kümmern.«

Wenn Aina sanft war wie Mondlicht, so glich Brit dem prasselnden Sonnwendfeuer.

»Ich will tanzen«, rief sie und zog mich in den wirbelnden und singenden Kreis. Sie war größer als Aina, hellblond, mit Augen wie der Fjord in der Mittagssonne und voll sprudelnder Lebenslust.

»Ich soll dich Hambo tanzen lehren, hat Aina gesagt«, erfuhr ich. »Und ich soll dir zeigen, wie wir Mittsommer feiern. Das werde ich tun!«

Tanzen, singen, eine besinnliche Zwischenzeit auf den Felsen überm Wasser und wieder zum Feuer. Wie lange wohl?

»Gleich gibt es Kaffee«, sagte Brit. »Damit wir nicht müde werden.«

»Geht ihr nicht schlafen?« Eine dumme Frage von mir.

»Natürlich schlafen wir«, lachte sie. »Aber nicht jetzt. Im Winter, wenn die Nächte lang sind!«

Die Sonne stand schon am Himmel, als wir zu unserer »Hamburg« ruderten, die vor Tjällmorra vor Anker lag.

»Wo ist euer Alkohol?« war die erste Frage der Gäste, und

schon rissen die Männer die Flaschen aus dem Schrank und tranken hemmungslos. Selbst Olav und Nils schenkten sich Aquavit und puren Whisky in Wassergläsern ein. Sie nutzten die willkommene Gelegenheit, die ihnen das nahezu völlige Alkoholverbot in Schweden ansonsten verwehrte.

Brit saß an der Pantry und hatte Gläser und Becher über den Tisch gereicht. Sie gab mir ein gefülltes Glas und trank mir zu. Aquavit dachte ich, setzte zum Erwidern an – und schmeckte reines Wasser! Über Brits Glas kam ihr Blick schalkhaft lächelnd, wurde eindringlich und fordernd, bis ich ihr zunickte.

Als ich Aina beim Zutrinken in die Augen sah, fühlte ich den starken, warmen Strom, der mich umfing. Doch dann forderte sie Gunnar auf, nicht aus der Flasche zu trinken.

Gunnar gehorchte und grölte: »Trinken wir auf euer schönes Schiff, auf dem es so viel Schnaps gibt!«

Der ungewohnte Alkohol wirkte schnell, die Stimmen der Männer wurden laut und hart. Aina hob die Hand, wischte den Lärm fort und sagte leise: »Genug!«

Wir ruderten an Land. Die Schweden schwankten lärmend davon. Aina ging langsam zum Haus, wandte sich um – ein Wink mit der Hand, dann hatte der Baumschatten sie aufgenommen. Ich stand allein mit Brit auf dem Felsvorsprung.

»Jetzt schwimmen wir!« jubelte sie, warf alles ab und reckte sich hüllenlos in der Morgensonne vor dem noch dunklen Himmel auf. Wie der Lockruf eines Vogels klang es von ihr: »Komm!«

Ein Kopfsprung, der helle Körper schoß durch die blaugrüne Flut. Um die nächste Schäre schwamm sie mir voraus zu einer kleinen Felseninsel, auf deren Rückseite, dem Fjord zugewandt, ein Fleckchen trockenen Sandes bereits von der Morgensonne erwärmt wurde.

Als wir zurückschwammen, war ein kräftiger Wind aufgekommen.

»Unser Zeug auf den Felsen«, sagte Brit, »der Wind wird es ins Wasser geweht haben!«

Aber was wir ausgezogen und sorglos auf die Felsen geworfen hatten, lag nun, ordentlich zusammengefaltet und mit Steinen beschwert am gleichen Platz.

»Aina«, sagte Brit, »unser Engel. Geh' nun zu ihr!«

Ich hatte gelernt, mit Pferden umzugehen. Auch auf Schiffe meinte ich mich zu verstehen und auf ihre Mannschaften, aber Frauen...?

Einen Tag vor dem Start lief eine müde Crew in Wisby ein. Die Regattastrecke, die hinunter bis Öland und im Norden um Sandöen führte, konnten wir uns nur noch auf der Karte ansehen. Der Repräsentant des Deutschen Seglerverbandes hatte uns bereits erwartet.

»Ich habe für heute nachmittag schwedische Verbandsmitglieder an Bord der ›Hamburg‹ eingeladen«, erfuhren wir. »Sie wissen ja Bescheid: Sauber aufgeklartes Schiff und einen guten Begrüßungstrunk für die trockengelegten Schweden.«

Von unserem Verein waren wir wegen der zu erwartenden Repräsentationspflichten reichlich mit Alkohol versorgt worden. Aber davon war kein Tropfen mehr an Bord. Zu kaufen gab es nichts.

Doch da lag die »Asta«, die deutsche Marineyacht mit dem Skipper Leutnant Bertram, der mich übers Zigarrenrauchen zur Seesegelei gebracht hatte.

»Odje, wir sind lenzgesoffen! Kannst du uns helfen?«

»Ihr Hartsäufer!« meinte er. »Und ich soll glauben, daß es nur die Schweden waren! Nun, mit Bier und Korn kann ich aushelfen.«

Da lag die Kieler »Marga«, die ebenfalls stets gut versorgt war. Und dort, vom Bremer »Seehund« mußte auch etwas zu holen sein. Wir schwärmten aus, bis wir einen ausreichenden Alkoholvorrat zusammengebettelt hatten. Was jedoch dem Ansehen des »Vereins Seefahrt« nicht eben förderlich war und uns den Ruf von Säufern eintrug.

Die Hambomelodie blieb an unserem Schiff hängen, als wir nach Deutschland zurücksegelten. Für mich ist sie nie verklungen. Aber auch Ainas dunkle und Brits helle Augen und die selbstlose Hilfsbereitschaft der beiden haben mich über Jahrzehnte durch schwere Zeiten, aber auch wieder zu Mittsommernächten begleitet. Doch das konnte ich damals noch nicht ahnen.

Ein dunkler Punkt

Aus jener Zeit ragt auch ein Ereignis heraus, das für mich äußerst unrühmlich ausging und als dunkler Punkt meiner seglerischen Laufbahn noch heute im Kreise der damaligen Segelfreunde unvergessen ist.

An einem schönen Sonntagnachmittag hatte es sich zur Verwunderung der anwesenden Segler und Kaffeetrinker im Clubhaus an der Alster herumgesprochen, daß ich mit einer Jolle auf diesem Gewässer unterwegs sei. Und sogar mit einem Mädchen!

Das Erstaunen war verständlich, weil doch wir Seesegler uns, wenn überhaupt, nur mit sehr hoch getragener Nase im Clubhaus an der Alster sehen ließen. Und diesen Teich gar zu befahren, lag weit unter meiner Würde.

Aber – cherchez la femme! Schon seit langem hatte sich mein Traumbild, die Kopenhagener Meerjungfrau, in Heimke, einem blondhaarigen weiblichen Wesen personifiziert. Weil dieses jedoch nicht segeln konnte, hatte ich als Sympathiebeweis die Absolvierung eines Segellehrgangs gefordert. Auf einem Ableger der Hanseatischen Yachtschule, am Chiemsee, gab es Kurse für Seglerinnen, und dort hatte meine Meerjungfrau das gelernt, was für ein Objekt meiner Zuneigung unerläßlich war. Nun mußte diese neue Möglichkeit der gemeinsamen Freude an Wind und Wasser praktisch erprobt werden. So kamen wir an einem sonnigen Frühlingstag mit einer richtigen »Damenbrise« auf die Alster.

Schon beim Ablegen vom Clubhaus hatte es nicht an Bemerkungen gefehlt.

»Auf der Alster segeln? Auf einem so kleinen Gewässer? Machen Sie keinen Flurschaden, wenn Sie gleich am anderen Ufer anstoßen!«

»Seien Sie vorsichtig! Eine Jolle ist kein Dickschiff! Jollen können kentern!«

»Ohne Kompaß und Seekarte auf einem fremden Revier? Ist das nicht riskant?«

Auch als unser Dinghy, von zarter Hand gesteuert, über die

Alster zog, fehlte es nicht an anzüglichen Zurufen aus anderen Booten. Nun, mein Fell war dick genug, und die Freude an dieser neuen Art der Schipperei ließ alle Sticheleien abgleiten.

Ja, sie hatte segeln gelernt, die Meerjungfrau! Nur das Kurshalten, wenn eine kleine Bö einfiel oder der Wind drehte, das mußte noch besser werden. Sicherlich war der Wind auf dem Chiemsee gleichmäßiger gewesen.

»Gegenruder geben, wenn ein Drücker kommt!« ermahnte ich. »Hier, vor dem Clubhaus, müssen wir ordentlich segeln! Ein schönes, gerades Kielwasser hinlegen! Ja, so ist's richtig!«

War das ein Bild – das blonde Haar im Wind vor den weißen Wölkchen! Den Fotoapparat her, den Mädchenkopf in den Sucher! Nur den Kopf und die Wolken. Und noch mal knipsen, ein solches Foto gibt es nicht alle Tage!

Ganz schräg mußte ich den Apparat am Auge halten, reichlich schräg. Hatte das Boot so viel Lage?

Ein Blick vom Sucher weg zur Seite – zu spät! Brav hielt das Mädchen den Kurs, gab kräftig Gegenruder – und hätte doch jetzt in den Wind drehen müssen! Weil die Bö ein wenig stärker war als die vorigen.

»Aufdrehen!« schrie ich. »Schot los!«

Aber da schoß uns schon die Alster über die Füße, das Segel legte sich aufs Wasser und wir schwammen prustend neben dem gekenterten Dinghy.

Im Nu waren wir von anderen Booten umkreist, hörten die freundlichen Zurufe: »Kann die Dame auch schwimmen? Sollen wir sie aufnehmen?«

»Zum Baden ist das Wasser noch zu kalt.«

»Dort schwimmt ein Bodenbrett. Wir werden es im Club abgeben.«

»Das Segel losmachen. Sonst ist das Boot nicht aufzurichten.«

»Brauchen Sie einen Rettungsring oder eine Schwimmweste? Die Alsterpolizei kommt schon!«

Ja, sie kam. Von ihrer Barkasse aus wurde unser Dinghy aufgerichtet und, noch voll Wasser, zum Club geschleppt.

Dort saß ein fröhlicher Haufen auf der Terrasse beim Kaffee. Es blieb uns nichts erspart.

»Ach, ihr seid gekentert? War es so windig?«

»Das Segeln auf der Alster, das muß man können! Das ist anders als auf der Nordsee! Und mit einer Dame...«

»Ich hab es dir doch gleich gesagt: Eine Jolle ist kein Kielboot!«

»Was machst du nun mit dem nassen Goldfisch?«

Das war eine berechtigte Frage. Weil das triefende Mädchen nicht den weiten Weg nach Hause antreten konnte, nahm ich es mit auf mein Zimmer im nahen, wohlrenommierten Stadtteil Harvestehude. Während ich die gesamte weibliche Textilausstattung zum Trocknen auf den Balkon hängte, stieg sie, nur wenig kleiner als ich, in mein Zeug, und wir fuhren an die Elbe, um uns mit Kaffee und Kuchen zu trösten.

Worauf ich von der Hausverwaltung einen energischen Verweis erhielt: »Frau Klein und Herr Warncke haben sich beschwert! Hier, in Harvestehude, hängt man keine Wäsche zur Straße auf! Und dann noch Damenwäsche! Wo doch jeder weiß, daß Sie allein das Vorderzimmer bewohnen. Das ist dem Ansehen dieses Hauses abträglich und darf nicht wieder vorkommen!«

Als mich viele Jahre später ein Zufall mit einem früheren, noch unbeweibten Segelkameraden zusammenführte, fragte dieser verwundert: »Du hast geheiratet? Ich dachte du seiest Segler! Aber es ist doch wohl nicht die, die dich damals in den Bach geschmissen hat? So eine kannst du nicht heiraten!«

Sie war es.

Das Segeln wird Beruf

Die Segelei nahm mich nicht nur im Sommer, sondern auch im Winter mit Schiffsüberholung, Nachwuchsschulung und organisatorischen Angelegenheiten in Anspruch. Dennoch begann ich, mir Gedanken über den Abschluß meines Studiums zu machen. Es war nicht nur Hans W. Petersen, der mich hierzu ermahnte. Vor allem Hajo Brauer, mein Freund und Vorbild aus Afrika, der ebenfalls Jura studierte und mir oft behilflich gewesen war, zeigte keinerlei Verständnis für meine maritimen Neigungen.

»Was soll aus dir werden?« fragte er. »Segeln ist für dich kein Beruf. Wenn deine Eltern dir das Studium bezahlen, mußt du auch dafür arbeiten!«

Mußte ich das? War es nicht gerade Mama, die mir oft zuredete, noch diese oder jene schöne Reise zu machen? Ihre Liebe zur Natur und ihr Bestreben, ihren Söhnen alles Schöne zu gönnen, schienen ihr wichtiger als wissenschaftliche Bildung.

»Wenn du erst im Beruf bist, wirst du keine Zeit dafür haben«, sagte sie.

Papa hat nie nach meinem Studium gefragt. Seine Tätigkeit in Kamerun endete 1935. Der Bergstedter Besitz wurde verkauft. Die »Blut und Boden«-Bestrebungen des NS-Staates sollten tatkräftigen Familien eine naturnahe Existenz auf eigener Scholle ermöglichen. Diese zu allen Zeiten gängige und von den Nazis verwirklichte Ideologie führte zu einer großzügigen Förderung der Landwirtschaft, die den Wünschen der Eltern entgegenkam. In Wilmsdorf bei Travemünde erwarben sie einen herrlich an einem See gelegenen, kleinen Bauernhof, auf den sie sich aus jener Welt zurückzogen, der sie sich ihrem Herkommen nach zugehörig gefühlt hatten. Weil die Neueinrichtung des verwahrlosten Betriebes ihre ganze Kraft erforderte, traten meine beruflichen Fragen in den Hintergrund. Mein Platz bei der Firma C. Woermann war gesichert, und so überließ man die Regelung meiner Zukunft mir und dem Firmenchef Onkel Kurt.

Mir war längst klargeworden, daß ich nie ein Jurist werden

würde. Wenn ich dennoch beschloß, das Studium zu beenden, so war dies in Onkel Ernsts Hinweis auf die Möglichkeiten einer Diplomatenlaufbahn begründet, für die ein akademischer Abschluß eine Voraussetzung war. Doch mein Entschluß, unter Zurückstellung der Segelei innerhalb eines Jahres mir die noch fehlenden juristischen Kenntnisse anzueignen, um dann ins Examen zu gehen, wurde jäh umgestoßen.

Onkel Kurt eröffnete mir einen Plan, der alle bisherigen beruflichen Erwägungen über den Haufen warf. In Westafrika, an den Küsten Liberias und Sierra Leones, wollte er eine neuartige Küstenschiffahrt einrichten. Mit einem nach eigenen Vorstellungen zu bauenden, kleinen Frachtschiff sollten abgelegene Küstenplätze an Buchten und Flußmündungen befahren werden, um dort neue Handelsmöglichkeiten zu erschließen. Hierzu war ein Skipper erforderlich, der ein solches Fahrzeug durch die ständige Brandung, durch gefährliche Felspassagen und über die flachen Flußbarren, aber auch über die See zu führen verstand. Darüber hinaus mußte er mit dem Handel vertraut sein, mit der Lieferung von europäischen Bedarfsartikeln an eingeborene Händler und dem Einkauf von Landesprodukten wie Piassava, Kakao, Kaffee und Ölfrüchten.

Sofort begannen wir, nach dem Vorbild der Brandungsboote, ein geeignetes Schiff zu entwerfen, flachgehend, jedoch mit scharfem Bug und Heck und einem starken Motor. Und als Onkel Kurt sogar meinte, daß eine gute Besegelung nützlich sei, gab es für mich keinerlei Wenn und Aber mehr. Diese Aufgabe war mir auf den Leib geschneidert!

In Haseldorf, in der Elbmarsch, fand sich eine geeignete Werft, die bereit war, in etwa einem Jahr ein solches Fahrzeug fertigzustellen. Um jedoch die navigatorischen und wirtschaftlichen Bedingungen an der dortigen Küste schon vorher kennenzulernen, sollte ich möglichst bald ausreisen.

Ich beschloß, einen Kompromiß zu wagen: Schnellstens die Jurisprudenz abzuschließen, um diese dann unter Segeln in der Ferne zu vergessen. Bis zum nächsten Examenstermin blieben mir noch fünf Monate.

Aber diese Zeit war zu kurz bemessen. Gab es doch neben der Paukerei noch die Überleitung der Segelgruppe an einen Nachfolger. Mit dem Schiffbauer reiste ich zu norddeutschen Holzlägern, um einen mächtigen Eichenstamm für den Kielbalken und Hölzer für Steven und Spanten zu finden.

Anfang 1937 ging ich ins Examen. Die große Arbeit, auch die Klausuren, fielen noch knapp befriedigend aus. In der mündlichen Prüfung jedoch wurden gewaltige Lücken erbohrt. Und als ich gar zu der Frage nach der Verbindlichkeit von Gesetzen behauptete, daß der Staat und insbesondere ein autoritäres System Gerichtsentscheidungen nach politischen Richtlinien steuern könne und hierzu den bekannten Dithmarscher Bombenlegerprozeß anführte, zeigten die Prüfer sich zutiefst erschrocken. Ohne Kommentar zu meiner Aussage wurde mir eröffnet, daß nicht nur meine juristischen Kenntnisse, sondern auch meine Ansichten über die Rechtsordnung im NS-Staat einer Aufbesserung bedürften. Letzteres schien um so wichtiger, als ich auf Befragen zugeben mußte, keiner NS-Organisation anzugehören, ja, sogar aus der SA ausgeschieden sei.

Die mir empfohlene Wiederholung des Examens in einem Jahr und ein entsprechender Aufschub der verlockenden Aufgabe in Westafrika konnten nicht in Frage kommen. Es blieben mir noch einige Monate der Vorbereitung, die ich in der Firma und bei der Planung des Schiffes auf der Werft verbrachte.

Mamas Warnung: »Geh nicht nach Afrika, es zerreißt das Herz!« hatte mich von dem Erdteil fernhalten sollen, der die Eltern ihr Vermögen und viele Jahre schmerzlicher Trennung gekostet hatte. Ich will es nicht Schicksal nennen, nein, es war ein in meinem Innern vorgezeichneter Weg, der mich dennoch an einem trüben Winterabend als Scheidenden an die Reeling eines ausfahrenden Afrika-Dampfers führte.

Bisher war es stets Papa gewesen, den wir an Bord begleiteten, wenn er nach dem Urlaub nach Kamerun zurückkehrte. Diese Abschiede gehören zu den großen, dunklen Bildern, die um so schmerzlicher aus der Erinnerung heraustreten, als die Zeit davor stets mit viel fröhlicher Gemeinsamkeit angefüllt war. Liebevoll war Papa von allen Alltagssorgen abgeschirmt worden, und Mama war bemüht gewesen, ihn nicht spüren zu lassen, was den Eltern nach der Rückkehr aus Südwest-Afrika als bittere Verengung ihres Lebensrahmens erschien.

Aber unaufhaltsam nahte der Tag, an dem wir zum Petersen-Kai fuhren, dem Liegeplatz der Afrika-Dampfer, der bereits ein Teil Afrikas war. Da roch es nach den tropischen Produkten, nach Rohkakao, nach Palmöl und exotischem Holz. Die Kräne schwenkten Güter mit den Namen afrikanischer Häfen in die Laderäume.

Dampferabschiede zu jener Zeit waren ein gesellschaftliches Ereignis, und die Teilnahme war eine Pflicht, hinter der Beruf und Schule zurückstehen mußten. Schon lange vor der festgesetzten Abfahrtszeit gingen Passagiere, Verwandte und Freunde an Bord. In dem hierfür zu kleinen Schiffssalon saß und stand man zusammen und trank sich, von der Bordbar versorgt, Trost und Ermunterung zu. War es doch eine Trennung für ein bis zwei Jahre, die in die Ungewißheit und die Gefahren der tropischen Zonen führte. Wir alle kannten Abschiede, die zu einem Scheiden für immer geworden waren. Doch diese Sorgen galt es mit mühsamer Fröhlichkeit zu überdecken.

Bis endlich der Ruf »Besucher von Bord!« die Zurückbleibenden auf die Pier trieb und den grausamsten Teil des Zeremoniells einleitete. Die Formalitäten des Ausklarierens konnten das Schiff noch für eine weitere Stunde festhalten. Doch niemand verließ den Kai. Weil die Dampfer damals niedriger waren, stand man sich auf wenige Schritte gegenüber, sah dem Ausfahrenden in die Augen und war doch schon unwiderruflich von ihm getrennt. Mit feuchten Augen wurden Scherzworte hin- und hergeworfen. Doch was gab es schon, das nicht in den letzten Tagen und Stunden wiederholt gesagt worden war. Bis schließlich die Zollbeamten von Bord gingen und die Gangway, die letzte Brücke zu unserer Welt, eingezogen wurde. Aber immer noch lag das Schiff vor uns, schon ein Teil der trennenden Ferne, eine Festung, die unsere Liebe einschloß.

Wie intensiv habe ich immer auf die Schiffswand gestarrt, um die erste Bewegung zu erkennen, wenn die Schlepper begannen, das Schiff vom Kai zu ziehen. Quälend langsam wuchs der Abstand und die letzte Steigerung des Schmerzes. Zentimeter der ersten Bewegung wurden zu Metern, aus denen tausende von Kilometern, zwei lange Jahre werden sollten. Bis die Entfernung die Ausfahrenden einsog, sie mit der Masse des Schiffes verschmolz, das seinen Weg zum Elbstrom nahm. »Schlimmer als eine Beerdigung«, klagte Mama, wenn wir nach Hause fuhren.

Wie gnädig dagegen ist ein Abschied heute! Ein letzter Kuß in der Abflughalle, und schon leitet und trägt uns die Technik zum Flugzeug, das uns in einer Nacht zur anderen Seite der Erde bringt.

Anfang 1938 kam für mich der Tag, da ich die mir liebgewordene Welt und ihre Menschen hinter mir lassen mußte. Familie und Freunde waren so zahlreich erschienen, daß wir im Schiffssalon keinen Platz fanden und auch in meiner geräumigen Kabine nur dicht gedrängt stehen konnten. Stimmengewirr und Rauchschwaden verdrängten die Abschiedsschwermut. Nur der blonde Mädchenkopf, hinten in der Ecke, blieb in meiner Erinnerung, die trockenen, heißen Augen, die durch den Trubel zu mir kamen und doch schon unerreichbar waren.

Dann stand nun ich an der Reeling, wo ich so oft Papa hatte stehen sehen, und sah hinüber zu Eltern und Freunden. Und dort, allein, unbewegt, stumm, die Mädchengestalt. Eine endlose Stunde mußte ich mit steinschwerem Herzen und gewaltsamem Humor die forschen Zurufe vom Kai erwidern, bis endlich das Vibrieren der Maschine ein Ende der Qual anzeigte. Gesichter und winkende Hände versanken in der Dämmerung.

Vor zwölf Jahren war ich als Kind hier angekommen. Nun ging es wieder hinaus, in ein anderes Afrika. Hinter mir ließ ich eine große, schöne Jugend. Vorbei – gewesen! Es war mir kein Aufbruch in eine lockende Ferne. Für unsere Familie war das tropische Afrika eine vertraute, ferne Welt des Berufs, in der man sich jedoch nicht länger als nötig aufhält.

Doch mein Abschied war noch nicht zu Ende. Ich blieb über Nacht auf der Brücke. Die Lichter Hamburgs zogen vorbei, die vielen blinkenden Seezeichen des Fahrwassers, die Leuchttürme – sie alle behaftet mit Bildern von Menschen und Yachten. Und dort lag die Werft, auf der mein Schiff entstehen sollte. Noch vorgestern hatte ich mit dem alten Schiffbauer über den Plänen gesessen.

Dann mit Heimke ins Konzert – Beethovens B-Dur Klaviertrio. Aber es war nicht die jubelnde Fröhlichkeit der ersten Sätze, die uns angerührt hatte, sondern das Andante mit der tiefen Schwermut unseres Abschieds, die auch vom Presto nicht verwischt worden war. Daß diese Akkorde mich auf einen Gipfelweg des Glücks begleiten, aber dann in den sechsten Kreis der Hölle und wieder zu einem neuen Leben weisen sollten, konnte ich nicht wissen.

Cuxhaven kam aus der Nacht, und das Leuchtfeuer »Alte Liebe« schickte uns seinen Strahl herüber. Dann die Elbfeuerschiffe, und am Morgen grüßte mich die Nordsee als eine vertraute Landschaft. Wie viele harte Tage und Nächte hatten wir hier auf kleinen Yachten gegen See und Wind gekreuzt, auf dem Weg zum Kanal und bis hinunter zum Mittelmeer. Hier, wo ich heute trocken und geschützt geradewegs von einem Feuerschiff zum nächsten fuhr.

Die alten Briefe meines Vorfahrens kamen mir in den Sinn, der mit einem Segler nach Java gereist war. Nach langwierigem Abschied an den Hamburger Landungsbrücken war sein Schiff in den Strom verholt worden. Eine südliche Brise hatte es elbabwärts geschoben. Doch als der Wind nach Westen sprang, mußte man ankern, weil das Elbfahrwasser zum Kreuzen zu schmal war. Da lag das Schiff etliche Tage, in Sicht der Hamburger Türme, vor Blankenese, dem hübschen Vorort, und wartete auf Segelwind. Und der Ausfahrende begann seinen ersten Bericht an die Familie zu Hause, nicht wissend, wann und auf welchem Wege dieser Brief die Empfänger erreichen würde. Doch diese Möglichkeit ergab sich schneller als erwartet. Als man bei Cap Verde, der Westspitze Afrikas, eine heimkehrende Hamburger Bark traf, drehten beide Schiffe bei, die Ausfahrenden schlossen ihre Briefe ab und sandten sie mit einem Beiboot zum anderen Schiff.

Das war vor achtzig Jahren geween. Heute fuhr ich auf einem Dampfer den Weg, den mein Vorfahre genommen hatte, den Weg, auf dem ich selbst, aus Afrika kommend, vor zwölf Jahren über die Nordsee in die Elbe eingelaufen war. Und ich fuhr hinaus, trotz Mamas Warnung vor dem ungeliebten, dunklen Erdteil.

Die Biscaya – dieses Mal atmete sie leicht unter einem hellen Himmel. Gran Canaria wurde angelaufen und Teneriffa mit dem Schneegipfel des Teide über tiefblauer See. In der verträumten Bucht von Orotava saßen die Fischer vor ihren Hütten. Vierunddreißig Jahre später fand ich hier eine Steinwüste aus Hotelhochhäusern und Straßenschluchten voller Autolärm und Abgasen.

Weiter ging die geruhsame Reise zur afrikanischen Küste. Vom Obersteward wurden die Ausreisenden, die ja aus mehrmonatigem Urlaub rückkehrende »coaster« waren, mit dem neuesten Küstenklatsch versorgt. Auch ich, als Neuling, erhielt, aus der Sicht des Oberstewards, eingehende Informationen über das private und geschäftliche Leben der wenigen Weißen an der Liberiaküste, was mit einem angemessenen Trinkgeld honoriert werden mußte.

Ein anderes Afrika

Sulima, in der englischen Kolonie Sierra Leone gelegen, war der erste Platz, an dem der Verkehr zum Land mit Brandungsbooten erfolgte. Wie vor zwölf Jahren auf der Reise nach Europa, fuhr ich auch hier mit einem erfahrenen Bootssteuerer und einem Maschinisten auf der Dampferbarkasse bis vor die Brandung, um die Boote zum Dampfer und zurück zu schleppen. Und um Haaresbreite entging ich hier einer Katastrophe, die meine Laufbahn, ja mein Leben hätte beenden können.

Anders als ich es damals an der Goldküste gesehen hatte, wurden hier, wie auch an der Liberiaküste, die Brandungsboote nicht gepaddelt, sondern von zehn Männern gerudert. Der Bootslandeplatz von Sulima lag an einem Fluß, der wenig weiter stromab in die See mündete. Dort, wo der ständige Seegang gegen den Strom des Flusses lief, befand sich die Barre, eine Sandbank etwa einen bis zwei Meter unter der Wasseroberfläche. Hier warf sich die ewige Brandung zu mehreren Reihen hoher Brecher auf, die nur von Brandungsbooten passiert werden konnten. Diese verharrten sowohl beim Auslaufen, wie bei der Rückkehr oft lange vor der Barre, bis der Headman, im Heck an der Ruderpinne stehend, die Ruderer zur äußersten Leistung antrieb, um im günstigsten Augenblick die Brecher zu überwinden.

Wieder einmal, wie schon häufig in den letzten Stunden, lagen wir mit der Schiffsbarkasse in respektvollem Abstand vor der ersten Brecherreihe. Unsere Augen gingen zum Fluß, wo die nächsten Boote zur Barre ruderten, als plötzlich von der Seeseite her ein mächtiges Poltern aufklang. Da wuchs aus der friedlichen, blauen Dünung ein Wasserberg steil empor, warf eine Schaumkrone auf und begann, mit wachsender Geschwindigkeit, genau in unsere Richtung zu rasen. Der Bootsteuerer gab Vollgas, versuchte, den Bug gegen den Brecher zu richten. Da war der gischtende Kopf des Riesen schon über uns, die Barkasse wurde hochgeschleudert und legte sich weit auf die Seite. Ein reißender Strom stürzte über uns herab, drohte uns vom Deck zu spülen und uns zu überrollen. Drei endlose Sekunden unter Wasser und Gischt, ohne Sicht und Atem, mit der bangen Frage, ob wir jetzt kentern würden. Doch da war wieder die Sonne! Wir stürzten hinab in die Tiefe an der Rückseite des Brechers, der mit einer langen, quirlenden Schaumschleppe zur Barre brauste.

Wir sahen uns an.

»Da hat nicht viel gefehlt«, meinte der Bootssteuerer. »Jetzt weiß ich, warum hier vor einem halben Jahr eine Barkasse verlorenging. Mit den beiden Seeleuten. Das muß auch so ein Kawenzmann gewesen sein, der aus der harmlosen Dünung aufsteigt. Nun aber nichts wie weg hier, weiter nach draußen!«

Was hatte diesen riesigen Roller so weit vor der Barre aus der ruhig atmenden See herauswachsen lassen? Es war mir eine erste Erfahrung mit der Brandung in diesem Teil Westafrikas, und sie blieb mir eine unvergeßliche Warnung.

Es kam die Liberiaküste, auch Pfefferküste genannt. An den wenigen Landeplätzen lagen wir auf Reede, Brandungsboote brachten und holten Ladung. Unberührt, von Urwald und Busch bedeckt, lag unter flimmerndem Dunst das Land, jener Teil Afrikas, von dem schon Joseph Conrad und Aloysius Horn geschrieben hatten, daß ein breiter Streifen ewiger Brandung ihm für immer die Zivilisation versagen würde. Mit Unbehagen las ich auf der Seekarte die Namen meiner Vorfahren. So mancher unsichtbare Felsen war nach dort aufgelaufenen Schiffen benannt worden, als diese noch Familiennamen trugen. Keinesfalls wollte ich einen weiteren hinzufügen.

Endlich Cape Palmas, das Palmenkap, für mich das Ziel der Reise. Eine Ecke Afrikas, ein herausragendes Stückchen unserer Erde, das mir zum Ausgangspunkt eines der schönsten Lebensabschnitte werden sollte.

Cape Palmas, das war das schmale, weit vor die Brandung reichende Felsenkap, von dem man über die See und das tiefer liegende Hinterland blickte. Die einzelnen Palmen im Seewind, das große Wohnhaus mit den luftigen Veranden, das nahe beim Leuchtturm gelegen war. Das ständige Brausen der Brandung, die an windigen Tagen feine, salzige Schleier über die Küste zog.

Das waren auch die Nächte, in denen die See nur leise mur-

ıs Farmhaus in Süd-West-Afrika, in dem ich 1913 geboren wurde.

:m ersten Mal im Sattel, im Alter von vier Monaten. (Mit meiner Mutter und dem Pferde-
ıgen David)

Mit Ursel (links) und Kati (Mitte) am Strand von Swakopmund, 1918.

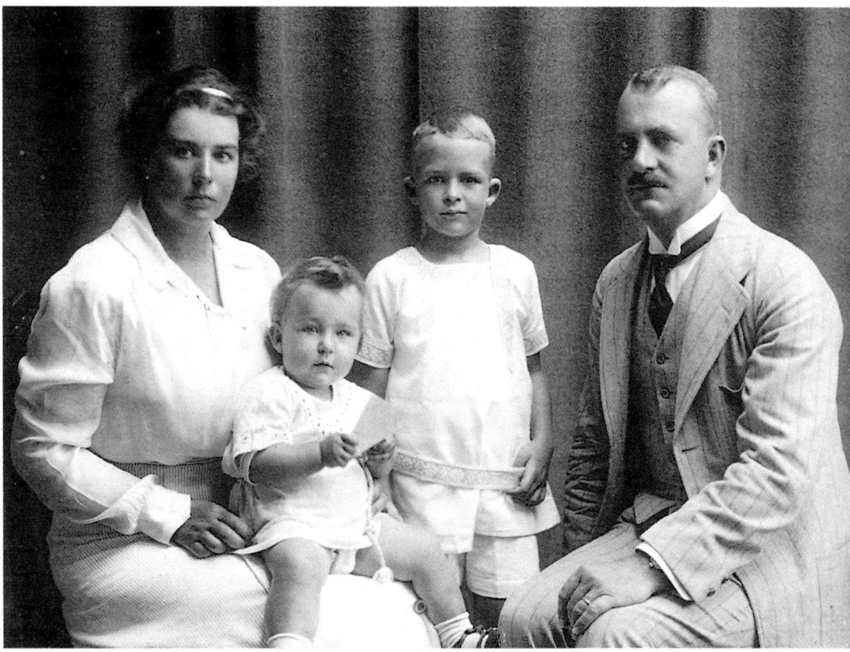

Mit den Eltern und dem jüngeren Bruder Germanus, 1920.

Mit Mutter und Germanus beim Füttern der Straußenküken auf unserer Farm, 1921.

Auf meinem treuen »Kafferngaul« Dina, 1922.

Vater mit dem Geparden Max.

Die »Wega«, im Sommer 1932 auf der Nordsee.

An Bord der »Wega« auf der Sturmfahrt nach Venedig.

lympiade-Nachwuchslehrgang 1933. In der Mitte der Reichssportführer von Tschammer
d Osten, dahinter ich (mit Mütze, vierter von rechts).

uf der »Hamburg« nach dem Fastnet-Rennen, 1937.
der Mitte vorn Hans W. Petersen, ich rechts dahinter.

Cape Palmas in Liberia

Typische Flußbarre an der westafrikanischen Küste.

eladen von Brandungsbooten.

nkunft in einem Dorf im Busch.

Kutter »Helene« vor Freetown / Sierra Leone.

Die »Helene« nach der Flucht in Sassandra, Dezember 1940.

Auf U 124 im Atlantik.

eubeginn nach dem Krieg: Der mit Gänsen beladene Tempo-Dreirad-Wagen. Vorn mein ompagnon Georg mit seinen Söhnen, oben Vetter »Hase«.

Familienbild 1950: mit Heimke, Mutter und den Töchtern Irmela und Sibylle.

melte und die Palmen im sanften Wind raschelten. Wenn die großen, weißen Blüten der Frangipani ihren dichten Duft in die Musik mischten. Ja, die Musik, sie gehörte zu Cape Palmas wie die Brandung.

Wir waren zu vieren in der dortigen Faktorei, wie man die Firmenniederlassungen nannte. Der Leiter, der Boß, wie er dort hieß, war wenig älter als wir anderen und schon etliche Jahre an der Küste tätig. Er lehrte mich die Grundsätze des dortigen Handels, von denen der wichtigste und allgemein gültige war, daß stets alle Beteiligten zufrieden sein müssen. Immer war er um Ausgleich bemüht, und es war sein Verdienst, daß dort, wo jeder jeden kannte, trotz geschäftlicher Konkurrenz die wenigen Weißen und die Afrikaner in ungewöhnlich gutem Einvernehmen miteinander umgingen.

Daß diese Harmonie sich auch auf unser Privatleben erstreckte, war selbstverständlich. Hinzu kam bei allen die Freude an guter Musik und Büchern, die die Basis für eine fröhliche und freundschaftliche Hausgemeinschaft boten. Wenn auch oft nur mit monatlichem Abstand ein Dampfer Cape Palmas anlief und Post brachte, so kam doch fast immer eine neue Platte oder ein gutes Buch ins Haus, und ich habe nie wieder so viel gute Musik und Literatur in Ruhe genossen und darüber diskutiert wie auf dem Palmenkap.

Da klang Brahms' Streichsextett in die Nacht, wo im Mondlicht die Brecher weißleuchtend im gleichen schweren und langsamen Rhythmus unter dem Kap auf den Strand liefen. Oder Beethovens Klaviersonaten, deren Akkorde Stufen bildeten, auf denen die Träume aufstiegen zu den nördlichen Sternen, dem Treffpunkt der Sehnsüchte, zu dem auch von Deutschland die Blicke gingen. Bald hatte ich Beethovens Klaviertrio beschafft. Es trug meine Phantasie hinauf zum Orion und zu jenem letzten Abend, als die Violine sich durch den Saal geschwungen hatte, hell wie das Mädchenhaar neben mir. Das Cello hob im Andante die Sehnsucht aus der Tiefe und wurde zum Symbol einer glückhaften Strecke des Lebens. Daß es zur Wendemarke eines Kurses werden sollte, der durch die Hölle führte, konnte ich noch nicht ahnen.

Mein afrikanisches Lehrjahr am Palmenkap lag unter einer

Verklärung, deren Glanz sich bis heute erhalten hat. Es war vor allem die Aussicht auf die Verwirklichung meiner Träume, die mich ständig hoch auf einer Welle des Glücks schwimmen ließ.

Da war das Schiff, das in einem Jahr kommen und mir den Aufbau eines neuen Unternehmens und damit eine Existenzbasis ermöglichen würde, wie ich sie mir nicht besser wünschen konnte.

Und da war das Mädchen, dessen Foto neben dem der Kopenhagener Meerjungfrau hing. In zwei Jahren gab es Urlaub – das waren vier Monate zum Heiraten und für eine gemeinsame Reise durch das schönste Europa.

Alles Denken und Tun und erst recht meine Phantasie waren getragen von der Gewißheit dieses kommenden Glücks.

Inzwischen hatte ich ein Jahr Zeit, um die Pfefferküste mit Brandungsbooten zu befahren und die Möglichkeiten der Erschließung zu erkunden. Mancher Brief ging nach Deutschland an den Schiffbauer mit Wünschen für den weiteren Ausbau und nötige Einzelheiten des Fahrzeugs.

Das Herz aber, das noch zwei Jahre warten mußte, lebte von Monat zu Monat, wenn mit der Dampferpost die Liebe auf Papier abging oder ankam, Briefe, mit Maschine und Kopie geschrieben, weil die Antwort erst nach Monaten zu erwarten war.

Doch die Vorfreude und das reich angefüllte Leben auf dem Palmenkap trugen mich über alle Widrigkeiten hinweg und ließen das erste Jahr in Liberia zu einem der schönsten Abschnitte meines Lebens werden. Sicherlich verdanke ich es Onkel Kurts Fürsorge, daß ich nach Cape Palmas geschickt wurde und nicht zu einer der anderen Niederlassungen an der Küste. Die ästhetische und kultivierte Athmosphäre der dortigen Faktorei unterschied sich wesentlich von derjenigen der meisten anderen Europäerhäuser, in denen das Geschäft, Alkohol und Frauen weitgehend das Privatleben bestimmten.

Neu für mich war das Verhältnis zu den Eingeborenen. Eindringlich war ich in Hamburg darauf hingewiesen worden, daß Liberia keine Kolonie, sondern ein von freien Afrikanern regiertes Land sei, in dem die Weißen sich nur als Gäste zu betrachten hätten. So war es mir zunächst befremdlich, jedem zur

Begrüßung die Hand zu reichen, mit Afrikanern an einem Tisch zu essen, zu bitten, statt zu befehlen. Doch die freundliche Ungezwungenheit der Liberianer machte es mir leicht, meine koloniale Erziehung zu vergessen. Im Übrigen war vieles dem Leben in den Kolonien gleich. Eine kleine Oberschicht, die Nachkommen der vor einem Jahrhundert aus Nordamerika eingewanderten Schwarzen, hatte die Herrschaft über die ursprünglichen Bewohner dieses Landes übernommen und regierte nicht besser als die weißen Kolonialherren. Daß die *dash*-Politik, die individuelle Honorierung von Gefälligkeiten jeder Art bis hinauf zu den höchsten Beamten, rechtliche Grundsätze ersetzen kann, ist soziologisch verständlich und in einem üblichen Rahmen nicht verwerflich. Außerdem beschränkte sich das Regieren auf die wenigen kleinen Orte an der Küste und die Hauptstadt Monrovia. Nur zwei kurze Straßen führten ins Inland zu amerikanischen Gummiplantagen. In ihrem Umkreis wurden kleine Mengen Kakao und Kaffee angebaut, wurden Piassava und Palmkerne geerntet und zum Export verkauft. Der weitaus größte Teil des Landes lag völlig unerschlossen, wie seit Jahrhunderten und, im Gegensatz zu den europäischen Kolonien, ohne Infrastruktur, soziale Einrichtungen wie Schulen, medizinische Versorgung oder gewerbliche landwirtschaftliche oder industrielle Betriebe. Die Bevölkerung im Landesinnern lebte wie von jeher von Feldfrüchten, die für den Eigenbedarf angebaut wurden, und von der Jagd. Durch ein wenig Tauschhandel fanden einfache Geräte wie Äxte, Spaten oder auch Tücher den Weg ins Hinterland. Selbst die Afrikaner der benachbarten englischen und französischen Kolonien sahen mitleidig über die Grenzen auf die Liberianer herab, weil diese »bush people«, die Buschleute, noch im vorkolonialen Zustand in der Wildnis lebten.

Wie so manche Zeit verdichteten Glücks, so hat auch das Jahr am Palmenkap nur wenige Bilder hinterlassen, die in ihrer Besonderheit hervortreten. Eines von ihnen zeigt die Gestalt des alten Kru-Häuptlings.

Chief Toby war mir von Jugend an ein Begriff gewesen. Aus den Erzählungen der Eltern und von Fotos wußte ich von diesem Oberhäuptling der Kru, eines Stammes, der an der liberianischen Küste lebt. Die Kru sind ein Seefahrervolk. Viele sind Fischer, die in sehr schmalen und schnellen Einbäumen weit hinausfahren. Die meisten jedoch dienten als Besatzung der Brandungsboote, der schlanken Fahrzeuge, die mit ihrem scharfen, hochgezogenen Bug und Heck denen der Wikinger glichen. Meisterhaft verstehen es die Kru, hiermit die ständige Brandung am Strand oder vor den Flußmündungen zu überqueren und den Verkehr zu den auf Reede ankernden Seeschiffen zu bewerkstelligen. Auch die Verbindung zwischen den Küstenplätzen erfolgt mit Brandungsbooten, wobei ein großes, primitives Segel diesen beachtliche Geschwindigkeiten verleiht. Eine weitere Aufgabe dieses Stammes war die Arbeit auf den Dampfern. Diese nahmen auf der Ausreise in Freetown oder Monrovia eine Gang von etwa dreißig Krus an Bord. Sie leisteten wegen des Klimas anstelle der weißen Besatzung die schweren Arbeiten und wurden auf der Rückreise wieder abgesetzt.

Chief Toby residierte als Oberhäuptling der südlichen Krustämme in Cape Palmas. Als ich ihn kennenlernte, mag er schon über siebzig Jahre alt gewesen sein. Seine Gestalt war ein wenig gebeugt. Doch in seinem Gesicht, in den klugen, lebendigen Augen, lag die volle, selbstbewußte Würde eines weisen, gütigen Herrschers. Er hatte von meinen Plänen einer neuartigen Küstenschiffahrt gehört und war begierig, Näheres zu erfahren. Ein solches Vorhaben konnte weitere Arbeitsmöglichkeiten für seine Krus schaffen. Aber auch er war sich über die Schwierigkeiten klar.

»Ein Schiff, das die Ladung von sechs Brandungsbooten trägt?« fragte er. »Mit Motor und Schraube? Und doch flach genug, um über die Flußbarren zu fahren? Du weißt doch: Die Barkassen der Dampfer sind viel kleiner und gehen weniger tief, aber sie gehen nie durch die Brandung! Du willst selbst das Schiff führen? Du kennst die Gefahren der Küste nicht!«

»Deswegen komme ich zu dir. Ich brauche einen erfahrenen Headman. Er soll mich leiten. Dazu vier gute Männer als Mannschaft. Ich hoffe, daß du sie mir beschaffen kannst.«

Er nickte. »Ich werde eine Crew für dich finden. Wenn dein Schiff kommt, stehen sie zu deiner Verfügung.«

»Ich bin dir dankbar und weiß, daß du mir eine gute Besatzung zusammenstellen wirst. Bis dahin will ich die Küste in Brandungsbooten befahren, um von den Headmännern zu lernen. Du kennst deine Leute, ihre Erfahrung – mit wem soll ich fahren?«

»Fahr mit dem alten Sekkeh. Er ist seit zwanzig Jahren Headman für eure Firma. Auch der Walko ist gut, der für die Holländer arbeitet. Fahr nicht mit Dongo, der redet klug, aber er ist schon zweimal gekentert. Und wenn du weitere Hilfe brauchst, du weißt es ja: Deine und meine Familie kennen sich schon seit langem. Schon mein Vater hat deinem Großvater die Kruboys für die Dampfer gestellt. Bis hinunter nach Swakopmund in Südwestafrika fuhren sie. Weil die Deutschen dort keinen Hafen hatten, mußten unsere Männer dort die Brandungsboote fahren. Und nach dem großen Krieg habe ich selber Kurt Woermann hier vom Schiff abgeholt.« Und voller Stolz erzählte er mir die Geschichte, die ich auch schon in Hamburg gehört hatte.

Das war nach dem Ersten Weltkrieg gewesen. Die deutschen Niederlassungen waren verloren, kein deutsches Schiff befuhr die westafrikanische Küste. Doch dann, etwa drei Jahre nach Kriegsende, sprach es sich herum: Die Woermann-Linie kommt wieder, ein erster deutscher Dampfer wurde erwartet. An Bord war auch Kurt Woermann, der die Möglichkeiten eines Neubeginns des Handels erkunden wollte. Als das Schiff vor Cape Palmas vor Anker ging, kam vom Kap das Signal: Kein Verkehr zum Land wegen hoher Brandung. Auch vom Dampfer aus waren die Brecher zu sehen, die neben den Felsen die Flußeinfahrt blockierten. Das bedeutete: Weiterfahrt zur Elfenbeinküste, um den Fahrplan einzuhalten.

Doch da zeigte sich etwas Erstaunliches: Von der Anlegestelle kam ein Boot flußabwärts. Vor der Mündung verschwand es hinter den hohen Brechern. Sekunden später zeigte sich der Bug, steil emporgerissen von der Brandung, und bestätigte das Unwahrscheinliche: Ein Brandungsboot kreuzte die Barre! Wieder verschwand es hinter den Schaumkronen, um erneut in mächtigem Sprung die nächste Brecherreihe zu überwinden. Noch einmal und noch einmal durch Wolken von Gischt, bis die Gefahr überwunden war und das Boot sich über die langen Wellen zum Dampfer schob. Am Heck wehte die Woermann-Flagge. Aufrecht stehend steuerte der Headman heran, während die zehn Ruderer die Riemen im Gleichtakt einer Maschine durchs Wasser rissen. Doch das war keine normale Bootsmannschaft. Die hochragende Gestalt an der Pinne trug um die Schultern ein weißes Obergewand. Darunter, um die Hüften geschlungen, wie ein weiter Rock, nochmals die Flagge der deutschen Firma. Auch die Ruderer trugen weiße Hemden unter dunklen Jacken, die Festkleidung der Kruhäuptlinge – ein ungewohntes Bild! Dieses Boot kam offensichtlich nicht, um Ladung zu holen. Es glitt an die herabgelassene Gangway heran, aber entgegen der sonstigen Gewohnheit kam keiner der schwarzen Crew herüber.

»Ich bin Chief Toby«, rief der Headman herauf. »Ich komme, um Chief Woermann zu begrüßen und an Land zu bringen!«

So stieg Kurt Woermann als einziger in das Boot. Vergeblich bat der Kapitän, weitere Fahrgäste für Cape Palmas mitzunehmen. Aber Toby lehnte ab.

»Dieses Boot nimmt keine gewöhnlichen Passagiere auf«, rief er hinauf. »Meine zehn Ruderer sind alle Headmänner und Häuptlinge. Und wenn ich, ihr oberster Chief, selbst steuere, dann nur für Gleichrangige!«

Kurt Woermann kam als einziger in Cape Palmas an Land und wurde von den Krus ehrenvoll empfangen. Doch er mußte die Erwartungen der Afrikaner eindämmen.

»Erwartet nicht zuviel. Ihr wißt: Deutschland hat den Krieg und unsere Firma ihr Vermögen in Afrika verloren. Wir müssen sehr bescheiden beginnen.«

»Mach' dir keine Gedanken«, war Tobys Antwort gewesen. »Wir werden euch helfen. Wir wollen wieder eure Handelshäuser und Dampfer an dieser Küste sehen. Wenn ihr kein Geld habt, dann werden wir für euch Produkte aufkaufen und nach Hamburg verladen. Kakao, Kaffee, Piassava – was ihr wollt. Ihr werdet es in Deutschland verkaufen und uns dafür

Waren senden. Wir vertrauen euch, weil wir euch schon so lange kennen.«

Es war nicht nötig gewesen, Chief Tobys großmütiges Angebot anzunehmen. Langsam waren Handel und Schiffahrt wieder aufgenommen worden. Und etwa achtzehn Jahre später stand ich dann dem alten Toby gegenüber, um ihn zu bitten, mir eine Mannschaft für das neue Küstenschiff zu beschaffen.

»Ich werde dir eine Crew zusammenstellen, mit der du zufrieden sein wirst«, versprach er mir.

Als ich das Schiff in Fahrt setzte, hatte Toby einen erfahrenen Headman und vier handfeste Boatmen für mich ausgewählt. Daß er persönlich sie mir zugeteilt hatte, verpflichtete sie zu bedingungslosem Einsatz für mich und mein Schiff.

Wie von Chief Toby empfohlen, begann ich, mit unserem Headman Sekkeh im Brandungsboot zu den kleinen Küstenplätzen zu fahren, um die Landemöglichkeiten zu erkunden. Es waren Dörfer, an Buchten oder Flußmündungen gelegen, zu denen auf Trampelpfaden kleine Trägerkarawanen die Verbindung zum Hinterland hielten. Eingeborene Händler tauschten hier europäische Bedarfsartikel gegen Landesprodukte ein. Weil die Mengen zu klein waren, lohnte es sich für die Dampfer nicht, diese Orte anzulaufen. Die nötigen Transporte erfolgten von Cape Palmas aus mit Brandungsbooten, die mit ihrem übergroßen Luggersegel im Monsunwind recht schnell große Strecken zurücklegen konnten.

Auf dieser Reise jedoch war uns der Wettergott nicht wohlgesonnen. Am Mittag nach dem Auslaufen aus Cape Palmas war der Wind eingeschlafen. Über viele Stunden hatten wir in Hitze und toter Dünung gedümpelt und uns darauf vorbereitet, die Nacht auf See zu verbringen anstatt in Kinnekale, das als Tagesziel vorgesehen war. Doch dann hatten sich schnell dicke Wolken vor den Abendhimmel geschoben, und mit Regenböen war der Südwestmonsun herangesprungen.

Vom Ruder aus scheuchte Sekkeh mit kurzen, harten Kommandos die Mannschaft zum Bug, wo sie, wie eine zappelnde Traube, an dem einzigen Tau riß, mit dem das Segel aufgeheißt und der Mast gehalten wurde. Mit zunehmender Fahrt begann die Bugwelle zu rauschen, und bald hing die Crew weit über die Luvseite. Geschickt balancierte sie das schwerbeladene offene Boot, dessen Bordrand kaum zwei Handbreit über dem Wasser lag, durch die schnell wachsenden Wellen.

Der Headman wies nach vorn, wo sich im Grau der ersten Dämmerung ein niedriges Kap vor den Horizont schob:

»Dort, hinter den Felsen, wo die hohe Brandung steht, liegt Kinnekale, unser Ziel für heute abend.«

Ja, da lag der schmale, dunkle Strich des vorspringenden Landes. Aber etwas anderes war noch deutlicher zu sehen und verursachte mir ein äußerst ungutes Gefühl: Die Brandung! Nicht nur an jenem fernen Felsen, nein, auch zwischen unserem Boot und dem Kap und weit nach See hinaus. Große und kleine Klippen, weiß umschäumt, reckten ihre dunklen Konturen in die sinkende Nacht. Und auch dazwischen kochten überall brechende Wellen, lagen weitere Untiefen dicht unter der Oberfläche. Dort hindurch? In einer Viertelstunde würde es stockfinster sein. Nein, es gab nur eines: Mit halbem Wind fort von der Küste, um auf der freien See, außerhalb der Brandung gefahrlos die Nacht zu verbringen. Das war eine uralte seemännische Grundregel.

Ich wandte mich zum Headman: »Sekkeh, das ist zu gefährlich! Fort von diesen Felsen! Halte nach See hinaus! Dort können wir während der Nacht das Boot treiben lassen. Das ist sicherer, als im Finstern zwischen den Klippen durch die Brandung zu fahren.«

»Warum?« kam die verständnislose Frage. »Wir segeln dort hindurch. Ich kenne den Weg genau. An Land schlafen wir besser als im Boot.«

Ich wies auf meine Seekarte: »Dort draußen, im tiefen Wasser, wo die See nicht bricht, ist keine Gefahr. Mein Kompaß wird uns den Weg zeigen, auch im Dunkeln.«

»Massa, du mußt mir vertrauen.« Langsam, mit wachsender Betonung holte der Headman die Worte aus seiner breiten Brust. »Dein kluges Papier und deine wackelige Uhr sind gut für eure großen Schiffe. Das sind deine Jujus, deine Zauber. Aber die sprechen nicht zu mir, weil ich nicht lesen kann.«

Seinem Pidgin-Englisch fehlten die Worte für Karte und Kompaß. »Ich aber«, fuhr er fort, »ich habe alle Felsen und Wege in meinem Kopf. Auch ich habe meinen Juju, an den du nicht glaubst.« Und dann kam es sehr bestimmt: »Ich bringe uns alle sicher nach Kinnekale, ich, der Headman auf diesem Boot!«

Ich verstand. Auf einem Schiff hat nur einer zu sagen, und hier war es Sekkeh. Ich mußte mich fügen.

Er war der älteste und sicherlich der erfahrenste der Headmänner an der Südküste. Sein grauhaariger Krauskopf schien direkt auf den massigen Körper aufgesetzt. An zivilisatorischen Attributen waren ihm ein Hemd, eine kurze Hose und die nötigsten Brocken Pidgin-Englisch zugemessen. Autoritär regierte er die zehn athletischen Boatmen, einen lautfröhlichen, quirligen Haufen, der, wenn nicht gesegelt wurde, die Ruder zu bedienen hatte.

Noch einer gehörte zur Crew: Der Smallboy, ein Junge als Handlanger. Er hatte heute, noch bevor der Wind aufgekommen war, den Befehl zur Bereitung des Abendessens erhalten. Im Bug, auf einem zum Ofen umgebauten Benzinkanister, kochte er auf Holzkohlen in einem Eisenkessel den Reis.

Doch dann war das Segel gesetzt worden, und nun hing die Mannschaft auf dem Luvbord, um den Winddruck und die Stöße der Wellen auszugleichen. Bei ihrem lauten Geschnatter ging es vermutlich schon um die nunmehr gesicherte Nacht an Land. Hatte doch Kinnekale an dieser Küste den gleichen Ruf wie der Hamburger Stadtteil Sankt Pauli. Vergessen waren das Abendessen und der Smallboy, der den Reis zubereitete, ganz langsam, mit wenig Wasser und Feuer, damit er locker und körnig werde.

Ich sah nach vorn, wo jetzt in ganzer Breite, vom seewärtigen Horizont bis zur Küste die See um die Klippen schäumte. Die kurze tropische Dämmerung versank im Westen. Bei hohem Seegang und Regenböen schoß das Boot durch die Finsternis, der Gefahr entgegen. Wie wollte Sekkeh den Weg durch die unzähligen Felsen finden?

Zusammengeduckt saß er neben mir im Heck, die langen Arme auf die Ruderpinne gestützt, nur noch ein unförmiger Schatten, der keine menschlichen Konturen mehr zeigte. Der

Riesenkrake kam mir in den Sinn, den der Headman mir kürzlich am Strand unter dem Palmenkap gezeigt hatte. Ein Oktopus, im Tode von der See aus der Tiefe ans Licht getragen, wo unsere Bootsmannschaft ihn singend umtanzt hatte.

»Look him big savy-box – sieh' seinen großen Kopf«, hatte Sekkeh mir erklärt. »Er ist sehr klug. Über hundert Jahre ist er alt. Er kennt die See von der Brandung bis in die Tiefe. Er weiß, was war und was kommt. Aber er sagt es uns nicht, weil er ein böser Wasserteufel ist. Doch wir müssen von seinem Fleisch essen, um seine Kräfte in uns aufzunehmen. So, wie man es früher mit erschlagenen Feinden machte. Das gibt uns Klugheit und Stärke, die See zu befahren.« War auch das ein Teil von Sekkehs Juju?

Da – die erste Brandung als fahles, grünweißes Meerleuchten, nur wenige Meter querab. Gleich darauf klatscht von der anderen Seite, von Lee, ein Schwall gegen die Bordwand. Der konnte nur von einem sehr nahen, senkrechten Felsen zurückgeschleudert worden sein.

Nein, das darf ich nicht dulden! Das ist unverantwortlicher Leichtsinn. Mein Leben und das der Mannschaft hängen von der Entscheidung eines Mannes ab, der an seinen Juju glaubt, der vom Fleisch des Kraken ißt, um klug zu werden.

»Sekkeh, es ist zu dunkel. Bitte halte auf die See hinaus, dorthin, wo es keine Klippen gibt! Du kannst doch gar nichts sehen!«

»Keine Sorge, Massa! Ich sehe alles«, kommt es gleichmütig aus der Dunkelheit.

»Dann zeig mir den nächsten Felsen!«

Kurzes Schweigen. Der Schatten neben mir scheint sich vorzubeugen. »Dort, der nächste große. Er spricht so ...« Es folgte der Versuch, das Brandungsgeräusch nachzuahmen. »Und dort der andere, der macht so ...«

Ob Sekkeh wirklich nach Gehör fährt? Bei rauschender Bugsee, sausendem Wind und palavernder Crew, die, offensichtlich vom Ernst unserer Situation völlig unbeeindruckt, in Gedanken vermutlich schon bei den Schönen von Kinnekale ist.

Unbeirrt steuert der Headman durch die Nacht. Es kommen schnelle Kursänderungen, Kommandos zum Anholen und Lösen des Segels. Eine leuchtende Fontäne schießt neben uns auf, begleitet von zurückgeworfenem Schwall, der das Boot weit nach Luv überholen läßt. Lachend springt die Mannschaft zum Ausgleich auf die andere Seite und wieder zurück. Sehen kann ich nichts, ich spüre es nur an den Bewegungen des Schiffes.

Was gelten hier meine erlernten Grundsätze der Seefahrt, meine Schulung, Wissen und Erfahrung aus vielen tausend Meilen Segelei auf nordischen Meeren? Alles das, samt einer guten Portion meines nicht eben knapp bemessenen Selbstvertrauens fliegen im afrikanischen Wind und Gischt über Bord. Doch für Sekkeh und seine Crew ist dies alles offensichtlich nichts Ungewöhnliches. Auf wechselnden Kursen, geleitet von mir nicht erfaßbaren Wahrnehmungen, scheint er die im Finstern lauernden Klippen zu umfahren. Aber ist es wirklich nur sein Gehör, das die Felsen nach dem Geräusch des aufprallenden Wassers unterscheidet? Oder sind hier andere Kräfte wirksam, Impulse, die unsere zivilisierten Sinne nicht zu erfassen vermögen?

Wieder kommt mir das Bild des Kraken. Ob der Headman von dessen Fleisch gegessen hat? Ist es der Geist des Untiers, der uns am Ruder des Bootes um unsichtbare Gefahren führt? Der massige Schatten im Heck, ist es noch Sekkeh? Es könnte der Krake selber sein. Gibt es für meine Sinne noch eine erfaßbare Substanz? Oder ist alles vielleicht nur ein fürchterlicher Traum, aus dem ich erschreckt erwachen werde? Aristotelische Logik, geschulter Geist, auf den wir so stolz sind, was taugen sie hier in der Nacht an der Pfefferküste, wo es nichts gibt, das meinem Verstand einen Weg zeigen könnte?

Und dann geschieht es. Da schießt das Boot in den Wind, torkelt ruckartig nach Luv. Wasser stürzt über die Bordwand herein, die Rah des Segels kracht gegen den Mast. Laut schreien die Boatmen durcheinander, und neben mir der Headman – er ist verschwunden! Instinktiv greife ich zur Pinne, die im Ruderblatt steckt - sie ist weg!

Was nun? Werden wir am nächsten Felsen zerschmettert, mit zerbrochenen Planken und Knochen im Gischt versinken? Verzweiflung kriecht in mir hoch und Angst. Da ist der warme, quälende Druck des Fotos in meiner Brusttasche, der blonde

Mädchenkopf vor der Elbe. Darüber das hohe Licht, das der Wind weit über die Harmonie der Landschaft zwischen Nord- und Ostsee trägt. Soll das alles mit mir in dieser Nacht an der afrikanischen Küste untergehen? Nein, ich will nicht ertrinken! Noch sitze ich im Heck des Bootes, wenn auch allein mit meiner Angst. Sekkeh – oder war es doch der Krake? – bleiben verschwunden. In die See gestürzt oder in die Tiefe der Nacht.

Ich brülle in den Lärm nach vorn: »Der zweite Headman soll kommen, Sekkehs Stellvertreter!« Doch es erfolgt nichts. Nochmals schreie, befehle ich, aber meine Kehle gibt nichts mehr her. Man ruft mir Unverständliches zu. Die Mannschaft spürt meine Angst, will mich beruhigen. Wild dümpelt das Boot in den durcheinanderlaufenden Wellen. Die Boatmen schreien, ihre Eimer klappern, schöpfen das eingedrungene Wasser über Bord. Rat- und hilflos sitze ich in diesem nur akustisch wahrnehmbaren Durcheinander.

Da, ein Schatten schießt heran, Sekkeh ist wieder an seinem Platz. Bellende Kommandos, das Segel faßt den Wind, und weiter geht es durch die Nacht, als seien die letzten bangen fünf Minuten nicht gewesen. Meine innere Spannung löst sich in eine grausame Wut auf den Headman.

»Was fällt dir ein, hier in der Nacht, zwischen den Klippen das Ruder zu verlassen und sogar die Pinne mitzunehmen? Uns alle hast du in Lebensgefahr gebracht mit deinem verantwortungslosen Handeln! Du bist die längste Zeit Headman gewesen! Du wirst kein Boot mehr führen! Dafür werde ich sorgen!«

Er schwieg. Ich spürte, daß auch er erregt war. Dann kam es ganz langsam aus der Tiefe seines mächtigen Körpers. In kurzen Stößen, weil er nach Atem ringen mußte, quollen die Worte aus ihm heraus. Es war die längste Rede, die ich je von ihm gehört habe. Angestrengt mußte er die Worte suchen, weil das beschränkte Pidgin-Vokabular zur Behandlung weltanschaulicher Probleme ungeeignet ist. Doch er sprach gütig, beschwichtigend, wie ein Vater zu seinem unverständigen Sohn.

»Massa, du tust mir Unrecht. Immer habe ich die Boote mit eurer Ladung sicher überall hingebracht. Ihr bezahlt uns gut, und wir fahren gern für euch. Aber ihr seid Christen, ihr verlangt, daß die Boatmen nicht lügen, nicht stehlen, wenn sie für euch arbeiten. Die stibitzen gern ein wenig Tabak oder ein Tuch für die Mammi. Aber ich, als Headman, muß hier für Ordnung sorgen. Ja, und was meinst du, was vorhin passiert ist, als das große Durcheinander war? Wie ich hier sitze und nach den Felsen horche, um den richtigen Kurs zu finden, was höre ich da plötzlich? Da klappert vorn im Bug der Deckel vom Reistopf, in dem unser Abendessen ist! Und warum? Weil der verflixte Smallboy, dieser Spitzbube, glaubt, er könne bei dem Lärm unbemerkt davon naschen. Ich aber habe es gehört, bin nach vorn gesprungen und habe ihn erwischt! Mit der Pinne habe ich ihn verprügelt! Hast du nicht gehört, wie er geschrien hat? Der stiehlt nicht wieder, nicht bei mir an Bord! So verwirkliche ich eure christlichen Grundsätze unter einer Crew, die noch an den Wasserteufel glaubt. Deswegen willst du mich rauswerfen? Nein, Massa, ich bin euer Headman und das bleibt auch so!«

Ja, so blieb es auch. Ich habe mich bei Sekkeh entschuldigt, als unser Boot unter windraschelnden Palmen auf den geschützten Strand von Kinnekale lief. Er nahm es mit verständnisvoller, aber selbstbewußter Gelassenheit zur Kenntnis.

Wenn ich heute, nach vielen Jahren, an jene Nacht zurückdenke, erscheinen mir Sekkehs Handlungsweise und seine Rechtfertigung im Lichte der Komik. Aber Tragik und Komik sind mit wechselnder Beleuchtung oft austauschbar. Damals, in der Finsternis, zwischen Felsen und Brandung, konnnten meine vom Salzwasser brennenden Augen gar nichts Komisches erkennen.

Klargeworden war mir aber, daß christliche Grundsätze und afrikanische Navigation nicht immer auf einen Nenner zu bringen sind. Der Fluß europäischen Denkens und Handelns wird aus anderen Quellen gespeist als der eines schwarzen Headmans, und es bedarf mancher Schleuse des guten Willens beider Seiten, um den Lauf der Erkenntnisse und Folgerungen zu vereinen und zum gemeinsamen Ziel zu leiten. Ich habe diese und noch manche weitere Fahrt mit Sekkeh glückhaft beendet und viel gelernt von seiner Kunst der Führung von Schiff und Mannschaft in See und Brandung.

Es war nicht nur das Fleisch des Kraken, das dem Kru-Seemann half, die Küste zu befahren. Auch Medizinmänner konnten zu einem günstigen Fahrtverlauf beitragen.

Wieder einmal waren wir in einer Flaute hängengeblieben und noch weit von unserem Ziel entfernt, als Sekkeh einen Vorschlag machte:

»Wir werden nach Nanakru rudern. Das ist nicht weit – dort, hinter der Landzunge. In einer Stunde werden wir es erreichen und können ruhig an Land schlafen, anstatt im dümpelnden Boot. Und morgen, ganz früh, geht es weiter, dann werden wir eine günstige Brise haben.« Das Letzte kam sehr betont.

Nun, wenn mir auch die Morgenbrise nicht so sicher erschien, so war doch eine ruhige Nacht an Land der Unbequemlichkeit des Bootes vorzuziehen. Aber etwas anderes sprach dagegen.

»Sekkeh, ich fürchte, wir werden nicht bei Morgengrauen auslaufen können. Weil deine Crew dann nicht am Boot sein wird. Du weißt doch: Palmwein und Mammies!«

Doch Sekkeh wollte an Land, und nach langer, wortreicher Argumentation kam allmählich der wahre Grund hierfür zutage: In Nanakru lebte der beste Windmacher der Südküste. Für drei Shillinge, die selbstverständlich er, Sekkeh, bezahlen werde, könnten wir uns für morgen früh den richtigen Wind bestellen und am Abend unser Ziel, die Baffu-Bay erreichen.

»Ich weiß, Massa, du glaubst nicht an den Jujuman. Ich aber kenne ihn und seine Fähigkeiten. Du solltest Vertrauen zu meinen Maßnahmen haben, damit wir eine schnelle Reise machen!«

»Und die Crew?« fragte ich.

»Die ist bei Morgengrauen am Boot. Das verspreche ich dir. Und dazu die günstige Brise!«

Ich fügte mich schließlich, und wir ruderten nach Nanakru. Der Zauberer wurde geholt, ein hagerer, älterer Mann mit langen, runzeligen Händen. Er nahm Sekkehs Auftrag an und kassierte nach langem Feilschen das Honorar von vier Shillingen. Der Überpreis von einem Shilling war verständlich, weil ja der Wind einem reichen Weißen zugute kommen sollte. Mein Versuch, mit dem Windmacher ein Gespräch anzuknüpfen, mißlang. Wortlos schritt er an mir vorbei in die Dunkelheit, während Sekkeh mir erklärte, die Zauberei fände außerhalb des Dorfes im Busch statt, wohin niemand folgen dürfe.

Im Morgengrauen war die Crew vollzählig zur Stelle. Auch der Magier erschien. Gemessenen Schrittes trat er ans Boot. Wie in einer Schale trug er in seinen gewölbten Händen den Zauber, ein kleines Bündel Blätter, die Sekkeh am Boot annagelte, dort, wo uns der gewünschte Wind treffen sollte.

Doch von diesem war vorerst nichts zu spüren, nicht einmal der feine Hauch, der häufig in der zweiten Nachthälfte seewärts zieht.

Sekkeh wurde unruhig. Er fühlte sich verantwortlich, und ich konnte es nicht unterlassen, ihn auf mein Mißtrauen hinzuweisen. Aufgeregt gestikulierend verhandelte er mit dem Zauberer, der gelassen antwortete, gelegentlich zum Horizont blickend. Auch Sekkehs wiederholter Hinweis auf mich konnte den Wundermann nicht veranlassen, mir auch nur einen Blick zu gönnen. Schließlich holte der Headman mit gequältem Gesichtsausdruck weitere Münzen aus der Tasche, die der Jujuman wortlos vereinnahmte und sich würdevoll zurückzog.

»Nun, Sekkeh«, fragte ich. »Was ist mit dem Wind? Ist er teurer geworden?«

»Ach, Massa«, antwortete er unwillig, als sei es zwecklos, mir eine Erklärung zu geben. »Es liegt nicht am Windmacher, daß der Wind nicht kommt. Der Grund ist ein großer Gegenzauber. Irgendwer will uns nicht wohl und hat die lange Flaute gezaubert. Aber unser Jujuman ist bereit, diesen Gegenzauber zu brechen. Doch das übersteigt das normale Maß seiner Leistung und kostet zwei Shilling extra. Doch ich habe sie bezahlt, und nun wird er den Wind beschaffen.«

Da ein Auslaufen bei der herrschenden Flaute zwecklos war, warteten wir am Strand und sahen sehnsüchtig über die See, die glatt unter der totalen Stille lag.

Nach etwa einer Stunde kam erhobenen Hauptes der Windmacher. Ein weiteres Blattbündel wurde am Boot befestigt, und Sekkeh gab den Befehl zur Abfahrt. Ohne zu fragen, stieg ich ein und wir ruderten hinaus. Als die letzten Felsen hinter uns lagen, schoben sich vom Horizont dunkle Streifen über das

Wasser: Die Seebrise! Kein Hinweis kam vom Headman, kein selbstgefälliges Wort. Mit betonter Selbstverständlichkeit ließ er das Segel setzen, das uns bald, bei zunehmendem Wind, nach Norden zog. Es war ein guter Wind, der uns bis zum Abend ans Ziel bringen würde. Das wußten Sekkeh wie ich. Ernsthaft habe ich den Windmacher und seine Fähigkeiten gelobt, was Sekkeh mit wortlosem Kopfnicken zur Kenntnis nahm. Für ihn war die Inanspruchnahme des Zaubers eine seemännische Maßnahme, vergleichbar der notwendigen Reparatur einer Schiffsmaschine.

Etwa ein halbes Jahr danach kamen wir wieder nach Nanakru und erfuhren, daß der Medizinmann gestorben sei. Sekkeh erläuterte mir die näheren Umstände seines Todes.

Es war um die Ernte gegangen, die zu verdorren drohte, weil der Regen ausgeblieben war. Schon begannen Bananen und Gemüse zu vertrocknen. Nun mußte der Jujuman helfen. Etliche Nächte zog er in den Busch, um zu zaubern. Aber es kam kein Regen. Der Grund: Auch in diesem Falle war offensichtlich von einer übelwollenden Macht ein großer Gegenzauber in Kraft gesetzt worden. Diesen zu brechen, würde ganz besondere Anstrengungen und natürlich auch ein besonderes Honorar erfordern.

Hiernach befragt, ergab sich, daß der weise Mann die Zahl seiner Frauen um eine zu vermehren gedachte, nämlich um eine Tochter des Chiefs. Doch dieser weigerte sich.

»Die Josu ist mindestens zwei Kisten Tabak wert oder sechs Kisten Bier«, sagte er. »Die kann ich nicht für Regen fortgeben.«

Es blieb weiterhin trocken. Die Dorfältesten zogen zum Chief und verlangten immer eindringlicher die Herausgabe der Tochter. Als sie schließlich mit Gewalt drohten, mußte der Häuptling sich fügen. Die Tochter ging in den Besitz des Zauberers über.

Aber der dringend benötigte Regen blieb dennoch aus. Als schließlich die Pflanzen auf den Feldern verdorrt waren, verlangte der Chief seine Tochter zurück. Der Zauberer gab zu, daß seine Bemühungen erfolglos geblieben waren, und die Josu kehrte in die elterliche Familie zurück.

»Aber sie wird ein Kind bekommen«, sagte der Jujuman. »Und für dieses Kind verlange ich einen Ausgleich. Zehn Kochtöpfe für meine Frauen oder acht Spaten für die Feldarbeit.«

Doch der Häuptling verweigerte dies mit dem Hinweis auf die Freude, die das Mädchen dem Magier geboten habe. Dieser, äußerst ergrimmt, schwor Rache.

Als das Dorfoberhaupt bald darauf an einer Erkrankung des Darmes zu leiden begann, kannte jeder im Dorf die Ursache: Der Zauberer hatte ein Mitglied aus der zahlreichen Familie des Häuptlings bestochen, um diesem einen Zauber ins Essen zu praktizieren. Ein beliebtes Mittel waren sehr fein gehackte Katzenhaare, die im Darm unheilbare Vereiterungen verursachen und zu einem langsamen, qualvollen Sterben führen. Wenn auch dem Chief klar war, wer ihm diesen »Zauber« zugedacht hatte, so war ein Nachweis dennoch nicht zu erbringen. Es blieb ihm jedoch ausreichend Zeit, das gleiche Verfahren gegenüber dem Medizinmann anzuwenden, womit in den Augen der Dorfbewohner diese Angelegenheit eine gerechte Lösung gefunden hatte.

»Das ist sehr bedauerlich für uns«, meinte Sekkeh. »Und nur wegen eines lächerlichen Mammy-Palavers! Er war wirklich der beste Windmacher an der Küste. Du hast es ja selbst erlebt!«

Wenn Sekkeh mein Führer und Lehrmeister an der Küste war, so wurde es Bobo auf vielen Buschtrips ins Hinterland. Er kannte die Sprachen anderer Stämme und wußte sich von Dorf zu Dorf nach dem Weg durchzufragen. Mit ihm und seinen drei Trägern war ich Tage und Wochen zu Fuß auf holprigen Pfaden im unerschlossenen Buschland und Urwald unterwegs.

Unsere Ankunft in einem Dorf verlief stets nach dem gleichen Zeremoniell. Entgegenkommende Dorfbewohner wurden mit Handschlag begrüßt, wobei nach dem Händedruck die Finger, fest an die des anderen gedrückt, abgleiten und ein schnalzendes Geräusch erzeugen mußten. Wir wurden zur Hütte des Häuptlings geleitet, der auf einem Stuhl Platz nahm. Auch für mich wurde eine Sitzgelegenheit herbeigeschafft. Häufig, vielleicht absichtlich, erhielt ich zunächst ein einfaches

Möbel untergeschoben, um bald darauf auf ein besseres genötigt zu werden, das aus einer entfernteren Hütte gebracht wurde. Fand sich ein noch besserer Stuhl, so mußte ich wiederum auf diesen überwechseln. Selbstverständlich erhielt nach Beendigung des Begrüßungspalavers jeder Eigentümer eines von mir benutzten Sitzes ein Dankgeschenk, ein wenig Tabak, Zucker oder Salz. Bobo und die Träger dagegen blieben stehen, weil von ihnen kein Dash zu erwarten war.

Fast immer war das Dorf in der letzten Nacht bereits über die Trommeln von unserem Anmarsch unterrichtet worden. Diese Art der Nachrichtenübermittlung war mir in dieser, von der Zivilisation unberührten Gegend stets ein Wunder. In einem Lande, in dem nur schmale Fußpfade von Dorf zu Dorf durch Urwald und Busch führten, wurden dennoch Neuigkeiten mittels der Trommelsprache in wenigen Stunden über weite Entfernungen verbreitet. Nach mancher windstillen, regenlosen Nacht, in der das nahe oder ferne rhythmische Dröhnen über den Wäldern gehangen hatte, erfuhr ich am Morgen Neuigkeiten von der Küste. So gelangte, als ich weit im Landesinnern mit einem Kanu auf einem Fluß gekentert war, diese Nachricht über Nacht zu unserer Niederlassung am Atlantik.

Daß dennoch bei Ankunft in einem Dorf ausführlich über das Woher und Wohin, über das Befinden des Chiefs und seiner Familie und über die Ernte gesprochen wurde, entsprach der Höflichkeit, der Freude und dem Interesse der Afrikaner an Neuigkeiten und am ausführlichen Palaver.

Nach Beendigung der Empfangszeremonie erhielt ich für die Nacht eine Hütte zugewiesen. Deren Bewohner fanden, in Erwartung eines angemessenen Geschenks, bei Nachbarn Platz. Oft habe ich jedoch vorgezogen, in einer der an den Seiten offenen, überdachten Feuerstellen zu nächtigen. Diese Schlafgelegenheit war luftiger als eine stickige Hütte. Auch gab es in dem verräucherten Dach kein Ungeziefer. Dort konnte ich meine Hängematte zwischen die Pfosten spannen, deren Haltetaue gegen Ameisen mit Petroleum anfeuchten und darüber mein Moskitonetz hängen. Nachdem auch Bobo und die Träger ihr Quartier erhalten hatten, wurde uns das Abendessen gebracht, roher Reis und lebende Hühner. Somit waren wir willkommen, konnten unsere Mahlzeit einnehmen, wann und wie es uns beliebte. Ein zubereitetes Gericht hätte bedeutet, daß der Dorffrieden nur für dieses gewährt wird, danach hat der Gast das Dorf zu verlassen.

Mit meiner persönlichen Bedienung wurde eine der Häuptlingsfrauen beauftragt, die ich mir meistens aus dem – je nach Wohlhabenheit – größeren oder kleineren Harem des Chiefs aussuchen durfte. Wenn ich, in Südwestafrika mit Rassentrennung aufgewachsen, die Schöne nur zur Bereitung meines Essens und meiner Schlafstatt beanspruchte, so mußte dies mit meiner Müdigkeit wegen des langen Fußmarsches begründet werden. Wichtig war jedoch, ihr mit einem guten Geschenk meine Zufriedenheit zu beweisen.

Einmal jedoch, jenseits der Grenze, im Mandingoland, waren wir in einem Dorf offensichtlich nicht willkommen. Schon zwischen den ersten Hütten hatte Bobo erfahren, es sei nicht gut, hier zu übernachten. Wir sollten weiterziehen, zum nächsten Ort. Aber das seien noch drei Stunden.

Nein, nicht im Dunkeln durch den Urwald! Meine Fußsohlen brannten, und die Träger waren müde. Warum nicht hier bleiben? Immer waren wir bisher gastfrei aufgenommen worden.

»Warum sollen wir weiterziehen?« fragte ich Bobo. »Wir alle sind erschöpft und in der Nacht marschiert es sich schlecht. Ich will zum Chief, um ein Quartier zu erbitten!«

Aber auch der Häuptling schien Bedenken zu haben.

»Er sagt, in der Nacht werden Geister ins Dorf kommen und viel Lärm machen«, übersetzte Bobo.

»Sag dem Chief, wir seien sehr müde und möchten nicht weiterlaufen!«

Aus meinem Geschenkvorrat wählte ich ein besonders vielseitiges Taschenmesser und ein wertvolles Tuch als Gastgeschenk für den Häuptling und seine Hauptfrau und konnte hiermit seine Bedenken ausräumen. Nachdem wir Unterkünfte und Essen erhalten hatten, nahm Bobo mich zur Seite.

»Der Chief hat befohlen, daß wir schnell essen und dann in unsere Hütten gehen müssen«, sagte er. »Du mußt die Tür fest verschließen und alle Öffnungen verstopfen. Keinesfalls darfst du hinaussehen, was immer auch geschieht. Stell dich taub und versuche, zu schlafen. Es kann Unglück bringen, wenn die Geister einen Fremden im Dorf vorfinden.«

Aus unruhigem Schlaf in der dumpfen Luft meiner Hütte wecken mich langgezogene, rhythmische Schreie. Sie scheinen von weither aus dem Urwald zu kommen, in Intervallen anschwellend, um wieder in der Nacht zu versinken. Nach kurzer Pause klingt es wieder auf, lauter und näher, drohend, wie Warnrufe vieler Tiere. Wieder Stille. Vom Dorfplatz klingen Stimmen, erregt, befehlend. Dazu das Prasseln und Knacken brennenden Holzes.

Da bricht wie eine Detonation schrilles Geheul heran, im Näherkommen anschwellend wie eine Flut. Vom Dorf her quellen dunkle Trommeltakte auf, langsam, zögernd, wie Fragen an den grellen Chor, der heranzustürmen scheint.

Vorsichtig schiebe ich ein kurzes, starkes Messer zwischen die Latten meiner Tür und drehe die Klinge. Ein schmaler Spalt gibt den Blick zwischen den Hütten frei. Mächtige Feuer lodern an beiden Seiten des Platzes. Daneben die großen Trommeln, liegende Baumstämme, an deren beiden Enden Trommler das Fell zum Tönen bringen. Außer ihnen sehe ich niemanden, offensichtlich haben auch die Dorfbewohner sich in ihren Hütten eingeschlossen. Wieder vielstimmige Schreie, nun schon ganz nahe, den Raum zwischen den Flammen füllend. Und dann stürzen menschliche Leiber in den Feuerschein. Ein Knäuel junger Tänzerinnen, schwingend, springend, zunächst als Silhouetten, dann vom Licht beschienen, formiert sich zu einer Reihe. Die schwarzen Körper sind nackt, doch Schweiß und Fett lassen die Haut hell aufglänzen. Wie eine Schlange winden sie sich über den Platz, gleiten vor und zurück. Die Füße stampfen den Boden, die Körper drehen und biegen sich in Zuckungen, die dem An- und Abschwellen des rasenden Chores angepaßt werden. Zwei alte Frauen in dunklen Gewändern dirigieren mit langen Stöcken das Wogen der jungen Gestalten.

Wieder eine kurze Pause, in der nur die Trommeln verhalten den Rhythmus weiterführen und die Mädchen auf der Stelle tanzen, als sammelten sie Kraft zum neuen Einsatz der Stimmen und Glieder.

Da fliegt aus dem Urwald ein anderer Ton heran, an- und abschwellend wie der Mädchenchor, aber tiefer, wilder – das Brüllen von Männerstimmen. Wie ein Rudel erschreckter Tiere schließt sich die weibliche Gruppe zusammen und antwortet mit zaghaften Rufen. Die Schreie der Männer dröhnen lauter, verhallen wieder, um den Frauenstimmen Raum zu geben. Bis schließlich neue Gestalten ins Licht schnellen, junge Männer, auch sie nackt, mit grellen Rufen sich anfeuernd zu akrobatischen Sprüngen und Verrenkungen. Drängend umkreisen sie den Pulk der Tänzerinnen, stoßen vor und zurück wie Beute suchende Raubtiere. Doch auch sie werden von alten Männern mit Ruten gelenkt und zu einer Reihe formiert. Ihnen gegenüber vibriert die Kette der Mädchen.

Kleine Trommeln wirbeln peitschende Takte zwischen die tiefen Töne der großen Instrumente. Darüber klingen Marimbas auf, schießen rasende Kadenzen durch die Ketten der Trommelschläge und reißen die nackten Körper zu rauschhafter Erregung. Eine Brandungswelle aus Mädchenfiguren wirft sich zur Mitte des Platzes. Ihre schrillen Stimmen übertönen die Instrumente. Ihnen entgegen stürzt aufheulend die Linie der Männer. Doch Sekunden vor dem Zusammenprall springen die Alten dazwischen. Ihre peitschenden Ruten treiben die beiden Wellen auseinander, zurück an die Hütten. Zu kurzem Atemholen ordnen sich die Reihen neu, um, vom Ausbruch des Schlagorchesters vorangerissen, das Spiel der drängenden Sinne zu wiederholen. Hin und her wogen die Gruppen im Gegenspiel der Begierde. Wilder und eindeutiger werden die triebhaften Gesten und Zeichen der Erregung, das aufreizende Vor- und Zurückschnellen der Hüften. Doch zwischen den Geschlechtern zucken die trennenden Ruten der Alten. Flakkernde Glut wirft Gewänder aus Licht über schwarze Leiber, hebt die Nacktheit hervor. An der Kulisse der Bäume springen zuckende Schatten empor. Die Geister Afrikas, in allen erfaßbaren Dingen lebend, hier sind sie gelöst im Zusammenspiel von Trommeln, Flammen und Lust.

Ein letztes Aufbranden des Tumults aus menschlicher und instrumentaler Ekstase wird durch schrille Schreie der Alten abrupt abgebrochen. Die Tänzer sinken zusammen, schleppen sich zur Seite und verschwinden im Dunkeln, die Mädchen zur einen, die Männer zur anderen Seite. Einzelne klagende Töne, wie tierisches Stöhnen, kommen aus der Nacht und erhalten verklingende Antwort aus anderer Ferne. Still liegt der Dorfplatz im Schein der sinkenden Feuer.

Ich konnte lange keinen Schlaf finden. Nur langsam klang die Erregung ab, die mir das Schauspiel verursacht hatte. Als ich am nächsten Morgen dem Chief noch eine Handsäge zum Abschied überreichte, wußten wir beide, daß er damit ungewöhnlich reich beschenkt worden war. Bobo richtete ihm aus, daß ich gut geschlafen hätte und für die Gastfreundschaft dankbar sei. Über die nächtlichen Vorgänge wurde nicht gesprochen.

Was ich gesehen hatte, waren Initationsriten junger Afrikaner, die in Kürze in die Gemeinschaft der Erwachsenen aufgenommen werden sollten. Ein Jahr lang hatten sie in strenger Abgeschlossenheit, die Mädchen im Greegree-, die Männer im Pondo-Busch gelebt, wo die Alten sie auf das Leben vorbereiteten. Nun waren sie zum ersten Male aus ihren Lagern heraus für einige Nachtstunden zu wildem Tanz in ihr Dorf geführt worden, um dem anderen Geschlecht zu begegnen. In wenigen Tagen würden sie als Erwachsene in ihre Familien zurückkehren.

Ich hatte in eine Welt geblickt, von der ich stets nur in Andeutungen gehört hatte. So wie in der letzten Nacht alle Dorfbewohner in ihren verschlossenen Hütten geblieben waren, so wurde auch über diese Reifungszeremonien kaum gesprochen. Sie gehören zu jener geheimnisvollen Welt der von Geistern erfüllten Natur, einer Welt, deren Zugang nur die Zauberer und wenige Alte kennen.

»Helene« – mein Schiff

Anfang 1939 kam endlich »mein« Schiff. Vom Deck eines großen Frachters wurde es auf der Reede von Freetown ins Wasser gesetzt. Nach Tante Leni, Onkel Kurts Frau, war es »Helene« benannt worden.

Chief Toby hatte mir die versprochene Crew gesandt. Ihr Headman, To, von athletischer Figur, hatte seit Jahren Brandungsboote geführt. Darüber hinaus konnte er lesen und sogar einfache Nachrichten zu Papier bringen, was für uns beide gelegentlich nützlich war. Seine vier Männer waren ebenfalls ausgesuchte und anstellige Boatmen, von denen zwei als getaufte Missionsschüler ebenfalls der Schrift mächtig waren.

»Die beiden sind mission-boys«, sagte To bei der Vorstellung. »Aber sie sind dennoch gute Boatboys«, meinte er hinzufügen zu müssen. Viele Missionsschüler fühlten sich aufgrund ihrer Schulbildung zu Höherem berufen und lehnten Handarbeit wie auch Bootsdienst ab. Dies hatte ihnen den Ruf eingetragen, sie seien arbeitsscheu. Doch diese beiden waren, wie auch die anderen, von Chief Toby persönlich für mich und unser Schiff verpflichtet worden, ein Gebot, das gewichtiger war als jedes Gesetz.

Gemeinsam nahmen wir die »Helene« in Empfang, setzten die beiden Masten auf und kreuzten schon bald auf den ersten Probeschlägen vorm Kap Sierra Leone.

Einen wichtigen Teil der Schiffsausstattung brachte ich gedankenvoll in einer stillen Stunde an: Eine blonde Haarsträhne. »Dafür finden Sie einen Haken an der Achterkante des Vorderstevens in Ihrer Kajüte«, hatte der alte Schiffbauer mir geschrieben. »Sie wissen doch: Ein Frauenhaar zieht mehr als eine Schiffstrosse! Die Deern ist in Ordnung, die sollten Sie bald festmachen!«

Bereits nach wenigen Tagen hatte ich Fracht. Nicht nach Liberia, dem geplanten Einsatzgebiet, sondern weit nach Norden, nach dem portugiesischen Bissao, das ich auf der Ausreise besucht hatte. Dorthin waren zehn Tonnen Kolanüsse zu verschiffen. Diese in Säcken verpackten, frischen Früchte wurden von den Dampfern nur ungern im Laderaum verstaut, weil in der Hitze die Gefahr der Selbstentzündung bestand. Im Frachtraum der »Helene« dagegen konnten sie gut belüftet und kontrolliert transportiert werden. So ging es auf einen langen Seetörn, der zum ersten Test meiner afrikanischen Crew werden sollte.

Schon am ersten Tage zeigten sich Probleme. To, bisher gewohnt, Brandungsboote an der Küste zu führen, wurde unsicher, sobald das Land außer Sicht kam. Auch mein Rat, sich nach dem Wind, nach Sonnen- und Sternenstand zu richten, half nur kurzfristig. Noch erfolgloser war es, die Männer das Steuern nach dem Kompaß zu lehren. Obgleich ich eine Kompaßrose mit Stricheinteilung in verschiedenen Breiten gewählt hatte und später sogar die Sektoren färbte, vermochte keiner, die Markierungen zu unterscheiden. Ich mußte einsehen, was mir mein Lehrmeister, der alte Sekkeh gesagt hatte:

»Diese wackelige Uhr, die ihr Kompaß nennt, ist gut für Weiße, die lesen können. Aber nicht für den Kru-Seemann.«

Nur unter Segel verstanden es die Männer, in der günstigsten Lage zum Wind zu steuern. Somit konnte ich ihnen das Ruder überlassen, solange die Windrichtung die gleiche blieb. Sobald jedoch Land in Sicht kam, fanden die Krus ihre Sicherheit wieder. Freudig wiesen sie auf die See, als diese sich, noch außer Sicht der Küste, vor der Mündung des Rio Geba von dessen Wasser lehmig verfärbte. Sie wußten, daß ihre Augen nun bald wieder einen Halt finden würden.

Durch das Mündungsdelta des Flusses ging es nach Bissao. Die Kolanüsse wurden gelöscht und eine Ladung Reis für Freetown an Bord genommen. Einen Abend verbrachte ich bei den Deutschen, die ich auf der Ausreise nach Liberia kennengelernt hatte, ein Kontakt, der für mich noch eine damals nicht vorhersehbare Bedeutung gewinnen sollte.

An einem heißen, dunstigen Morgen ließ ich die gelben Wasser des Rio Geba hinter mir und nahm den direkten Kurs über See nach Freetown. Nachmittags zogen finstere Wolken auf, und der Wind begann in kurzen Stößen hin und her zu springen. Ein Tornado war zu erwarten, um diese Jahreszeit nichts Ungewöhnliches. Auch To meinte:

»Tornado live for come«, und besorgten Gesichts fügte er hinzu:

»Keine Möglichkeit, Landschutz zu finden!«

Wieder spürte ich die Unruhe, die ihn und seine Männer befiel, wenn die Küste außer Sicht war.

Der Wirbelsturm kam von Nordosten, von achtern. Nur mit dem kleinen Focksegel liefen wir mit hoher Fahrt in die Nacht. Dieser Wind würde uns schnell ein gutes Stück in Richtung Freetown voranbringen. Es war ein ungewöhnlich heftiger Sturm. Die schnelle Folge der Blitze gab ständig den Blick auf die See frei, und oft übertönten Donnerschläge das Brausen der Wellen. Ihre Höhe nahm schnell zu, sie wurden steil und kantig. Aber von achtern auflaufend, schoben auch sie uns nach Süden. Einzelne schwere Regenböen schlugen die Köpfe der Brecher nieder, jedoch nur kurzfristig. Aber das Wetter war kein Grund zur Sorge. In spätestens zwei Stunden würde alles vorüber sein, ein Zeitraum, in dem sich kein gefährlicher Seegang aufbauen konnte.

Mitternacht. Seit sieben Stunden haben wir zehn Windstärken, und das Barometer fällt immer noch! Wie ist das möglich? Dies ist kein normaler Tornado, es ist ein schwerer Sturm mit ständigem Gewitter. Ein Sturm, wie es ihn an dieser Küste nicht geben kann! So steht es in den metereologischen Weiserkarten und im Seehandbuch, die auf den Aufzeichnungen von Jahrzehnten beruhen. Immer häufiger wirft ein hoher Brecher das Schiff auf die Seite, und seine Krone fegt über das Deck – eine Gefahr für unser flachgehendes Fahrzeug! Ich muß genau vor dem Wind steuern, damit das Kielwasser uns vor den Schlägen der See schützt, ein Kurs der mit hoher Fahrt weit in den Atlantik hinausführt.

Im Schein der Blitze sehe ich Wellenberge von einer Höhe und Steilheit vorbeirollen, für die mein Schiff nicht gebaut ist. Wenn ein solcher Brecher uns quer erwischt, werden wir überrollt und in die Tiefe gedrückt. Wieder einmal, wie damals in den Winterstürmen im Englischen Kanal und in der Adria, muß ich mit dem Schiff vor dem Sturm um mein Leben rennen!

Die schwarze Crew hat sich in den Laderaum verkrochen und

die Luke dicht gemacht. Ich bin allein an Deck – und ich habe fürchterliche Zahnschmerzen! Unter dem Vorderzahn, dessen Oberteil mir beim Boxtraining abhanden gekommen war, rumort es grausam. Es ist ein noch lebender Zahnstumpf unter einer Porzellankrone.

Ich rufe nach To. Es müßte ihm möglich sein, das Schiff vor dem Wind zu halten und mich für eine kurze Zeit abzulösen. Aber niemand kommt.

Das Morgenlicht zeigt eine hohe, aufgewühlte See. Seit vierzehn Stunden weht der schwere Sturm. Neben der Sorge um das Schiff fühle ich eine wilde Wut auf die Meteorologen, vor allem auf ihren Chef, Professor Seilkopf von der Hamburger Seewarte, der mir ausdrücklich an Hand vieler Aufzeichnungen bestätigt hat, daß es an dieser Küste keine langanhaltenden Stürme gäbe. Aber meine Wut gilt auch der schwarzen Crew, die mich trotz meines Rufens und der Klopfsignale allein läßt.

Ich brauche dringend eine helfende Hand. Mein Zahn bohrt und klopft, als wolle er den Kiefer sprengen. Die am Abend eingesteckte Packung Aspirin ist verbraucht, die Wirkung der letzten Tabletten läßt nach. Ob die Bordapotheke noch mehr enthält? Aber ich kann das Ruder nicht verlassen. Oder doch?

Ein Blick zurück – die nächsten Wellen sind etwas niedriger. Also los! Ein Sprung nach vorn, die Ladeluke aufgerissen und in den dunklen Raum gebrüllt:

»To oder ein anderer! Raus, an Deck! Ich brauche Hilfe!«

Wieder zurück ans Ruder, auf den Kurs.

To klettert aus der Luke, sieht sich scheu um und hangelt sich zu mir.

»To, nimm das Ruder! Nur für wenige Minuten. Ich will mir Medizin holen!«

Er sieht mich entsetzt an. Die tiefschwarze Gesichtsfarbe, der matte Glanz seiner Haut sind einem stumpfen Grau gewichen, die übliche Verfärbung bei Afrikanern, wenn sie Angst haben.

»Nein, Massa. Ich will nicht steuern. Die See ist zu hoch. Du weißt doch, daß ich auf See nicht Kurs halten kann!«

»Dann geh nach vorn, in meine Kajüte! Hol den Medizinkasten aus dem Steuerbordschrank und eine Flasche Sodawasser!«

Als er zurückkommt, kann ich mich nicht enthalten, ihm gründlich die Meinung zu sagen:

»Ich bin sehr enttäuscht von euch! Gerade jetzt, wo ich Hilfe brauche, wo ihr lernen könnt, das Schiff im Seegang zu führen, jetzt verkriecht ihr euch! Ihr habt mein Rufen und Klopfen gehört. Aber keiner ist gekommen. Ich werde mir eine bessere Crew suchen müssen, und ihr könnt euch zum Teufel scheren!«

»Massa, du hast recht«, gibt er zu. »Aber sieh diese hohen Wellen! Zu hoch für dieses Schiff. Und kein Land, kein Schutz zu finden. Das ist zuviel für uns. Wir haben Angst.«

Er verkriecht sich wieder unter Deck, und ich segle weiter allein vor dem Sturm. Vielleicht wäre es besser, mit Motor langsam gegenan zu laufen. Aber dafür müßte ich in den Maschinenraum, und die Krus müßten die Fock bergen. Also bleibe ich auf meinem Kurs.

Mittags ließ der Wind nach, nicht jedoch der stechende Schmerz im Kiefer. Mein Aspirin war endgültig verbraucht, nun gab es nur noch Whisky.

Eine günstige Brise schob uns in die nächste Nacht, und am anderen Morgen gingen wir in Freetown an die Pier. Ich taumelte betrunken an Land.

Auf meine Frage nach einem Zahnarzt, wurde ich an einen Syrer verwiesen, der kürzlich eine Praxis eröffnet hatte und über eine bisher in Freetown unbekannte, moderne Ausstattung verfügte.

Stolz zeigte er mir seine technische Einrichtung, eine auch mir neue, gewaltige Geräteeinheit mit elektrisch betriebenem Bohrer und vielfachen Funktionen.

»Selbstverständlich alles aus Deutschland«, sagte er. »Das modernste verfügbare Gerät. Nur die Bohrer habe ich aus England bezogen. Englischer Stahl ist besser als deutscher. Und hier, dieses dicke Buch! Es enthält alles, was man als Zahnarzt wissen muß.«

Ich wies ihm die Ursache meines Schmerzes. Wir waren uns einig, daß der Herd der Entzündung unter dem Zahnstumpf geöffnet werden müsse. Also herunter mit der Krone! Er setzte den Bohrer an, um durch das Porzellan an den Stumpf zu gelangen. Mit aller Kraft drückte er den surrenden Stahl auf den Kunstzahn. Die Vibrationen schüttelten meinen Kopf und drangen bis in den Magen. Ihm lief der Schweiß von der Stirn, und mir wurde übel. Seit vierzig Stunden hatte ich nur Aspirin, Sodawasser und Whisky zu mir genommen, ich war am Ende. Nach einem nochmaligen Versuch gab auch mein Zahnarzt auf.

»Ich schaffe es nicht«, gab er erschöpft zu.

»Deine Bohrer taugen nichts!« rief ich wütend und schwankte hinaus. »Englischer Stahl – kann nicht einmal deutsches Porzellan durchbohren!«

Der einzige weitere Zahnarzt, ein Angehöriger der englischen Garnison, war im Urlaub in Europa. Also weiterhin Aspirin und Whisky! Aber wunderbarerweise ließen die Schmerzen nach, und wenige Tage später war der Kummer vergessen. Daß Stahl Porzellan nicht durchbohrt, erfuhr ich erst Jahre später. Aber mein Syrer war wohl in seinem klugen Buch, vermutlich der einzigen Quelle seines Wissens, noch nicht bis zum Kapitel über Kunstzähne gelangt.

Meine Schmerzen war ich los. Aber noch nicht meine Wut auf die Meteorologen in Hamburg. Ein bitterböser Brief mit einem Bericht über den Sturm, den es nicht geben durfte, ging nach dort. Aber schon bevor die Antwort kam, erfuhr ich, daß an der Goldküste in derselben Nacht ein schweres Erdbeben stattgefunden hatte, ein Grund für die ungewöhnliche atmosphärische Störung, der mir aus Hamburg bestätigt wurde. Es kostete einige Mühe, dieses Phänomen im Pidgin-Englisch meiner verschreckten Mannschaft bei der Versöhnung zu erklären.

Small Toby

An der Liberiaküste besuchten wir, zunächst ohne Ladung, die Ortschaften, die von den Dampfern nicht angelaufen wurden. To kannte die an Flußmündungen und kleinen Buchten gelegenen Dörfer, zu denen keine regelmäßige Verbindung von den größeren Küstenplätzen führte. Es gab manche Minuten voller Spannung, wenn wir erstmalig durch die Brandung flacher Flußbarren liefen oder sogar die »Helene« hinter Felsen direkt auf den Strand setzten. Die Baffubay nahm uns auf, jene riesige Bucht, die mir immer ein Rätsel gewesen war. Eine Bucht, so groß, daß Dampfer in ihr geschützt ankern könnten, an deren südlichem Ufer niemals Brandung entsteht. Eine Brücke müßte man hier bauen, an der großen Leichter, ja, sogar kleine Seeschiffe anlegen könnten. Aber seit Menschengedenken liegt diese Bucht weltabgeschieden, von Urwäldern eingerahmt.

»No people live«, sagte To – hier gibt es keine Menschen.

Natürlich mußte ich nach Cape Palmas, dem Ort meiner Träume. Und ich mußte dem alten Toby das Schiff vorführen, ihm danken für die Beschaffung der Mannschaft.

Von allen Seiten kamen die Krus heran, als ich an der Bootspier am Fluß anlegte. Ein solches Fahrzeug hatte noch keiner gesehen. Fachmännisch beurteilten sie den Rumpf, die Takelage und stellten Fragen, die To stolz von Deck aus beantwortete.

Dann kam Toby. Respektvoll traten alle zurück, als er, wie ein echter Herrscher, mit einem Gefolge von Männern und Frauen heranschritt. Ich ging ihm entgegen und lud ihn zu einer Besichtigung ein.

»Ja«, sagte er. »Du sollst mir dein Schiff zeigen. Aber erst möchte ich dir meine Begleitung vorstellen.«

Mit würdigem Stolz nannte er mir die Namen seiner Söhne. »Sie alle sind Headmänner oder Chiefs in ihren Dörfern. Und dies sind einige meiner Frauen. Aber es ist nur ein Teil meiner Familie. Ich habe einundzwanzig Frauen und daher auch viele Kinder und Enkel.«

An seiner Seite hatte während der Begrüßungszeremonie ein Knabe gestanden, den er jetzt an der Hand nach vorn führte.

»Dies ist mein jüngster Sohn«, verkündete er. »Ja, es ist wirklich mein Kind. Von dieser Frau. Es macht mir Freude, in meinem Alter noch einen so jungen Sohn zu haben.«

Aus einem hübschen, ebenmäßigen Kindergesicht sahen mich ein Paar sehr wache, lebendige Augen an. Der Kleine mochte etwa elf Jahre alt sein.

»Er heißt Toby«, erklärte der Alte. »Er möchte Headman werden. Vielleicht kann er eines Tages ein solches Schiff führen. Nun zeig es uns!«

Bei der Besichtigung der »Helene« war Small Toby, wie er zur Unterscheidung von Big Toby genannt wurde, genauso interessiert wie sein Vater.

»Ja, mit diesem Schiff kannst du Flußbarren passieren und die Bootslandeplätze erreichen«, meinte der Alte. »Aber sei vorsichtig zwischen den Felsen. Dort soll To steuern. Du weißt, dein kluges Papier kennt nur die Wege der großen Dampfer.«

Auch er hielt nichts von meinen Seekarten. Small Toby verwies auf den Kompaß:

»Der zeigt den Weg, wenn man kein Land mehr sieht. Ich möchte lernen, danach zu steuern.«

»Erst mußt du lesen und schreiben lernen«, sagte Big Toby. »Heutzutage sollte auch ein Headman das können.«

Am Abend nach diesem Besuch ließ Chief Toby sich in einer wichtigen Angelegenheit bei mir melden. Doch er kam nicht allein, an seiner Hand ging wieder Small Toby. Mit feierlichem Gesicht kam der Alte auf die guten Verbindungen unserer Familien zu sprechen, auf das Vertrauen und die gemeinsamen Interessen.

»Und so soll es auch weiterhin bleiben. Dieser hier, mein jüngster Sohn, er soll ein guter Headman werden, er soll viel lernen. Vielleicht wird er eines Tages meinen Platz einnehmen. Auch er soll eurer Familie verbunden bleiben.« Er richtete sich auf, führte den kleinen Toby zu mir und legte dessen Hand in meine. »Deswegen schenke ich dir diesen Sohn. Er ist mein liebstes Kind. Er soll dir dienen, und du sollst ihn erziehen.

Betrachte ihn als deinen Sohn. Behandle ihn so, wie du es für richtig hältst. Ich weiß, daß es für ihn das beste sein wird. Er soll ein starker und kluger Mann werden. Er hat gute Veranlagungen, nun sollst du ihn zu einem fertigen und guten Menschen machen. Ich möchte, daß er ein Kru-Häuptling wird. Aber zuvor soll er von euch lernen, soll wissen, wie Europäer denken, damit wir uns auch in Zukunft gut verstehen.«

Ich war betroffen. Wie sollte ich, der ich selbst noch bemüht war, mich im Grenzland afrikanischer und europäischer Mentalität zurechtzufinden, die Verantwortung für einen jungen Menschen übernehmen? Den Sohn dieses lebenserfahrenen, weisen alten Mannes? Durfte man ein Kind in die Welt der Erwachsenen hineinstoßen? Und Small Toby selbst – war er bereit zu diesem Schritt, dessen Bedeutung er unmöglich ermessen konnte? Nein, das mußte ich ablehnen.

»Nein, Toby. Dein Sohn ist zu jung. Er sollte in der Familie bleiben. Bei Vater und Mutter, bei seinen Spielgefährten, wo er besser aufgehoben ist als in der harten Welt der seefahrenden Männer. In einigen Jahren, ja. Wenn meine Schiffahrt erfolgreich sein wird, dann will ich gern deinen Sohn zu mir nehmen, damit er ein guter Headman wird.«

Doch der Alte schob mit einer Handbewegung meine Bedenken zur Seite. »Ich verstehe deine Einwände. Ich habe sie alle selbst erwogen. Mein Sohn ist ein Kru, er will auf die See. Er ist schon auf langen Bootsreisen als Smallboy gefahren und weiß, was ihn erwartet. Nur eine harte Schulung wird ihn zu einem richtigen Mann machen. Nun hat er dein Schiff gesehen, das hat es ihm angetan! Darauf möchte er mit dir fahren. Die ›Helene‹ wird in Monrovia stationiert werden. Zwei erwachsene Geschwister von Small Toby leben dort mit ihren Familien. Er wird bei ihnen zu Hause sein, wenn ihr in Monrovia seid. Du weißt, wie afrikanische Familien zusammenhalten. Auch an anderen Küstenplätzen leben nahe Verwandte. Bis nach Freetown. Mein Sohn, der Sohn des Chiefs der Kru, ist überall willkommen. Und das sollte auch für dich wichtig sein!«

Die letzten Worte kamen sehr eindringlich. Ich verstand. Das Ansehen, das Big Tobys Sohn bei allen Krus genoß, mußte auch meinen Plänen förderlich sein.

Aber Small Toby selbst? Ich fragte ihn: »Du weißt, was dich erwartet. Viele Reisen, ein hartes Leben ohne Familie und Gefährten!«

»Massa, ich will mit dir fahren«, kam es ohne jedes Zögern zurück. Die großen, dunklen Augen blickten frei und ohne Hemmung zu mir auf.

Ich begriff, daß diese Entscheidung für Vater und Sohn unabänderlich war und fügte mich.

»Ich werde Small Toby mit mir nehmen. Er wird lernen, auf meinem Schiff zu fahren. Und er soll auch eine Schule besuchen.«

»Das ist gut«, meinte der Alte. »Suche eine gute Schule für ihn aus. Es ist mir gleichgültig, zu welcher Religion diese Schule gehört. Ich habe einige Kinder auf die katholische Schule geschickt, andere auf die protestantische. Einige sind keine Christen geworden, sondern bei unseren alten Geistern geblieben. Eine große Familie, wie die meine, muß ihre Verbindungen zu allen höheren Bereichen haben, damit immer irgendeiner die richtige Beziehung hat.«

Am nächsten Morgen stand Small Toby mit seinem kleinen Bündel an Deck. Schon beim Auslaufen packte er völlig selbstverständlich mit an und war bald in der Lage, alle seinen Kräften angemessenen Aufgaben zu erfüllen.

Wie weit sein persönlicher Einsatz gehen konnte, zeigte sich einige Monate später. Wir hatten das Schiff in Cestos vor den Felsen zu Anker gebracht, weil der Landeplatz, in einer winzigen Bucht hinter einer Felsbarriere, erst bei Flut zu erreichen war. Das Wetter schien ruhig, und der Anker hielt die »Helene« offensichtlich sicher an ihrem Platz. Im Beiboot war ich an Land gefahren, um mit unserem Faktoreileiter die Beladung zu besprechen. Unvorsichtigerweise war auch die gesamte Crew mitgekommen, und die Männer hatten sich im Dorf verstreut. Als unvermutet ein kräftiger Wind aufkam und schnell Seegang aufwarf, peilte ich von Strand die Masten meines Schiffes und stellte erschreckt fest, daß dieses zu treiben begann. Am Einrucken der Ankerkette sah ich, daß diese zu kurz bemessen war. Bei steigendem Wasserstand und Seegang sprang der Anker vermutlich meterweise über den Boden.

Ich mußte sofort an Bord. Aber wie? Meine Crew war nicht schnell zusammenzuholen. Da kam Small Toby angeschossen. Auch er hatte die Situation erfaßt.

»Massa«, keuchte er erregt. »Das Schiff treibt auf die Felsen zu! Es wird zerschlagen werden! Wir müssen mehr Kette herausstecken, dann wird der Anker halten!«

»Ja, Toby. Aber wie kommen wir an Bord? Die Crew ist weg!«

»Ich schwimme rüber«, schrie er mir zu, und bevor ich antworten konnte, war er schon im Wasser. Wie wollte er die drei Brecherreihen überqueren, die in dem schmalen Durchlaß der Felsbarriere brandeten? Er setzte sein Leben aufs Spiel, das durfte ich nicht dulden! Ich schrie und winkte, umsonst! In schnellen Zügen schwamm er, noch im ruhigen Wasser hinter der Barre, den Blick seewärts gerichtet. Schon war er am Felsen neben dem Durchlaß, ließ sich von einer Welle emportragen, sprang auf die Klippe und hinüber zur Seeseite. So vermied er die Barre. Aber nun stand er vor der aufschäumenden Brandung an der Luvseite des Felsens. Offensichtlich wartete er auf eine Periode niedrigerer Wellen. Dann, mit Anlauf, ein weiter Kopfsprung, um nicht gegen die Klippe geschlagen zu werden, und schon war er meinem Blick entzogen.

Mein Herz schlug mir hoch im Hals. Konnte der kleine Bursche die Gefahr ermessen? Als sein Kopf wieder sichtbar wurde, war er schon am Schiff, zog sich vom Wasserstag hoch zum Klüverbaum und sprang zur Ankerwinde. Die Kette kam lose, die »Helene« glitt um zehn Meter zurück. Ihre Masten blieben in der Peilung, der Anker hielt!

Als ich mit der übrigen Crew an Bord kam und ihn lobte, reckte er sich strahlend auf.

»Sag' es meinem Vater, daß du mit mir zufrieden bist«, bat er.

Small Toby hat mich nie enttäuscht. Vorbehaltlos identifizierte er sich mit meinen Wünschen und Interessen, die er in jeder Situation zuverlässig vertrat. Seine rasche Auffassung und seine ungewöhnliche Merkfähigkeit ermöglichten ihm, neben seinem Dienst, in Monrovia die Schule zu besuchen. Mit Klugheit und bedingungsloser Treue hat er mir später in mißlichen Lagen wertvolle Dienste geleistet. Seine größte Freude erlebte er, als es ihm, als einzigem der Crew, gelang, nach dem Kompaß zu steuern.

Der alte Chief Toby starb einige Jahre später und wurde beerdigt, wie er es sich gewünscht hatte. Nämlich in einem Sarg aus Deutschland. Die von den einheimischen Tischlern gefertigten Särge waren zu jener Zeit recht primitiv. Daher stand im Lager der europäischen Firmen stets ein aus der Heimat importierter Sarg aus gutem Holz, mit Metallbeschlägen, um beim Tode eines Weißen diesen würdig beerdigen oder nach Europa transportieren zu können. Auch Chief Toby hatte sich gewünscht, in dieser noblen Form auf die letzte Reise zu gehen. Seit Jahren stand sein prächtiger Sarg, aus deutscher Eiche und reich verziert, auf dem Firmenlager. Gelegentlich kam er, um ihn zu betrachten.

»Wenn ich sterbe«, pflegte er stolz zu sagen, »dann wird man mich in einem Sarg aus Deutschland zu Grabe tragen. Und darüber ausgebreitet soll die Woermann-Flagge liegen.«

Flucht in den Krieg

Zwischen den Reisen an der Liberiaküste ging es noch einmal nach Sierra Leone, weil auch für unsere Niederlassung in Freetown eine Geschäftsausweitung zu kleinen Landeplätzen in Frage kam. Dort geriet ich unvermutet in Berührung mit der Weltpolitik. Ich erfuhr, daß die Kommandantur der englischen Garnison ein Fahrverbot für mein Schiff vorbereitete. Um dem zuvorzukommen, besuchte ich die zuständige Stelle und erfuhr aus höflichen Andeutungen, daß man die »Helene« für ein Spezialfahrzeug der deutschen Marine hielt.

Ich erklärte mich bereit, einen Marineoffizier an Bord zu empfangen und das Schiff inspizieren zu lassen. Tags darauf erschien – George, der vor zwei Jahren auf der Fastnet-Regatta über dreißig Stunden unser Konkurrent und mir in Plymouth ein lieber Kamerad beim Whisky gewesen war. Nach einem Probeschlag auf See und einem guten Trunk auf die gemeinsame Liebe zur Segelei zeigte er volles Verständnis für die ungewöhnliche Ausstattung der »Helene« und versprach mir, einen entsprechend günstigen Bericht an die Kommandantur zu geben.

»Aber Sie sollten dennoch ihre Untersuchungen an unserer Küste einstellen«, meinte er.

»Warum?« fragte ich erstaunt. »Die Erschließung der abgelegenen Gebiete ist doch auch für Ihre Kolonie von Vorteil.«

»Richtig«, gab George zu. »Aber in einer Zeit politischer Hochspannung sollte man jeden Verdacht vermeiden. Sie wissen doch, daß man Ihr Schiff für ein Spionagefahrzeug der deutschen Marine hält. Die starke Maschine, die Möglichkeit, Brandung zu überqueren, ihr Interesse an den Wassertiefen und Strömungen – alles das muß Argwohn erwecken. Die schöne Takelage verleitet Nichtsegler zu der Annahme, dies sei nur eine Tarnung als harmloses Sportfahrzeug.«

»Aber gerade diesen Verdacht können Sie doch mit Ihrem Bericht entkräften«, sagte ich. »Und die politischen Spannungen – haben nicht Hitler und Chamberlain in München eine Nichtangriffserklärung unterschrieben?«

»Ja, aber – sehen Sie...«, er zögerte. »Die Besetzung Österreichs und des Sudetenlandes. Und jetzt Böhmen und Mähren – wird Hitler es dabei belassen?«

»Österreich hat sich freiwillig Deutschland angeschlossen«, sagte ich. »Es ist deutsches Land, wie auch die Gebiete, die man im Versailler Vertrag unter tschechische Herrschaft gestellt hat.« So hatte ich es aus dem deutschen Rundfunk erfahren, dessen Richtstrahler die einzige Quelle direkter Informationen aus Europa war.

»So sehen Sie es«, antwortete George. »Aber es gibt Stimmen, die Hitlers Vorgehen als widerrechtliche Annexion bezeichnen, Stimmen, die sehr ernst zu nehmen sind, die sogar von Kriegsgefahr sprechen.«

Als ich nachfragte, winkte er ab. »Lassen wir die Politik beiseite! Aber vertrauen Sie dem Rat eines Freundes: Gehen Sie zurück nach Liberia. Hier kann es für Sie zu unerfreulichen Komplikationen kommen!«

Georges Worte gingen mir durch den Sinn, als ich wieder in Liberia war. Kriegsgefahr? – Unsinn! Rundfunk und Briefe aus Deutschland berichteten nur Positives. Deutsche Zeitungen wurden, weil vier Wochen alt, kaum noch gelesen, und auch sie konnten selbstverständlich nichts Nachteiliges berichten. Das kleine Lokalblatt, wie auch der einzige Sender, brachten kaum und häufig nur entstellte ausländische Meldungen. So blieb der deutsche Rundfunk die einzige aktuelle und ebenfalls nur positive Informationsquelle. Andeutungen und kritische Äußerungen holländischer und englischer Freunde erfolgten nur sehr zurückhaltend. Keinesfalls sollte unser gutes Miteinander durch politische Probleme belastet werden. Gerüchte über Ausschreitungen gegenüber Juden taten wir als unsinnige Sensationsmeldungen ab, erfunden von mißgünstigen Kreisen im Ausland. Ich selbst blieb auf meinen Reisen oft Wochen ohne Nachrichten. Europa und seine Politik waren in eine sehr ferne Welt gerückt.

Ein zehntägiger Fußmarsch brachte mich weit fort von der Küste zu den Dörfern von Chief Sangaro an der französischen Grenze. Wenn Bobo entgegenkommende Trägerkarawanen fragte, wie weit es noch sei, erhielt er die übliche Antwort:

»Oh, gar nicht weit. Ihr werdet bald dort sein!«

Aber wir wußten, daß diese Angabe nicht ernst zu nehmen war, sie entsprach afrikanischer Höflichkeit. Warum sollte man dem vom tagelangen Marschieren offensichtlich recht müden weißen Mann sagen, daß es noch weit sei? Es könnte ihn mißmutig stimmen und die Freude am Schwatz über das Woher und Wohin beeinträchtigen.

Chief Sangaro war bis zur Küste hin bekannt. Trägerkarawanen kamen in der Trockenzeit von Kunda, seinem Wohnsitz, zur Küste, brachten Landesprodukte und holten Geräte und Werkzeuge für die Landwirtschaft und den Hausbau. Während die normalen »bush people« in Liberia, wie seit Jahrhunderten, nur das Nötigste für den täglichen Eigenbedarf anbauten, hatte Sangaro seine Leute, nach dem Vorbild der benachbarten französischen Kolonie, zum Anbau von Kakao und Kaffee angehalten. Obgleich er selbst noch nie über die Grenzen seines Gebietes hinausgekommen war, unterhielt er einen ständigen Kontakt zur Küste und ins französische Gebiet, und er wurde weithin als Wohltäter seines Stammes gerühmt.

Offensichtlich war lange kein Weißer nach Kunda gekommen. Das war aus den Gesichtern der Kinder zu sehen, die sich an die Hütten zurückzogen und mich schweigend, mit großen Augen anstarrten. Auf dem Dorfplatz wies man uns an, zu warten, Sangaro habe über die Trommel von unserem Anmarsch gehört und werde gleich kommen. Sitzgelegenheiten wurden herangebracht, und Bobo beantwortete die üblichen Fragen. Bald war ein fröhliches Palaver im Gange. Auf den Armen der Mütter wurden die Jüngsten herangetragen, um den hellfarbigen Fremden zu bestaunen. Ein mutiger Knirps schritt allein auf mich zu, ergriff meine Hand, befeuchtete sie mit der Zunge, um dann durch Reiben und Kratzen die Echtheit der Farbe zu erkunden. Das Ergebnis verkündete er laut seinen bewundernden Kameraden.

Mit einem Gefolge von Familienmitgliedern schritt Sangaro würdevoll heran. In seiner Jugend mochte er von stattlicher Figur gewesen sein, die jetzt, unter der Last vieler Jahre, zusammengesunken war. Aus dem verrunzelten Gesicht blickten lebendige, kluge Augen wohlwollend auf mich und meine schwarze Begleitung. Über Bobos Dolmetscherkunst fragte ich nach seinem Befinden, nach Familie und Ernte. Er antwortete bereitwillig und stellte die üblichen Gegenfragen. Wenn er den Mund öffnete, zeigten sich die beiden letzten, verbliebenen Schneidezähne, nur noch kurze Stummel, die mir sehr schmal erschienen. Waren sie einst spitz angefeilt gewesen? Und war etwas dran an der unsicheren Behauptung, daß in alten Zeiten manche Kannibalenstämme sich die Vorderzähne angespitzt hätten?

Auf Umwegen kam ich auf seine Jugendzeit zu sprechen und wagte schließlich die Frage, ob man damals Menschenfleisch genossen habe.

»Ja«, sagte er freimütig. »Das haben wir. Um die Kraft des erschlagenen Feindes in uns aufzunehmen. Jeder Jüngling, der ein starker Mann werden wollte, mußte Menschenfleisch essen.«

»Woher habt ihr die Opfer bekommen? Habt ihr Kriege geführt?«

»Es gab häufig Streit mit anderen Stämmen. Um Land oder gestohlenes Vieh. Aber das ist lange her. Heute führen wir keine Kriege mehr.«

Stolz wies er auf sein Gefolge: »Du siehst, sie alle sind angezogen. Und wir bauen bessere Hütten, weil wir Äxte und Sägen haben. Wir sind reich wie die Nachbarn in der französischen Kolonie, weil wir Kakao und Kaffee anbauen und gegen Hacken und Spaten von der Küste eintauschen. Aber eines fehlt uns: Eine Schule, in der die Jungen lesen und schreiben lernen. So, wie es drüben ist, wo die Franzosen Schulen eingerichtet haben. Wo auch ein Arzt den Kranken Medizin gibt, die genauso stark ist wie die von unserem Jujuman. Aber wir dürfen unsere Kinder nicht dorthin schicken und auch keinen Handel mit den Franzosen treiben, weil wir zu Liberia gehören.«

Als ich ihn wegen seiner Klugheit und Weitsicht lobte, versuchte er, sich stolz aufzurichten und antwortete:

»Ich bin ein alter Mann. Aber meine Leute sind keine ›bush people‹. Sie sollen die Vorteile der Zivilisation erfahren. Früher mußten junge Männer lernen, mit Speeren und Keulen Feinde zu erschlagen. Heute müssen sie Plantagen anlegen, und sie sollten die Schrift kennen. Wir sind zivilisiert, und zivilisierte Menschen führen keinen Krieg!«

Das sagte der gütige alte Mann, der noch Menschenfleisch verzehrt hatte, um stark zu werden!

Ich habe seiner Worte gedacht, als wenige Wochen später der Zweite Weltkrieg ausbrach!

Was Engländer und Franzosen vorsichtig angedeutet hatten, was uns als unsinnig erschienen war – nun war es wahr geworden! Krieg in Europa! Was ich zu Hause und in der Schule gelernt, aber nie ernstgenommen hatte, daß es gelegentlich zu Auseinandersetzungen zwischen Völkern kommt, war eingetreten. Was würde nun aus der Firma werden? Und aus mir?

Ich war wehrpflichtig. »Siegreich woll'n wir Frankreich schlagen, sterben als ein tapfrer Held...«, hatten wir gesungen. Frankreich, unser »Erbfeind«, wie auch England hatten uns den Krieg erklärt, als Deutschland in Polen einmarschiert war. Der Feldzug dauerte nur vier Wochen und endete mit der Besetzung des ganzen Landes. War das nötig gewesen? Es konnte sich doch nur um die 1918 verlorenen Gebiete Danzigs und des »Polnischen Korridors« handeln. Die Garantien Englands und Frankreichs an Polen zwangen die Westmächte, den Kriegszustand aufrechtzuerhalten.

Mama schrieb stolz von meinem Bruder, der in Polen gekämpft und die Grausamkeit des Krieges erlebt hatte. Gerhard war gefallen, als Sanitäter beim Bergen von Verwundeten – der erste Tote aus meinem Kreis. Und ich? Mein Platz war jetzt in der Marine. Das war meine vaterländische Verpflichtung.

Zu meinem Erstaunen stellte ich fest, daß mich nichts zur Erfüllung dieser Pflicht trieb. Wie selbstverständlich hatte ich Sangaro zugestimmt, dem ehemaligen Kannibalen und fürsorglichen Patriarchen seines Volkes, als er die Friedfertigkeit als Fortschritt bezeichnete. Und nun? Unsere so hoch eingestufte Kultur? Christliche Moral? Ich schämte mich vor mir selbst, aber ich mußte es mir eingestehen: Nach Deutschland zog mich nur eine Haarsträhne, nicht mein vaterländisches Gewissen.

Liberia blieb zwar ein neutrales Land, doch die Unterbrechung der Schiffsverbindungen und die Erschwerung des Postverkehrs nach Deutschland hatten die Einstellung unseres Handelsgeschäfts zur Folge. Die Vertreter der gegen das Hitlerreich alliierten Nationen drängten die liberianische Regierung zur Kontrolle aller deutschen Aktionen im Lande. Damit wurden unsere Bewegungsmöglichkeiten auf die Nähe des Wohnsitzes begrenzt. Da alle umliegenden See- und Landgebiete von Feindmächten kontrolliert wurden, war es unmöglich, Liberia zu verlassen. Wenn auch unser Alltagsleben keine Einschränkung erlitt, so mußten wir uns doch als Internierte ansehen.

Mit dieser Erkenntnis kamen verständlicherweise bei vielen Deutschen Fluchtpläne auf. Meist war es die Sorge um die Familie, bei einigen aktiven Nationalsozialisten auch der Wunsch, beim Endsieg dabei zu sein. Aber auch die erzwungene Untätigkeit ließ die Gedanken häufiger in die Heimat gehen. Für mich war die Tätigkeit an der Küste unmöglich geworden, die »Helene« an der Pier am Flußufer stillgelegt.

Über Deckadressen und Freunde in neutralen Ländern schuf ich mir Postwege, die nur noch der deutschen, nicht der alliierten Kontrolle unterlagen. Die beste Verbindung, die während der ganzen Internierungszeit äußerst zuverlässig lief, ging über Aina und Brit in Stockholm. Die beiden leiteten in geschickter Weise die Post in beiden Richtungen, fanden neue Tarnadressen in USA und sogar in England, übersetzten, wenn nötig, ins Englische, weil ich unter liberianischem Namen schrieb. Ja, auf der Rückseite eines Fotos des blonden deutschen Mädchens fand ich den Namen und die Anschrift der dunkelhaarigen Aina, von dieser in selbstloser Weise mit nachgeahmter Handschrift dort vermerkt!

Aus Deutschland kamen weitere Nachrichten von gefallenen Freunden, Andeutungen von kriegsbedingten Einschränkungen. Dennoch sprachen auch diese Briefe von positiven Zukunftshoffnungen, von baldigem Frieden. So wuchs auch in mir der Wunsch, in die Heimat zu gelangen. Immer stärker wurde der Zug der Haarsträhne, die jetzt in meinem Zimmer neben dem Foto des Mädchens und der Meerjungfrau hing.

Kurz nach Kriegsbeginn war es zwei Deutschen gelungen, auf einem portugiesischen Dampfer über Lissabon nach Hause zu reisen. Doch dann liefen nur noch englische und amerikanische Frachter Monrovia an. Letztere, damals noch neutral, fuhren zwar direkt nach USA, doch wie sollte ich von dort weiterkommen?

Da wurde, etwa Ende Oktober 1939, ein spanischer Dampfer angekündigt, der direkt nach Vigo weiterfahren sollte. Eine einmalige Gelegenheit! Wieder mußte Small Toby unauffällig das Nötige veranlassen. Mit ihm und To steuerte ich schon vor Tagesanbruch ein kleines Motorboot aus dem Fluß auf die See hinaus nach Süden, von wo der Spanier kommen mußte. Weit vor der Küste dümpelten wir einen langen Tag unter der brennenden Sonne, doch kein Schiff zeigte sich. Erst als wir bei sinkender Nacht die Rückfahrt antraten, da zog mit hell erleuchteten Decks, die spanischen Farben an der Bordwand angestrahlt, der Neutrale heran. Im Dunkeln konnten wir ihn nicht stoppen, sondern mußten ihm zum Ankerplatz auf der Reede folgen. Bevor das Zollboot aus Monrovia längsseits kam, stieg ich an Deck zum Kapitän, stellte mich vor und fragte, ob er mich nach Vigo mitnehmen könne. Doch als er meinen Namen hörte, kam sofort die Frage nach der Nationalität und legalen Ausreisepapieren.

»Ich bin Deutscher«, antwortete ich. »Aber ich denke, die Freundschaft zwischen Franco und Hitler sollte es ihnen ermöglichen, mir behilflich zu sein. Ich kann nicht legal aus Liberia ausreisen. Selbstverständlich bezahle ich die Passage.«

»Bitte verlassen Sie sofort dieses Schiff«, rief er erregt.

Als ich zu einer erneuten Bitte ansetzte, schnitt er mir das Wort ab:

»Vor Freetown und Gibraltar kontrolliert die englische Marine alle Schiffe. Ein Deutscher an Bord, das kann mich in größte Schwierigkeiten bringen! Gehen Sie, sofort!«

»Wenn ich mich an Bord verstecke?«

»Vom Schiff, mein Herr. Die Mannschaft hat Sie an Bord kommen sehen.«

Er rief einen Matrosen heran und befahl ihm, mich, notfalls mit Gewalt, von Bord zu bringen.

Gegen Mitternacht war ich wieder in Monrovia und blickte sehnsüchtig zu den Sternen nach Norden.

Wieder warten und planen. Lange Briefe gingen zu den Eltern und zur Meerjungfrau, wie immer mit Kopie geschrieben und numeriert, um die nach Wochen eintreffenden Antworten zu verstehen. Kurz vor Kriegsausbruch waren die ersten Flugverbindungen nach Europa eingerichtet worden. Kleine französische Maschinen trugen in kurzen Sprüngen Post und sogar einzelne mutige Passagiere über die afrikanische Wildnis. Ich lebte von Post zu Post. Zwar schrieb das Mädchen, es werde auf mich warten, Worte, die mir zum Kompaß allen Hoffens und Strebens wurden. Doch dieses Streben hieß: Nach Deutschland, zu ihr.

Mein mißglückter Fluchtversuch war nicht verborgen geblieben, was mir jedoch, außer ironisch-bedauernden Bemerkungen der Freunde, keine weiteren Folgen eintrug.

Als ich eines Abends am Gartenzaun stand, kam eine vertraute Stimme aus der Dunkelheit:

»Guten Abend! Ich hoffe, es geht Ihnen gut.« Es war der englische Konsul. Unsere freundschaftliche Sympathie war aus einer Tennispartnerschaft und manchem gutem Gespräch erwachsen. Doch der Krieg hatte uns ungewollt zu Feinden gemacht und den Kontakt abgebrochen.

»Danke«, sagte ich. »Mir fehlt es an nichts, außer der Möglichkeit, diesen Ort zu verlassen.«

»Sie müssen verstehen«, kam es bedauernd von ihm, »daß ich leider meine Pflicht tun muß, indem ich die Deutschen unter Kontrolle halte. Aber es soll ihnen an nichts fehlen. Schließlich haben wir hier diesen verdammten Krieg nicht angezettelt.«

»Ja«, gab ich zurück. »Ich würde lieber wieder mit ihnen Tennis spielen und im Urlaub nach Hause fahren.«

»Ich habe gehört, daß der Spanier Sie nicht mitnehmen wollte. Das tut mir leid für Sie. Aber warum wollen Sie nach Deutschland? Sie sind doch nicht der Typ eines ruhmsüchtigen Kriegers. Nach Deutschland, jetzt – so ein Unsinn! Hören Sie«, sprach er leise und trat dicht an den Zaun heran. »Sie sind in Südwestafrika geboren, dort einwanderungsberechtigt. Sicherlich haben Sie Verwandte und Freunde dort, ja?«

»So ist es«, sagte ich.

Worauf er noch leiser mit einem Vorschlag kam: »Nächste Woche kommt ein holländischer Dampfer her und geht weiter nach Kapstadt. Ich wäre bereit, Ihnen zu helfen. Überdenken Sie es. Übermorgen abend komme ich wieder.«

Ich dankte ihm für sein großzügiges Angebot, das ich aber leider nicht annehmen könne.

»Das begreife ich nicht«, hörte ich ihn. »Oder ist es ein Mädchen?«

»Das ist es«, gab ich zu.

»Das ist noch unsinniger«, meinte er bekümmert. »Kein vernünftiger Mann sollte wegen einer Frau sein Leben riskieren. Es gibt so viele reizende Mädchen überall. Glauben Sie mir, dem erfahrenen Älteren! Aber ich weiß auch, daß man in Ihrem Alter noch Illusionen hat. Also kann ich Ihnen wirklich nicht helfen?«

»Nein«, mußte ich sagen. »Bei aller Würdigung Ihrer Großmut, ich kann Ihren Vorschlag nicht annehmen.«

»Nun, das ist Ihre Sache«, sagte er abschließend. »Gute Nacht!«

Neue Fluchtpläne wurden entworfen, und fast alle endeten bei der »Helene«. Es gab nur den Weg über See. Aber ich wollte das wertvolle Fahrzeug nicht meiner persönlichen Wünsche wegen für ein solches Abenteuer einsetzen, es dem Risiko der Beschlagnahme oder Versenkung aussetzen.

Hinzu kam, daß sich zu dieser Zeit die Möglichkeit ergab, den Kutter zum Fischfang einzusetzen, um die kleine liberianische Wehrmacht mit Fisch zu versorgen. Vor dem Kriege waren die Soldaten mit norwegischem Stockfisch beköstigt worden, dessen Import nun nicht mehr möglich war.

Der Kriegsausbruch hatte drei deutsche Fischereifachleute, zwei Biologen und einen pommerschen Fischer, nach Monrovia verschlagen. Günter, der Fischer, hatte in Kamerun ein Forschungsschiff geführt. Er war ein stiller, bedächtiger Mann, der unter der Trennung von seiner Familie litt. Im Gegensatz zu ihm war Rolf humorvoll, stets zum Einsatz seiner dynamischen Aktivität und seiner athletischen Gestalt bereit. Mit seinem Pflichtbewußtsein und seiner Zuverlässigkeit ist er mir später ein treuer Kamerad geworden. Auch ihn zog es nach

Deutschland, weil er sich als Reserveoffizier zum vaterländischen Dienst verpflichtet fühlte. Der dritte, Ascan, ein feinsinniger, kultivierter Geist, wurde mir an manchem Abend bei guter Musik ein lieber Partner zu Gesprächen über Bücher, Welt und Menschen. Die drei waren sofort bereit, mit mir die »Helene« umzurüsten, um mit ihr auf Fischfang zu gehen.

Es war klar, daß dies nicht ohne Probleme ablaufen konnte. Um uns Deutsche unter Kontrolle zu halten, wurden drei Soldaten zu unserer Begleitung kommandiert. Die armen Burschen litten jedoch ständig unter Seekrankheit. Schon bald nach Beginn der Fangfahrten offenbarte ein Ereignis die Untauglichkeit dieser Bewachung. Beim Einholen des Netzes hatte sich gezeigt, daß ein mächtiger Sägefisch in den Maschen hing. Wild schlagend riß er mit seiner Säge, die fast einen Meter maß, große Löcher in das kostbare Fanggerät, ohne sich befreien zu können.

»Erschießt ihn, schnell!« schrie Rolf die Soldaten an, die seekrank an Deck lagen. Doch keiner der Krieger war in der Lage, sein Gewehr zu laden und abzufeuern. Worauf Rolf schnell entschlossen dem Nächstliegenden Waffe und Munition abnahm, lud und den Fisch erschoß. Dieser Zwischenfall trug uns eine strenge Verwarnung ein: Keinesfalls sei es uns gestattet, liberianische Soldaten zu entwaffnen.

Nach wenigen weiteren Fahrten verweigerten die Soldaten diesen Dienst, worauf wir ohne militärischen »Schutz«, jedoch nur noch in Sichtweite Monrovias fischen durften. Als wiederum ein Sägefisch ins Netz geriet, war es sehr mühsam, ihm eine Schlinge über die Säge zu werfen und das Ungetüm an der Bordwand festzuzurren, wo wir es mit Knüppeln und einer Harpune langsam zu Tode brachten. Weil das bis zu dreihundert Kilogramm schwere Tier im Seegang nicht an Bord zu hieven war, mußten wir es längsseits über die Barre zur Anlegestelle schleppen. Auch Riesenrochen konnten ähnliche Probleme verursachen. Diese zählebigen Untiere waren häufig mit Bordmitteln nicht zu töten, wir mußten sie lebend einschleppen, um sie von den auf das Fleisch wartenden Soldaten mit Freudengeheul erschießen zu lassen.

In der Fischerei hatte ich mich mit Rolf, Ascan und Günter

zu einer fröhlichen Gemeinsamkeit zusammengefunden. Doch diese wurde jäh zerrissen durch Ascans plötzlichen Tod. Eine qualvolle Gehirnmalaria, für die es damals in Monrovia keine Heilung gab, setzte seinem Leben ein Ende – wie so manchem Jungen, der hinauszog, um nie wieder zurückzukehren. Als die vier Krumänner der »Helene« Ascans Sarg in die Erde senkten, konnte ich es nicht verhindern, daß To plötzlich ans Grab trat, Erde hinabwarf und mir laut zurief:

»Dies wünsche ich für dich, Massa: Der Tote soll dir viel Glück, Geld und Frauen von den guten Geistern erbitten!«

Einem alten Stammesbrauch folgend, hatte der Headman mir Gutes zukommen lassen wollen.

Mit Rolf und Günter wurde die Fischerei fortgeführt, wobei für manche Fangfahrten mit Stellnetzen auch das Beiboot der »Helene« zum Einsatz kam. So war die liberianische Küstenwache gewohnt, beide Schiffe ausfahren zu sehen, ein Umstand, der uns später zugute kommen sollte.

Schon seit Kriegsausbruch hatte ich begonnen, Nachrichten von der ganzen Küste zu sammeln. Über die Kru-Leute gelang es, eine unkontrollierte Postverbindung zu den deutschen Freunden im portugiesischen Bissao aufzubauen. Aus den angrenzenden englischen und französischen Kolonien bekam ich Informationen aller Art. Hierbei war mir Small Toby eine wertvolle Hilfe. Der pfiffige Bursche, der von allen Krus als Häuptlingssohn respektiert wurde, fand viele geheime Nachrichtenwege zu anderen Küstenplätzen. Über die Headmänner von Brandungsbooten, über Fischer und sogar über Kru-Gangs auf englischen und amerikanischen Schiffen liefen seine Verbindungen vom Senegal bis zur Goldküste. Als später auch Kriegsmaterial, Panzer und Geschütze über Freetown ums Kap der Guten Hoffnung nach Ägypten transportiert wurden und Small Toby mein Interesse hierfür bemerkte, wurde der Informationsdienst auch auf die Schiffsladungen ausgedehnt. Als ich ihn auf die möglichen Konsequenzen illegaler Postbeförderung hinwies, wehrte er ab:

»Ich bin dein Sohn«, erklärte er. »Für mich ist dein Wunsch wichtiger als das Gesetz. Ich kenne mehr Krus als du und weiß, wem ich vertrauen kann.«

Ende 1939 schrieben deutsche Freunde aus dem portugiesischen Bissao, daß Dampfer von dort unkontrolliert nach Lissabon liefen. Wie konnten wir dorthin gelangen? Mit Günter und Rolf wurden Pläne erörtert, bis wir es schließlich wußten: Mit dem Beiboot der »Helene« nach Bissao. Dieses etwa dreieinhalb Meter lange, offene Fahrzeug mußte, mit einem zusätzlichen Kielbalken und einem Segel versehen, für eine solche Seereise tauglich sein.

Unter dem Vorwand einer Reparatur wurde der Kiel vertieft. Heimlich nähten wir ein Segel. Proviant, Wasser und die navigatorische Ausrüstug wurden im Bootsschuppen versteckt. Von der Wand meines Zimmers nahm ich die Haarsträhne. In einem Brustbeutel fanden die Haarsträhne und die Fotos vom Mädchenkopf und der Meerjungfrau ihren Platz. Weil unsere Vorbereitungen im Kameradenkreis nicht zu verheimlichen waren, baten auch andere, mitgenommen zu werden. Doch wir lehnten ab. Die psychischen Belastungen einer Seefahrt unter diesen Bedingungen würden schwerer zu ertragen sein als die körperlichen Anstrengungen.

Zwei Tage vor dem Start wurde ich zum deutschen Konsul gerufen, der ebenfalls von unseren Plänen wußte.

»Sie wollen über Bissao nach Deutschland«, sagte er. »Ich wünsche Ihnen gutes Gelingen Ihres Vorhabens. Sie werden den Endsieg in der Heimat erleben.« Er war auch Ortsgruppenleiter der dortigen NSDAP. Dann kam er mit seinem Wunsch heraus:

»Sie müssen noch jemanden mitnehmen, der nach Hause möchte, nämlich Hans Volckerts.«

Ich war tief betroffen. Ausgerechnet Volckerts, ein Querulant, der mit seinen Intrigen und Streitereien manche Unruhe unter den Deutschen verursacht hatte. Doch weil er ein äußerst aktiver Nazi war, hielt der Konsul seine Hand über ihn.

Ich lehnte energisch ab. Volckerts Teilnahme würde das Unternehmen in unverantwortlicher Weise gefährden.

Doch der Konsul bestand auf seinem Begehren, das bald wie ein Befehl klang. Gerade weil Volckerts ein Problem für die deutsche Kolonie sei, müsse er abgeschoben werden. Das sei meine Pflicht gegenüber den anderen Volksgenossen. Jedoch dürfe niemand wissen, daß er als Ortsgruppenleiter den unliebsamen Parteigenossen loswerden wollte.

Ich erbat mir einen Tag Bedenkzeit, stellte aber klar, daß ich sein Ansinnen zumindest mit Rolf und Günter besprechen müßte.

»Mit Volckerts auf diese Reise? Unmöglich! Dann fahre ich nicht!« war Rolfs sofortige Reaktion. Damit stärkte er auch meinen Entschluß, das Unternehmen aufzugeben. Wir wußten, daß Disziplin und Kameradschaft für den Erfolg unerläßlich waren. Doch Günter, den seine familiären Probleme quälten, mochte nicht aufgeben. Er war bereit, mit Volckerts zu segeln. Und er schlug vor, Erich mitzunehmen, einen besonnenen, handfesten Mann, der auf Brandungsbooten an der liberianischen Küste gereist war. Aber durfte ich das firmeneigene Boot anderen für ein gefährliches Vorhaben zur Verfügung stellen?

Als ich dem Konsul über unser Gespräch berichtete, fuhr er empört auf:

»Es wäre Ihre Pflicht, das Boot zu führen«, rief er. »Nur Sie kennen die Küste. Sie sind ein schlechter Volksgenosse. Aber das Boot fährt auf jeden Fall, auch ohne Sie! Wenn Millionen deutscher Männer ihr Leben einsetzen, dann gibt es keine Bedenken wegen eines Ruderbootes!«

Ich fügte mich dem letzten Argument, blieb jedoch bei meiner Weigerung, mitzufahren. Damit war ich mit dem Makel eines schlechten Patrioten behaftet. Die Grenzen zwischen dem, was man Allgemeinwohl nennt, und dem Freiraum des Individuums sind verschiebbar. Zu jener Zeit hatte die Volksgemeinschaft einen eindeutigen Vorrang.

Am letzten Abend besprach ich nochmals mit Günter und seinen beiden Begleitern die Reiseroute. Unter der Küste bis zum Kap Sierra Leone. Dann bei günstigem Wind in einer Nacht in weitem Bogen über die große Bucht vor Freetown zur französischen Küste. An dieser entlang bis zum Delta des Geba-Flusses, der die See bis weit hinaus gelblich färbt, ein wichtiges Zeichen für das Erreichen der sicheren portugiesischen Gewässer. Keinesfalls dürfe Günter vorher an Land gehen, weil dies, nach meinen Informationen, aus politischen Gründen gefährlich war.

Ein letzter Händedruck und gute Wünsche fürs Gelingen. Mit steinschwerem Herzen trennte ich mich von den dreien. Nach Wochen hoffnungsvoller Vorbereitungen fiel eine drükkende Last auf mich zurück, das Mädchenhaar, die Fotos, Briefe, zwei Jahre der Sehnsucht. In wenigen Wochen könnte ich zu Hause sein, am Ziel aller Träume. Meine mühevolle Planung – nun lief sie ohne mich ab. War ich zu ängstlich gewesen?

Vom Haus aus konnten wir am nächsten Morgen Günters Start verfolgen. Alles lief, wie es geplant war. Der Ebbstrom schob das Boot schnell flußabwärts. Volckerts und Erich gaben mit kurzen Schlägen der Riemen die nötige Fahrt, damit Günter den Kurs halten konnte. Zwei, drei Sprünge über die niedrige Brandung der Barre. Dann lag die freie See vor dem Bug. Die Wachen, gewohnt, das Boot auslaufen zu sehen, hatten keinen Verdacht geschöpft. Das Segel ging hoch und schob das kleine Fahrzeug rasch nordwärts in eine Regenbö – verschwunden!

Wochen vergingen, die erwartete Meldung aus Deutschland mußte kommen. Günter kannte meinen Postweg. Doch als die längst überfällige Nachricht schließlich eintraf, kam sie aus Dakar. Ein nichtssagender, kurzer Text sprach von der Reise dorthin und dem jetzigen Aufenthalt im französischen Senegal. Und es kam die Bitte um Medikamente gegen Darmkrankheiten und Malaria. Wir begriffen: Die drei waren inhaftiert und ohne ausreichende medizinische Versorgung. Auf dem angegebenen Weg sandten wir das Verlangte, dazu Stärkungsmittel und konzentrierte Nahrung.

Jahre später erfuhr ich den Grund für das Scheitern des Unternehmens. Die Reise war zunächst planmäßig verlaufen, Freetown passiert worden. Dann kam die lange Strecke entlang der einförmigen Küste Oberguineas. Erich und Volckerts hatten unter Seekrankheit gelitten, unter der Enge im Boot, Nässe, primitivem Essen und mangelndem Schlaf. Da war es Volckerts gewesen, der verlangt hatte, einen Landeplatz zu suchen, um für ein paar Stunden festen Boden unter den Füßen zu fühlen und frische Früchte von Eingeborenen einzutauschen, die in diesem abgelegenen Teil Afrikas sicherlich nichts vom Krieg wüßten. Günter und Erich hatten sich geweigert und auf meine ausdrückliche Warnung verwiesen, nicht vor Erreichen der hellfarbigen, neutralen Gewässer an Land zu gehen. Als Volckerts eine Waffe zog, hatte man sich seiner Forderung fügen müssen und war näher an die Küste gesegelt. Eine Flußmündung bot einen Landeplatz. Bei Hochwasser lief das Boot bei einem Fischerdorf auf den Strand. Freundliche Afrikaner sprachen die Deutschen auf französisch an. Man brachte ihnen Früchte und lud sie zu einem Begrüßungsmahl ein. Bis plötzlich, vermutlich vom Häuptling informiert, schwarze Polizisten per Fahrrad aus der nächsten Ortschaft kamen und höflich nach den Pässen fragten. Als darauf die drei Weißen zum Ufer stürzten, um die Flucht zu versuchen, war es ihnen wegen der inzwischen eingetretenen Ebbe nicht möglich, ihr Boot schnell genug flott zu machen. Sie landeten in französischer Gefangenschaft, litten unter primitiver Unterbringung, mangelhafter Versorgung und Krankheit. Auch nach dem Waffenstillstand zwischen Deutschland und Frankreich dauerte es noch etliche Monate, bis sie in die Heimat entlassen wurden.

Wenn wir auch in Monrovia diese Einzelheiten des Reiseverlaufs nicht kannten, so war das Scheitern der Flucht doch offensichtlich. So leid es mir um die drei Deutschen tat, so empfand ich doch eine Genugtuung gegenüber dem Ortsgruppenleiter. Dennoch hatte sich mein Ansehen nicht verbessert. Man warf mir vor, daß ich Günter im Stich gelassen hätte. Weil dies durch den Wunsch des Konsuls erfolgt war, wurde auch ihm ein Teil der Schuld am Mißlingen zugemessen. Dies offenbart zu haben, wurde von manchen Parteimitgliedern wiederum mir angelastet.

Trotz Günters Flucht und meines vergeblichen Versuchs erfolgte keine weitere Einschränkung unseres Alltagslebens durch die Liberianer. Nach dem Waffenstillstand in Europa im Juni 1940 herrschte Ruhe an den Fronten, und die Nachrichten aus der Heimat sprachen sogar von Friedenshoffnungen. Meine Verbindungen brachten mir Berichte, wonach das französische Militär in Nordafrika sich loyal zur Regierung des

Mutterlandes bekannte, die unter General Pétain mit den deutschen Siegern kooperierte. Im Senegal hatte General Boisson sogar einen englischen Landungsversuch bei Dakar mit Waffengewalt zurückgeschlagen. Dagegen war es im französischen Gabun zu blutigen Kämpfen unter den Franzosen zwischen den Anhängern Pétains und der Gefolgschaft General de Gaulles gekommen, der eine Exilregierung anstrebte. Seither waren die südlichen französischen Kolonien, zu denen auch die Elfenbeinküste gehörte, bemüht, alle politischen Komplikationen zu vermeiden.

Diese Erkenntnis verstärkte das Drängen der Kameraden, eine Flucht mit der »Helene« zur Elfenbeinküste zu versuchen. Hinzu kam, daß die ersehnten Nachrichten aus Deutschland seltener wurden, mich oft erst nach Monaten und offensichtlich häufig gar nicht erreichten. Und manche sprachen von der Ungewißheit, die auf der Lebenserhoffnung eines Mädchenherzens lastete. Was alles konnte diesem begegnen, von dem die Kunde erst viel später oder gar nicht nach Afrika gelangte? Mit wachsender Kraft zog die Haarsträhne nach Norden. Ich mußte es wagen!

Mit Rolf besprach ich den Fluchtplan. Weitere sechs Männer waren bereit, uns zu begleiten. Hans Koch, der die Küste in Brandungsbooten befahren hatte, bot sich in selbstloser Weise an, zusammen mit To und seiner Crew das Schiff zurückzubringen. Unter dem Vorwand, eine bessere Isolierung für den Fischfang zu schaffen, entstanden im Laderaum verdeckte Gelasse für Proviant und Treibstoff. Als Zahlungsmittel beschafften wir uns Dollarnoten und Nuggets, kleine Brocken Rohgoldes, das, aus Flußsand gewonnen, in Westafrika eine gängige Handelsware ist. Über meinen Postweg bekam mein Yachtschulfreund Jürgen in Cape Palmas Bescheid. Er war dort für unsere Firma tätig und in der gleichen Situation wie wir in Monrovia. Ich hatte ihm versprochen, ihn, wenn irgend möglich, im Falle einer Flucht mitzunehmen. Mit einem verschlüsselten Telegrammcode konnte ich ihm über die Funkstationen in Monrovia und Cape Palmas kurzfristig Ort und Zeit des Treffens mitteilen.

Es war Ende November 1940, als wir am Nachmittag bei Hochwasser ausliefen. Alles klappte auf die Minute. To und seine Crew waren, wie zu den Fischereifahrten üblich, an Bord beordert und hatten das Schiff seeklar gemacht. Auch Small Toby hatte ich bestellt. Über das Ziel der Reise waren sie nicht informiert. Unser Gepäck war am Abend vorher verstaut worden. So fiel es nicht auf, als außer mir und Rolf sechs weitere Männer sich wie zufällig am Anleger einfanden und unter Deck verschwanden.

Leinen los, Maschine voll voraus! Der Sprung ins Wagnis war getan! Der Ebbstrom schob uns an der Stadt entlang seewärts zur Barre. Den Zöllnern winkten wir zu, wie immer wenn wir zum Fischfang ausgelaufen waren. Die Lagerhäuser glitten vorbei, die Kru-Stadt, die Landzunge vor der Flußmündung.

Die »Helene« läuft zu langsamn.

»To, gib mehr Gas! Volle Fahrt!«

»Massa, der Gashebel steht auf voll!«

Er hat recht. Die Maschine läuft auf vollen Touren, und dennoch ist die Fahrt zu langsam. Ein Blick in den Maschinenraum – von der Kupplung qualmt verbranntes Schmierfett. Sie rutscht und muß nachgestellt werden. Aber jetzt das Schiff stoppen? Wir würden steuerlos in die Brandung treiben und in äußerte Gefahr geraten. Was konnte ich tun? Eine Rückkehr zum Anleger war nicht möglich. Meine schwarze Crew hatte zwar schweigend, aber höchst verwundert die weißen Passagiere im Laderaum verschwinden sehen, sie würde mit Passanten hierüber palavern. Und auch mit den Fischern auf dem Fluß, wenn wir hier ankern sollten. Aber mit halber Kraft und geringer Ruderwirkung durch die Brandung? Wenn wir querschlagen und überrollt würden? Sollte unser Plan schon jetzt scheitern? Die Gedanken rasten im Kreise – aber dann weiß ich es: Weiter –, alles riskieren!

Ich hole Paule, unseren tüchtigen Maschinenschlosser, aus dem Laderaum. Mit nassen Säcken kühlt er das Kupplungsgehäuse. Dampf und Qualm ziehen aus der Maschinenluke. Da liegt die Barre vor uns, der erste Brecher stürzt heran. Jetzt genau gegenan, damit wir nicht aus dem Kurs geworfen werden. Der Bug wird hochgerissen und fällt wieder hinab. Der nächste Sprung. Langsam, viel zu langsam kommen wir voran, müssen statt der üblichen drei oder vier Brecher die doppelte Anzahl überwinden und können nicht dazwischen mit kleinen Kursänderungen die niedrigsten Wellenkämme ansteuern. Es sind nur einige Minuten, aber sie sind grausam lang!

Doch dann ist es geschafft, und wir gleiten über die lange Dünung auf die See hinaus. Ein Blick zurück – nichts deutet darauf hin, daß unsere Ausfahrt Verdacht erregt haben könnte.

In sicherem Abstand vor der Küste stoppen wir, und ich steige zu Paule in den Maschinenraum. Beißender Qualm schlägt auf Augen und Lunge, die Hitze ist fürchterlich. Mit den Füßen oben an den Spanten festgeklemmt, um die Hände frei zu haben, hängen wir kopfüber neben der heißen Kupplung. Eine dicke Brühe aus Seewasser, Dieselöl und Schmierfett schwappt aus dem Wellenschacht bis in unsere Gesichter. Mit einer Dose schöpfe ich diese Flüssigkeit und gieße sie zum Kühlen auf die Bolzen, an denen Paule mit dem Schraubenschlüssel reißt. Ob er es schafft? Völlig erschöpft, naß vom Schweiß und Schmutzwasser klettern wir nach oben. Einkuppeln – das quirlige Wasser am Heck zeigt den Erfolg!

Auf nordwestlichem Kurs liefen wir in die Nacht hinein, in Richtung Freetown, um dann bei Dunkelheit auf Gegenkurs zu gehen. Unter einem günstigen Wind setzten wir die Segel. So lag das Schiff ruhiger, was unseren Passagieren, von denen einige seekrank waren, Erleichterung verschaffte.

Noch lange reichte uns das Leuchtfeuer vom Kap seinen Lichtarm durch die Nacht. War es ein Abschiedsgruß von Monrovia? Würde ich je diesen freundlichen Strahl wiedersehen, der mich so manches Mal geleitet hatte? Was lag vor uns? Im Osten stand groß der Orion, mein alter Freund aus vielen durchfahrenen Nächten. Wie oft hatte er mein ängstliches Gemüt belächelt und mir ein wenig von seinem sternenhaften Gleichmut geschenkt. Er stand jetzt auch über Europa, und wie immer sandte ich einen Gruß hinauf zu ihm, wo Gedanken und liebe Augen sich treffen konnten.

Nachts führte unser Kurs in sicherem Abstand vor den Felsen und Untiefen vor der Küste. Tags blieben wir dicht unter

Land, wo unser Schiff vor der Landsilhouette weniger auffällig war und wir uns notfalls in Buchten oder Flußmündungen in Sicherheit bringen konnten. Nur in der ersten Nacht trafen wir einen hell erleuchteten Amerikaner, dem wir in weitem Bogem auswichen. Unseren Kru-Männern hatten wir als Ziel Cape Palmas angegeben.

Sorge machten die seekranken Kameraden. Einige waren völlig apathisch und unfähig, sich auf dem schlingernden Schiff festzuhalten. Da der Aufenthalt in der heißen, stickigen Luft des Laderaums ihnen nicht zumutbar war, hatten sie sich in die schmalen, langen Kästen gelegt, die zum Sortieren der Fische an Deck montiert waren, die jedoch einen fauligen Fischgestank verbreiteten. Doch nur so war sichergestellt, daß sie nicht über Bord geschleudert wurden. Wie konnten wir ihnen helfen? Wir beschlossen, entgegen meinem auf größtmögliche Sicherheit ausgerichteten Plan, für eine Nacht an die Küste zu gehen. Für die Reise bis zum Treffen mit den Kameraden aus Cape Palmas war eine Zeitreserve von zwölf Stunden vorgesehen, die uns noch voll zur Verfügung stand. So nahmen wir Kurs auf Nanakru, um dort eine ruhige Nacht zu verbringen. In der Flußmündung, dicht vor dem Landeplatz gingen wir vor Anker. Wie erwartet, kamen die Fischer mit ihren Kanus heran und erfuhren von unserer Crew von den vielen Weißen, die auf dem Weg nach Cape Palmas seien. Sie brachten die Seekranken zur Erholung an Land.

Deren Erscheinen in dem weltfernen Dorf war verständlicherweise eine Sensation, die den einzigen Ordnungshüter an seine Aufgaben gemahnte. Würdevoll nahm er die einmalige Gelegenheit wahr, sein Ansehen zu erhöhen, indem er sich als Ortspolizist auswies und nach den Pässen der Einreisenden fragte. Diese besah er eingehend Blatt für Blatt, bewundert von den Umstehenen ob seiner Fähigkeit, ausländische Dokumente zu prüfen. Weil auch ihm die Situation der Deutschen bekannt war, fragte er nach dem Ausreisevermerk der Behörde in Monrovia. Als dieser nicht vorgewiesen werden konnte und er die vier Landgänger in seine Hütte nötigen wollte, zogen diese sich zum Ufer zurück. Der Polzist verbot den Fischern, sie zur »Helene« überzusetzen.

Auf ihren Zuruf kam ich an Land und begrüßte den Ortsgewaltigen:

»Hallo, alter Freund, welche Freude, dich wiederzusehen! Wie geht es deiner Familie?«

Auch der Dorfhäuptling trat heran, und es gab das übliche Palaver über Frauen, Kinder, Ernte und Fischfang und auch über die bedauerliche Tatsache, daß der Dorfladen wegen des Krieges keine deutschen Waren mehr aus Cape Palmas erhielt. Ich stimmte ihnen zu. Der ärgerliche Krieg habe auch meine Tätigkeit beeinträchtigt. Aber vielleicht ließe sich im Warenlager von Cape Palmas noch einiges finden, das ich auf der Rückreise mitbringen könnte.

»Aber zunächst möchte ich eure Hilfe erbitten«, fuhr ich fort. »Ich würde gern frische Früchte kaufen. Ihr habt reichlich Bananen, Avocados und Papayas. Ich weiß, daß ihr diese jedem Gast schenken würdet. Aber weil wir so viele Früchte für uns alle brauchen, werde ich sie euch gut bezahlen.«

Die Gelegenheit, Geld zu erhalten war verlockend, und sowohl der Chief wie der Polizist entsandten sofort Familienmitglieder, um das Gewünschte aus den eigenen Anpflanzungen zu beschaffen.

»Ich bin euch dankbar für eure Unterstützung«, fuhr ich fort, um nach einigen weiteren Floskeln schließlich auf das Problem zu kommen. Hierbei bot sich mir die Möglichkeit, ohne Risiko versuchsweise die Wirksamkeit eines besonderen Dokumentes zu erproben, das mir kurz vor Kriegsausbruch in Freetown ausgestellt worden war. Dieses »aliens certificate«, ein »Fremdenausweis«, gedacht für Afrikaner, die aus dem Landesinnern in die Stadt kamen, war einem Reisepaß ähnlich, mit einem Lichtbild und Stempeln der dortigen Polizei versehen. Hierin wurden Datum und Ort der Geburt sowie die Aufenthaltsberechtigung bestätigt, jedoch gab es keinen Hinweis auf die Nationalität.

Ich wandte mich wieder dem Polizisten zu. »Du hast meine Freunde nach ihren Pässen und der Reisegenehmigung gefragt. Das ist sehr richtig. In Kriegszeiten muß man für Ordnung sorgen.«

»Ja«, sagte er. »Wir wissen von dem Konflikt in Europa. Ich

habe auch gehört, daß die Deutschen in Liberia an ihren Wohnorten bleiben sollen.«

»Richtig«, gab ich zu. »Die Männer sind Deutsche, wie du es aus ihren Pässen ersehen hast. Aber für mich gilt noch etwas anderes. Hier, sieh diesen Ausweis!«

Mit dem Finger die Zeilen entlangfahrend, las er das englische Dokument.

»Nun«, fragte ich. »Siehst du, wo ich geboren bin? In Südafrika. Und du weißt, daß man mit der Geburt Angehöriger des Geburtslandes wird. So wie du ein Liberianer bist.«

»Ja«, nickte er. »Das ist so.« Doch offensichtlich machte ihn dieser komplizierte Gedankengang unsicher.

Ich fuhr fort: »Ein so gebildeter Mann wie du weiß auch, daß Südafrika zum britischen Dominion gehört. Nun wird es dir nicht schwerfallen, zu verstehen, warum man mich mit dem Kommando über dieses Schiff betraut hat. Ich bin der liberianischen Regierung verantwortlich für eine ordnungsgemäße Durchführung dieser Reise. Und außerdem, du kennst mich ja schon lange. Waren wir nicht immer gute Freunde?«

Was sollte er sagen? Niemals würde er vor seinen Dorfgenossen zugeben, daß er meiner nebelhaften Erklärung nicht folgen könne.

»Ja«, kam es gedehnt. »Ich verstehe.«

»Zeig meinen englischen Paß dem Chief«, bat ich. »Damit auch er beruhigt ist.«

»Er kann nicht lesen«, erklärte der Polizist.

Doch auch der Chief durchblätterte langsam meinen Ausweis, bevor er ihn mir zurückreichte.

»Ich denke, die Situation ist klar«, schloß ich das Gespräch. »Aber um jegliche Probleme zu vermeiden, wird niemand mehr an Land kommen. Morgen früh segeln wir weiter.«

Selbst wenn er einen Boten zur Funkstation nach Cape Palmas senden sollte, würde dieser nicht vor übermorgen dort sein. Die beiden kassierten dankbar den überhöhten Preis für die Früchte und wünschten uns eine gute Reise.

Nach einer ruhigen Nacht vor Anker liefen wir in einen grauen, schwülen Tag hinein, und es dauerte nicht lange, bis ein harter Tornado sich über die See heranwälzte. Weil es für die Seekranken an Deck zu gefährlich wurde, mußten wir sie bei geschlossener Luke im Laderaum unterbringen, wo sie in stickiger Luft zwischen Fischnetzen und Proviantkisten lagen. Um dem Schiff im wachsenden Seegang eine ruhigere Lage zu geben, ließen wir das gereffte Besansegel stehen und liefen mit halber Fahrt südwärts. Das Treffen mit den Kameraden aus Cape Palmas war auf sechzehn Uhr und eine halbe Meile nördlich des »Carl-Woermann-Rock« festgesetzt. Auch dieser Felsen trug den Namen des Dampfers, der ihn auf unliebsame Weise erstmalig geortet hatte, eines Dampfers, der nach meinem Vater benannt worden war. Dieser Treffpunkt lag günstig vor einer bewaldeten, unbewohnten Küste.

Durch kurzen, steilen Seegang schoben wir uns unter Blitz und Donner voran. Schwere Sturmböen rüttelten an der Takelage. Und dann geschah, was uns allen wie ein böses Omen erschien. Mit einem Krachen, das mir tief in den Magen fuhr, stürzte der Besanmast samt Segel und Wanten über Bord. Mit Baum und Gaffel an den Stahlwanten hängend, trieb er neben dem Schiff. Jede Welle schleuderte die schweren Spieren gegen die Bordwand. Wie lange würde es dauern, bis sie diese durchschlagen und uns zum Wrack machen würden?

Aus der Ladeluke drangen Schreckensrufe, angstverzerrte Gesichter tauchten auf.

»Runter und Luke dicht!« mußte ich sie anschreien, die Armen, die dort unten in der heißen, stinkenden Finsternis nur ahnen konnten, daß sich hier oben eine Katastrophe ereignet hatte.

Wie konnten wir uns von der gefährlichen, im Wasser hin und her schlagenden Takelage befreien? Es fehlte das Gerät, um die stählernen Wanten zu kappen. Wir mußten die Bäume an Bord nehmen, eine fürchterliche und äußerst gefährliche Arbeit. Vom schlingernden Schiff aus versuchten wir, mit Tauwerkschlingen die Enden der langen Hölzer einzufangen, um sie aufs Deck zu wuchten. Unsere fünf Krumänner waren großartig. Mit den Füßen hinter die Reeling geklemmt, die Schlinge zwischen den Zähnen, griffen sie mit beiden Händen nach den schwimmenden Trümmern, stets in Gefahr, gequetscht zu werden, wenn die See die Spieren gegen die Bordwand stieß. Die alte Seemannsregel: Eine Hand für dich, die andre fürs Schiff – für meine Krus galt sie nicht. Wie gut, daß ich sie, entgegen dem Wunsch mancher Kameraden, mitgenommen hatte! Rolf, Hans und ich hätten diese Arbeit nicht leisten können.

Dann war es geschafft, und der Wirrwarr von gesplittertem Holz, Seilen und Segel an Deck festgezurrt. Zerschunden, völlig erschöpft und außer Atem fielen wir an Deck.

Da stieg aus der Ladeluke der lange Egon, der am wenigsten unter Seekrankheit litt, sich jedoch auf dem schwankenden Deck nur sehr unsicher bewegen konnte. Er kroch zu mir und schrie mich an:

»Nun ist es genug! Das lassen wir uns nicht mehr gefallen! Du jagst uns nach unten, wirfst die Luke zu, ohne zu sagen, was los ist! Sperrst uns ins Dunkle, wo die Männer sich die Galle aus dem Leib würgen und nur ahnen können, daß hier oben Schlimmes passiert ist! Aber wir machen das nicht mehr mit, wir wollen an Land! In die nächste Bucht, damit wir uns erholen können!«

Egons Wutausbruch drohte, mich völlig aus der Fassung zu bringen. Wie stets, wenn man sich tatkräftig gegen ein Unheil wehrt, hatte ich während der Bergungsarbeiten keine Angst verspürt. Doch nun, als ich ausgepumpt, mit schmerzenden Gliedern auf die Trümmer blickte, spürte ich Mutlosigkeit in mir aufsteigen. War die Bordwand beschädigt? Durften wir mit dem angeschlagenen Schiff die Reise fortsetzen? Zweifel an der Sicherheit der »Helene« und der eigenen Standhaftigkeit kamen auf. Da zog, während ich noch um Atem und Halt rang, mit Egons Forderung das nächste Unheil heran: Eine schlechte Mannschaft, die gefährlicher ist als eine Havarie!

Ich war zu matt, um Egon zu widersprechen. Doch da war Rolf, der mir beisprang und Egon zurechtwies:

»Ihr Jammerlappen! Monatelang habt ihr zur Flucht gedrängt, uns beim Whisky, im Sessel Zaghaftigkeit vorgeworfen! Und nun? Keiner von euch ist arbeitsfähig! Ein Unfall und schon schlottern euch die Hosen! Die ›Helene‹ ist kein Passagierdampfer. Das haben wir euch immer gesagt!«

»Mit diesem Schiff können wir nicht weiterfahren«, rief Egon. »Bringt uns an Land!«

»Aber das Boot aus Cape Palmas«, gab ich zu bedenken. »In zwei Stunden müssen wir am Treffpunkt sein, wir dürfen die Männer nicht hängenlassen.«

Murrend fügte sich Egon.

Wir untersuchten die Bordwand. An den Eichenplanken waren keine gefährlichen Schäden entstanden. Auch ohne Besansegel war die »Helene« noch voll seetauglich. Ich begann, wieder Mut zu fassen, und war mir bald mit Rolf und Hans einig: Keine Umkehr!

Der Tornado war abgezogen, die See beruhigte sich, und die Kranken kamen wieder an Deck. Rolf nahm sich Egon vor:

»Das Boot aus Cape Palmas wird euch an Land bringen, euch alle! Packt eure Sachen und macht euch klar zum Aussteigen!«

Noch eine bittere Aufgabe stand mir bevor – der Abschied von Small Toby. Wie würde er es aufnehmen? Ich rief ihn zu mir in meine Kammer. Er sah fragend zu mir auf, wie immer voll sicheren Vertrauens.

»Toby«, sagte ich. »Wir müssen uns trennen. Ich will nach Deutschland zu meiner Familie. Du steigst jetzt in das Boot, das von Cape Palmas kommt und kehrst dorthin zurück. Sag' deinem Vater meinen Dank, daß er dich mir anvertraut hat und daß du mir ein guter, lieber Sohn warst. Du weißt selbst, daß wir uns immer gut verstanden haben. Du hast viel für mich getan. Ich werde es dir nicht vergessen. Wann wir uns wiedersehen – ich weiß es nicht. Aber vergiß nicht, was du bei mir erfahren und gelernt hast. Werde ein aufrechter, rechtschaffener Mann, wie es dein Vater ist. Leb' wohl!«

Ich gab ihm ein Päckchen mit, das Fotos von uns, der »Helene« und außer einer Geldsumme einige kleine Andenken enthielt, die ihm bedeutsam sein würden. Er sah mich wortlos an und begriff erst langsam die ganze Bedeutung meiner Worte: Abschied, Trennung, das plötzliche Ende eines Lebensabschnitts. In den weitgeöffneten Augen sah ich Tränen. Auch er spürte es, doch er wischte energisch darüber, richtete sich auf und sagte:

»Massa, du bist mir ein Vater. Ich bin dein Sohn. Wenn du

sagst, daß ich nicht mit dir gehen kann, dann weiß ich, daß du recht hast. Ein Sohn muß seinem Vater gehorchen. Ich werde zu meiner Familie zurückgehen. Aber wann immer du wiederkommen wirst, ich werde für dich da sein, wie es sich für einen guten Sohn gehört.«

Ein Händedruck – er ging, zurückgestoßen in die Welt, aus der er vor zwei Jahren mit hochgespannten Hoffnungen aufgebrochen war.

Aus dem Dunst der Küste löste sich ein Segel und nahm Kurs auf uns. Jürgen hatte gut geplant. Mit ihm würde ein weiterer, seerfahrener und zuverlässiger Mann an Bord kommen.

»Klarmachen zum Aussteigen!« hieß es für die Passagiere.

Doch nur Egon und Dieter erhoben sich zögernd. Dann kam es langsam von Paule:

»Ich möchte an Bord bleiben.«

»Ich auch«, rief Heinz.

Die andern berieten sich und binnen kurzem waren alle, sogar Egon, bereit, auf der »Helene« zu bleiben.

Ich war betroffen, aber nach kurzer Beratung mit Rolf stellte auch dieser seine Bedenken zurück.

»Aber wehe, wenn einer aufmuckt!« drohte er. »Den schlag' ich zusammen!«

Von jedem einzelnen ließ ich mir unbedingten Gehorsam versprechen. Mit Jürgen, Rolf und Hans sollte es jedoch möglich sein, jeder Auflehnung zu begegnen.

Über die langen Wellen schoß das Brandungsboot aus Cape Palmas heran. An der Pinne saß der alte Sekkeh, mein Freund und Lehrmeister aus der Zeit des Beginnens. Da war Jürgen, wie immer in ruhiger Gelassenheit, als ob unser Treffen eine Alltagsroutine sei.

»Sechs Passagiere, noch trocken und gesund«, rief er schmunzelnd. »Fahrgäste nach Hamburg bitte nach Steuerbord umsteigen!«

Eine Leine flog herüber. Sekkeh hielt sein Boot nah genug zum Hinüberspringen. Das Gepäck flog hinterher, fertig! Da stand noch einmal Small Toby neben mir. Ein Händedruck, ein Schlag auf die Schulter, dann der Sprung hinüber. Für Worte war kein Platz. Los die Leine!

Sekkeh segelte mit einem Auftrag nach Norden. So würde er in frühestens drei Tagen wieder in Cape Palmas sein und von unserer Begegnung berichten. Die »Helene« nahm, wie auch in Monrovia, den Kurs nach Nordwesten, um die Reise nach Freetown vorzutäuschen. Nach Einbruch der Dunkelheit ging es wieder auf Südkurs. Weil bei Cape Palmas mit Dampferverkehr zu rechnen war, mußten wir das Kap bei Nacht umrunden.

Nun hatten wir sechs weitere Männer an Bord, mehr als erwartet. Es wurde noch enger an Deck. Würde das Erscheinen einer so großen Gruppe im französischen Gebiet Aufsehen erregen? Die Transportprobleme? Nun, es gab kein Zurück.

Die Flucht der von Jürgen geleiteten Gruppe war in gleicher Weise durchgeführt worden wie die unsere. Sekkeh hatte die Anweisung erhalten, ein Boot klarzumachen. Dann waren die sechs Männer erschienen, um sofort auszulaufen. Eine Möglichkeit, das Boot anzuhalten oder zu verfolgen, gab es dort nicht.

Aus der Nacht kam das vertraute Blinken des Leuchtturms vom Palmenkap. Vor sechzehn Jahren hatte Heinz Bogner es dem kleinen Jungen gezeigt, ihm von dieser abweisenden Küste erzählt, die mir zu einer reichen Lebensstrecke geworden war. Das Haus dort auf dem Felsen, hoch über der See und dem weiten Land. Die Nächte, gefüllt mit Musik und guten Gesprächen. Das ständige Rauschen der Brandung, Blumenduft und darüber der kreisende Strahl des Leuchtfeuers. Alles hatte vor mir gelegen, die faszinierende Aufgabe und weitgespannte Pläne. Heute winkte der Blink zum Abschied von dieser schönen Ecke Afrikas und einem jäh abgebrochenen Weg. Im Funkeln des Kielwassers versanken die Hoffnungen und Erwartungen. Vorbei! Der Steuerstrich am Kompaß wies nach Osten. Die Navigation an der fremden Küste, die Sorge vor Begegnungen zwangen den Blick nach vorn. Wichtig war nur, was vor uns lag, dort in der Nacht, wohin das Mädchenhaar zog. Der Märchenprinz war auf dem Weg zu seiner Meerjungfrau.

Mit dem Verlöschen des Feuers von Cape Palmas war auch To und seinen Männern klargeworden, daß wir die liberianischen Gewässer verließen. Ich mußte ihnen sagen, worum es ging.

»To«, sagte ich, »wir wollen zur Elfenbeinküste. Dort werden wir aussteigen. Aber Mr. Koch bringt die ›Helene‹ zusammen mit euch nach Monrovia zurück. Dort werdet ihr sagen, daß ihr nichts über das Reiseziel gewußt habt. Dann wird euch nichts geschehen. Und von uns bekommt ihr ein gutes Geldgeschenk, weil ihr uns so brav geholfen habt.«

»Ja, Massa«, antwortete er. »Wir werden das Schiff nach Monrovia bringen, wie du es wünscht. Gern wären wir weiter mit dir gefahren. Aber wir wissen auch, daß dieser Krieg deine Pläne zunichte gemacht hat. Wir hoffen, daß er bald zu Ende geht. Dann wirst du zurückkommen und weiterhin mit uns die Küste befahren.«

Wieder fuhren wir nachts in weitem Abstand von der Küste und tags im Dunst der Landnähe. Die See blieb ruhig, und die Seekranken begannen, sich zu erholen.

Es kam der Augenblick, da wir ein niedriges Kap rundeten. Dahinter eine ruhige Bucht, hübsche Europäerhäuser – Sassandra, der erste Landeplatz der Elfenbeinküste! Wir ankerten vor dem Zollgebäude, ein weißer Beamter wurde herangerudert. Ich begrüßte ihn auf englisch und erbat seine Unterstützung, um mit meiner Gruppe nach Abidjan zu gelangen, wo wir uns in einer besonderen Mission beim Gouverneur zu melden hätten.

»Das ist eine Angelegenheit der Polizeipräfektur, nicht des Zolls«, antwortete er. »Aber ich kann Sie mit an Land nehmen und dorthin führen lassen.«

Durfte ich das wagen? Allein an Land, auf französischem Gebiet? Waren meine wochenlangen Überlegungen richtig gewesen? Doch dann sprang ich in das Boot.

»Wenn ich in einer Stunde nicht zurück bin, könnt ihr mich vergessen«, rief ich Rolf zu. »Dann tut, was ihr für richtig haltet!«

Ein schwarzer Gehilfe führte mich zur Präfektur, wo ich von zwei weißen Polizeibeamten begrüßt wurde. Nach meinem Paß gefragt, wies ich mein englisches Zertifikat vor und äußerte meinen Wunsch, mit meiner Gruppe in einem diskret zu behandelnden Auftrag schnellstens beim Gouverneur in Abidjan vorstellig zu werden.

Der Präfekt durchblätterte meinen Ausweis, ohne sich hierzu zu äußern. In schwerfälligem Englisch fragte er:

»Herr Woermann? Von der deutschen Reederei?«

»Nein«, konnte ich ehrlich antworten. »Diese wurde zwar von meinen Vorfahren gegründet. Aber ich stanmme, wie sie aus diesem Ausweis ersehen, aus Südafrika und reise in einer speziellen Mission, über die ich dem Gouverneur zu berichten habe.«

Während die beiden sich auf französisch berieten, blickte ich teilnahmslos aus dem Fenster, um nicht zu zeigen, daß ich ihr Gespräch interessiert verfolgte. Offensichtlich war ihnen diese Angelegenheit unbehaglich, und sie überlegten, wie sie uns auf eine sichere Weise abschieben könnten. Ich wagte einen Vorschlag:

»Können wir ein Kraftfahrzeug für die Fahrt nach Abidjan mieten? Und vielleicht könnten Sie uns zu unserer, aber auch zu Ihrer Sicherheit eine Begleitung beschaffen, die uns an Ihre dortigen Kollegen weiterleitet. Ferner wäre ich dankbar für eine telegrafische Nachricht an den Gouverneur über unsere Ankunft. Selbstverständlich kommen wir für alle Kosten auf.«

Wieder eine kurze Beratung. Dann sagte der Präfekt: »Gehen Sie auf ihr Schiff zurück. Sie werden in Kürze Bescheid erhalten. Bis dahin bitte ich Sie, nichts zu unternehmen.«

Ich wurde zur »Helene« gebracht. Mein Vorschlag an den Präfekten bewirkte unter den Freunden heftige Diskussionen, die von Zustimmung bis zur Rückkehr nach Liberia reichten. Doch zunächst galt es, abzuwarten.

Das Zollboot brachte einen der beiden Polizisten und den Bescheid, daß in einer Stunde ein Bus für uns bereitstünde. Ein weißer Korporal und afrikanische Soldaten würden uns begleiten.

Die Wogen des Für und Wider schlugen hoch. Auf der »Helene« waren wir frei, konnten andere Möglichkeiten erwägen. Selbst eine Rückkehr nach Liberia würde ohne schwerwiegende Folgen bleiben. Mit der Busfahrt jedoch begaben wir uns in militärischen Gewahrsam.

Mein Entschluß stand fest: Über Land nach Abidjan. Auch Rolf und Jürgen stimmten mir zu. Langsam zerfiel die Gegenpartei, bis schließlich alle bereit waren, auszusteigen.

Noch einmal ging ich ans Ruder meines Schiffes, strich über

die Pinne, mit der ich uns beide durch manche Fährnis gesteuert hatte. Dann nach vorn. Viele Stunden hatte ich hier über der Bugwelle, zwischen Himmel und Wasser schwebend, verträumt. Sie war mir eine zuverlässige Gefährtin gewesen, die »Helene«. Von ihr zu scheiden, kostete ein Stück des Herzens.

Vom Land kam ein großes Zollboot. Ein letzter Händedruck für Hans Koch, ein Dank für seine selbstlose Hilfsbereitschaft. Dann zu To und seinen Männern, die ein gutes Geldgeschenk erhalten hatten. Ein Sprung ins Boot und zum Strand.

Da stand der Bus. Der französische Korporal grüßte militärisch, als wir einstiegen. Auf der Hinterbank saßen drei schwarze Soldaten, ihre Waffen waren diskret in der Gepäckablage verstaut.

Los ging es – wieder ein Sprung ins Ungewisse. Die kurvige Straße führte an den Hügeln hinauf. Da lag unter uns die Bucht, das Kap und davor ein winziger Punkt: die »Helene«, schon auf dem Rückweg. Sie hat ihr Ziel glücklich erreichen können. Doch ich sah es an diesem Abend zum letztenmal, mein Schiff, wie es dort, schon an die Weite verloren, auf dem leuchtenden Teppich der Abendsonne zum Horizont zog. Vorbei!

Die Fahrt ging auf holperiger Straße in die Nacht. An den Sternen prüfte ich die Fahrtrichtung – nach Osten, nach Abidjan. Gegen Morgen fühlten wir eine Asphaltstraße. Lampen, Häuser glitten heran.

Ein großes Tor nahm uns auf. »Hôpital« konnte ich lesen – ein Krankenhaus. Unser Korporal sprach mit Männern in weißen Kitteln. Aussteigen – ein großes Gebäude, lange Flure und am Ende ein großes Zimmer mit vielen sauber bezogenen Betten, Waschgelegenheiten – offensichtlich eine unbenutzte Krankenstation. Bedienstete brachten unser Gepäck, der Korporal salutierte, und ein weißer Kittel wünschte uns angenehme Ruhe. Als die Tür zuschlug, hörten wir, daß sie von außen verschlossen wurde. Erst mal schlafen!

Wir erwachten, als weißgekleidetes Personal uns ein einfaches, gutes Frühstück brachte. Krankenkost! Erfolglos versuchte ich ein englisches Gespräch. Doch dann erschien ein Weißer, anscheinend ein Büroangestellter, und fragte auf Englisch nach unseren Wünschen. Ich bedankte mich für die gute Versorgung und fragte, wie weit es zum Zentrum von Abidjan sei, wir möchten dort einiges erledigen. Er winkte bedauernd ab und bat uns, den Raum nicht zu verlassen und auf weiteren Bescheid zu warten. Ein höflicher Gruß – wir waren wieder eingeschlossen.

Am Vormittag erschienen zwei französische Polizeibeamte. In gutem Englisch erbaten sie unsere Pässe, die wir ihnen jedoch verweigerten. Wieder produzierte ich meine Story von der besonderen Mission.

»Sie sind Deutsche?« kam es mehr behauptend als fragend.

Ich reichte ihm mein engliches Papier mit dem Bemerken:

»Dieses Dokument wird Ihren Ansprüchen nicht genügen. Aber Sie ersehen daraus, daß ich kein *beachcomber* bin. Über unseren Auftrag darf ich nur der Zentralregierung berichten. Ich bitte Sie, mir einen Termin beim Gouverneur zu erwirken. Außerdem muß ich Geld einwechseln, um unseren Transport und den Aufenthalt zu bezahlen.«

Mein Ausweis beeindruckte ihn anscheinend. Doch er reichte ihn mir zurück und sagte:

»Ich bin leider nicht befugt, Ihnen das Verlassen des Krankenhauses zu gestatten. Aber ich werde Ihre Wünsche weiterleiten. Erwarten Sie unseren weiteren Bescheid.«

Ein höflicher Gruß, und wieder waren wir Gefangene. Aus den Fenstern blickten wir auf eine hohe Mauer.

Pünktlich erhielten wir unser Mittagessen. Ein schwarzer Pfleger war gern bereit, mir gegen Franken etwas Gold abzukaufen, das wir auf einer Arzneiwaage abwogen. So hatte ich einen kleinen Betrag in Landeswährung zur Verfügung.

Endlos dehnten sich die Stunden der Untätigkeit, der Spekulationen um die Ungewißheit unserer Situation. Und bald fand sich – wie sollte es anders sein – eine Gruppe von Kritikern, die feststellten, was wir falsch gemacht hätten. Ihr Sprecher war natürlich wieder Egon, der mir autoritäres Verhalten und falsche Taktik gegenüber den Franzosen vorwarf. Was sollte ich antworten?

Wieder war es Rolf, der Egon mit harten Worten zum Schweigen brachte. Ich war ihm dankbar, daß er mir die Auseinandersetzung ersparte und mir den Rücken frei hielt auf dem Weg über unbekannte Hindernisse, die noch vor uns lagen.

Früh am nächsten Morgen erschien ein Franzose in Begleitung eines schwarzen Polizisten. Er stellte sich als Regierungssekretär vor und erklärte, er habe den Auftrag, mich zu seinem Chef zu bringen. Nur mich allein. Auch Geld zu wechseln sei mir gestattet. Eine Falle? Ich sammelte eine größere Summe Dollarnoten ein.

Unser Hospital lag außerhalb der Stadt. Über breite, von Bäumen gesäumte Straßen fuhren wir zum Zentrum, zur Hauptpost. Weil die Banken erst um neun Uhr geöffnet würden, könnte ich hier mein Geld wechseln, erklärte mein Begleiter.

An der Kasse stand eine Warteschlange. Mein Blick fiel auf den Telegrammschalter. Das war eine Chance.

»Darf ich Sie bitten, mir das Geld einzuwechseln?« fragte ich den Sekretär. »Ich verstehe kein Französisch. Ich unterschreibe das Devisenformular, und Sie füllen es aus. Sie können das schneller.«

Er nahm meine Dollarnoten und reihte sich in die Schlange ein. Als er sich ans Ausfüllen der Formulare machte, ging ich die wenigen Meter zum Telegrammschalter, ließ mir Kohlepapier geben und schrieb auf englisch mit Kopie ein Telegramm aus:

militärisches oberkommando dakar
general boisson persönlich
planmäßig abidjan stop erwartet meine meldung von weiteren etappen wie vereinbart stop falls ausbleibend erbitte ich zugesagte intervention bei hiesigem gouverneur
woermann

Der schwarze Schalterbeamte zählte, ohne zu lesen, die Worte ab und nannte mir die Gebühr, die ich aus den im Hospital eingewechselten Franken bezahlte. Die Telegrammkopie ließ ich mir abstempeln.

Am Wechselschalter zählte der Sekretär einen Packen Frankenscheine ab. Offensichtlich hatte er, wie auch unser am Eingang wartender Polizist, nichts bemerkt. Ich nahm Geld und

Wechselbescheinigung in Empfang, und wir gingen hinaus zum Wagen.

Der Verwaltungssitz des Gouverneurs lag in einem großen, gepflegten Park. Ein prächtiges Gebäude, hohe Hallen, Flure und schließlich ein Vorzimmer. »Secrétaire d'Etat« hatte ich auf dem Türschild gelesen. Auf meine Frage nach dem Gouverneur erhielt ich den Bescheid, daß dieser verreist sei. Jedoch werde mich sein Stellvertreter, der Staatssekretär empfangen. Zwei weiße Sekretärinnen und die Ausstattung des Vorzimmers unterstrichen die hohe Position dieses Mannes.

Binnen kurzem saßen wir an dessen mächtigem Schreibtisch. Dahinter eine hohe, drahtige Gestalt. Ein schmales Gesicht mit gut geformter Nase, scharfblickende, blaue Augen, hinter denen feine Fältchen auf einen Sinn für Humor schließen ließen. Die blaßgelbe Haut deutete auf einen langen Aufenthalt in den Tropen hin. Eine sympathische Erscheinung.

Er grüßte reserviert, ohne mir die Hand zu reichen. Nach einem Blick auf ein Papier, anscheinend ein Bericht über uns, kam auf englisch die übliche Frage:

»Ihr Name ist gut bekannt. Sind Sie mit der deutschen Reederei verbunden?«

»Nein«, sagte ich. »Mein Vater stammt zwar aus der Hamburger Familie, investierte jedoch bedauerlicherweise sein Vermögen in eine Farm in Südwestafrika.«

»Wieso bedauerlich?« fragte er.

»Nun, ich wäre gern Reeder geworden. Allerdings, zur Zeit wäre dies auch keine Goldgrube.«

Sein Mund zeigte ein feines Lächeln – ein guter Einstieg! Doch als er sich aufreckte, kamen seine Worte hart und klar:

»Sie geben an, mit Ihrer Gruppe in einem besonderen Auftrag zu reisen. Was bedeutet das?«

Nun mußte sich zeigen, ob meine in wochenlangen Überlegungen aufgebaute Spekulation richtig war. Die Entscheidung über unser Schicksal lag im Ermessen dieses Mannes.

Ich sah in die klaren, blauen Augen und bemühte mich, genauso knapp und präzise zu antworten:

»Ich habe dreizehn Deutsche aus Liberia in ihre Heimat zu bringen. Die Angelegenheit liegt im besonderen Interesse des deutschen Auswärtigen Amtes, in dem mein Onkel Staatssekretär ist. Meine Reise ist mit der Regierung Pétain und dem Oberkommando in Dakar abgestimmt. Wir möchten auf dem schnellsten Wege nach Norden, nach Deutschland.«

Von diesen Behauptungen war nur Onkel Ernsts Dienststellung richtig. Wegen der Nachrichtenkontrolle hätte eine aus Liberia gesandte Information an das Auswärtige Amt oder die Militärregierung in Dakar unsere Flucht gefährdet.

»Wir haben vermutet, daß Sie Deutsche sind«, sagte der Staatssekretär. »Sie glauben also, daß man vierzehn Deutsche durch die Sahara nach Algerien reisen lassen wird? Was wird Sie nördlich des Nigerflusses erwarten?«

Nun mußte ich meinen letzten Bluff ausspielen:

»Ich weiß, daß es Ihnen Komplikationen bringen kann, wenn Sie eine Gruppe von Ausländern über den Niger schicken in das Gebiet, das von General Boissons Militär kontrolliert wird. Aber wir müssen dorthin, weil Boisson zu Pétain und dem Waffenstillstand mit Deutschland steht. Und man wird uns dort weiterhelfen. Das Oberkommando in Dakar ist über unsere Reise informiert. Bitte!«

Ich reichte ihm die Telegrammkopie, die ihn sichtlich beeindruckte.

»Sind Sie General Boisson bekannt?« fragte er.

Mit allem Nachdruck antwortete ich:

»Sie werden verstehen, daß man mit einer ungewöhnlichen Mission nur jemanden beauftragt, der über entsprechende Verbindungen verfügt. Ich bin verpflichtet, etappenweise unseren Reiseverlauf nach Dakar zu melden. Unterbleibt dies, so müssen Sie mit einer Nachfrage und gegebenenfalls mit einer Intervention rechnen. Wir wissen beide, was sich in Brazzaville und Dakar abgespielt hat. Das sollten wir uns ersparen. Meinen Sie nicht auch?«

Nach kurzem Schweigen kam sein Bescheid: »Mein Sektretär wird Sie in Ihr Quartier bringen. Ich werde Ihnen meine Entscheidung mitteilen lassen.«

»Ich danke Ihnen«, sagte ich. »Ich hoffe, bald von Ihnen zu hören.«

Im Büro bezahlte ich die Busfahrt von Sassandra. Die Versorgung im Krankenhaus war dort abzurechnen. Das Telegramm nach Dakar verschwieg ich meinen Kameraden. Warum sollte ich auch sie noch mit meinen Bedenken wegen eines weiteren Schwindels belasten, für den ich allein verantwortlich war? Ihnen erklären, daß ich von Boisson und der militärischen Konstellation nur durch meine Kru-Nachrichten und die sehr dürftigen Meldungen aus Monrovias kleinem Lokalblatt wußte?

Da saßen wir nun wieder auf unseren Betten und diskutierten die Situation. Schliefen, aßen und warteten. Der Tag verging ohne eine Nachricht. Auch der nächste Tag schleppte sich über lange Stunden. Die Stimmung sank, und ich spürte einen wachsenden Druck auf mir lasten. Wenn man uns nun hier oder gar in Kamerun hinter Stacheldraht bringen würde? Niemand könnte uns helfen. Und alle Verantwortung lag bei mir. Weil ein Mädchenhaar mich nach Hause zog, hatte ich die Flucht geplant, die vielleicht uns alle ins Unglück führen würde. Ich hatte Hans Grimms Bericht »Der Ölsucher von Douala« gelesen, das Schicksal jenes Deutschen, der im Ersten Weltkrieg, von seiner Liebe träumend, in Kamerun in französischer Gefangenschaft unter Fieberqualen stirbt. Egon hatte recht.

»Du hast uns schön in den Dreck gefahren«, sagte er. »Von Soldaten hergebracht, eingeschlossen, hohe Mauern! Wie konntest du das zulassen! Nun sitzen wir in der Tinte, können nichts mehr tun!«

Ja, das war es, was zur Verzagtheit, zur Angst führte: Nichts tun können! Was half es, daß Rolf Egon mit einem Faustschlag drohte. Oder daß Jürgen mit leiser, sanfter Stimme, aber noch gerade vernehmbar vor sich hin sinnierte:

»Wir wissen ja, daß Egon viel klüger ist als wir alle. Mit seinem hilfreichen Rat wären wir nie in diese Situation gekommen. Aber leider hat er seine Weisheit so leise von sich gegeben, daß wir sie nicht vernehmen konnten.«

Ich lag still auf meinem Bett und starrte auf das Stückchen Himmel und Freiheit über der Mauer, als plötzlich der Regierungssekretär im Zimmer stand und mich ansprach:

»Übermorgen früh um fünf Uhr holt ein Wagen sieben von

Ihnen ab – zum Flugplatz. Sie fliegen nach Algier. Am Tag darauf in gleicher Weise die zweite Gruppe.«

Ich wäre ihm gern um den Hals gefallen. Das war mehr als wir je zu träumen gewagt hätten. Oder war es nur eine Falle? Warum mußten wir uns in zwei Gruppen aufteilen?

»Es war keine größere Maschine verfügbar«, erklärte er. »So mußten wir zwei kleinere nehmen, die aus Sicherheitsgründen nicht gleichzeitig fliegen dürfen.«

Es war klar, daß es erregte Diskussionen gab. Zu unwahrscheinlich erschien uns diese Nachricht, als daß sie nicht auch Bedenken auslöste. Wie konnten wir sicherstellen, daß man uns nach Algier flog und nicht nach Brazzaville in die sichere Gefangenschaft hinter Stacheldraht?

Daß ich selbst mich schnell dennoch zum Flug entschloß, entsprang keiner rationalen Überlegung. Ich sah den Staatssekretär vor mir, seine straffe, soldatische Haltung, die klaren Augen – er würde uns, die wir ohnehin in seiner Gewalt waren, nicht mit einer Täuschung in Haft nehmen lassen.

Noch im Dunkeln fuhren wir, die erste Gruppe, zum Flugplatz. Eine kleine Maschine, zwei höfliche Piloten, der Start. Eine weite Kurve über der Stadt, dann die Küste im Morgendämmern. Wir drehten weiter, nach Norden, die Savanne, Berge. Dorthin mußte unser Kurs führen. Aber wieder ging es nach Osten – in die Gefangenschaft? Noch einmal zog der Brandungsstreifen des Atlantik unter uns vorbei. Wieder nach Westen, dann nach Norden. Da schoß die aufgehende Sonne ihren ersten Strahl zu uns herauf und schob sich rotglühend über den Horizont. Und sie blieb dort, querab, im rechten Winkel zu unserem Flug. Nordkurs! Wir schrien, sprangen auf, schlugen uns mit den Fäusten, bis der Pilot uns bat, sitzenzubleiben, er könne die kleine Maschine nicht eintrimmen, wenn wir hin und her hüpften.

Es gab eine Zwischenlandung in Bobo Dioulasso und am Nachmittag in Gao am Niger, wo ein einfaches Hotel uns aufnahm. Für die Flugzeuge jener Zeit war es unmöglich, in einem Sprung die Sahara zu überqueren. In der Abendkühle standen wir am Ufer des mächtigen Stromes, auf der Nordseite des Niger!

Kurz nach Mitternacht ging es weiter. Sonnenaufgang über der Wüste. Turbulenzen rüttelten an der kleinen Maschine, während wir in geringer Flughöhe über riesige Dünen dahinzogen. Ihre Kämme glühten rot, erstarrte Brecher eines leblosen Meeres über den Schatten der Nacht in den Tälern. Landung auf einer Sandpiste, ein Häuschen, eine Benzinpumpe, rundherum unter lastender Hitze flache Sandwellen bis zum Horizont. Bidon cinq, Kanister fünf, hieß dieser »Flugplatz«. Ein bärtiger Tuareg in blauem Burnus betankte das Flugzeug. Wie er dieses Ziel in der Gleichförmigkeit der Wüste ansteuere, fragte ich den Piloten.

»Man soll es nicht suchen«, antwortete er. »Man muß es finden.«

Ein weiterer Tankstop, diesmal in der Steinwüste, einer dunklen, toten Welt, tiefer beeindruckend als die Sandwüste. Dann das immer neue Wunder: Landung in einer Oase zwischen Palmen und blauem Wasser. Kurze Fahrt zwischen blühenden Hecken und hellen Häusern zu einem kleinen Hotel zum späten Essen. Erneuter Aufstieg. Die Berge des Atlas in der Abendsonne, hinabgleiten in die Nacht. Schließlich Lichtpunkte, erst einzelne, dann aufquellend zu einem funkelnden Teppich – Algier! Dort an der Grenze der Lichter die dunkle Tiefe des Mittelmeers, der Hafen. Vor bald acht Jahren war ich dort im Morgengrauen auf der »Wega« eingelaufen und hatte erfahren, daß Hitler deutscher Kanzler geworden war. Krieg zwischen unseren Völkern werde es geben, hatten die Franzosen gesagt, und wir hatten sie ausgelacht.

Sie hatten recht behalten. Ja, der Krieg war sogar schon vorüber und vor sechs Monaten mit einem Waffenstillstand abgeschlossen worden. Warum gab es noch keinen Friedensvertrag?

Landung auf dem Flugplatz von Algier. Mit den Piloten fuhren wir zum Hotel. Der Empfangschef zeigte Bedauern, als ich nach Schiffsverbindungen übers Mittelmeer fragte.

»Keine Passagierschiffe. Nur Frachter, gelegentlich. Aber wann sie fahren, weiß niemand. Und es ist gefährlich. U-Boote, deutsche, italienische, englische. Und Flieger!«

Genauso unsicher und gefährlich seien die Flugverbindungen. Vorgestern sei eine französische Maschine abgeschossen worden mit dem Gouverneur von Syrien an Bord, der über Algier nach Damaskus hatte fliegen wollen.

Wir berieten, erwogen andere Möglichkeiten. Immerhin, bis Algier waren wir gekommen und würden sicherlich auch die letzte Etappe irgendwie überwinden.

Als wir einige Flaschen algerischen Weins leerten, kam unser Chefpilot zu uns.

»Wir hatten den Auftrag, Sie hierher zu bringen«, sagte er. »Sie aber wollen nach Frankreich. Ich bin in Nîmes zu Hause. Und für meine Maschine ist die übliche Inspektion fällig. In Marseille. Verstehen Sie?« Klar, er wollte das Flugzeug nach Marseille zur Überholung bringen und inzwischen Urlaub zu Hause machen. Unsere Weiterbeförderung konnte eine Begründung für den Flug abgeben. Ob wir einverstanden seien?

Eine verlockende Möglichkeit! Aber die deutschen Jäger über dem Mittelmeer? Er winkte ab:

»Unser Büro hat Kontakt mit einer deutschen Flugleitstelle in Marseille. Wenn wir den Transport einer deutschen Gruppe und unsere Route melden, ist die Gefahr gering. Ich gebe Ihnen morgen früh Bescheid.«

Das erste, was wir nach der Landung in Marseille sahen, war ein Schild mit der deutschen Aufschrift »Wetterwarte«. Ein Pfeil wies auf eine Villa nahe dem Flugplatz.

»Eine deutsche Dienststelle«, erklärte unser Pilot. »Dort wird man Ihnen weiterhelfen.«

Ein herzlicher Dank zum Abschied an unsere beiden Piloten, und wir zogen zur Wetterwarte. Deutsche Zivilisten hörten mit Erstaunen und Begeisterung die Schilderung unserer Reise und boten uns Unterkunft und Versorgung in ihrem geräumigen Quartier. Als am nächsten Tag die anderen sieben Kameraden, auf unserer Spur geleitet, eintrafen, fanden auch sie gastliche Aufnahme. Obgleich es nie ausgesprochen wurde, war uns bald klar, daß bei unseren Gastgebern vom Wetter weniger die Rede war als von Einzelfliegern oder Staffeln und Begegnungen über dem westlichen Mittelmeer. Wir waren in der Flugleitung der deutschen Wehrmacht. Der Süden Frankreichs war zu dieser Zeit offiziell nicht von deutschen Truppen besetzt, jedoch befanden sich südlich der Demarkationslinie einzelne Dienststellen und Einheiten, deren Angehörige keine Uniformen trugen.

Wie schnell versanken Ängste und Aufregungen unserer Reise im Kreise unserer fröhlichen und trinkfreudigen Hausherren. Doch wir wollten weiter nach Deutschland. Zur Weiterreise ins besetzte Frankreich bedurfte es eines Geleitscheines einer deutschen Dienststelle. Da wir alle bereits Wehrdienst geleistet hatten, waren wir beim Wehrmeldeamt Ausland in Berlin erfaßt. Auf dem Dienstweg der Wetterwarte ging ein Telegramm mit unseren Namen und Daten nach Berlin mit der Bitte um Anweisung an unsere Dienststelle, uns einen Geleitschein auszustellen. Nun hieß es, diesen Bescheid abzuwarten.

Auf dem schwarzen Markt in der Stadt versorgten wir uns mit wärmender Kleidung für den deutschen Winter. Unser Gold und die Dollarnoten brachten höchste Kurse. Dennoch reichten unsere gesamten Reichtümer nicht, um die Rechnung der französischen Fluggesellschaft zu bezahlen. Als ich dem höflichen Franzosen unsere Zahlungsunfähigkeit erklärte, begnügte er sich mit meiner schriftlichen Bestätigung der Richtigkeit dieser Rechnung. Eines der vielen Wunder unserer Reise. Ich habe nie wieder etwas von diesem Schuldanerkenntnis erfahren.

Vom Wehrmeldeamt in Berlin jedoch kam nichts. Als es mir am dritten Tag schließlich gelang, eine Telefonverbindung dorthin zu erhalten, wurde mir klar, daß ich erstmalig wieder mit deutscher Ordnung konfrontiert war. Vor ihr mußte der Elan, der uns so wunderbar durch die bisherigen Fährnisse der Reise geführt hatte, kapitulieren. Über die schlechte Telefonverbindung hörte ich Worte wie Zuständigkeit, Antragsformulare, Prüfungszeit und andere bürokratische Fachausdrücke, die in meinem in Afrika benötigten Wortbedarf nicht vorgekommen waren. Nur eines verstand ich: Von dort war keine Unterstützung zu erlangen.

Also weiter auf krummen Wegen. Dankbar nahmen wir Abschied von der gastfreien Wetterwarte und stiegen in den Expreß nach Paris. Um Mitternacht hielt der Zug an der Demarkationslinie. Dem französischen Beamten reichten wir unsere deutschen Pässe, die er uns kommentarlos zurückgab. Eine deutsche Kontrolle kam nicht. Der Zug fuhr an, wir waren im von der deutschen Wehrmacht besetzten Gebiet. Der Weg in die Heimat schien frei.

Ein kleines Hotel in Paris nahm uns auf. Drei Kameraden mußten mit Fieber ins Bett, die Anstrengungen der Reise waren ihnen nicht bekommen. Doch gerade die Kranken wollten schnellstens nach Deutschland, um sich dort behandeln zu lassen. Hierzu war jedoch, wegen der strengen deutschen Zug- und Grenzkontrollen, ein Geleitschein unumgänglich.

Schon am ersten Morgen war ich auf dem deutschen Generalkonsulat und binnen kurzem völlig entmutigt wieder auf der Straße. In einem riesigen Wartezimmer, wo ein Schwarm von Antragstellern saß, hatte ich erfahren, daß die Erteilung eines Geleitscheins mindestens eine Woche, meist noch viel länger dauere.

Mit Rolf und Jürgen ging's ins Café de la Paix, um bei Kaffee und Cognac zu beraten. Die Kranken mußten nach Deutschland. Sollten wir uns hier, kurz vor dem Ziel, durch deutsche Bürokratie aufhalten lassen? Onkel Ernst im Auswärtigen Amt! Aber nur deutsche Dienststellen hatten Telefonverbindung nach Deutschland.

Wieder zum Konsulat. Aber dort war man nicht bereit, mir ein Telefonat oder Telegramm nach Berlin zu ermöglichen. Ein Konsulat sei kein Postamt, hieß es im Vorzimmer, und schon wurde ich wieder auf den Flur abgeschoben.

Da, an der nächsten Tür das Namensschild: Dr. Quiring, Generalkonsul. Plötzlich sprang ein Funke über. Wo hatte ich diesen Namen gehört? Der Funke zündete, ein Licht glomm auf: Der freundliche alte Arzt in Hamburg, er hatte diesen Namen genannt, von seinem Verbindungsbruder gesprochen, der Chefarzt an einem Hamburger Krankenhaus sei. Das war der Name gewesen! Was konnte ich damit beginnen? Ich drückte die Klinke – natürlich verschlossen. Grübelnd stand ich auf dem Gang.

Schlüsselgeklapper ließ mich auffahren, die Tür zum Ziel

meiner Wünsche öffnete sich zum Flur. Der Konsul, er mußte es sein, entließ einen Besucher. Ein Sprung, bevor die Tür wieder zuschlug.

»Herr Doktor Quiring?« fragte ich.

Ein sympathisches Gesicht blickte mich an, verständlicherweise unwillig wegen meiner Zudringlichkeit.

»Ja?« kam es fragend, als er die Tür schon wieder zu sich zog. Doch mein Fuß hielt sie offen.

»Entschuldigen Sie, bitte«, stieß ich hervor. »Herr Doktor Quiring, Chefarzt am Wandsbeker Krankenhaus, kennen sie ihn?«

»Ja, mein Bruder. Warum fragen Sie?«

»Mein Name ist Woermann, aus Hamburg«, warf ich ihm entgegen. »Aus Westafrika geflohen mit einer Gruppe. Kranke, die sofort nach Deutschland müssen. Helfen Sie mir!«

»Herr Woermann, aus Hamburg? Von der Reederei? Und jetzt aus Westafrika?«

Ich hatte es geschafft! Noch drei Sätze über unsere Situation, dann saß ich an seinem Schreibtisch, und die Sekretärin, die mich so energisch aus dem Vorzimmer geschoben hatte, brachte uns Kaffee. Eine Stunde später waren unsere Pässe auf einen schnellen Dienstweg gebracht, und am Nachmittag holte ich sie mitsamt dem Geleitschein für unsere Gruppe ab.

Als im Nachtzug nach Köln die deutsche Feldgendarmerie unsere Ausweise erbat, zeigten wir stolz die Dokumente vor. Zum erstenmal reisten wir legal. Im Morgengrauen passierten wir die Grenze – wir waren in Deutschland! Geschafft!

Mit Freudenschreien wurden die letzten Weinflaschen geleert, wir sangen, tanzten, bewarfen uns mit Hüten, Mützen und zerrissenen Zeitungen, bis die beiden Abteile wie Kampfstätten aussahen. Die Gendarmerie des nächsten Fahrtabschnitts kam zur Kontrolle und besah äußerst mißbilligend diese Unordnung.

»Die Ausweise, bitte! Und dann räumen Sie sofort hier auf! So dürfen Sie das Abteil nicht verlassen!«

Jubelndes Gelächter war unsere Antwort. »Wer wir sind? Ha, jetzt sind wir Deutsche. Oder sollen wir Ihnen Engländer vorspielen? Wir kommen aus Westafrika! Können Sie sich das vorstellen?«

Die Mienen der beiden Gendarmen verfinsterten sich. »Wo kommen Sie her? Sie haben deutsche Pässe?«

»Ja«, rief Paule, der wohl am meisten getrunken hatte. »Und die sind sogar echt. Oder glauben Sie es nicht? Und wir haben sogar einen gültigen Geleitschein!«

Drohend hörten wir die Warnung: »Reden Sie keinen Unsinn! Sie sind ja betrunken!«

Mich mag der Teufel geritten haben, oder war es der Wein, als ich rief:

»Was meinen Sie mit Unsinn? Bezweifeln Sie die Echtheit meines Passes? Dann hab' ich auch noch etwas ganz anderes, einen englischen Personalausweis. Hier! Auch damit habe ich mich schon ausgewiesen.«

Der Gendarm starrte auf mein *aliens certificate*, von dem er allenfalls den englischen Ursprung, keinesfalls aber den Sinn erfassen konnte.

»Sind Sie Engländer?« herrschte er mich an.

Bevor ich antworten konnte, wies Paule auf mich und rief:

»Er war sogar beim *secret service*!«

Rolf versuchte, die Wogen zu glätten: »Sie sehen, unsere Pässe und der Geleitschein sind in Ordnung. Was wollen Sie mehr?«

»Das werden wir sehen«, hieß es. »Mancher Spion kommt mit gefälschten Papieren nach Deutschland. Sie sind verdächtig. Wir müssen ihre Ausweise prüfen. Her damit! In Köln werden Sie abgeholt.«

Unser johlender Protest, weinseliges Gelächter trieben die Spannung zum Höhepunkt. Kurz entschlossen verschwanden die Beamten mit Pässen und Geleitschein. Und – unsere Abteile waren von außen verschlossen. Endlich in Deutschland, aber verhaftet und eingesperrt!

Köln Hauptbahnhof. Vier Feldgendarmen trieben uns in einen kleinen, nur vom Wartesaal aus zugänglichen Raum, in dem zwei alte Damen beim Kaffee saßen. In einer Ecke war ein Telefon, von dem aus eine Dienststelle angerufen und ein Transportfahrzeug bestellt wurde. Mit alkoholmüden Köpfen saßen wir an den Tischen. Wieder einmal warten! Wie würde sich unsere selbstverschuldete Situation klären? So hatten wir uns die Ankunft in Deutschland nicht vorgestellt!

Immerhin, wir waren in Deutschland, in Köln. Ob Onkel Hans von Schiller noch hier war? Aus Briefen der Eltern hatte ich erfahren, daß er Kommandant eines Kölner Fliegerhorstes sei. Da unsere Bewacher vor dem Eingang standen, konnte ich unbemerkt zum Telefonbuch greifen. Da war die Nummer, dort das Telefon. Aber woher den Groschen nehmen? Wir hatten kein deutsches Geld. Die beiden alten Damen dort? Die mit dem lieben Muttigesicht unter den weißen Haaren! Schnell hatte ich meine Story erzählt von den freundlichen Gendarmen, die uns zur Musterung in die Kaserne bringen sollten. Aber ich würde so gern noch einmal meinen Onkel anrufen, hätte aber kein Kleingeld. Schon hatte ich meinen Groschen.

Zum Telefon. Das Glück war mit mir, nach wenigen Minuten meldete sich Onkel Hans. Schnell das Nötigste über unsere Situation. Er begriff sofort und versprach zu kommen.

Es war das letzte Wunder unserer Reise. Die vier Gendarmen schlugen die Hacken zusammen und erstarrten respektvoll in strammer Haltung, als der Oberstleutnant der Luftwaffe mit seinem Adjutanten hereintrat und mich in die Arme schloß.

»Willkommen in Deutschland«, rief er. »Wir fahren gleich zu uns. Tante Ellen weiß Bescheid, das Badewasser wird eingelassen, in einer Stunde gibt es Mittagessen, ja?« Und zum Adjutanten: »Bitte kümmern Sie sich um die anderen Herren, falls diese irgendwelche Unterstützung benötigen.«

»Noch stehen wir unter Arrest«, sagte ich und wies auf unsere Bewacher. Worauf Onkel Hans sich diesen zuwandte und sie in liebenwürdiger Weise verabschiedete:

»Meine Herren, ich werde Ihnen die weitere Versorgung meines Neffen und seiner Kameraden abnehmen. Haben Sie sehr herzlichen Dank dafür, daß Sie die Heimkehrer so hilfsbereit in Empfang genommen haben. Hier ist meine Karte. Ich würde mich freuen, Sie gelegentlich in unser Kasino einladen zu dürfen. Sie wissen doch: Bei den Fliegern gibt es immer Treibstoff aus guten Flaschen. Mein Adjutant wird einen Termin absprechen, ja?«

Nun noch der Groschen und der Dank an die liebe alte Frau. Der Abschied von den Kameraden war kurz. Ein Händedruck, der alles einschloß, afrikanische Jahre, unsere Reise und die Frage an die soldatische Zukunft an irgendwelchen Fronten.

Mit Onkel Hans durch die Stadt zu seinem Haus, Tante Ellen, ein Anruf bei den Eltern, die Badewanne. Plötzlich war mein Kopf ein gewichtsloses, leeres Gefäß. Kein Gedanke kam und ging, nichts mehr war zu überlegen, zu planen, zu fürchten – ich fiel in ein grenzenloses Nichts.

»Raus aus der Badewanne, das Essen ist fertig!« Tante Ellen schreckte mich hoch – ich war eingeschlafen.

Doch ich war noch nicht am Ziel meiner Reise. Am nächsten Tag ging's nach Berlin ins Auswärtige Amt, um Onkel Ernst zu berichten. Hatte ich doch in Abidjan mich ohne sein Wissen seines Namens bedient. Aber es war keine Rückfrage erfolgt. Er fragte nach der politischen Situation in Westafrika. Ich berichtete. Als ich vom Transport schwerer Waffen nach Ägypten und dem Ausbau des Flugplatzes bei Monrovia erzählte, faßte er nach:

»Das wird eine andere Dienststelle interessieren«, sagte er und verabredete einen sofortigen Termin für mich beim Wehrmachtsoberkommando. Beim Abschied kam seine Frage, die ich als letzte von einem hohen Beamten des NS-Staates erwartet hatte:

»Warum bist du nicht dort geblieben? Warum nicht nach Südafrika gegangen?«

»Ich will heiraten«, erklärte ich. Worauf ich von ihm, dem Junggesellen, die gleiche Antwort bekam wie vom englischen Konsul in Monrovia, daß kein vernünftiger Mann eines Weibes wegen sein Leben riskieren solle. Und eindringlich und leise, obgleich wir allein waren, fügte er hinzu, er habe seine Versetzung beantragt, er werde als Botschafter nach Nationalchina gehen. Es sei nicht gut, in diesem deutschen Staat zu bleiben. Erst langsam wurde mir das ganze Gewicht seiner letzten Worte klar. Als ich nachfragte, fuhr er mich an:

»Vergiß das! Ich habe gar nichts gesagt!« Bald darauf wurde er mit einem U-Boot nach China gebracht, wo er bis zum Kriegsende blieb.

Es waren nicht nur Onkel Ernsts letzte Worte, die in mir unklare Fragen aufwarfen. Auch der Besuch beim Wehrmachtsoberkommando und der damals noch unter Admiral Canaris arbeitenden Spionageabwehrstelle verstärkten meine befremdliche Verwirrung.

Als ich zwei hohen Offizieren über Waffentransporte und den Ausbau des Flugplatzes bei Monrovia berichtete, wurde mir das Wort abgeschnitten:

»Schweres Kriegsgerät auf amerikanischen Schiffen von Freetown nach Ägypten? Amerikanische Serienflugzeuge über den Atlantik fliegen? Unmöglich! Alles Feindpropaganda! Wie können Sie so etwas glauben?«

Ich konnte mich nicht enthalten zu bemerken: »Dann ist wohl anzunehmen, daß amerikanische Dampfer mit Attrappen an Deck und in den Laderäumen um Afrika fahren. Und die Landebahn wird wohl nur ein Sportplatz. Eine teure Propaganda!«

Aber meine Gesprächspartner hatten keinen Sinn für Humor. Mit der Verwarnung, keine derartigen Behauptungen zu verbreiten, wurde ich entlassen.

Das Mädchenhaar in der Brusttasche. Es zog den Prinzen zur Erfüllung seiner Sehnsucht. Das Bild, das er sich in tausend einsamen Nächten nach dem Foto des Märchenwesens geschaffen hatte – würde es bei der unerwarteten Rückkehr vor der Wirklichkeit bestehen? Wie spärlich waren die Botschaften des letzten Jahres gewesen! Wie viele mochten verlorengegangen sein? Doch warum noch Gedanken an Vergangenes hängen? Frei war der Weg zum Ziel seiner Träume!

Doch das gab es nicht mehr. Sein an der zeitlos verharrenden Bronzefigur aufgehängtes Wunschbild zerbrach mit schmerzvollem Mißklang am lebensnahen und gewachsenen Selbstverständnis der jungen Medizinerin. Unvereinbar erschien ihr der eigene, dem Beruf verbundene Lebensanspruch mit dem in fremde Fernen weisenden Weg des Träumers, der nun aus seinen hochfliegenden Illusionen kopfüber in die Wirrnis der menschlichen Wirklichkeit eines unhappy end stürzte. Aus! Und sein von Kummer und Alkohol überbrandendes Gemüt sah nur noch einen Weg: Fort aus dieser enttäuschenden Welt, fort in die Weite der See, in ihre Tiefe!

»Afrika zerreißt das Herz«, hatte Mama gesagt.

Auf dem Stahlturm

Der Gestellungsbefehl zitierte mich zur Marineersatzabteilung nach Kiel. Zusammen mit Freund Jürgen meldete ich mich dort auf der Schreibstube. Wir wurden abgehakt und hatten Zeit bis zum Abend. Jürgen hatte bereits Yachtschulkameraden ausgemacht, die als Offiziere in Schlüsselpositionen saßen, und binnen drei Stunden waren wir als Afrikaexperten der Spionageabwehrstelle des Marineoberkommandos Kiel zugeteilt, deren Chef, Kapitän Weißhun, uns wohlwollend begrüßte. Wir traten unseren Dienst als »Herren« in Zivilkleidung an, und anstatt in die Kaserne zog ich in ein hübsches Zimmer im Kieler Yachtclub, der ehemals der Kaiserliche geheißen hatte.

Ein Besuch bei der Zentrale der Abwehr in Berlin brachte mir den Auftrag ein, per U-Boot nach Liberia zu fahren. Dort sollte ein Schlauchboot mich nachts absetzen. Ich würde mich beim deutschen Konsul verbergen, bestimmte Informationen beschaffen und auf dem gleichen Weg nach Deutschland zurückkehren. Das Gelingen dieses Planes erschien mir zweifelhaft, was ich jedoch für mich behielt. Eine Entdeckung würde allenfalls wieder die großzügige Internierung zur Folge haben. Zurück in Kiel, berichtete ich Kapitän Weißhun über meinen vorgesehenen Einsatz.

»Aber Sie fahren nur mit einem guten Kommandanten«, sagte er. »Nicht mit einem Leuteschinder. Die gibt's nämlich auch. Das besprechen wir heute abend bei einer Flasche Rotwein mit meiner Frau. Die hat übermorgen Kaffeekränzchen mit Frau Friedeburg.«

Admiral Friedeburg war Einsatzleiter der unter Admiral Dönitz operierenden U-Bootswaffe. Wurden deren Einsätze, die höchster Geheimhaltung unterlagen, beim Damenkaffee besprochen? Mutter Weißhun hatte keine Bedenken.

»Selbstverständlich müssen wir für Sie ein nettes Boot aussuchen«, hieß es. »Das wird Frau Friedeburg mit ihrem Mann regeln.«

Wenige Tage später erhielt ich den Bescheid, das Kaffeekränzchen habe Kapitänleutnant Schulz, den Kommandanten von U 124, für geeignet befunden, der in fünf Wochen nach Freetown auslaufen würde. Aus Tarnungsgründen wurde ich jedoch sofort, und zwar in Matrosenuniform, nach Lorient an der französischen Biscayaküste in Marsch gesetzt.

»Welcher Idiot hat Sie hierhergeschickt?« empfing mich der Spieß der U-Bootersatzkompanie. »Ein Kerl wie Sie, ohne U-Bootausbildung! Was soll ich mit einem so nutzlosen Päckchen anfangen?«

Aber das durfte ich ihm nicht erklären. Nach zwei Tagen war ich dem Küchenhilfsdienst des Offizierskasinos zugeteilt, wo eine ausgezeichnete Verpflegung abfiel. Als ich dort die weißlackierte Tür des Eßraumes scheuerte, hörte ich plötzlich eine fragende Stimme:

»Adje Woermann, was machst du denn hier?«

Ich blickte auf und sah einen langen Oberleutnant zur See mit einem vertrauten roten Haarschopf und konnte ihm antworten:

»Ich reinige diese Tür von Essensresten, die einem von euch wohl gestern abend aus dem Gesicht gefallen sind!«

Es war Wolfgang Frank, ein alter Segelfreund und jetzt Chef der PK, der Propagandakompanie der U-Bootswaffe. Auch er war der Ansicht, daß meine augenblickliche Tätigkeit nicht meinen Fähigkeiten entsprach.

»Du kannst doch fotografieren und kommst in meine PK!«

Schon am nächsten Tag zog ich nach Lamor Plage in eine hübsche Villa mit eigenem Tennisplatz, am Strand unter alten Bäumen gelegen. Mit zwei anderen PK-Männern zensierte ich U-Bootbilder für die Veröffentlichung, spielte Tennis, badete und organisierte unsere Verpflegung aus der Offiziersmesse. Wolfgang erfuhr über seine Kontakte zur U-Bootseinsatzleitung den wahren Grund meiner Anwesenheit.

»Willkommen an Bord!« Kaleu Schulz reichte mir die Hand, als ich mich auf U 124 meldete. »Mutter Weißhun hat mir schon von Ihnen berichtet. Melden Sie sich beim I WO, dem Personaloffizier. Und heute abend zu einer Flasche Wein bei mir!«

Ich trat beim ersten Wachoffizier, Oberleutnant Henke, an.

»Sie bekommen ein Lausepäckchen an Bord«, eröffnete ich ihm. »Ich bin bereits degradiert und als Offiziersanwärter gestrichen. Sie werden es aus meinem Führungsbuch ersehen.«

Er sah mich erstaunt an und meinte: »So sehen Sie nicht aus. Und Sie sind dem Kommandanten vom Stab in Kiel empfohlen worden.«

Mutter Weißhuns Verbindungen wirkten immer noch.

»Aber das schert mich nicht«, sagte der I WO. »Wir gehen auf Feindfahrt, und hinterher wissen wir, was wir voneinander zu halten haben. Sie kommen in meine Wache.«

Auslaufen an einem sonnigen Sommerabend. Als erste Wache war ich auf dem Turm, sah grünes Land, Häuser, die helle Steilküste, die feste Welt der Menschen hinter dem Kielwasser versinken, wie ich es gewollt hatte.

Tagsüber ging es unter Wasser durch die Biscaya, um die englische Luftaufklärung zu vermeiden. Der seemännische Routinedienst war mir geläufig. Lernen mußte ich die Bedienung der Tiefenruder und die bei Unterwasserfahrt und im Alarmfall nötigen Handgriffe.

Vor der Nordwestecke Spaniens tauchten wir in der nächsten Nacht auf. Kurz vor dem Wachwechsel kam ich auf den Turm und sah ein trübes Lichtlein aus der Nacht blinken.

»Spanischer Fischer«, murmelte ich unüberlegt vor mich hin.

Aber nun war es heraus, was der Posten längst hätte sehen müssen.

»Was reden Sie da?« fragte der 3 WO, der Obersteuermann.

»Das Licht dort«, mußte ich sagen.

Nun hatte auch der Ausguck es erfaßt und meldete.

»Wieso spanischer Fischer?« wollte der 3 WO wissen.

»Nur ein Neutraler fährt jetzt hier mit Licht«, mußte ich ihm erläutern. »Schaukelnde Petroleumlampe, oft vom Seegang verdeckt. Fährt sehr langsam, weil er sein Netz schleppt. Zweimastiger Kutter mit Dampfmaschine. Davon gibt es hier viele.«

»Tolle Augen haben Sie«, lobte der Obersteuermann.

Wie sollte er, im Kriege ausgebildet und nie an fremden Küsten gewesen, auch wissen, wie billig meine Weisheit war?

Ich übernahm meinen Posten. Starren in die Nacht, mit dem Glas meinen Sektor absuchen, einen Viertelkreis des Horizonts. Wer zuerst sieht, ist im Vorteil.

Alte Bilder drängten aus der Dunkelheit. Acht Jahre zurück, mit der »Wega« hier im Wintersturm. Der Weihnachtsengel, Symbol reizvoller Weiblichkeit. Nein, zum Teufel mit dieser Sorte von Menschen!

Wie gut, daß der alte Orion sich zu dieser Jahreszeit auf die andere Seite der Erde verzogen hatte. An seinen Sternen würden allzuviele Erinnerungen hängen, die ins Kielwasser zu versenken ich mich bemühte.

Zum erstenmal am Tag auf dem Stahlturm im Atlantik. Nicht über, sondern durch die Wellen geht der Weg des Bootes. Der geringe Auftrieb hebt es bei hoher Fahrt nur langsam empor. Ein U-Boot ist kein normales Schiff. Das schöne Gefühl des sich Einfügens in den Rhythmus des Seegangs, des Auf- und Abschwingens, des Einswerdens mit Wasser und Wind – das U-Boot läßt es nicht aufkommen. Der Stahlturm auf dem niedrigen Rumpf ist brutale Gewalt, die sich ihre Bahn zwischen Himmel und See erzwingt, die vom Gischt umbraust ein gerades, brodelndes Kielwasser in die Weite legt. Wer auf diesem Bollwerk steht, ist Herrscher über die Natur, er empfängt seine Kraft vom Turm, wird von ihm frei zwischen den Horizonten vorangerissen von dröhnenden Dieseln. So hatte ich es gewollt. Der Turm trug mich durch den Raum. Wohin? Egal, nur fort vom Land und von Weibern!

Das Boot war für mich gut ausgewählt worden. Von den Männern, mit denen ich im Bugraum hauste, waren die meisten erfahrene U-Bootsfahrer, die wußten, daß nur Kameradschaft und Toleranz das enge Miteinander ermöglichten. Ganz selbstverständlich wurde ich, dessen Unerfahrenheit manches Problem bereitete, in die Gemeinschaft aufgenommen, fand Rat und Hilfe.

Auf dem Boden des Bugraums waren zusätzliche Torpedos gestaut, über denen Planken lagen. Diese etwa zwölf Quadratmeter große Fläche, über der sich weniger als eineinhalb Meter Freiraum fanden, war der »Salon« der zweiundzwanzig Bewohner, von denen jeweils zehn auf Wache waren. Ihr Leben spielte sich nur hockend und kriechend ab. Ein Ausstrecken des Körpers war nur in einer der zwölf seitlichen Kojen möglich, zu denen noch vier Hängematten kamen. Ich teilte meine Schlafstatt mit Franz, einem massigen, gutmütigen Bergmann aus Schlesien.

»Ich pinn das Foto von meinem Mädchen an dieses Brettchen«, sagte er. »Sie heißt Olga. Kannst deine daneben hängen. Und wenn's warm wird in den Tropen, ich schlaf in Unterwäsche. Dann ist die Furzmulde nicht so feucht, wenn du reinkriechst.« Ich hatte kein Foto.

Der Umgangston im Bugraum war rauh, aber doch bestimmt von der Notwendigkeit des sich Vertragenmüssens. Zum Thema Nummer eins, den Frauen, fielen die üblichen Zoten. Doch waren es vor allem die beiden Funker, die manches andere aufs Tapet brachten.

Weiter im Süden, wo die Gefahr der Feindberührung geringer war, durften außer den vier Mann der Seewache noch jeweils vier Freiwächter auf den Turm, um frische Luft zu schöpfen. Im »Wintergarten«, dem Halbrund hinter dem Flakgeschütz saß man gut auf der Reeling, immer klar zum Sprung, um sich im Alarmfall durchs Turmluk in die Zentrale fallen zu lassen. Dort oben, über der tags weißbrodelnden und nachts leuchtenden Spur des Kielwassers, ergab sich manches besinnliche Gespräch. Dieter, der Funker, ein Zimmermann aus Pommern, lieh sich den Faust und Rilke von mir.

»Aber sag den andern nichts davon«, warnte er. »Die würden uns auslachen. Denen ist es gleichgültig, wie Krieg und Moral zusammenpassen. Aber ich komm' damit nicht klar.«

Auch mit dem I WO, einem drahtigen, welterfahrenen Mann und ehemaligen Handelsschiffsoffizier, ergaben sich gemeinsame Interessen. Als ich von meiner Flucht aus Liberia erzählte, meinte er:

»Ich hätte es genauso gemacht. Wenn man gut englisch spricht und die Welt kennt, kommt man überall durch.«

Er wurde wenig später Kommandant. Schwer getroffen konnte er vor der amerikanischen Küste auftauchen und ging mit geretteter Mannschaft in Gefangenschaft. Bei einem Fluchtversuch wurde er erschossen. Das Gespräch mit ihm kam mir in den Sinn, als ich siebzehn Jahre später gedankenvoll in dem deutschen U-Boot stand, das als Museumsstück in Chicago zu besichtigen ist.

Daß ich zum Kommandanten einen guten Kontakt finden würde, hatte Mutter Weißhun vorhergesagt. Auch er kam von der Handelsmarine und hatte viel von der Welt gesehen. Bei manchem guten Gespräch kam auch mein Einsatz zur Sprache. Er sollte mich bei Monrovia absetzen und zwei Nächte später wieder aufnehmen. Seine Erfahrung ließ ihn den schwachen Punkt meines Planes erkennen.

»Wie wollen Sie ungesehen in das Haus des deutschen Konsuls gelangen, wo doch dort jeder seinen Nachtwächter hat? Wenn der Sie sieht, weiß es sofort die ganze, kleine Stadt, und Freetown wird informiert. Und weil Sie nicht vom Himmel gefallen sein können, kriege ich eine Suchaktion per Luft und See auf den Hals, schon bevor ich vor Freetown aktiv werden kann.«

Dieses Problem hatte ich in Berlin verschwiegen. Ich hatte ja nur aus Deutschland verschwinden wollen und eine erneute Internierung in Kauf genommen. Aber jetzt erkannte ich, daß ich die Männer meines Bootes, die mich so bereitwillig in ihre Kameradschaft aufgenommen hatten, nicht in Gefahr bringen konnte. Aber wie war das zu vermeiden? Der Einsatzbefehl war eindeutig.

Um Öl zu sparen und unbemerkt das Ziel zu erreichen, liefen wir mit halber Fahrt fern der afrikanischen Küste und der Dampferwege nach Süden. Mit dem täglich höheren Sonnenstand stiegen auch Temperatur und Feuchtigkeit in der Eisenröhre des Bootes. Auf Kojen und Planken tropfte Kondenswasser und wurde, wo möglich, in Blechdosen aufgefangen. Der »Rote Hund« ging um, schmerzhaft juckende Entzündungen an Scheuerstellen auf der ständig schweißnassen Haut. Süßwasser gab es nur zum Zähneputzen. Die Stimmung in der feuchtheißen, öldunstigen Höhle des Bugraums war gespannt. Es wurde geklagt, geflucht, und es kam zu Reibereien, wie ich es von der Flautensegelei kannte. Doch dann glätteten Dieters und Franzens ruhige Autorität die Wogen. Auch der sichere Gleichmut des Kommandanten und die forsche, aber wohlwollende Art des I WO wirkten bis in alle Räume. Wie dankbar war ich Mutter Weißhun für ihre Fürsorge, wenn ich hörte, daß es, wenn auch nur wenige, Boote gab, denen ein schlechter Ruf anhing.

Zwei Wochen waren wir bereits unterwegs, und die Gedanken kreisten ständig um die Problematik meines Auftrages, als ein Funkspruch aus Lorient alle Pläne über den Haufen warf. Aus Gibraltar war ein großer Geleitzug nach Westen ausgelaufen, und alle Boote im Ostatlantik wurden, soweit ihr Treibstoff reichte, hierauf angesetzt.

»Fünf Tage große Fahrt, das sollten wir schaffen«, rechnete der Alte. »Wenn die, wie zu erwarten, nach Norden gehen, können wir bis zur Höhe der Biscaya dranbleiben.«

»Aber wenn die Tommies weit nach Westen ausholen, kann es für uns zu weit werden«, sagte der Obersteuermann. »Fünf Tage große Fahrt, das kostet viel Öl.«

»Dann haben wir Pech, aber eine sonnige Fahrt in den Süden gehabt«, erhielt er zur Antwort.

»Der Alte hat keine Halsschmerzen mehr«, hörte ich hinterher vom Obersteuermann. »Sein Ritterkreuz hat er. Und er weiß, was es heißt, an ein solches Geleit heranzukommen. Eine Armada von Zerstörern und Korvetten drumherum. Und dann die Flieger! Mir soll's recht sein, wenn wir nicht in die Scheiße müssen.«

Mit hoher Fahrt liefen wir zurück, ständig in Gischtwolken, die der lange Seegang des Nordostpassats über den Turm fegte.

»Auftrag Woermann entfällt«, kam der Funkspruch von der Einsatzleitung, nachdem wir unsere Entscheidung, zurückzulaufen, gemeldet hatten.

Auf meiner Wache kommt voraus ein Dampfer in Sicht. Sofort ist der Kommandant oben. Ich darf den Blick nicht aus meinem achteren Sektor nach vorn nehmen, riskiere es aber doch. Für Sekunden das Glas voraus gerichtet: Alter Kasten, steiler Schornstein, niedrige Aufbauten, läuft langsam, etwa zweihundert Grad. Vermutlich ein Portugiese von Lissabon zu den Kapverdischen Inseln.

»Den erwischen wir noch«, höre ich die Stimme des Kommandanten.

Das kann doch nicht wahr sein! Einen Neutralen?

Kommandos zum Bugraum, Torpedos werden schußklar gemacht. Neben mir steht der I WO. Leise frage ich:

»Ist das nicht ein Portugiese?«

Ein harter Stoß trifft mein Kreuz:

»Schnauze halten! Das da geht Sie einen Scheißdreck an!«

»Rohr eins los! Rohr zwei los!«

Die Aale laufen, nichts erfolgt.

»Fehlschüsse«, stellt der Kommandant fest. »Vorsetzen zwecklos. Auf alten Kurs gehen! Nachladen!«

Unten winkt mich der I WO zu sich:

»Kein Wort von dem Portugiesen! Das hat der Alte auch gesehen. Wir müssen im Bugraum Platz für die Männer schaffen. Aber ohne Ziel können wir die teuren Aale nicht loswerden. Da gibt's eben mal Fehlschüsse.«

Mit großer Fahrt ging es weiter nach Norden, bis es sich ergab, daß die Engländer nach Westen ausholten und unser Treibstoff zur Verfolgung und Rückreise nicht reichen konnte. Nach sechs Wochen in See lagen wir wieder in Lorient an der Pier – ohne einen Erfolg.

Mir war es recht so. Kriegsruhm reizte mich nicht. Aber eins wußte ich: Nur auf dem Stahlturm konnte ich frei werden, nur seine Bahn führte mich fort aus der ungeliebten Welt.

Ich wurde zum Kommandanten befohlen.

»Ihren Liberia-Auftrag sollten Sie vergessen. Bleiben Sie U-Bootsfahrer! Mit ihren Augen und Erfahrungen haben Sie beste Chancen. Selbstverständlich werden Sie Offizier. Ich habe schon mit dem I WO gesprochen.«

»Ja«, sagte ich. »Aber das bedeutet viele Monate Ausbildung an Land. U-Bootsschule, Offizierskurse. Ich will raus, auf See!«

»Ich würde Sie gern mitnehmen. Aber ich steige aus, werde Chef einer Schulflottille. Das Boot übernimmt Oberleutnant Mohr. Ich will Sie ihm empfehlen. Auch er kann einen guten Ausguck gebrauchen.«

Er konnte es. Ein Telefonat mit Kapitän Weißhun regelte meine weitere Abstellung zur Frontbewährung, die auch für meine Laufbahn zweckmäßig war. So wurde ich ohne die übliche Ausbildung U-Bootsfahrer und war nach kurzer Ausrüstungszeit wieder auf dem Atlantik, diesmal im Norden.

»Jetzt wirst du was erleben«, sagte Franz, der bereits mit Mohr gefahren war. »Der geht ran wie der Teufel! Aber für ihn tust du alles freiwillig, kannst ihm nichts krumm nehmen. Wenn's uns erwischen sollte – der macht das Versaufen zum Vergnügen!«

Franz hatte recht. Mit natürlicher Autorität, die keine Härte brauchte, und seinem mitreißenden Frohsinn begeisterte der junge Kommandant seine Mannschaft.

Genüßlich blickte er auf die vielen zarten Rauchfahnen über dem Horizont, als wir uns an einen nach England gehenden Geleitzug heranschoben.

»Auf zur fröhlichen Jagd!« rief er. »Heute Nacht geht's rund! Genau auf die vordersten Dampfer achten, damit wir sofort sehen, wenn das Geleit zackt!«

Mit sinkender Dunkelheit schoben wir uns langsam näher an die kleinen, dunklen Wölkchen heran, bis die Nacht uns die Sicht nahm.

»Kerls, reißt die Augen auf! Einen Kasten Bier für die erste Meldung! Aber erst an Land.«

Frischer Nordwestwind mit Regenböen. Kurzer, junger Seegang, der dem Boot kaum Auftrieb gibt. So bleibt der Turm zwischen den Wellen fast verborgen und gibt doch genug Überblick, um zwischen den Gischtwolken in die Nacht zu starren. Ideales Wetter für einen Überwasserangriff.

»Detonation! Es hat gerummst!« kommt es aus der Zentrale nach oben. Der Schall, vom Wind verweht, aber vom Wasser herangeleitet, war nur im Boot zu hören gewesen.

»Eines der beiden Boote, die von Süden rangehen«, sagt der Alte. »Daß die uns nicht die besten Böcke vor der Nase wegschießen!«

»Feuerschein an Backbord zwanzig«, meldet der vordere Ausguck, und gleich darauf: »Leuchtraketen!«

»Na, endlich die Straßenbeleuchtung«, meint der Alte zufrieden. »Nun wissen wir, wo's langgeht. Auf einhundertzwanzig Grad gehen! Maschinen zweimal große voraus! Hinein ins Vergnügen!«

Eine Regenbö reduziert die Sicht. Starren in die Finsternis, Fernglas abwischen, trockene Lederlappen von unten anfordern, wieder wischen und starren. Nur meinen Sektor absuchen, kein Blick nach vorn, wo ein Schiff brennt, wo Kriegsschiffe unter Leuchtraketen ein U-Boot suchen.

Der Regen zieht ab. Und da schiebt sich plötzlich ein Schatten seitlich in meinen Sektor. Genau hinsehen: Altmodischer Frachter, etwa sechstausend Tonnen, anscheinend ein Nachzügler des Geleits.

Ich melde und höre Sekunden später die Kommandos für die Torpedomixer im Heckraum. Der Alte zielt nach achtern.

»Rohr fünf – los!« Der Aal läuft.

»Treffer!« kommt es von unten, wo im Wasser der Aufschlag des Torpedos früher zu hören ist, als oben die Detonation. Eine kurze, harte Explosion. Aus dem Dampfer steigt eine dunkle Wolke, der vordere Mast ist abgeknickt. Weitere Schäden kann ich nicht erkennen.

»Der muß noch einen haben«, sagt der Alte.

Da flammt die Nacht auf, nicht lodernd, nein, sie erstrahlt in einem warmen Goldlicht, das wie ein durchsichtiger, ganz zarter Dunst auf uns heruntersinkt. Leuchtraketen, zwei, drei, schon nicht mehr zu zählen, schweben langsam vom Nachthimmel herab. Der Schimmer legt sich auf die Wellen, läßt den Gischt golden aufleuchten und Gold vom nassen Ölzeug fließen, weich, warm, strahlend. Der Südwester meines Nebenmannes vor der Nacht: Rembrandts »Mann mit dem Goldhelm«. Es ist schön, unbeschreiblich schön!

Hell beleuchtet liegen wir unter diesem Feuerwerk.

»Wie unterm Weihnachtsbaum«, meint der Alte.

Die Raketen kommen von Backbord querab, und da hat der Ausguck auch schon den Zerstörer im Glas.

»Zerstörer Backbord sechzig Grad, zwotausend, Bug links, Lage zwanzig.«

Zweitausend Meter – ob der uns sehen kann? Aber unser Turm ist zwischen den Wellen schwer auszumachen.

»Miststück!« schimpft der Alte. »Gönnt uns den Braten nicht. Aber Lage zwanzig? Der liegt doch fast null! Genauer hinsehen, Kerls, so was kann an die Nieren gehen! Kurs zweihundertvierzig, beide Maschinen AK voraus!«

Immer neue Leuchtraketen über uns. Wir brausen ab in die Nacht, eingehüllt in Gischtkaskaden, in einen Strom von Millionen goldener Sternchen, der uns in schweren, leuchtenden Wellen und Strudeln umfließt. Dieses Licht, aus dunkler Tiefe heraus erglühend wie das Gold alter Ikonen, es überdeckt unser grausames Kriegshandwerk, verschönt den wrackgeschossenen Dampfer.

Anscheinend sinkt er nicht, liegt gestoppt, im Seegang rollend. Hinter uns verglühen die letzten Raketen. Wir sind wieder allein in der Nacht.

Neuer Vorstoß an den Geleitzug. Diesmal gelangen wir zur Mitte. Meldungen kommen, Tanker, Frachter, aber auch die seitlich stehenden Korvetten und Zerstörer. Gelegentlich wage ich einen Blick nach vorn, sehe die Schatten durch die Nacht ziehen wie eine Herde großer Tiere, die schweigend und zielstrebig nach Osten wandern. Aber von dort spähen Hunderte von Augen, stehen Männer an schußklaren Geschützen, bereit, in Sekunden einen Feuerorkan auszulösen, wenn sie ein Ziel finden.

»Reich gedeckt, diese Tafel«, bemerkt der Kommandant. »Man weiß gar nicht, wo man hinlangen soll. Da der Tanker, fetter Brocken!«

Eine Explosion auf der anderen Seite des Geleits und ein Feuerschein – da hat ein anderes Boot geschossen.

»Unsere Chance!« ruft der Alte, und dann kommt es ganz unerwartet:

»Seewache einsteigen! Nur Woermann bleibt oben!« Dann zu mir: »Sie nehmen den ganzen achteren Sektor. Wenn wir schnell runter müssen – vier Mann weniger durchs Turmluk, und ich bin acht Sekunden früher in der Zentrale.«

Nun stehe ich allein hinten, blicke nur achteraus. Aus den Kommandos höre ich, was vorn vor sich geht.

»Rohr eins, los! Rohr zwei, los!« Verdammt riskant stehen wir. Vor uns die lange Reihe der Dampfer, schräg hinter uns links die Korvette, rechts der Zerstörer.

Aufschlagmeldung von unten und schon birst der Himmel, die Nacht wird taghell. Ein verbotener Blick nach vorn: Da steht, bis an die niedrigen Wolken reichend, eine breite Feuerwand über dem Tanker. Qualm wälzt sich übers Wasser, verdeckt die anderen Schiffe. Leuchtraketen über uns – wozu? Wir liegen ja schon im hellsten Licht.

»Korvette Steuerbord einhundertzwanzig, eintausendfünfhundert Meter, Bug rechts, Lage zwanzig«, muß ich melden.

Der Alte reagiert sofort:

»Beide Maschinen AK voraus! Auf fünfzig Grad gehen!«

Die Korvette muß uns doch sehen können! Aber wir stoßen in den Qualm des brennenden Öls. Aus den Kommandos an den Rudergänger im Turm folgere ich, daß wir durch die Dampfer zur anderen Seite laufen. Auch der Zerstörer hat gedreht, läuft mit Höchstfahrt auf uns zu. Aber wenn wir auf fünfzig Grad gehen, wird er an uns vorbeistoßen. Ich melde ihn nicht, um den Alten nicht zu beunruhigen.

»Frage Korvette?« höre ich von vorn.

»Mit gleichbleibendem Kurs außer Sicht«, kann ich melden.

Nun kommt der brennende Tanker in meinen Sektor. Ein grausiges Bild. Explosionsartig schießen riesige Flammen empor. Brennendes Öl läuft aus, springt mit dem Wind über die Wellen. Das sanfte Goldlicht der Leuchtraketen vergeht, greller Feuerschein flackert auf, verfärbt sich zu Gelb, zuckt zusammen und wird zu schreiendem Rot. In Lee des Tankers brennt die See. Die Hölle ist aufgebrochen. Und die Menschen darin?

»Dampfer Steuerbord querab, fünfhundert, Lage einhundertachtzig«, melde ich automatisch. Unsinn, diese Meldung. Der kommt aus dem vorderen Sektor, den hat der Alte bewußt umfahren. So dicht hinter dessen Heck!

»Machen Sie mich nicht nervös mit dem«, ruft er. »Die Tommies können doch nicht gucken, haben alle Whiskyaugen. Ist das nicht ein lustiges Kriegenspiel?«

Wenn er das meint – mir scheint es reichlich nah zu sein. Auch dort starren sie ins Dunkle, warum sehen sie uns nicht? Aber da! Aus dem Qualm bricht der Zerstörer heraus, schlank, hoch, der hellgraue Anstrich im Flammenlicht. Sein Kurs kann uns gefährlich werden.

Ich melde ihn. Der Alte läßt nach Steuerbord halten, es bringt Abstand zum Feind. Aber der ist viel schneller als wir, kommt näher, obgleich wir aus seiner Bahn streben.

An Steuerbord, fast querab, ein zarter, rötlicher Schein. Eine Wolke hat sich geöffnet, der Regen reflektiert den Feuerschein. Der Alte vorn kann es doch nicht bemerkt haben.

»Regenbö Steuerbord neunzig, siebenhundert. Da rein?« rufe ich fragend.

»Gut gesehen und gedacht!« brüllt er. »Ein Kasten Bier!«

Noch zwei endlose Minuten, in denen der Zerstörer rasend schnell näher kommt. Dann sind wir drin, und der Himmel hängt seine Schleier um uns. Minuten später wieder heraus. Der hohe Schatten des Feindes verschwindet.

Ablaufen ins Dunkle. Über dem Kielwasser ist die See noch hell vom Feuer des Tankers. Plötzlich sehe ich Treibgut, Kisten, Holzgrätings, Fässer. Wir brausen durch ein Trümmerfeld.

»Treibende Gegenstände achteraus«, melde ich.

»Reste vom Frachter, den der Kollege vernascht hat«, ruft er über den Diesellärm.

Ja und dort, die dunklen Klumpen? Sind das Menschen? Das Glas ruhig halten, genau hinsehen: Da, über dem Balken hängt einer! Unsere Bugwelle wird ihn zur Seite. Da – auch das könnte ein Kopf sein. Und wir rauschen mitten hindurch. Der Alte kann es im Dunkeln nach vorn nicht sehen. Wenn wir Menschen überfahren? Das zuckende Licht versinkt, aber die niedrigen Wolken reflektieren noch lange den Schein.

»Beide Maschinen halbe Fahrt! Seewache aufziehen! Nachladen! Genug für heute!« gibt der Alte nach unten.

Tagsüber halten wir in sicherem Abstand Fühlung mit dem Geleitzug. Die englische Luftaufklärung reicht nicht bis hierher, so haben wir einen ruhigen Tag. In der Abenddämmerung schieben wir uns wieder an den Feind. Aus dem Funkverkehr ist ersichtlich, daß noch zwei weitere Boote herangestoßen sind.

Schon im Anlaufen hören wir Explosionen und sehen die Fackeln brennender Schiffe. Wieder bin ich mit dem Alten allein auf dem Turm. Die See ist rauher als gestern, die Regenböen kommen häufiger und schwerer. Schräg voraus ist ein

Tanker hochgegangen, der Wind reißt das brennende Öl weit über die Wellen. Zwischen den Sicherungsfahrzeugen schieben wir uns ins Geleit. Der Alte sucht sich ein Ziel – Schuß!

Ich zähle die Sekunden und blicke nach vorn. Vor der Flammenkulisse zieht ein moderner Frachter. Vorgezogener Bug, eleganter Deckssprung, schräger, kurzer Schornstein – ein herrliches Schiff, ein Wesen, das ein Seemann lieben kann wie eine Frau. In Sekunden wird es zerfetzt sein!

Treffer! Zeitlupenhaft langsam hebt sich der Aufbau hinter der Brücke in die Höhe, getragen von einer hellen Glut, die darunter aufzuckt, steigt etliche Meter in die Höhe und zerfällt über dem Rumpf. Einzelteile, Spieren, Lüfter sind silhouettenhaft klar zu sehen, stürzen abwärts. Und nun auch Menschen, winzige Figuren, wie Insekten auffliegend und herabsinkend in die Glut oder ins Wasser. Manche haben ihr eigenes Licht. Heller als das Rot der Flammen, sind sie von einer Gloriole eingefaßt. Andere leuchten wie Glühwürmchen – brennende Kleidung.

Ablaufen in die Nacht. Dutzende von Leuchtraketen über uns vergießen wieder ihr Zauberlicht, lassen goldene Ströme herabfließen, die sich vor das Grauen schieben.

Von backbord achtern kommt eine Korvette auf. Ich melde sie und füge hinzu, daß sie durch hohe Fahrt gegen den Seegang sichtbehindert ist.

Wir drehen, schlagen einen Haken um den getroffenen Dampfer. Dann gegen die See, die bei dieser Höchstfahrt über den Turm geht.

»Wahrschau, Einsteiger!« brüllt der Alte.

Massives Wasser stürzt von vorn ins Turmrund. Ein Strom reißt mir die Beine weg. Sekunden unter Wasser. Zur Seite kippend fühle ich den schmerzhaften Druck des Haltegurtes, der am Sehrohrbock eingepickt ist.

»Noch einer«, warnt der Alte. Fernglas loslassen! Mit den Händen rückwärts greifend fasse ich die Tritteisen. Luft holen, ducken – wieder unter Wasser. Dann sofort das Glas vor die Augen zum schnellen Rundblick.

»Gut festhalten!« schreit der Alte. »Solche Jonnies haben schon manchem die Knochen gebrochen!«

Die brennenden Schiffe sind aus meinem Sektor ausgewandert, aber von schräg achtern strömt noch das warme, strahlende Gold der Leuchtraketen. Die Gischtkaskaden um den Turm, das kalte Salzwasser schimmern in märchenhafter Pracht.

Flucht vor einer Korvette. Eine Regenbö nimmt uns auf, ein Wolkenbruch, der für kurze Zeit die Kämme der See niederschlägt. Als der Schwall vorüber ist, höre ich den Alten zitieren:

»Nun wird das Wetter wieder schön!
Die Sonne strahlt von Himmelshöh'n.
Es bläst der Hirt auf der Schalmei,
die fromme Herde steht dabei.«

Nach dem nächsten Guß derselbe Vers. Als wieder eine Regenbö uns überfällt, deklamiere ich den zweiten Teil:

»Ein neues Wetter zieht herauf!
Die Wolken ballen sich zu Hauf.
Es regnet ohne Unterlaß,
und Hirt und Herde werden naß!«

»Auf fünfzig Grad gehen«, ruft der Alte in den Turm.

Im Drehen kommt ein Schatten von vorn in meinen Sektor, vermutlich eine Korvette, der er ausgewichen ist.

»Was haben Sie da eben aufgesagt?« ruft er. »Bitte noch mal!«

Ich muß den zweiten Vers vorsagen, bis er ihn auswendig kann.

Er pirscht sich an einen großen Tanker heran. Zwei Aale raus, zwei Treffer. Ein neues Inferno auf dem Atlantik. Weithin schieben sich breite Zungen brennenden Öls übers Wasser. Wieder der Lichtzauber. Zwischen der goldenen Nacht und dem Höllenfeuer weichen wir in Lee des Tankers einer Korvette aus, am brennenden Öl entlang durch Qualm und Hitzewellen, die der Wind über uns wirft.

Und da, hell im Licht, zwei Flöße. Männer darauf. Sind es noch Menschen, diese gespenstischen Gestalten in öligen, verbrannten Kleidungsresten oder nackt, schmutzig, blutig, die sich dort an dem kleinen, schwankenden Halt festklammern? Das Feuer springt auf sie zu. In wenigen Minuten müssen sie sich entscheiden: Ertrinken oder verbrennen! Ganz nah sehe ich sie, unsere Bugwelle schleudert die Flöße zur Seite, läßt sie tanzen. Ein Mann stürzt ins Wasser. Aber dort, der eine, er richtet sich mühsam auf und reckt die Faust gegen uns. Sein letztes Wort wird ein Fluch gewesen sein. Vorbei, in die Nacht! Jetzt haben sie ausgelitten, sind verbrannt oder ertrunken im neunten Kreis der Hölle, dem Kreis der Mörder.

Noch einen Frachter schicken wir in dieser Nacht in die Tiefe. Am Tag, in unruhigem Schlaf in der feuchten Koje, da kommen sie zu mir, die Schreckbilder. Die Glühwürmchen und die von den Flößen bedrohen mich, lassen mich hochfahren. Nun weiß ich, was Krieg ist. Der Stahlturm ist gut, solange er ins Vergessen trägt. Aber die Bilder der letzten Nächte...

Wieder am Geleitzug. Wir kommen schwer heran. Immer schieben sich Bewacher dazwischen. Schließlich ein Frachter. Am Bug getroffen, ohne Feuer, sinkt das Vorschiff schnell, während das Heck minutenlang steil aufragt. Bis die Luken bersten – weg. Die Menschen?

Die Leuchtraketen hoch oben, gleichmäßig verteilt, sind runde Fenster in einer riesigen Domkuppel. Sie senden warmes Sonnenlicht zu uns hinab auf den Grund des Todes, wo Menschen zerrissen, verbrannt und ertränkt werden.

Ein Zerstörer hinter uns. Lage zehn, läuft langsam, kommt aber sichtbar auf. Für eine Sekunde durchzuckt es mich: Nicht melden! In fünf Minuten hat er uns in Sicht – Artilleriefeuer – und wir gehen für immer auf Tiefe! Keine Rückkehr in die Welt, aus der ich geflohen bin, die mich geschlagen, mir das Leben verleidet hat. Hinabsinken zum Grund der See, in die große Stille der Erlösung!

Aber die Kameraden? Franz, Dieter, die anderen. Der fröhliche Kommandant, der mir das Bild seiner jungen Frau zeigte. Nein, ich kann sie nicht versaufen lassen, weil mir diese Welt nicht gut genug ist. Ich kann nicht fünfzig Mann mit in die Tiefe nehmen, zu der es mich zieht. Wenn es uns eines Tages erwischt – gut! Aber nicht jetzt, da es an mir liegt, über das Schicksal des Bootes zu entscheiden.

Ich melde. Wieder mit AK durch die Wellen, die über den Turm stürzen. Dann langsam an den Geleitzug. Zwei Angriffe auf große Frachter – Fehlschüsse. Die Aale sind weg, kommt es mir unwillkürlich in den Sinn, die tun keinem mehr weh.

Routinemäßig suche ich den achteren Sektor ab. Von dort ist jetzt nichts zu erwarten. Oder doch? Ist das möglich? Ein Schatten wächst heran, hoher Bug, mächtige Aufbauten, ein langer, niedriger Rumpf. Ein sehr großer Tanker, ganz außen am Geleit! In drei Minuten wird er genau achteraus sein, in idealer Schußposition für die Heckrohre! Das wird ein ungeheures Fanal geben und für den Alten einen prächtigen Abschluß unserer Reise. Schnell ein Blick nach vorn: Er hängt über dem Schanzkleid, sucht voraus nach Schiffen. Und ich weiß, daß ich schweigen werde. Langsam, viel zu langsam, zieht der Schatten vorbei. Wenn der Alte sich jetzt umdreht, bin ich dran! Wehrkraftzersetzung! Drei unendlich lange Minuten. Es geht klar. Die Nacht schließt sich hinter dem Tanker. Noch einmal ein Schatten. Ein Frachter? Nicht hinsehen, schon wieder verschwunden.

Die letzten Aale aus großer Entfernung auf einen Zerstörer – Fehlschüsse. Rückmarsch nach Lorient. Fröhliche Stimmung im Boot. Aus dem deutschen Rundfunk tönen die Fanfaren der Sondermeldung: »Deutsche U-Boote versenkten in hartem Einsatz auf dem Nordatlantik über einhunderttausend Tonnen feindlichen Schiffsraums und fügten dem Feind schweren Schaden zu.« Fanfaren, »... denn wir fahren gegen Engelland!« Sechs versenkte Schiffe waren unser Anteil.

Im Hafen großer Empfang mit Blaskapelle, Wehrmachtshelferinnen, Blumen. Ich bin müde, lustlos.

»Gesamte Mannschaft auf der Pier antreten!« Mit dem Kommandanten kommt Admiral Dönitz. Drei, vier Namen werden aufgerufen, auch meiner:

»Vortreten!«

Ordensverteilung, der Alte stellt uns dem Admiral vor, nennt die Verdienste.

»Hat während Waboangriffs den Dieselverdichter repariert. Fünf Feindfahrten.«

»Ungewöhnlicher Einsatz am Geschütz beim Abschuß eines Dampfers im Seegang. Vier Feindfahrten.«

Warum wohl ich? Nach nur einer kurzen Feindfahrt?

»Hervorragender Gefechtsausguck. Hat erheblichen Anteil am Erfolg der letzten Reise. Offiziersanwärter.«

EK 2 und U-Bootabzeichen. Tief in mir grinst ein Teufel über die nicht gemeldeten Schiffe. Aber auch die Gespenster von den Flößen kommen wieder und die Glühwürmchen über dem Frachter. Sie wußten, was leben und lieben heißt. Aber eine erbarmungslose Vorsehung hatte ihnen diesen Tod zugeteilt.

»Ihre alte Führung streiche ich«, sagte der I WO. »Sie bekommen die höchste Qualifikation als Offiziersanwärter. Aber Sie müssen sich ranhalten! Mal die Schnauze aufreißen! Mehr Ehrgeiz!«

Den Spruch kannte ich.

Weil unser Boot für einige Wochen zu Werftüberholung ging, stieg ich aus und nahm Abschied von den Kameraden. Ob wohl Franz recht behalten hat, der meinte, Mohr werde das Versaufen zum Vergnügen machen? Fuhren sie lachend in den Tod, als ihr Boot einige Zeit später für immer auf Tiefe ging?

In zehn Tagen sollte ich mit einem anderen Boot auslaufen. Zehn Tage an Land, – wozu? Ich zog zu Wolfgang in die Villa der PK. Wir tranken Rotwein, bis er mich dienstlich nach Paris schickte.

»Du besuchst den Eugen und den Wilfried. Die sollen dich mal aufpolieren!«

Whisky, Beethoven und Maillol

Bin ich es, der mich da aus dem Glas anstarrt? Hab' nicht gewußt, daß man sich im Rotwein spiegeln kann. Aber bin ich es wirklich? Ist es nicht ein anderer, der Träumer, der vor vier Monaten hier saß im Café de la Paix, der auf seinen Geleitschein wartete, auf den Geleitschein nach Deutschland, ins Glück? Zur Meerjungfrau – ha, ha –, der Blödmann! Der glaubte noch an Menschen, Weiber, Liebe – der Dummkopf! Er bekam den Geleitschein – zur Fahrt in den Abgrund, direkt in den fünften Kreis der Hölle, in dem es keinen Glauben mehr gibt.

Der sich hier im Rotwein spiegelt, ist ein anderer. Er ist betrunken, total betrunken. Aber was heißt das schon. Das Denken geht zähflüssig, ja – aber »in vino veritas« und übersichtige Klarheit. Der hier sitzt, hat auf dem Stahlturm gestanden, fuhr im Gischt zwischen See und Wolken, wo's keine Weiber gibt. Nur Männer wollte er, Kameraden, zuverlässig und treu. Wollte wieder nach Afrika. Aber auch er, der U-Bootsmann, fuhr in die Hölle, in den neunten Kreis. Goldenes Zauberlicht floß aus der Kuppel des Todesdoms herunter, sank auf die Qualen brennender, ertrinkender Männer, von Männern gemordet. Er half, Menschen in den Tod zu schicken. Menschlichkeit, Liebe – alles Unsinn! Nur auf den Rotwein ist Verlaß, der hilft!

Da gehen sie auf dem Boulevard, auch jetzt, im Krieg, noch pariserisch gekleidet. Sie wissen, wohin sie gehen, haben ein Ziel, wollen leben. Paare, umschlungen, zueinander gewandt. Ha, – wenn sie wüßten, die Unerfahrenen! So leichtgläubig wie der, der damals aus Afrika hierher kam, nach Paris, der hier saß, im Café de la Paix, der noch an die Menschen glaubte, an Frauen! Ja, so dumm war der! Und Café de la Paix – Kaffee des Friedens! Blödsinn! Die Explosionen, brennender Atlantik, zerrissene Leiber. Nur der Rotwein ist gut. Die rote Wolke der Trunkenheit, die sich über die Höllenkreise legt.

Aber warum sitzt er hier, wo alles wiederkommt? Das war nicht der U-Bootsmann, nein, das war der afrikanische Märchenprinz, der in dieses Café wollte, wo er damals saß, auf der

Fahrt ins vermeintliche Glück. Die bunten Gardinen, die dunkle Täfelung, die Lämpchen – scheiß auf den Märchenprinzen! Der ist verreckt, im Dreck erstickt! Raus hier, raus aus diesem Nobelstall, der damals Hoffnung war!

»Ober, zahlen!«

Raus – wohin? Egal – auf den Boulevard.

Verdammt schwer, geradeaus zu gehen. Langsam, Fuß vor Fuß, nicht torkeln! Die rote Wolke, ja, aber sie trägt nicht, läßt taumeln. Reiß dich zusammen, Seemann! Da vorn der Laternenpfahl und die Ecke der Madeleine! Genau in Peilung halten! So, ja, so geht's in gerader Richtung voran. Und niemanden anrempeln!

Die Straße biegt sich, wogt wie tote Dünung auf See. Da, die Plakatsäule! Hin und abstützen, gerade stehen! Nicht die Augen schließen, sonst verlierst du die Senkrechte. Wie ein nüchterner Betrachter die Plakate ansehen, Haltung kontrollieren!

Im Augenwinkel eine Ankündigung: Ein Konzert, Salles Pleyel, Cortot, Klavier, mit Thibaud, Violine, und Casals, Cello. Was heißt das? Ja, das heißt etwas, es dringt durch die rote Wolke. So etwas sollte man sich doch...

Er knickt fast zusammen unter dem Schlag auf die Schulter und hört:

»So etwas sollte man sich anhören. Das gibt's nicht alle Tage.«

Der Betrunkene dreht den Kopf, sieht den Mariner, die Offiziersuniform, die strahlenden Sonnenaugen von Heinz Bogner, hört die Frage:

»Du hier? Dachte, du wärst in Afrika.«

»Da wäre ich gern«, quält der U-Bootsmann heraus. Verdammt schwer, die Worte zu finden, Sätze zu bilden. Die rote Wolke. »Bin aber hier und besoffen.«

»Machts nichts«, sagt Heinz. »Wenn du nur glücklich bist.«

»Auch das nicht«, ist die Antwort. »Daher der Suff.«

Heinz hakt den Taumelnden unter.

»Komm!« bestimmt er. »Jetzt holen wir uns Konzertkarten. Und dann erzählst du von dir.«

»Dieses Konzert?« fragt der andere, und nun spricht der afrikanische Märchenprinz. »Nein! Das da: Beethoven, das Klaviertrio – nein, das nicht!«

Heinz überhört den Widerspruch. »Red' nicht«, sagt er. »Zu Pleyel, da, hinter der Madeleine. Und dann...«

Mit fester Hand führt er den Torkelnden.

»Womit hast du dich betrunken?« fragt Heinz.

»Rotwein.«

»Dann Whisky-Soda. Macht den Kopf klar. Ich weiß eine Quelle. Und nun – was ist los mit dir?«

Der U-Bootsmann sucht vergeblich sein Gesicht im Glas. Der dunkle Rotwein spiegelte besser als der Whisky. Aber schließlich findet er den Weg aus Afrika hierher. Das Mädchenhaar am Bug, die Flucht, das Ende des Märchens, die flammende See – kein Licht im Tunnel. Weil das U-Boot nicht absaufen wollte, weil er den Zerstörer gemeldet hat. Heinz' Fragen, Antworten. Noch ein Whisky und noch einer. Auch Heinz spricht aus einer Wolke. Aber Whiskywolken sind heller, durchsichtiger als die des Rotweins.

Vorsichtig, immer eine Hand an der Stuhllehne, um nicht zu taumeln, schieben sie sich auf die Plätze. Der prunkvolle Konzertsaal, Lichtkaskaden und darunter Menschen, viele fröhliche Menschen. Die wollte er nicht, der U-Bootsmann. Nein, keine Menschen, keine Weiber. Und die Angst vor dem Klaviertrio. Aber nun muß er hindurch! Reiß dich zusammen! Du hast die Höllenkreise überstanden, was kann nun noch kommen! In zwei Stunden ist alles vorbei. Ja, mach dir klar, daß alles vorübergeht, alles! In zehn Tagen, in zehn Jahren liegt alles weit hinter dir! Und vielleicht schon früher, wenn, ja, wenn das Boot vorher absäuft. Mach dir das klar! Keine Angst vor dem Beethoven! »Ein Junge hat keine Angst!« Aber wenn du nüchtern wirst? Kommt dann der Jammer wieder? Dann muß wieder der Alkohol helfen. Seine Wolke wird die Hölle überdecken. Was die Musiker da vorn spielen, ist ihm gleichgültig. Die Whiskywolke deckt es zu. Schließ die Augen und denk an... Ja, an was soll er denken? Was war, was ist, was wird – alles Mist, verfluchter Mist! Verfliegt die Wolke schon? Nichts zu trinken bis...

Da ist es, das Thema, und er kann es nicht fortschieben. Vom Klavier hingeworfen, springt es fröhlich heran, wird von den Streichern aufgenommen. Aber es ist zu leicht, es kann seine Verhärtung nicht durchdringen, plätschert vorbei. Das ist gut so. Aber er weiß, was kommen muß, was die Tür zur Vergangeheit sprengen wird: Das Andante.

Es fließ vom Podium heran, wird zum wogenden Strom, gegen den es keinen Widerstand gibt. Das Cello, ja, das war es immer, wenn es sich mit dem Rauschen der Brandung am Palmenkap und mit dem Duft der Frangipani mischte. Als rote, leuchtende Spur wehte es in die Nacht nach Norden, zur Meerjungfrau. Verfluchte Weiber, Whisky ist besser!

Das Cello fragt, dunkel, schwer, zweifelnd. Warum hatte er die Warnung nicht gehört? Muß man sich betrinken, um die Wahrheit zu erkennen?

Das Cello, es würgt die Kehle, nimmt die Luft. Das Klavier – Hammerschläge in der Brust. Elender Mist! »Ein Junge weint nicht!«

Der Rhythmus, langsam, gewaltvoll, wie Brandung. Da muß man hindurch, es gibt kein Ausweichen.

Aber diese Wellen umspülen nicht, nein, sie dringen nach innen, in den Raum der Whiskywolke. Die hellen Schleifen der Violine, die tiefroten des Cellos und dazwischen funkelnde Klaviertropfen. Konturen formen sich, verdichten die Melodie und lassen aus dem ziehenden Dunst ein mächtiges Gebilde entstehen, ein Grabmal der Vergangenheit. Gefügt aus den schwarzen Quadern von Schmerz und Enttäuschung erwächst ein erhabenes Monument, ein Bollwerk gegen die Flut der finsteren Erinnerungen. Ob es Bestand haben wird, dieses Bollwerk?

Das Allegro legt einen Blumenteppich davor, und das Presto verwirbelt der Alkohol. Müssen die Blumen mit Whisky begossen werden?

»Wann werden wir je wieder eine solche Musik hören«, meint Heinz, als sie wieder in der Kneipe sitzen. »Diese Besetzung, die drei – einmalig! Das hast du gehabt, das kann dir keiner nehmen!«

»Aber die dicken Brocken, die wir schlucken müssen«, meint

der U-Bootsmann. Oder war ich es selbst, der antwortete? »Ob ich die noch verdauen kann? Doch du hast schon recht, diese Musik, das ist etwas!«

Heinz' Sonnenaugen strahlen ihn an. Ob sich wohl je ein Schatten darauf legen kann, fragt sich der andere.

Wieder Whisky, aber nur langsam. Und langsam fallen auch die Worte. Die Nacht vergeht, das Lokal wird geschlossen. Hinaus in die harte Luft des frühen Morgens.

»In die Tuileries«, bestimmt Heinz. »Ich zeig' dir was.«

Durch das große Tor in den Park. Da steht sie, Maillols Venus, die lebensgroße Bronzefigur.

»Diese Frau«, sagt Heinz. »Die sieht dir mal gründlich an! So etwas solltest du suchen. Deine Meerjungfrau, – Unsinn! Eine fischschwänzige, kalte Märchenfigur, von den Wellen hin und her geschaukelt. Dein Idealbild, das gibt es nicht. Aber diese hier, die große, reife Frau, die auch die Tiefen des Lebens kennt, die sich selber hochrappeln kann, wenn sie auf die Nase gefallen ist. Mit der kannst du durch jeden Dreck waten. Eine Partnerin, die neben dir steht, wenn es mal dick kommt.«

»Sicherlich«, meint der andere, »mit den großen Füßen!«

»Hast recht«, gibt Heinz zu. »Aber damit steht sie fest auf der Erde. Die fällt nicht um. Sieh dir die Haltung an, die Hände! Diese Frau hat Erfahrung, sie prüft und wählt. Die rechte Hand, das Kettchen noch über dem Daumen. Aber diese Hand wehrt ab. Der kleine Schmuck ist ihr unwichtig. Du siehst: Ihr Blick geht zur linken Hand, und die winkt heran. Wenn diese Frau dir winkt, dann weißt du, was du hast: einen ganzen, starken Menschen mit Herz und Wissen, eine die aus reicher Erfahrung schenkt. Das ist etwas anderes als deine kindliche Meerjungfrau. Merk dir das, präg sie dir ein, diese Figur, ihre linke Hand!«

Die Sonne kommt, ihr Licht fließt über die Venus, betont die weiblichen Formen.

»Die aus Bronze sind immer tugendhaft«, meint der andere, und es ist wieder der U-Bootsmann, der spricht. »So, wie die mit dem Fischschwanz. Und komm mir nicht mit dem Ewig-Weiblichen, das hinanzieht! Gretchen, Beatrice – alles Theorie!«

Heinz lacht. »Denk an Kapitän Ahab, der hatte auch kein Weib. Moby Dick oder eine Wasserbombe? Eine dürftige Lösung für einen Kerl wie dich!«

Zurück zum Eingang, der große Platz. Paris erwacht.

»Nein«, sagt Heinz. »Das paßt nicht zu dir. Denk an gestern abend! Nicht nur Whisky, auch Musik! Schon für diese beiden Dinge lohnt es sich, zu leben! Und solch eine Venus, die kann man finden. Mit der kommst du durch die Hölle! Aber komm runter von deinem Stahlturm und deinen Illusionen! Menschen sind keine Engel, das mußt du schlucken! Mach, was du gelernt hast, was allein zu dir paßt: Menschen und Schiffe zu sichern, zu schützen! Das ist unsere Aufgabe in diesem verfluchten Krieg! Und jetzt ein gutes Frühstück!«

Ja, Heinz hatte recht, ich mußte auf Defensivkriegsführung umsteigen. Der Adjutant des für die Reserveoffiziersanwärter zuständigen Admirals in Kiel war Yachtschüler. Mit einem Telefonanruf erbat ich meine Versetzung zum Sicherungsdienst.

Doch zunächst ging es zurück nach Lorient und noch einmal auf den Atlantik. Der junge, ehrgeizige Kommandant versuchte, die mangelnde menschliche Autorität durch naßforschen Befehlston zu ersetzen. Die Mannschaft, neu zusammengestellt, war bemüht, zueinander zu finden. Dennoch waren Reibungen und ungeklärte Spannungen unvermeidlich.

Wir wurden auf einen nach England gehenden Geleitzug angesetzt, an dem bereits andere Boote operierten. Mit hoher Fahrt stießen wir hinterher. Als Ausguck vorn suchte ich den Horizont nach Rauchfahnen ab, da hatte ich, schon nah vor uns, etwas anderes im Glas: Schiffstrümmer. Hier waren Dampfer abgeschossen worden. Auf den Wellen trieben Balken, Bretter und Fässer. Und dort, unter den kreisenden Möwen, ein Floß, ein Mensch darauf! Im Glas sah ich, daß der Oberkörper sich bewegte, ein winkender Arm! Nun hatte ich ihn genau im Blick: Ein Toter! Über die Hüften lief ein Tau, mit dem er sich festgebunden hatte. Der Seegang ließ den Oberkörper und den Arm hin und her rollen. Das Gesicht war nach oben gerichtet. Aber war es noch ein Gesicht? Näher heran. Die Möwen – sie ließen sich herab auf den Körper, auf die unbedeckten Teile, stritten sich um blutige Fetzen. Ganz groß in meinem Glas der Kopf und daran zerrissene Reste dessen, was gestern noch ein menschliches Antlitz gewesen war. Darunter der winkende Arm!

Wieder Möwen. Sie stießen herunter auf einen Toten. Mit dem Gesicht nach unten trug ihn die Schwimmweste. Dort noch einer, von den Wellen hochgetragen und wieder verschwindend. Die Möwen, überall Möwen. Sie zeigten an, daß wir durch ein Leichenfeld brausten.

Am Geleitzug fahren wir einen Unterwasserangriff bei Tage, weil die See nur leicht bewegt ist und die Wellen keinen Sichtschutz geben. Aus dem Bugraum verfolge ich den Aufschlag des Torpedos, dann die Explosion des getroffenen Dampfers, das Knacken und Ächzen des berstenden Eisens. Ein Schiff sinkt, Menschen ertrinken, verbrennen.

Dann das Gefürchtete: »Schraubengeräusche einhundertzehn Grad« aus dem Horchraum. Gleich hinterher: »Zerstörer, wird lauter!«

Dann: »Zerstörer hat gestoppt.«

Ein feines Klicken und Prasseln außen am Boot. Sein Ortungsgerät. Er hat uns erfaßt, läuft wieder an. Der Alte gibt Ruderkommandos, um einen Haken zu schlagen. Das sirrende Schraubengeräusch des Zerstörers, jetzt für uns alle hörbar, klingt wie der Anflug eines Insekts und häßlich nah.

Ein, zwei fürchterliche Detonationen. Das Boot springt wie von riesigen Felsbrocken getroffen. Ein harter Stoß gegen meine Schulter. Ich bin gegen eine Eisenkante geschleudert. Das Licht ist ausgefallen, irgendwo im Finstern rauscht Wasser. Taschenlampen leuchten auf, dann die Notbeleuchtung.

Die nächsten Wasserbomben. Leise Ruderkommandos des Kommandanten. Er versucht, dem neuen Anlaufkurs des Zerstörers zu entkommen – ein Lotteriespiel. Auch der Verfolger weiß, wohin wir ausweichen können und daß wir langsamer sind als er.

Wieder eine Serie von Bomben. Das höllische Krachen, gefolgt vom Poltern des Wassers in die Hohlräume, die in die See gerissen werden. Das Boot taumelt wie in schwerem Seegang. Erneut fällt das Licht aus. Ich klammere mich an einem Rohr fest, um nicht durch den Raum zu rutschen. Kommandos aus der Zentrale an die Maschine: Auf große Fahrt, wenn die Bomben krepieren und wieder langsamer und leiser, wenn es still wird, um dem Feind die Horchpeilung zu erschweren.

Wieder das helle Ticken an der Außenhaut. Die nächsten Bomben liegen weiter ab. Kommandos für das Tiefenruder. Einhundertsechzig Meter, meine ich zu hören. Um einhundert soll die maximale Tauchtiefe liegen. Aber ich weiß von Booten, die aus zweihundert Meter Tiefe wieder zum Tageslicht zurückkehrten. Aber diejenigen, die unten blieben?

Wieder schleudern Bomben uns herauf und herunter. Sind sie jetzt tiefer eingestellt? Immer wieder fällt das Licht aus. Dann hocken wir angeklammert in der Finsternis, atmen die schwere, feuchte Luft, warten auf die nächsten Schläge des Riesenhammers. Doch noch hat uns keine Bombe getroffen, die Stöße rühren von nahen Detonationen.

Wie lange schon dauert dieses grausame Spiel? Ich habe keine Uhr, aber es sind viele Ewigkeiten vergangen. Ob es oben schon Nacht ist?

Der Horcher meldet das Ablaufen des Zerstörers. Auftauchen, frische Luft im Boot. Nachstoßen auf den Geleitzug. Im Morgengrauen stehen die Silhouetten der Dampfer vor dem hellen Osthimmel. Vorsetzen, tauchen, erneuter Unterwasserangriff. Fehlschüsse. Zwei weitere Tage versuchen wir, wieder heranzukommen, werden von Bewachern abgedrängt. Andere Boote melden Erfolge, aber auch äußerst starke Sicherung. Am Abend gelingt es, einen Frachter abzuschießen.

In sicherem Abstand laufen wir tags in Sicht der Rauchfahnen. Torpedos werden nachgeladen. Ein fünfter Ausguck kommt auf den Turm. Er hat die Wolkenränder zu beobachten. Wir nähern uns der englischen Küste, wo die Geleite Fliegerschutz erhalten.

Am Nachmittag erwischt es uns. Auf Freiwache in der Koje liegend, höre ich: Fliegeralarm!

Schnelltauchen! Sechs Mann müssen sich jetzt nebeneinander durchs Turmluk in die Zentrale fallen lassen. Wie lange mag das dauern? Schon sackt der Bug ab. Alle freien Männer werden in den Bugraum gejagt, um das Boot vorlastig zu machen. Die Diesel stoppen, die E-Maschinen springen an, der Druck in den Ohren: Das Turmluk ist zu. Wir gehen auf Tiefe. In meiner Koje rutsche ich abwärts, die Füße finden Halt am vorderen Brett.

Ein fürchterlicher Schlag trifft das Boot. Finsternis, ich stürze aus der Koje auf andere Männer, wir fallen nach achtern auf das Schott, ein Haufen ineinander gepreßter Leiber.

»Wassereinbruch im Heckraum und E-Maschine!« höre ich, noch bevor der Durchgang nach achtern zugeschlagen wird. Die E-Maschinen, der Unterwasserantrieb, sind gestoppt. Stille, Wassertropfen in der Dunkelheit.

Eine Fliegerbombe, mutmaßen wir. Nun hängt das Boot mit dem Heck nach unten im Wasser, fünfzig oder hundert Meter unter der Oberfläche. Was mag achtern passiert sein? Ist der Heckraum abgesoffen? Und der E-Raum mit den für die Unterwasserfahrt wichtigen Maschinen und Pumpen? Können wir noch auftauchen? Oder ist es das Ende? Werden wir in dieser Lage im Atlantik treiben bis der Sauerstoff verbraucht ist, eingesargt in die Stahlröhre für die Ewigkeit? Oder wird das Boot noch absaufen und in die Tiefe gehen? Anders als beim Wasserbombenangriff, als ich auf die nächsten Schläge wartete, habe ich jetzt Zeit, darüber nachzudenken, was das Schicksal uns, mir, nun zuteilen wird. Ich hatte beschlossen, den Stahlturm, die Stahlröhre zu verlassen, um auf richtigen Schiffen zu fahren. Aber wenn ich hier hängen bleibe, langsam ersticke oder versaufe? Ich hatte es in Kauf genommen, irgendwo im Atlantik für immer auf Tiefe zu gehen, damals, als ich auf dem anderen Boot einstieg. Und jetzt? Paris, – Whisky, Musik? Vielleicht eine Venus? Nein, – alles unwichtig! Wenn es nun sein soll, daß ich heute mittag zum letztenmal die Sonne gesehen habe und die weite, schöne See, die mir so viel geschenkt hat, – meinetwegen jetzt zum Teufel fahren, im tiefen Schoß der See bleiben! Was gilt schon mein Dasein auf der ungeliebten Menschenwelt! Völlig unwichtig! Die Erde wird sich weiter drehen, auch ohne mich!

Die Tür des Schotts wird aufgerissen. Taschenlampen leuchten auf, einzelne Männer des Maschinenpersonals werden abgerufen. Von achtern klingen Stimmen, Hämmern, harte Metallgeräusche.

Es war eine Fliegerbombe, erfahren wir. Die Wellendichtungen haben nachgegeben, viel Wasser im Heckraum. Im E-Raum ist die Dichtung eines Durchlasses herausgeflogen, auch dort steht das Wasser hoch. Aber der LI und seine Männer sind um Abdichtung bemüht. Die gesamte elektrische Anlage ist ausgefallen. Wie soll das Wasser aus dem Boot gepumpt werden?

Durch die Schottöffnung sehe ich das Schlafschapp des Bordarztes. Er ist um den Maschinenmaat bemüht, der mit blutigem Oberkörper auf der Koje liegt. Der Bombentreffer hatte ihn gegen scharfkantiges Eisen geschleudert.

Schwitzende, erschöpfte Männer kommen aus dem Achterschiff über den schrägen Boden heraufgeklettert, andere rutschen hinab. Nach Stunden gelingt das Unwahrscheinliche: Die achteren Tauchtanks werden mit Preßluft angeblasen, wir kommen auf ebenen Kiel. Der Smut kann Brote und Saft zubereiten und verteilen.

Am nächsten Morgen ist es geschafft. Die Lenzpumpen springen an, das im Boot verteilte Wasser wird hinausgedrückt. In übermenschlichem, pausenlosem Einsatz, oft unter Wasser an den Leckstellen, hat die Maschinencrew die Schäden notdürftig behoben. Naß und verdreckt kriechen die Männer unter den Flurplatten hervor, sinken um und schlafen.

Auftauchen, schneidend frische Luft. Mit langsamer Fahrt wegen des beschädigten Wellenlagers geht es auf den Rückmarsch nach Lorient. Wieder ein Trümmerfeld. Hier haben wir unseren letzten Frachter abgeschossen. Ein treibendes Floß, ein Rettungsring: »Duneton Castle«! Ich sehe die hellen Augen von Eddy Williams, der in Charter mit diesem Dampfer als Kapitän Cape Palmas und Monrovia angelaufen hatte. Die Drinks bei ihm an Bord, bei diesem fröhlichen, sympathischen Seemann! War es unser Torpedo, der den Dampfer traf?

Raus aus den Trümmern und der U-Bootsfahrt! Der Atlantik hatte mich nicht behalten wollen. Also in den Sicherungsdienst! Whisky und Musik! Die Venus? Vergessen! Nur die See und ein gutes Schiff – über Wasser!

Retten statt Versenken

Die U-Bootsfahrt war zu Ende.

»Heut mittag fliegt die BdU-Maschine nach Paris«, hatte Wolfgang erfahren. »Ich hab dir einen Platz reserviert. So kommst du schneller nach Kiel.«

Auf dem Flugplatz stand die Ju 52 startklar, besetzt mit Offizieren aller Dienstgrade, zwischen denen ich, in Matrosenuniform, mir recht deplaciert vorkam. Nur in der vordersten Reihe waren noch zwei Plätze frei, ich nahm den äußeren. Wir warteten, bis schließlich der letzte Fluggast eintraf: Admiral Dönitz. Er setzte sich neben mich, blickte mich fragend an:

»Sie sind doch von U 124? Der Gefechtsausguck?« Er reichte mir die Hand. »Mohr hat mir von Ihnen berichtet. Sie werden U-Bootskommandant. So schnell wie möglich! Wenn es mal hakt – Sie können mich immer ansprechen!«

»Jawoll, Herr Admiral.«

In Kiel, bei der Abwehrstelle, war ich wieder »Herr« Woermann, der in Zivilkleidung Bürodienst tat. Zwischendurch ging ich auf die Offizierskurse an der Marineschule in Mürwik bei Flensburg, bis ich über die Yachtschulverbindungen den passenden »Job« fand und als Wachoffizier auf einen großen, armierten Fischdampfer kommandiert wurde, der im Skagerrak und Kattegat im Minenräum- und Geleitschutzdienst eingesetzt war. Wieder auf See, – aber um Schiffe zu schützen!

Von einem Lehrgang an Bord zurückkehrend, erfuhr ich, daß mein Kommandant inzwischen Flottillenchef geworden war. Auf sein Angebot an die Mannschaft, sich aus dem Kreis der Flottillenoffiziere seinen Nachfolger auszusuchen, war ich vorgeschlagen worden.

»Dat is'n ganz Ruhigen«, hatte Piet Burmester, der Obersteuermann, gesagt. »Seggt nich veel. Aber 'n Damper föhrn, dat kann he.«

So war ich völlig unmilitärisch, in Abwesenheit, mit mehrheitlicher Abstimmung zum Kommandanten gewählt worden. Es war ein gutes Fahren mit diesen Männern, die größtenteils aus der Berufsschiffahrt kamen. Probleme gab es allenfalls an

Land wegen unsoldatischen Benehmens. Auf See jedoch waren sie erfahren und zuverlässig. Von Piet, einem hervorragenden Seemann, habe ich viel gelernt. Auf langen Reisen haben wir auf der Brücke unseres Bootes die Frachter durch schweres Wetter oder Nebel gebracht, wobei genau die schmalen, von Minen geräumten Wege über See eingehalten werden mußten.

»So 'n Damper föhrn, dat is nix«, pflegte Piet zu sagen. »Aber wenn du stickenduhn büst und dat pottendick is, – dor fangt de Seefohrt an!«

Doch das bezog Piet ausschließlich auf die Seefahrt. An Land habe ich ihn mehrfach aus dem Arrest befreien müssen, wenn er, in Uniform, gröhlend und schwankend von der Feldgendarmerie, der Ordnungstruppe, aufgegriffen worden war. Diese Landausflüge versperrten ihm die Offizierslaufbahn.

Gute Seemannschaft erforderte auch das Hantieren mit den schweren elektrischen und akustischen Minenräumgeräten, mit denen die auf dem Grund liegenden Magnet- und Geräuschminen zur Explosion gebracht wurden. Das Abschleppen von Schiffen, die durch Minentreffer beschädigt worden waren, wäre ohne erfahrene Berufsseeleute oft kaum möglich gewesen.

Heinz Bogners Rat war richtig gewesen. Wenn ich schon Soldat sein mußte, dann, um zu bewahren und zu helfen.

Aus dieser Zeit ragt in der Rückschau ein Bild heraus, eines der wenigen, die nicht mit düsteren Farben gemalt sind. Es ist nur ein kleines Erlebnis, aber es strahlt im schönsten und wundersamsten Sonnenglanz und ist mir fürs ganze Leben ein glückhaftes Zeichen geblieben.

Aus einer klaren Winternacht waren wir durchs Skagerrak in die frühe Morgendämmerung hineingelaufen. Die letzten vierzehn Stunden hatte ich auf der Brücke verbracht. Als der Orion seine Lichter zu löschen begann, war ich in meine Kammer hinuntergegangen, froh, wieder einmal die dunklen Stunden ohne kriegerischen Ärger hinter mir zu wissen. Der Raum war überheizt. Ich öffnete das Bullauge und sah zum scharf abgegrenzten Horizont, wo der erste hellrote Schein sich vor der nahenden Sonne in den Himmel schob.

Immer hat mich die Lautlosigkeit fasziniert, mit der das aufquellende Tageslicht in die irdische Atmosphäre bricht, vergleichbar der zeitlupenhaften Eruption eines Vulkans, der in den nächsten Sekunden statt mit dröhnendem Donner seine Glut geräuschlos in die schweigende Welt schleudern wird. So wie auch Ariel den hallenden und doch nur für Geistesohren wahrnehmbaren Aufbruch des Tages ansagt, wenn sich mit Getöse die Felsentore der Nacht dem Licht öffnen und Phöbus Apollo mit dem prasselnden Sonnenwagen ausfährt, um die feurigen Rosse zum rasenden Lauf über den Tagesbogen zu lenken.

Auch an diesem Morgen starrte ich erwartungsvoll auf den Punkt, an dem die Sonne den Horizont durchbrechen mußte, sah unter Funken den leuchtenden Rand aufglühen, – da schoß für zwei Sekunden ein leuchtender Schein vom Ende der Welt zu mir herüber, scharf abgegrenzt vom dunklen Wasser und von intensiv grüner Farbe! Mit seinem Verlöschen schob sich darunter der flammende Sonnenrand in den Tag. Das grüne Hütchen! Die Sommerabende auf der Düne des Fischlandes mit Onkel Hans, dem Bildhauer! Vom nächsten Hafen schrieb ich ihm, gestand meinen Unglauben und erbat seine Verzeihung.

Ich habe das grüne Hütchen als eine glückbringende Auszeichnung genommen. Wie oft hatte ich in das steigende oder sinkende Licht schauen müssen, bis mir diese Ehrung zuteil wurde!

So schrieb es auch Onkel Hans in seiner Antwort: »Halte es wert, dieses Glück! Es wurde dir ganz persönlich zuteil. Behalte es für dich, sonst wirst du Unglauben ernten, wie du auch mir nicht geglaubt hast. Halte die Augen weiterhin offen, damit es nicht das einzige Mal bleibt!«

Wenn ich dennoch in meiner Freude von diesem Erlebnis berichtete, trug es mir allenfalls ein höfliches Lächeln, häufiger Zweifel an meiner Schilderung ein. Ich aber wußte jetzt, daß es Onkel Hans' grünes Hütchen wirklich gibt!

Ich will nicht erklären, woher die Sonne es nimmt. Meteorologen haben mir versichert, man könne in jedem Lehrbuch der Wetterkunde unter dem Stichwort »Grüner Strahl« eine physikalische Erklärung finden. Aber keiner der Wissenschaftler hatte es je selbst gesehen. Weil Wissenschaft sich vom Wissen herleitet und nicht vom Schauen. Ich selbst habe in keinem klugen Buch nachgesehen. Für mich bleibt Onkel Hans' Deutung maßgeblich.

Unvermutet, wie stets, stand ich Heinz Bogner gegenüber. Auch er war Kommandant eines Minensuchers und in Larvik stationiert. So mußten sich unsere Kurse gelegentlich kreuzen.

»Denk an Paris!« mahnte er, als wir bei ihm an Bord das erste Wiedersehen begossen. »Alkohol, Musik und eine Venus! Aber nur Qualität, nichts Billiges!«

Er habe seine Venus gefunden, erfuhr ich, hatte geheiratet, und wenn er von seinem Glück erzählte, strahlten die Bernsteinaugen in hellstem Licht. Nun war er es, der von Liebe und Treue träumte. Er mag meine Skepsis gespürt haben. Schon bald schickte er mir ein Foto des Bronzebildes. »Denk an Paris! Diese Frau, ihre Hände!« stand auf der Rückseite geschrieben. Es war eine gute Abbildung der Plastik, und weil diese auch eine für Männeraugen attraktive Weibsfigur darstellt, fand sie einen Platz über dem Tisch in meiner Kammer.

»Ich sehe, daß du wieder auf den richtigen Weg kommst«, lobte er, als er bei unserem nächsten Treffen die Venus dort hängen sah. Doch dann ging unser Gespräch einen anderen Weg. Bei den, wenn auch seltenen, Angriffen englischer Flieger hatte es Verluste unter dem Deckspersonal gegeben. Vom Oberkommando wurde vorgeschlagen, die Brückenreeling mit Stahlplatten zu bestücken, um den Männern einen Schutz gegen den Beschuß zu geben. Heinz hatte diese Sicherung auf seinem Boot anbringen lassen, während ich noch zögerte. Schon die Geschütze beeinträchtigten die Stabilität der Fischdampfer und bewirkten bei starkem Seegang ein ungewöhnlich heftiges Schlingern. Eine Panzerung der Brücke würde eine weitere Topplastigkeit von einigen Tonnen bedeuten, die mir bedenklich erschien. Wir beschlossen, diese Frage baldmöglichst mit einem Schiffbauer zu besprechen.

An einem Januarabend lief ich ohne Geleit aus dem Oslofjord in die frühe Dunkelheit des Skagerraks mit Kurs auf Frederikshavn. »Südwest sieben bis acht, schlechte Sicht« war die Wettervorhersage gewesen. Für einen Fischdampfer kein Problem. So waren wir sicher vor feindlichen Fliegern oder anderen unerfreulichen Begegnungen.

Doch was uns das Skagerrak draußen entgegenschickt, ist schon ein ausgewachsener Sturm. Die See läuft schräg von vorn an, das Schiff torkelt fürchterlich, schöpft beim Schlingern seitlich Wasser an Deck. Das Barometer fällt stetig, Wind und Seegang werden noch zunehmen. Uns steht eine harte Nacht bevor.

»Steckt die Nase ganz schön weg«, meint Piet. Dort, wo eine Gischtwolke fahlschimmernd für Sekunden die Nacht aufreißt, ist unser Bug in einem anrollenden Brecher verschwunden.

»Maschine halbe Fahrt!« So läuft der Dampfer ruhiger, stampft weniger hart. Aber die seitlichen Rollbewegungen verstärken sich mit dem wachsenden Seegang. Gut, daß ich die Panzerung der Brücke abgelehnt habe. Bei dieser steilen See wäre sie eine Gefährdung.

Stunde um Stunde wühlen wir uns mit langsamer Fahrt nach Süden. Der Sturm scheint sich zu einem kleinen Orkan zu steigern.

Der Funker holt mich ins Kartenhaus, zeigt mir die Funkkladde. Darin ist der Funkverkehr unseres Bereichs mit dem Oberkommando in Kopenhagen aufgezeichnet.

»An alle«, lese ich. »Sturmwarnung Südwest zehn für Skagerrak und Kattegat. Empfehlen, Einsätze abzubrechen und wetterentsprechende Maßnahmen zu treffen.«

Ich zeige es Piet.

»Die merken auch alles«, meint er ironisch. »Und für uns heißt das: Zurück in den Fjord!«

Er hat recht. Mit achterlichem Wind sind wir ohne große Mühe in vier Stunden wieder im Landschutz. Weiterfahren bedeutet mindestens zwölf Stunden harten Kampfes gegen die See, bis wir hinter Skagen ruhigeres Wasser finden. Davon noch zehn Stunden bei Nacht. Eine klare Überlegung. Und doch spüre ich, daß ich nicht umkehren möchte. Was drängt mich zum Weiterfahren? Ich weiß es nicht, – aber ich kann das Kommando nicht geben. Piet sieht mich an.

»Ich möchte weiter, nach Frederikshavn«, sage ich.

»Warum?« fragt er. Und er macht mir die gleiche Rechnung auf, die ich soeben angestellt habe. Was soll ich ihm antworten? Ich habe keine Erklärung. Aber ich werde nicht umkehren.

»Piet, ich fahre weiter!«

»Sie sind der Kommandant«, sagt er ganz ruhig und geht wieder auf die Brücke.

Warum muß ich den gefährlicheren Weg wählen? Es gibt keinen vernünftigen Grund. Aber ich bin mit meinem Beschluß zufrieden.

Noch ein Blick in die Funkkladde. Da, das Rufzeichen, – das ist Heinz Bogners Boot! »Ausgelaufen Arendal sechzehn Uhr zum Sicherungsdienst«, hat er gemeldet. So steht er westlich von uns auf gleichem Kurs. Um Mitternacht wird er, genau wie wir, seine Positionsmeldung nach Kopenhagen geben. Und er wird bemerkt haben, daß auch ich im Skagerrak unterwegs bin.

Wieder nach draußen in den dunklen Brückenraum, wo nur der Kompaß ein schwaches Licht auf das Gesicht des Rudergängers legt. Der muß tüchtig kurbeln, um das Schiff bei der langsamen Fahrt auf Kurs zu halten. Der Sturm zerfetzt die Nacht, wirft den Gischt bis über die Brücke.

Die Tür zum Funkraum öffnet sich, der Funker will seine Kladde holen. Er hat einen Empfänger laufen, Musik quillt heran. Eine Violine spannt ein goldenes Band in die Nacht und läßt es in der tosenden Finsternis verwirbeln. Eine dunkle Melodie schwebt in den Raum, getragen vom Cello. Nun müssen die Klavierakkorde kommen! Da sind sie, steigen in die Nacht, verwehen, kommen erneut. Beethovens Klaviertrio! Das Cello spannt den tiefroten Bogen vom Palmenkap, wo der Prinz von seiner Meerjungfrau träumte, nach Paris, wo der U-Bootsfahrer seinen Gram in Rotwein ertränkte. Wo er mit Heinz diese Musik hörte und am Morgen vor der Venus stand. Wieder kommt das Thema vom Klavier. Keine Hammerschläge wie in Paris. Nein, heute sind es Stufen, die aus der Finsternis jener Nacht in die Höhe führen, wo die Violine eine Schleife zieht, hell, wie blondes Frauenhaar. Wenn es je eine Venus geben sollte, – sie müßte blond sein! Ob auch Heinz diese Musik hört?

Mitternacht. Weiter mit kleiner Fahrt. Noch acht Stunden bis zum ersten Tageslicht. Aber dann wird Skagen nicht mehr weit sein.

Der Funker winkt mich ins Kartenhaus, zeigt mir die Funkkladde und weist auf die Anfrage vom Oberkommando an Heinz' Boot: »Erbitten Positionsmeldung«. Es ist schon der zweite Anruf seit Heinz sich um Mitternacht nicht gemeldet hat. Ob seine Funkanlage ausgefallen ist? Oder... Er hatte seine Brücke panzern lassen... Nein, nicht gleich an so etwas denken! Wahrscheinlich nur ein technischer Defekt. In Abständen wiederholt sich die Anfrage. Aber es kommt keine Antwort.

Der Tag zieht auf, düster, mit Sprühregen. Es weht unvermindert. Endlich Skagen in Sicht, Landschutz. Der Seegang und jetzt auch der Sturm nehmen ab. Nachmittags laufen wir nach Frederikshavn ein. Im Flottillenbüro höre ich, daß Heinz' Boot gesucht wird. Zurück an Bord – schlafen!

Auf dem Tisch finde ich Post. Dienstliches, eine Zeitung – aber dort, der Brief! Die vertraute Frauenhandschrift! Was soll das noch? Ungelesen wegwerfen! Aber die Finger – oder ist es das Herz? – reagieren anders als der Kopf.

Keine Anrede, kein Absender. Nur berichtende Worte von einer bitteren Erkenntnis, von einem Irrweg und dem Sturz in die Tiefe schmerzvoller Enttäuschung. Worte einer Venus?

Ja, dort über dem Tisch das Bild der Maillol-Figur, die winkende Hand! Sie hatte das Boot durchs stürmische Skagerrak und den Kommandanten zu diesem Brief gelotst.

Aber Heinz Bogner, der ihm diese Hand gewiesen, der seine eigene Venus gefunden hatte, er kam nicht wieder.

»Im Skagerrak verschollen«, stand im Lagebericht.

Noch auf mancher ruhigen Nachtfahrt über Heinz' Grab sah ich seine Sonnenaugen neben mir, hielt Zwiesprache mit ihm. Hier, wo sein Weg zu Ende gegangen war, begann mein Weg, den er mir gewiesen hatte, zurück zur festen Welt und ihren Menschen.

Eine Anforderung der Abwehrstelle Kiel zu einer mehrmonatigen Aushilfe bot mir die Möglichkeit, über alle Enttäuschungen hinweg die Hand der Venus zu finden und schließlich mit einem Ehering dingfest zu machen. Fortan bestimmte diese Lebenspartnerschaft mit Heimke unseren gemeinsamen Kurs.

Es folgte ein Jahr Seefahrt, die gelegentlich auch in deutsche Häfen führte. Ich sah Bombenschäden, erlebte einen Luftangriff auf Kiel, bei dem Häuser zerbarsten oder in Flammen aufgingen.

Im Juli 1943 traf ich in einem dänischen Hafen einen Kameraden, der am Vortag in Hamburg gewesen war. Er berichtete von den ersten Bombennächten, in denen ein ganzer Stadtteil zu einem Trümmerfeld wurde, von verschütteten, verbrannten Menschen. Ich hatte Frau und Kind dort. Mir gelang ein Anruf – sie waren in Sicherheit. Aber wie war eine solche Katastrophe möglich? Wo blieb Görings unschlagbare Luftwaffe? War unsere Flak machtlos? Immer wieder kam diese Frage auf und wurde sogar im Kameradenkreise gestellt. Wohin sollte dieser Krieg führen? Aber wir waren Soldaten, standen unter Militärgesetz und hatten zu dienen, ohne zu fragen.

Ich erreichte meine Versetzung zu einer in Cuxhaven stationierten Flottille. Das gab mir die Möglichkeit, während der Hafenzeit kurzfristig nach Hause zu fahren.

Zunächst übernahm ich die Vertretung eines verwundeten Kommandanten auf einem Geleitboot, das im Sicherungsdienst von den deutschen Häfen nach Holland fuhr. Auch hier befand sich ein großer Teil der Stammbesatzung an Bord, die schon im Frieden in der Fischerei auf diesem Schiff gefahren war. Hinzu kamen etwa zwanzig Mann zusätzlichen Personals, da die Zahl der Berufsseeleute zur Bedienung der Geschütze nicht ausreichte. Die marineübliche Rollenverteilung wies jedem Mann für jedes Manöver seine feste Aufgabe zu. Vorsorglich hatte ich im Hafen die wichtigen Übungen, wie »Feuer im Schiff«, »Fliegeralarm« oder »Boote aussetzen« durchexerziert und wußte, daß im Ernstfall auch bei Nacht und Seegang alle, Stammbesatzung wie »Mariner«, auf ihren Manöverstationen das Richtige tun würden.

Eine der ersten Reisen ging mit einem Geleitzug nach Holland. Obgleich der Wehrmachtsbericht von unserer Beherrschung der Nordsee sprach, fuhren wir nur nachts und bei schlechtem Wetter, um bei Tage in Häfen oder auf Reede im Schutz der Landbatterien zu liegen.

Vor der holländischen Küste schleichen wir durch die Nacht. Als U-Bootsfahrer weiß ich, daß auch die niedrigen feindlichen Schnellboote im Seegang schwer zu erkennen sind. Jetzt bin ich es, der von oben in die Nacht starrt, den Feind sucht, der uns als Silhouette eher sieht. Starren und horchen!

Kurs nach Mitternacht: »Alarm! Schnellboote Backbord vierzig!«

Da, die hellen Schaumstreifen –, mit aufheulenden Motoren drehen sie ab. Ihre Aale laufen! Hineindrehen in die Schußrichtung!

Eine Explosion. Von einem Frachter vor uns schießt eine Stichflamme hoch, er brennt. Aus allen Rohren zuckt die Leuchtspurmunition in die Richtung der Schnellboote. Aber die sind verschwunden.

Hin zum Frachter. Dort sind Menschen in Not, kämpfen im Wasser und auf Flößen mit der rauhen See um ihr Leben.

»Boote aussetzen, bergen!« brülle ich.

Was jetzt abläuft, ist Routine, ist viele Male geübt. Jeder Mann weiß, wo er was zu tun hat.

Ich stehe neben dem Motorrettungsboot Nummer eins, sehe im Finstern die Schatten der heranstürzenden Männer, höre ihre Stimmen. Zur Brücke rufe ich Maschinen- und Ruderkommandos. Der Rudergänger wiederholt die Befehle. Aber das ist doch nicht die Stimme von Bethge, dem Gefechtsrudergänger? Sehen kann ich nichts, doch das Schiff dreht in die richtige Position.

Da –, eine andere Stimme:

»Weg dor von dat Boot, ji Soldatens! Hier möt de Seelüd ran! Dat geiht um Menschenleben! Los, Hans, wi sünd an 'n Törn!«

Das ist doch Schulze, mein Aufklarer! Im normalen Dienst hat er nur meine Kammer aufzuklaren, meine Kleidung zu pflegen und in der Messe zu servieren. Jetzt sollte er neben mir stehen als Befehlsübermittler. Er gehört nicht zur Bootsbesatzung. Und Hans Bethge, der Gefechtsrudergänger hat seinen Posten verlassen –, die fremde Stimme vom Ruder!

Die beiden stoßen die anderen Männer beiseite, schwingen sich in das Boot. Ein Dritter springt nach, und schon werden sie ausgeschwungen. Hilflos stehe ich in dem Durcheinander.

»Fieren!« brüllt Schulze. Das Boot sinkt hinab.

»Fest!« kommt es von unten und dann: »Fier weg!«

Ich höre das Boot weich in die Wellen einsetzen. Der Motor springt an – los! Das war Maßarbeit!

Auch die anderen drei Boote werden heruntergefiert, jedoch langsamer, schlagen gegen die Bordwand und setzen hart auf die See auf.

Der getroffene Dampfer brennt, das Deck liegt schräg, darauf kann sich niemand mehr halten.

Schulzes Boot kommt zurück.

»Persenning!« höre ich ihn schreien. »Twee Verletzte!«

Das Persenning wird heruntergelassen.

»Hiev op!«

Ein Verletzter wird heraufgeholt, dann der nächste. Sieben weitere Gerettete klettern die Strickleiter hoch. Schulze ist schon wieder unterwegs. Alle vier Boote am sinkenden Dampfer. Sehen kann ich nichts. Ich weiß, wie schwer es ist, im Dunkeln bei Seegang die Schwimmenden anzusteuern und ins Boot zu ziehen. Da kommt Schulze zurück, acht Gerettete. Auch die anderen drei Boote bringen Schiffbrüchige. Sechsunddreißig Mann werden geborgen. Fast die Hälfte hat Schulze geholt. Als der Dampfer versunken ist und wir die Suche einstellen, fehlen vier Mann seiner Besatzung.

Zurück in Cuxhaven lasse ich antreten, die Mannschaft bekommt ihr Lob. Dann hole ich die drei vom ersten Boot in meine Kammer.

»Das habt ihr großartig gemacht!« sage ich. »Das muß besonders belohnt werden. Sonderurlaub? Orden? Kasten Bier? Muß ich eurem richtigen Kommandanten begründen, daß mein Aufklarer sich eigenmächtig zum Bootssteurer macht und der Gefechtsrudergänger seinen Posten verläßt?«

»Nee, Herr Oberleutnant. Nix von Begründung. Dor snakt wi nich öber. Aber de Mariners sünd doch keen Seelüd. Hans und ik, wi wern op 'n Lotsenversetzer vör de Elv. Mit 'n Motorboot in 'n Seegang – hebbt wie jeden Dag mokt.«

Die Flottille liegt auf Borkum-Reede zu Anker. Wir warten auf den Einsatzbefehl. Der kommt am Nachmittag: Über Den Helder und Ijmuiden nach Vlissingen.

»Scheißtörn«, flucht mein WO, als er die Funkkladde sieht. »Da warten die Tommies vor der Tür. Da kommt kein Geleit ohne Verluste rein und raus!«

Das weiß jeder an Bord. Bis Den Helder sind Angriffe selten. Auch Ijmuiden ist noch weit von der englischen Küste. Aber Vlissingen –!

Am Abend kommt vom Geleitführer der Auslaufbefehl. Die Schiffe gehen Anker auf und formieren sich. Aber unser Anker kommt nicht hoch, er hat sich im Schlick festgesogen.

»Auf dem Westteil von Borkum-Reede kann zäher Schlick das Ankerlichten erschweren. Empfehlung: Bei längerem Liegen täglich Anker lichten«, habe ich in einem alten Nordseehandbuch gelesen. Das war früher, als die Anker noch mit dem Gangspill gehievt wurden. Aber unsere Ankerwinsch schafft es auch nicht. »Winsch slippt«, kommt die Meldung von der Back, wo der Bootsmann das Kommando führt, ein ausgezeichneter Seemann, seit fünfzehn Jahren auf diesem Schiff.

»Backen anziehen!« rufe ich zurück.

Die Winsch ruckt an, am Zittern des Schiffes fühle ich, daß die Kette über die Backen springt. Der Anker bleibt fest im Grund. Warum schlägt der Bootsmann nicht die schwere Hievtalje an und holt damit über die Trommel der Winsch? Ein so erfahrener Seemann! Vlissingen, denke ich, wo Alfred vor kurzem abgeschossen wurde, ein lieber Freund aus der Segelzeit. Keiner von seinem Boot kam zurück. Und Schäffler, schwer verletzt geborgen, zehn Tote. Die Hievtalje – muß ich es dem Bootsmann sagen? Ich, Sportsegler, Reservist, kein Berufsseemann – muß ich das wissen?

Die Männer auf der Back versuchen es weiter – kein Erfolg! Alle anderen Fahrzeuge sind schon in Fahrt. Vom Geleitführer kommt ein Blinkspruch an uns: »Anschließen!«

»Anker kommt nicht hoch«, lasse ich zurückgeben.

Von der Back tönt das Rucken und Rasseln der Winsch. Der Anker rührt sich nicht. Als die Flottille sich in Marsch setzt, kommt der Blinkspruch:

»Liegen bleiben. Schlepper mit Hebegeschirr anfordern!«

Die Flottille verschwindet in der Dunkelheit. Der Bootsmann kommt auf die Brücke:

»Ich hab die Kette auf Kurzstag gehievt. Wenn die Flut kommt, in drei bis vier Stunden, reißt der Bug den Anker hoch. Dann legen wir uns weiter nach Osten, wo der Grund besser ist.«

Per Funk melde ich meine Situation dem Oberkommando in Senkwarden. Gegen Morgen kommt der Befehl: »Anschließen an Geleit 1132 nach Cuxhaven.«

Woher kannte der Bootsmann den Einsatzbefehl, den der Funker nur dem WO und mir zeigen darf? An Bord fiel nie ein Wort über diesen Vorfall. Aber die Flottille erlitt vor Vlissingen schwere Verluste.

Nach der Kommandantenvertretung übernahm ich ein Schiff nach meinem Herzen, einen besonders seetüchtigen und manövrierfähigen Doppelschraubendampfer. Dieser, ein ehemaliger Nordsee-Lotsenversetzer, war zum Flakkreuzer umgebaut und diente abwechselnd im Geleitschutz und als Schulungsfahrzeug zur Offiziersausbildung. Von der Vorkriegsbesatzung waren noch über zwanzig Mann an Bord, zu denen etwa sechzig Mariner kamen. Mit dem Schulungsleiter, Korvettenkapitän Lindemann, war ich gut bekannt. Er hatte mich als Kommandanten und Hilfslehrer auf dieses Schiff geholt, und wir waren uns einig, daß es in diesem Krieg nicht mehr um den Endsieg, sondern nur noch ums Überleben ging.

In diese Zeit fielen die Begegnungen mit einem Mann, dessen Name stets mit Hochachtung, aber häufig auch mit einem Anflug von Besorgnis genannt wurde. Es war Ernst Schnabel. Auch er fuhr als Kommandant eines Sicherungsbootes im Nordseebereich. Als ich ihn zur Auszeichnung mit dem Deutschen Kreuz in Gold beglückwünschte, lachte er:

»Ja, nun hat man mir auch noch das Spiegelei angehängt. Aber nur fürs Retten. Ich bin kein Krieger. Nicht für den Gröfaz!« Er habe sogar dem Gröfaz, dem größten Führer aller Zeiten, noch ein ke angehängt, hieß es. Aber stets fanden sich Kameraden, die ihm bei solchen Äußerungen lautstark das Wort abschnitten.

»Daß den noch keiner verpfiffen hat«, hörte ich. »Aber einen Mann, dem Hunderte ihr Leben verdanken, den mag keiner anzeigen.«

Schnabel war überzeugt, daß Hitler den Krieg zu einem schlimmen Ende führen werde. Aber auch für ihn war die soldatische Pflichterfüllung selbstverständlich. Manches gute Gespräch mit ihm half mir, den Zwiespalt zu überwinden, den mir meine mangelhafte Dienstauffassung bereitete. Ich verlor ihn aus den Augen und traf ihn erst nach dem Kriege wieder, als er von den Engländern als Intendant des NDR eingesetzt wurde.

Eine Kopfverletzung während eines Fliegerangriffs trug mir Sehstörungen ein. Weil diese sich nur sehr langsam zurückbildeten, erhielt ich ein Landkommando an der Marineschule Den Helder, wo Offiziere anderer Waffengattungen, wie Techniker, Funker, Kraftfahrer, zu Seeoffizieren umgeschult wurden. Hier übernahm ich den Unterricht in Seemannschaft und Navigation.

In der Liste der neu eingetroffenen Schüler fand ich neben meinem alten Freund Carl Wilhelm noch zwei weitere, erfahrene Segler, die ich in meine Ausbildungsgruppe holte. Weil für die praktische Ausbildung Segelyachten zur Verfügung standen, verlegte ich den Unterricht weitgehend auf das Wattenmeer zwischen dem Festland und den vorgelagerten Inseln. Dort boten die Priele, die ständig wechselnden Tiefen und Ströme ein schwieriges, aber reizvolles Übungsgebiet. Mit meinen Segelfreunden hatte ich drei erfahrene Bootsführer und konnte meine Gruppe auf vier Yachten verteilen. Navigatorische Orientierungspunkte waren die Steaks in Den Burg auf Terschelling, die es im Sommer 1944 noch ohne Fleischmarken gab, die Blumenkohlomelette in Breezand oder die Fischgerichte in Harlingen. Bedrückung verursachte nur das stundenlange Dröhnen vom Himmel, Bomberströme, die hoch über uns nach Deutschland flogen. Hinzu kamen die Nachrichten vom Vordringen der alliierten Truppen in Frankreich.

Mit Carl Wilhelm saß ich in einer Ecke unserer Messe, als der Rundfunk vom fehlgeschlagenen Attentat auf Hitler berichtete.

»Schade«, sagte Carl Wilhelm. »Das wäre eine Lösung gewesen.«

Als der Schulleiter pflichtgemäß den verbrecherischen Anschlag auf den Führer verurteilte, fragten wir uns, ob dies wohl seine Überzeugung sei. Aber solche Worte fielen nur unter Vertrauten.

Als die Alliierten gegen Südholland vorrückten, erhielt unsere Schule den Befehl, nach Wilhelmshaven zu verlegen. Der Schulleiter ordnete die Abreise per Bahn, über Amsterdam nach Deutschland an. Ich schlug vor, den bequemeren und sicheren Weg über das Wattenmeer zu nehmen. Der Umweg über Amsterdam, in die Nähe der vorrückenden Front, wo ständig die Züge von Tieffliegern beschossen wurden, behagte mir nicht. Doch meine Anregung wurde verworfen. Falls jedoch die Gruppen auseinander geraten sollten, müsse jeder Gruppenführer nach eigenem Ermessen handeln. Diesen Umstand ließ ich sofort eintreten, indem ich mit meinen Männern den Zug verpaßte.

Nun hatte ich freie Hand. Im Hafen fand ich einen holländischen Schlepper, dessen Kapitän bereit war, uns nach Harlingen zu bringen. Ich unterschrieb die übliche Bescheinigung, die ihm die Bezahlung durch die Marine sicherte. Sein Maschinist dagegen weigerte sich, weil die Reise über das übliche Fahrtgebiet hinausginge. In meiner Gruppe befanden sich zwei Ingenieuroffiziere, ein Leutnant und ein Korvettenkapitän. Der erste war sofort bereit, die Dampfmaschine zu bedienen, der Korvettenkapitän jedoch weigerte sich.

»Ihre Befehlsbefugnis gilt nur für den Schulbetrieb«, sagte er mir. »Aber nicht für diese Reise. Sie können mir, einem Diensthöheren, nicht befehlen, als Kohlentrimmer zu arbeiten!«

Das war verständlich.

»Das Kohletrimmen wird ein Jüngerer übernehmen«, beruhigte ich ihn. »Und wenn Sie über Land reisen wollen –, die Kommandantur wird Ihnen sicherlich einen Dienstreiseschein ausstellen.«

Meiner Gruppe stellte ich frei, sich dem Kapitän anzuschließen. Doch als sich niemand hierzu bereit fand, entschloß er sich murrend, bei uns zu bleiben. Noch einmal jedoch ereiferte er sich unter Berufung auf seinen Dienstgrad, als ich nach dem Auslaufen die holländische Flagge setzen ließ, um uns vor den, wenn auch seltenen, englischen Tieffliegern zu schützen. Dies sei unwürdig für ein unter deutschem Kommando stehendes Schiff. Daß meine Gruppe mir unmilitärisch und lautstark beipflichtete, ließ ihn verstummen und klärte für den Augenblick die Situation. Doch es brachte mich in eine mißliche Lage. Ranggemäß hatte ich außerhalb des Schulbetriebes seinen Weisungen zu folgen. Würde er auf einer Bestrafung bestehen?

Die Reise verlief ohne Zwischenfälle, und am übernächsten Tag waren wir in Wilhelmshaven. Drei Tage später traf der Schulleiter mit seinen Gruppen ein, nach einer Reise, deren Verlauf durch Fliegerbeschuß und Gepäckverluste beeinträchtigt worden war.

Mit dem mir nicht wohlgesonnenen Korvettenkapitän kam es zu einer überraschenden Versöhnung, als sich bei der Erörterung meiner Missetat herausstellte, daß er Onkel Hans von Schiller kannte. Bei einer Flasche Wein bestätigten wir uns dessen hohe Wertschätzung.

Während eines Urlaubs besuchte ich die Eltern auf dem schönen Hof, wo man ohne Fliegeralarm und Lebensmittelkarten den Krieg vergessen konnte. Weil auch Carl Wilhelm Urlaub hatte, lud ich ihn zum Segeln und Baden dorthin ein. Beim abendlichen Tischgespräch stand naturgemäß der Krieg im Vordergrund. Carl Wilhelm, gewohnt, sich mir gegenüber offen zu äußern, glaubte, auch hier frei sprechen zu können, und bedauerte das Mißlingen des Anschlages auf Hitler.

Worauf Papa sich erhob und ruhig, aber äußerst bestimmt sagte:

»Verlassen Sie sofort dieses Haus! Derartige Worte kann ich hier nicht dulden!«

Ich hatte vergessen, Carl Wilhelm zu warnen. Betreten fuhren wir beide nach Hamburg zurück.

Fahnenflucht

Wieder an Bord des Flakkreuzers. Als ich mich unter vier Augen bei Kapitän Lindemann zurückmeldete, fragte er:

»Der Krieg geht zu Ende. Haben Sie sich darauf vorbereitet?«

Nun galt es! Hatten wir beide uns richtig eingeschätzt? Eine Sekunde der Besinnung – dann wagte ich es:

»Herr Kapitän – es könnte sein, daß ich irgendwann verschwinde. Ich habe Zivilausstattung bei mir. Dann liegt es bei Ihnen, wie bald Sie mich als fahnenflüchtig melden und zur Erschießung suchen lassen.«

»Einverstanden«, sagte er. »Sagen Sie mir möglichst vorher Bescheid. Und ich erwarte von Ihnen, daß Sie sich entsprechend verhalten, wenn ich einmal nicht zum Dienst erscheine.«

Weil Fliegerangriffe vor der Elbe die Schulung erschwerten, wurde diese auf die Ostsee verlegt, wo wir vorübergehend der Sicherungsflottille in Sonderburg unterstellt wurden. Ende März 1945 ging ein Kursus zu Ende, und nun galt auch für mein Schiff der Befehl, der alle verfügbaren Fahrzeuge nach Kurland beorderte, um die dort von den Russen eingeschlossenen Landstreitkräfte in den Westen abzutransportieren.

Ich ging zu Kapitän Lindemann auf das Wohnschiff und teilte ihm mit, daß mein Flakkreuzer zunächst nach Kiel müsse, um Kohlen und Proviant zu ergänzen.

»Müssen Sie dann auch nach Kurland?« fragte er. »Da ist dicke Luft. Russische U-Boote und Flieger!«

»Vielleicht findet sich eine andere Möglichkeit«, gab ich zögernd zurück.

Er sah mich erstaunt und fragend an. Ich mußte einmal tief Luft holen, bevor ich ihm eröffnen konnte:

»Ich möchte Sie jetzt an unsere Absprache erinnern. Irgendwann werde ich verschwinden. Das könnte sehr bald sein.«

Auch er mußte sich fassen. Ein deutscher Offizier informiert seinen Vorgesetzten über die beabsichtigte Fahnenflucht! Er reichte mir die Hand.

»Falls wir uns nicht mehr sehen: Glückliche Heimkehr! Ich verlasse mich darauf, daß man mir keine Kenntnis nachweisen kann, wenn Sie erwischt werden!«

Jetzt zum Stab des Admirals, um die Lage zu peilen. Ich meldete mich beim Adjutanten. Er und sein Chef sind mir von den Nordseeeinsätzen her gut bekannt. Ich informiere mich über die Kriegslage. Die Westalliierten haben den Rhein überschritten. Nachrichtenverbindungen sind schlecht. Für alle freien Schiffe gilt vordringlich der Kurlandeinsatz.

»Klar«, sage ich. »Also auch für meinen Dampfer.«

»Dann sind Sie aus unserem Verband entlassen, melden sich beim BSO«, stellt der Adjutant fest. »Aber erst essen Sie mit uns gut zu Mittag. Wer weiß, was Sie erwartet.«

An der Längsseite der Tafel sitzt der Admiral, ich bin ihm gegenüber plaziert. Die Ordonnanzen servieren aus der Küche des Hotels, in dem der Stab untergebracht ist. Das Essen ist hervorragend. Dazu fließt der Aquavit. Ich muß dem Admiral über meine letzten Nordsee-Erfahrungen berichten.

»Immer noch Boot erste Hilfe?« fragt er. »Leute aus dem Bach holen, bergen? Wann kommt die nächste Dekoration und Beförderung?«

»Ein heiles Kreuz ist wichtiger als ein Blechkreuz, Herr Admiral.«

»Richtig«, sagt er und trinkt mir zu. »Aber das Licht unterm Scheffel leuchtet niemandem.«

Am Tischende lautes Lachen, Brüllen. Der Aquavit wirkt.

»Genießt den Krieg – der Frieden wird fürchterlich« – das abgegriffene Wort findet immer wieder Zustimmung. Dessert wird serviert. Mit Schlagsahne, viel Schlagsahne.

Kurland, denke ich. Soldaten, hungernd und frierend im Dreck.

Der Admiral ruft den Adjutanten:

»Sie sorgen für Woermanns nächste Dekoration und Beförderung! Bei dem dauernden Flottillenwechsel kommt er zu kurz.«

»Jawoll, Herr Admiral.«

Viel Lärm vom Tischende. Schlagsahne auf blauer Uniform. Der Betroffene nimmt den Löffel und schleudert seine Sahne gegen den vermeintlichen Täter. Gelächter, Geschrei, noch mehr Schlagsahne fliegt. Und da leckt es auch dem Admiral weiß von der Schulter über die Orden!

Raus hier, in die Küche! Kaffee! Dann an Bord!

Früh morgens, noch im Dunkeln, legen wir am Ausrüstungskai in Kiel-Holtenau an. Der Intendanturrat von der Nachtschicht ist in seinem Büro. Ich erbitte Belieferung mit allem Nötigen.

»Ihr Einsatzbefehl für Kurland?« kommt die Frage.

»Per Funk erhalten«, antworte ich. »Die Funkkladde ist an Bord. Darf ich Sie zu einem guten Frühstück einladen? Wir kommen aus Dänemark. Spiegeleier auf Speck? Kaffee? Und vorher einen Klaren –, es ist kalt heute morgen.«

Das zieht. Wir gehen in meine Kammer. Ein großes Glas Aquavit auf nüchternen Magen. Schon das nächste scheint zu wirken. Aber »Aller guten Dinge sind drei!« Schon bevor Kuhnert, mein Aufklarer, das Frühstück bringt, sind wir gute Freunde. Noch einmal versucht er, dienstlich zu werden:

»Ihr – Ihr Einsatzbefehl – Funkkladde?« fragt er mit schwerer Zunge.

»Ich werde sie holen lassen«, beruhige ich ihn. »Inzwischen können die Männer schon mit Kohle- und Proviantübernahme beginnen, – ja?«

Er nickt. Ich gehe an Deck. Der Steuermann hat bereits mit Alkohol, Speck und Kaffee das Personal der Ausrüstung veranlaßt, mit der Belieferung zu beginnen.

»Nehmen Sie, soviel Sie kriegen können«, sage ich ihm. »Der WO unterschreibt die Quittung. Ich muß mit dem Chef saufen.«

»Geht klar!«

Wieder in meine Kammer. Mehr Aquavit. Auch mir fällt das Reden schwer. Aber vom Einsatzbefehl ist nicht mehr die Rede.

»Bunkern und Proviantfassen beendet«, meldet der WO. »Papiere ausgefertigt.«

Der Intendanturrat sitzt schwankend auf seinem Stuhl, stiert vor sich auf den Boden. Dankend reiche ich ihm die Hand, der WO und Kuhnert helfen ihm auf die Beine und bringen ihn in sein Büro.

»Ablegen!« Durch die Schleuse zurück, auslaufen. Aber nicht nach Kurland, sondern in die Flensburger Förde. In einer Bucht auf der dänischen Seite fällt der Anker. Ich lasse den Obermaschinisten kommen. Er ist schon fünfzig und zeitlebens auf Fischdampfern gefahren. Seine Maschine kennt er bis zur letzten Schraube.

»Chief –, wir wollen nach Kurland. Was halten Sie davon?« frage ich ihn.

»Gar nichts, Herr Oberleutnant. Himmelfahrtseinsatz!«

Ich sehe ihn fest an:

»Haben Sie nicht neulich vom backbordschen Wellenlager gesprochen? Daß es mal nachgesehen werden müßte?«

Er begreift sofort.

»Ja, eigentlich müßte die Welle mal gezogen werden. Aber wo sollen wir eindocken? Alle Werften sind zerbombt.«

»Chief«, sage ich. »Können Sie verantworten, mit diesem Wellenlager nach Kurland und zurück zu fahren?«

Er grinst und antwortet langsam:

»Nein, das kann ich nicht!«

»Dann werde ich das Oberkommando um Zuweisung eines Werftplatzes bitten, um die Welle zu ziehen. Ihren Männern erklären Sie, daß das Lager defekt sei. Und kein Wort über unser Gespräch. Sonst sind wir beide dran!«

Ich weiß, daß ich mich auf ihn verlassen kann, wie auch auf meinen WO, einen älteren Oberleutnant, dem nach einer Verletzung eine leichte Lähmung eines Beines geblieben ist.

»Der Chief sagt, ein Wellenlager müsse überholt werden«, informiere ich ihn.

Er strahlt mich an:

»Dann also nicht nach Kurland? Aber einen Dockplatz gibt es in diesem Krieg auch nicht mehr. Und hier liegen wir sicher, – haben für sechs Wochen Proviant und Schnaps. Was wollen wir mehr?«

Wir sind uns einig.

»Aber Sie?« fragt er. »Die Offiziere der nicht kriegstauglichen Schiffe müssen zum Landeinsatz! Ich nicht – mein Bein. Aber Sie? Mit Stahlhelm und Tornister gegen die Russen? Zu Fuß?«

»Unerfreulich für einen Mariner«, gebe ich zu. »Aber es muß wohl sein.«

Die Bitte an das Oberkommando in Kopenhagen um Zuweisung eines Dockplatzes erbringt die Antwort, weiteren Bescheid abzuwarten. Damit sind Schiff und Mannschaft in Sicherheit.

Nach Dunkelheit schicke ich den Posten unter einem Vorwand nach unten. Kuhnert hilft mir, das kleine Motorboot zu beladen. Er ist ein äußerst zuverlässiger Mann, der nicht fragt, als wir Wolldecken, einen Rundfunkempfänger und große Mengen Proviants und Alkohols verstauen. Dann über die Förde zur Marineschule in Mürwik, wo ich meine Offizierskurse absolviert hatte. Um Mitternacht ist der Posten vom Hafen zur Ablösung im Wachlokal auf der anderen Seite. Kuhnert stellt mein Gepäck auf den Yachtsteg. Ein Händedruck:

»Dank Ihnen! Glückliche Heimkehr! Und vor allem: Schnauze halten!«

Er tuckert davon, und ich sehe mich um. Die Yachten liegen so, wie ich es in der Erinnerung hatte. Dort, das kleine, in Holland gebaute Stahlboot, mit dem ich in der Ausbildungzeit gelegentlich gesegelt war. Gepäck verstauen, Leinen los und leise die Fock hoch, – ab, in die Nacht. Nun das Großsegel und Kurs auf die dänische Seite der Förde. Der Himmel ist bedeckt, die Luft diesig, eine leichte Brise zieht mich nach Osten. Links der dunkle Strich der Küste. Auch in Dänemark herrscht kriegsmäßige Verdunkelung.

Die Gedanken gehen verschiedene Wege. Da steht das gute Bewußtsein der Freiheit. Nun bin ich allein auf mich gestellt. Kein Befehl kann mich erreichen, ich trage keine Verantwortung, brauche niemanden zu fragen. Die Welt gehört mir! Nach vier Jahren Militärdienst ein gutes Gefühl!

Aber da ist die andere Seite: Auf Fahnenflucht steht die Todesstrafe. Ich habe Frau und Kinder. Waren meine Überlegungen richtig? Nun –, der Sprung war vollzogen, mein Kurs war abgesteckt!

Vor Morgengrauen ging ich am Ende der tiefen Bucht von Hörup vor Anker. Rundum nur Wald und Felder. In der nächsten Nacht um die Insel Alsen herum in die Bucht von Kalvö, deren letzter Zipfel im hohen Buchenwald liegt. Dann weiter nach Norden, bei gutem Wetter auch einmal über den Belt in die Helnäs-Bucht. Ich las und hörte den Rundfunk. Der deutsche sprach von Kämpfen an der Westfront, der englische meldete den Vormarsch nach Norddeutschland. An meinem Heck wehte eine dänische Flagge.

Bei Apenrade, wo deutsche Marineeinheiten lagen, versteckte ich mein Boot zwischen stillgelegten Fischkuttern, zog meine Uniform an und ging am Tage in die Stadt, um Frischproviant zu kaufen und Post nach Hause einzustecken, mit der ich, ohne Angabe meiner Situation, mein Wohlbefinden mitteilte. Vorm Auslaufen im Dunkeln zur Trinkwasserzapfstelle im stillen Bootshafen. Alles war ganz einfach. Vieles ist leichter zu bewältigen, wenn man allein ist.

In der Enge von Fanö erwischte mich eine Flaute. Mühsam paddelte ich zum Ufer, wo hohes Schilf den Rumpf verbarg und watete an Land. An den Mast gebundene Äste tarnten meine Takelage.

Vorsichtig verholte ich mich nachts von Versteck zu Versteck im Kleinen Belt. Am vierten Mai meldete der englische Rundfunk die Kapitulation in Norddeutschland. Durfte ich der Nachricht trauen? In kleinen Sprüngen segelte ich südwärts. Vier Tage später vom deutschen Sender: Kapitulation der deutschen Wehrmacht. Der Krieg war zu Ende!

Wie mochte es in Deutschland aussehen? Mein Kurs ging nach Schleimünde. Vor der offenen Küste verließ mich der Wind, ich mußte ankern und legte mich schlafen.

Geweckt werde ich von harten Seegangsstößen Im Mast heult es stürmisch von Nordosten, direkt auf die Küste. Dicht hinter meinem Heck brandet die See über große Steine. Ich liege auf Legerwall, der Angstsituation aller Seeleute. Wenn ich nach dem Ankerlichten nicht in Sekunden auf richtigem Kurs in Fahrt komme, treibe ich auf die Steine, verliere mein Boot –, vielleicht mein Leben.

Großsegel reffen und setzen, dann nach vorn, um den Anker zu lichten. Der Bug taucht tief in die anrollenden Wellen, ich muß mich anklammern, um nicht über Bord zu gehen. Aber mit einer Hand kann ich die Ankerleine nicht einholen. Hinlegen, die Füße um den Poller geklammert. Der Bug schlägt hin und her. Aber nur nach Backbord darf ich in Fahrt kommen. Meine Hände bluten, ein Finger ist gequetscht. Fast habe ich es geschafft – da schlägt der Bug nach Steuerbord. Ich muß die Leine wieder fahren lasssen. Völlig erschöpft krieche ich zurück. Soll ich, nach heil überstandenem Krieg, nun hier zerschellen? Das Ufer ist weit und das Wasser noch sehr kalt. Und die Brandung. Der Wind nimmt zu, er wird mich bald auf die Klippen drücken.

Noch einmal nach vorn. Warten auf ein paar kleinere Wellen – jetzt! Mit aller Kraft reißen – der Anker kommt! Ich hänge ihn hinter das Vorstag, bevor ich ans Ruder springe. Schon sackt das Boot zurück, treibt zu den Steinen. Schot dicht, Ruder Backbord! Langsam, unendlich langsam komme ich in Fahrt und kann auf Kurs gehen. Zwei Meter neben mir fegt die Brandung über die Felsbrocken. Geschafft!

Vorsichtshalber lief ich nachts in die schmale Mündung der Schlei. Ohne Segel, um unauffälliger zu sein, ließ ich mich nach Mitternacht vom Ostwind zwischen den Molen hindurch treiben. Dann die Fock hoch. Eine halbe Stunde später fiel der Anker in der vertrauten Bucht am Pferdekoppelgehölz.

Am Morgen stieg ich an Land. Da lag das Guthaus von Buckhagen. Der Boden unter den Füßen war schon ein Stückchen Heimat. Auf dem Hof englische und deutsche Uniformen. Ich fragte nach Tante Lotti. Seit Onkel Paul gefallen war, bewirtschaftete sie das Gut. Vetter Paul war noch nicht aus dem Krieg zurück.

Sie begrüßte mich herzlich:

»Wieder einer heil davongekommen. Brauchst du etwas? Essen? Kleidung?«

»Danke, Tante Lotti. Ich bin mit allem versorgt.«

»Auf dem Hof ist ein englischer Stab einquartiert«, sagte sie. »Da solltest du Abstand halten. Es geht das Gerücht, die Russen wollten noch dreihunderttausend deutsche Soldaten als Arbeiter haben. Geh zum Verwalterhaus. Da findest du die Marine.« Sie lächelte verschmitzt.

Auf dem Hof traf ich einen Mann in Marinearbeitskleidung und rief ihn an:

»Hallo, Seemann! Wo haust ihr? Was für eine Einheit?«

Er nannte eine U-Bootsnummer und fügte hinzu:

»Komplette Crew einschließlich Kommandanten und LI!«

»Wer ist Ihr Kommandant?« wollte ich wissen.

»Oberleutnant Woermann«, kam die Antwort.

Das konnte doch nur Manus sein? – Es war mein Bruder!

Er war Kommandant eines jener kurz vor Kriegsende entwickelten Klein-U-Boote gewesen, die, auf nahe Distanz operierend, ihre zwei Torpedos an den Feind zu bringen hatten, die jedoch nicht mehr zu erfolgreichem Einsatz gekommen waren. Manus hatte sein Boot in der Nähe versenkt und alles Brauchbare auf geliehenen Bauernwagen nach Buckhagen transportiert. Wie ich, waren auch er und seine Männer gut ausgerüstet.

In der großen Scheune, vor dem Hof, hausten dreihundert aus Kurland evakuierte Soldaten, ausgemergelte, zerlumpte und stets hungrige Landser. Sie standen bereits unter englischer Aufsicht, schlichen sich jedoch oft auf den Hof, baten um Essen und Kleidung. Nachdem wir einzelnen geholfen hatten, wurden wir bald ständig von den bedauernswerten Männern belagert, ja bedroht. Weil wir sie unmöglich alle versorgen konnten, zogen wir in die Wildhütte im eingezäunten Hirschpark hinter dem Gutshaus, mußten jedoch auch hier unsere Vorräte ständig bewachen. Ein Besuch auf dem Marinebekleidungsamt in Kappeln brachte uns für Manus' Männer Lederjacken, Schuhe und Wäsche ein, dazu Offiziersuniformen, die ohne die goldenen Litzen und Knöpfe als Zivilkleidung brauchbar waren. Speck und Alkohol ersetzten den fehlenden Berechtigungsschein. Die Ausrüstung und Proviant wurden verteilt, und die U-Bootsmänner machten sich auf eigene Faust auf den Weg in die Heimat.

Nach Hause! Weil die Engländer begannen, die nach Norden zurückgefluteten deutschen Soldaten in Lagern zusammenzufassen, blieb der Weg über See der sicherere. Als Manus und ich in einer dunklen Nacht aus der Schlei segelten, wies uns seit Jahren zum erstenmal wieder ein Leuchtfeuer den Weg. In großem Bogen umfuhren wir die Kieler Bucht, wo deutsche Marinefahrzeuge unter englischem Kommando zur Küstenkontrolle eingesetzt waren. Tagsüber ankerten wir dicht vorm Strand. In einer Mondnacht segelten wir durch den Fehmarn-Sund in die Lübecker Bucht. Bei Dahmeshöved gingen wir frühmorgens zu Anker, nah unter Land, doch ohne Sichtschutz.

Das Brummen eines hochtourigen Motors weckte uns. Ein deutsches Küstenschutzboot unter englischer Flagge stoppte, Ferngläser waren auf uns gerichtet. Wegen des flachen Wassers wurde ein Ruderboot ausgesetzt, zwei englische Marinesoldaten kamen längsseits, fragten nach woher und wohin und nach der Fahrterlaubnis.

»Wir sind Dänen«, sagte ich. »Der Krieg ist zu Ende, wir wollen wieder segeln.«

Der Frager glaubte mir nicht, meinte, wir seien wohl Deutsche. Keinesfalls dürfen wir weitersegeln, man werde uns nach Travemünde schleppen.

»Dahin wollen wir auch. Und im Schlepp geht es schneller als unter Segeln«, antwortete ich.

Wir legten an seinem Kriegsfahrzeug an. Ich wurde zum Kommandanten geführt, einem blutjungen Unterleutnant, dem ich meine Geschichte wiederholte. Er hörte kaum zu und befahl mir, an Bord zu bleiben.

Vier Mann ruderten an Land und schoben unter dem Protest der deutschen Fischer deren hölzerne Ruderkähne ins Wasser. An Bord wurden Schleppleinen und Fender bereitgelegt. Ein älterer englischer Unteroffizier, vermutlich der Bootsmann, dirigierte seine ungeschickt hantierenden Matrosen. Ich sprach ihn an:

»Wollt Ihr die Kähne abschleppen?«

»Ja«, knurrte er.

»Aber die haben über Winter auf dem Strand gelegen, sie sind ausgetrocknet. Wenn sie ins Wasser kommen, werden sie lecken. Das Holz muß erst drei Tage quellen, bis die Boote wieder dicht sind.«

»Das weiß ich«, murrte er.

Ich konnte mich nicht enthalten, zu bemerken:

»Die Kähne werden absaufen. Dann brechen in der Dünung die Schleppleinen – und das gibt Bruch!«

»Befehl vom Kommandanten«, meinte er unwillig.

»Ich verstehe«, sagte ich. »Mit unerfahrenen Leuten auf einem fremden Schiff – ein schlechter Job für einen AB wie dich!«

Er sah mich erstaunt an und fragte:

»Bist du auf englischen Schiffen gefahren?«

»Ja«, log ich.

Ich brauchte ihm ja nicht zu erklären, woher ich diese englische, aus alter Segelschiffszeit stammende Abkürzung für erfahrene, verdiente Seeleute kannte.

»Wir sind erst seit drei Tagen auf diesem Schiff«, erklärte er. »Alles junge Mariner, kein einziger Seemann.«

Ich nickte ihm verständnisvoll zu.

»Da mußt du alles wieder gerade biegen, was die vermurksen. Aber die Fischerkähne – das gibt Ärger. Was wollt ihr damit?«

»Befehl, alle deutschen Wasserfahrzeuge in die Häfen unter Aufsicht zu bringen«, erfuhr ich und lachte ihn an:

»Damit die Deutschen sie nicht zu Kriegsschiffen machen, ja?«

Er grinste und reichte mir eine Zigarette. Dann fragte er: »Bist du Deutscher?«

»Ich stamme aus Afrika«, erklärte ich. »Meine Eltern sind Deutsche. Ich habe in Hamburg gelebt.«

»Böse Menschen, diese Deutschen«, meinte er.

»Im Krieg schießt man aufeinander«, gab ich zu. »Das ist schlimm. Aber du bist ja auch Soldat – freiwillig oder verpflichtet?«

Er wischte mit der Hand durch die Luft.

»Der Krieg – ja. Aber diese Konzentrationslager! Bergen-Belsen! Leichenberge. Diese Deutschen! Grauenhaft!«

»Was meinst du damit?« fragte ich.

»Zehntausende – verhungert, erfroren. In Bergen-Belsen.«

Sein Englisch war ein wenig dialektgefärbt, aber gut verständlich. Aber das eine Wort kannte ich nicht und fragte nach:

»Was ist Bergen-Belsen? Den Ausdruck kenne ich nicht.«

Er blickte ungläubig auf.

»Du weißt nichts von Bergen-Belsen?«

»Nein, das Wort kenne ich nicht«, sagte ich.

»Warte!« wies er mich an. »Ich werde es dir zeigen.«

Er verschwand und kam mit einer englischen Illustrierten zurück. Darin zeigte er mir Bilder von Leichenbergen. Ohne die Unterschrift zu lesen, meinte ich:

»Die Bilder kenne ich. Katyn, Winniza. Polnische Offiziere, von Russen erschossen.«

»Nein«, rief er erregt. »Juden, von Deutschen ermordet! In Bergen-Belsen. Und nicht nur dort. In vielen Konzentrationslagern!«

Ich las: Bergen-Belsen. Ein Bericht über ein Konzentrationslager in dem Ort Bergen-Belsen. Er hatte das Wort englisch ausgesprochen.

»Und das glaubst du?« staunte ich. »Unmöglich! Üble Propaganda!«

»Nein«, ereiferte er sich. »Dies ist ein seriöses Blatt! Das ist Wahrheit! Das haben die Deutschen getan! Hunderttausende – vergast, verhungert!«

Die Fischerboote waren herangekommen, er mußte zu den Schleppleinen. Ich habe es ihm nicht geglaubt. Damals.

Nachdem die Kähne am Heck vertäut waren, sollte auch meine Yacht angehängt werden.

Ich warnte den Bootsmann:

»Wenn mein Boot dazwischen hängt, wird es beschädigt. Sag das deinem Kommandanten!«

»Das kannst du selber tun«, brummte er. »Der weiß doch alles besser.«

Ich ging zum Unterleutnant und äußerte meine Bedenken:

»Die lecken Kähne werden bald voll Wasser sein. Die Leinen werden brechen. Dann wird mein Boot beschädigt, es kann sinken! Das wird Ihnen viel Ärger bringen. Weil es alliiertes Eigentum ist. Nehmen Sie Ihr Glas und lesen Sie das Schild im Cockpit! Ein holländisches Schiff, das heil nach Holland zurückgeliefert werden muß. Dafür sind jetzt Sie verantwortlich!«

»Ich habe alle Boote nach Travemünde zu bringen«, rief er ärgerlich. »Dazu gehört auch diese Yacht. Befehl von Leutnant Wellesley, dem Hafenkapitän!«

Ich machte ihm einen Vorschlag:

»Mit den Kähnen im Schlepp können Sie nur langsam fahren. Lassen Sie mich nebenher segeln. Wenn ich fliehe – Sie haben das Geschütz. Sie können jederzeit schießen! Ich bringe die Yacht unter Ihrer Aufsicht heil in den Hafen!«

Er zögerte, ich warnte nochmals eindringlich, bis er schließlich einwilligte.

Nun durfte ich wieder zu Manus auf unser Boot. Der Schleppzug setzte sich in Bewegung. An zwei Schleppleinen hingen die Fischerboote. Wir segelten nebenher. Es dauerte nicht lange, bis der ersten Kähne voll Wasser waren. Eine Leine brach, die geschleppten Fahrzeuge gerieten durcheinander, rammten sich, Holz splitterte. Das Marineboot mußte stoppen. Alle Augen blickten auf das Durcheinander am Heck.

Nun los! Schooten dicht und ab, nach Travemünde! Wir rauschten davon und steuerten am Nachmittag die Hafeneinfahrt an.

Ein Motorboot schoß heran, aus dem ein deutscher Marineoffizier uns anrief:

»Woher kommen Sie? Haben Sie eine Fahrterlaubnis?«

Auf englisch gab ich zurück:

»Ich habe Nachrichten für Leutnant Wellesley, den Hafenkapitän, von seinem Unterleutnant Sherman, der in Schwierigkeiten ist. Ich soll dem Hafenkapitän berichten.«

Neben dem deutschen Offizier erhob sich ein englischer.

»Das bin ich«, hörte ich. »Laufen Sie ein und kommen Sie in mein Büro neben dem Leuchtturm!«

Wir liefen ein.

Auf dem Steg stand ein bewaffneter Posten. Manus blieb an Bord, ich ging zum Hafenkapitän. Ein fröhliches Jungengesicht strahlte mich an.

»Ein hübsches Boot haben Sie«, sagte er. »Ist es ein Knickspanter?«

»Ja, von der Wibo-Werft in Holland.«

»Schlägt das Vorschiff nicht beim Kreuzen im Seegang?« wollte er wissen.

Offensichtlich war er Segler. Nach kurzer Fachsimpelei bot er mir eine Zigarette an. Ich nahm sie dankend und bemerkte:

»Camel? Amerikanischer Geschmack, süßlich gesoßt! Craven A schmeckt besser!«

»Mann«, rief er, »Sie sind ja anspruchsvoll. Wenn ich Ihnen einen Whisky anbiete, nehmen Sie nur old scotch dry?«

»Sicherlich«, gab ich zu. »Den trink ich am liebsten.«

»Sie wissen wohl gar nicht, daß wir sechs Jahre Krieg hatten«, lachte er. »Kantinenversorgung! Da muß man nehmen, was die liefert! Ich hab nur Bourbon-Whisky.«

»Besser als gar nichts«, sagte ich.

Er schenkte ein. Ich berichtete ihm von der Notlage seines übereifrigen Unterleutnants. Weil der Wind aufbriste, war schnelles Handeln erforderlich. Offensichtlich bestand kein Funkkontakt. Gemeinsam berieten wir. Weil seemännische Hilfe zweckmäßig war, beschlossen wir, einen deutsche Fischkutter mit Besatzung und englischer Begleitung zu entsenden und die Kähne wieder auf den Strand setzen zu lassen. Ein herbeigerufener Sergeant erhielt den Befehl, das Nötige anzuordnen. Als die nächste Flasche Bourbon geöffnet wurde, wußte ich bereits, daß Wellesley Schauspieler in London war. Wir sprachen über Theater, Musik und Tennis. Als wir endlich auf einen guten Frieden tranken, raffte er sich zu einer straffen Haltung auf und sagte:

»Nun weiß ich immer noch nicht, wer Sie sind. Immer sind Sie meiner Frage ausgewichen!«

Worauf ich mich erhob, ebenfalls Haltung annahm und ihm die Hand reichte: »Ich gratuliere Ihnen!«

»Wozu?« fragt er erstaunt.

»Weil Sie gewonnen haben! Wie beim Tennis gratuliert der Verlierer dem Sieger! Ich bin Marineoffizier, genau wie Sie. Sie haben gewonnen!«

»Ich habe es geahnt«, meinte er bekümmert. »Was soll ich nun mit einem so netten Mann machen? Alle deutschen Soldaten müssen erfaßt und in Lager geschafft werden, von wo man sie entlassen wird.«

Die Kurlandkämpfer auf Buckhagen kamen mir in den Sinn. Auch sie waren »erfaßt«, mußten hungern und frieren.

»Wir wollen morgen darüber sprechen«, schlug ich vor. »Ich werde jetzt auf meinem Boot schlafen gehen.«

Er brachte mich auf den Steg, befahl mir in Gegenwart des Wachtpostens, an Bord zu bleiben, und wünschte gute Nacht.

Am Morgen kam der Sergeant und teilte uns mit, er habe den Befehl, Manus und mich zur Erfassungsstelle zu bringen. Auf einer Liste der englischen Dienststellen fanden wir die Adresse: Vorderreihe dreiundzwanzig.

»Wissen Sie, wo das ist?« fragte der Engländer. »Ich bin erst seit vorgestern hier.«

Er schien ein gutmütiger, serviler Mann zu sein.

»Ja«, sagte ich. »Ich bringe uns dorthin.«

Er half uns, das Gepäck zu tragen. Als er meine Marine-Armbanduhr sah, warnte er:

»Die stecken Sie besser in die Tasche. Es könnte sein, daß man sie Ihnen abnimmt.«

»Wer sollte sie mir abnehmen?« fragte ich verwundert. »Ihr Engländer seid die Erfinder des Gentleman! Und ein Gentleman raubt nicht!«

»Richtig«, gab er gedehnt zu. »Aber es war Krieg. Die Leute von der Erfassungsstelle sind Landser, keine Mariner. Darunter kann es auch Bösewichter geben! Mariner – die sind in Ordnung. Bei euch doch auch?«

Mir schien es zweckmäßig, dem freundlichen Mann nicht zu widersprechen.

Natürlich gingen wir nicht zur Erfassungsstelle, sondern ins Gemeindebüro. Vor der Tür stand ein deutscher Polizist. Dem Bürochef sagte ich, wer wir seien. Unsere Eltern waren ihm bekannt, und er begriff sofort. Er ließ den Polizisten hereinkommen, der sich dienstlich neben uns aufbaute.

Auf amtlichem Briefbogen schrieb ich eine englische Bescheinigung aus, daß die deutschen Soldaten Adolph und Germanus Woermann am 19. Mai 1945 gesund und mit Gepäck in Gewahrsam genommen seien zur Überstellung in das Erfassungslager auf Fehmarn. Stempel und Unterschrift und dann in zweifacher Ausfertigung an den Sergeanten. Er las und war offensichtlich hiermit zufrieden. Vor seinen Augen schob der Polizist uns demonstrativ in den Nebenraum und verschloß die Tür. Wenige Minuten später standen wir auf der Straße und machten uns auf den Weg zum elterlichen Hof – in den Frieden.

Das Dritte Reich war zerschlagen. Als Ordnungsmacht wirkte eine Militärregierung, eine mir neue Form der Staatslenkung. Danach sei eine deutsche Regierung geplant, hieß es.

Daß ich den Krieg vor Auflösung der Wehrmacht nach eigenem Ermessen beendet hatte, habe ich jahrzehntelang verschwiegen. Es widersprach allem, was ich durch Erziehung und Beispiele über soldatische Pflicht und Ehre gelernt hatte. Ein deutscher Offizier, der sein intaktes Schiff dem Einsatz entzieht und Fahnenflucht begeht! Über viele Jahre blieb mir die Last der Pflichtverletzung. Es half mir wenig, daß ich fünfundachtzig Männer und ein wichtiges Fahrzeug heil in den Frieden gebracht hatte, indem der Flakkreuzer sofort nach Kriegsende und Demontage der Geschütze mitsamt der Stammbesatzung wieder seinen Dienst als Lotsenversetzer vor der Elbmündung aufnehmen konnte. Es entlastete mein Gewissen nicht mehr als der Dank meiner Männer, der mir in der Hungerzeit manche Fischlieferung aus Cuxhaven zukommen ließ.

Nach der glücklichen Heimkehr auf den Hof in Wilmsdorf und bald auch zur Familie in Hamburg meldete ich mich in einem Lübecker Militärlazarett, um als Kriegsbeschädigter die Inhaftierung in einem englischen Erfassungslager zu vermeiden. Die Krankenberichte über meine Kopfverletzung wurden beschafft und ein verständnisvoller Arzt nahm mich wegen traumatischer Epilepsie in ambulante Behandlung. Damit war ich erfaßt, aber nicht lagerfähig. Während mein Bruder eine unerfreuliche Zeit hinter Stracheldraht verbringen mußte, war ich bei meiner Familie in Hamburg. Gelegentliche Besuche im Lazarett bestätigten mein angebliches Leiden.

Doch auch den Engländern wurde klar, daß Leichtkranke und Simulanten sich auf diese Weise der Kontrolle entzogen, und so wurde auch für mein Lazarett im Oktober 1945 eine Überprüfung angesetzt.

Nach eingehendem Studium meiner Krankheitssymptome stand ich zum befohlenen Termin in der Reihe der Männer, die sich zum Tisch der englischen Untersuchungskommission vorschoben. Da saßen vier englische Militärärzte und stellten ihre Fragen, die, wie auch die Antworten, von einem deutschen Stabsarzt übersetzt wurden. Einzeln wurden wir aufgerufen, und schon bei meinen Vorgängern hörte ich, wie geschickt der Übersetzer die englischen Fragen und die deutschen Antworten weitergab, wichtige Symptome unterstrich, andere dagegen kaum erwähnte, um die Kranken zu begünstigen. Dennoch wuchs die Gruppe derjenigen, die für lagerfähig erklärt wurden, ständig, und sogar manche Verwundeten wurden dorthin verwiesen. Wie würde ich, braungebrannt, in bester Verfassung und ohne erkennbare Anzeichen einer Verletzung, diese Prüfung bestehen?

Nun stehe ich am Tisch, nenne meinen Namen. Der Stabsarzt blättert in meinem Krankenbericht und erläutert ihn den Engländern.

»Schildern Sie die Ursache Ihrer Verletzung!« fordert einer von diesen.

»Schildern Sie ausführlich die Ursache Ihrer Verletzung!« gibt mir der Deutsche weiter. Daß er »ausführlich« hinzugefügt hat, paßt zu meinem Konzept.

Eilfertig lege ich los:

»Ja, das war damals, vor der holländischen Küste. Im Morgengrauen. Wissen Sie – die Flieger kamen immer in der Dämmerung, von der dunklen Seite im Tiefflug. Sie sahen uns gegen den hellen Morgenhimmel. Aber wir konnten sie nicht sehen. Sie fanden unsere Schiffe immer. Sicherlich funkte der holländische Spionagedienst unser Auslaufen nach England. Dann konnten die Flieger sich ausrechnen, wo wir waren. Ja, das war...«

»Nicht so schnell!« unterbricht der deutsche Arzt. »Immer nur wenige Sätze, damit ich übersetzen kann.«

Beflissen dienere ich, bitte um Verzeihung und beginne von neuem:

»Englische Flieger – der Geleitzug – ja – der Geleitzug...«

Nun habe ich den Faden verloren.

»Ursache der Verletzung!« ruft der Engländer und sieht mich eindringlich an.

»Sie sollen schildern, wodurch Sie verletzt wurden!« gibt der Deutsche ruhig, aber sehr bestimmt weiter.

Bedrückt und erschrocken über meine Ungeschicklichkeit, stottere ich:

»Ja – die Flieger, die – die schossen auf uns, die Flieger. Mit Leuchtspurmunition. Die sieht man gut, wenn sie vorbeifliegt aber schlecht, wenn man selbst das Ziel ist. Ja, so kam es, so... und... und...?«

Fragend und verstört sehe ich den Deutschen an.

»Wie wurden Sie verletzt?« fragt er eindringlich.

»Ich, ...ja... ich bitte die Kommission um Verzeihung«, stieß ich heraus. »Ja, ...die Verletzung – das war weil... Ein Schuß ins Brückenhaus. Großer Holzsplitter. Ja, Holz – keine Panzerung auf der Brücke weil – weil...«

Nun weiß ich nicht weiter, verbeuge mich, stammele Entschuldigungen und unzusammenhängende Sätze, die übersetzt weitergegeben werden. Weitere Fragen, unklare Antworten.

»Narben?« wird gefragt. Meine Hand geht zum Kopf, ich beuge mich vor. Der Übersetzer greift mir in die Haare und bestätigt auf englisch:

»Narbenwulst in der Kopfhaut.«

Der Autounfall vor zehn Jahren! Daß diese Narbe sich hinten und nicht an der Seite der Verletzung befindet, verschweigt er.

Ich schwanke, halte mich am Tisch fest. Ob ich schon mit Krämpfen umgefallen sei?

»Ja, aber das geht vorüber, macht gar nichts!«

Der Engländer winkt mit der Hand, weist mich zum Ausgang.

»Entlassen!« höre ich.

Mit unsicheren Schritten begebe ich mich zur Tür. Geschafft!

In meinem Entlassungsschein stand: Untauglich für jeglichen Militärdienst. Damit war ich nicht lagerfähig. Erst jetzt begann wirklich der Frieden!

Am Anfang stand der Gänsehandel

Daß der Frieden schlimm werden würde, hatten wir geahnt. Dennoch waren wir glücklich. Wir hatten keine nahen Verwandten verloren. Bei den Schwiegereltern fanden wir eine heile Wohnung, und vom elterlichen Hof ließ sich, wenn auch verbotenerweise, auf alten Fahrrädern über Schleichwege Nahrhaftes heranschaffen. Gesund und kräftig, konnten wir nachts auf nahen Feldern Kartoffeln stehlen und für den Ofen Bäume fällen.

Die Stockholmer Freundinnen sandten Kaffee, Schokolade und andere Kostbarkeiten. Sie sammelten Kleidung für meine kleine Familie und besuchten uns, wenn sie im Urlaub ans Mittelmeer reisten. Wie viel Gutes verdanke ich ihnen und den Freunden aus Tjällmorra!

In meinem Beruf gab es keine Möglichkeiten. An ein Überseegeschäft war nicht zu denken. Aber in der Lüneburger Heide, wo die Engländer Grubenholz schlagen ließen, fielen große Mengen von Ästen und Zweigen an. Freund Reinhard beschaffte einen Buschhacker, eine einfache, dieselgetriebene Maschine, mit der wir unbewirtschaftetes und frei verkäufliches Brennholz produzierten und gegen Geld oder Ware nach Hamburg lieferten. Über eine alte Verbindung zog ich einen Handel mit Feuersteinen auf, eine begehrte und leicht transportable Ware.

Zum Höhepunkt der kommerziellen Aktivitäten jedoch wurde der Fischmarkt, jener quirlige, lautfröhliche Umschlagplatz für Waren aller Art, der sonntags ab sechs Uhr morgens nahe dem Elbufer stattfindet und längst zu einer weitbekannten Attraktion für Einheimische und Touristen geworden ist. Von meinem mit Holz ertauschten »Tempo«-Wagen, einem dreirädrigen Kleinlaster, verkauften wir dort Gänse, gelegentlich auch Hühner und Kaninchen. Wir, das waren Vetter Hase, der eigentlich Hans Werner hieß, und Georg, ein ehemaliger hoher Stabsoffizier.

Schon vor sechs Uhr bezogen wir den Standplatz, um die tags zuvor in der Hadelner Marsch eingehandelte, lebende Ware an den Mann oder die Frau zu bringen. Kunden kamen und prüften. Lautstark priesen wir die unvergleichliche Qualität unserer Gänse an, feilschten um den Preis für große und kleine Vögel.

Es sprach sich herum, daß der Enkel eines hanseatischen Kaufherren und der aus dem vornehmsten Teil Harvestehudes stammende Hase unter organisatorischer Leitung eines Generalstäblers im Gänsehandel tätig seien. Wir wurden für Besucher aus Hamburgs Nobelvierteln zu einer weiteren Attraktion des Fischmarktes. Als eines Morgens die Damen der Reederfamilie Kirsten erschienen, konnte ich diese nur zurückhaltend begrüßen:

»Kein Handkuß heute, gnädige Frau! Ich bin zu beschissen! Vom Schicksal und von diesem unreinlichen Viehzeug!«

Worauf ich nach Marktende zum Frühstück auf der Terrasse über der Alster eingeladen wurde. Allerdings erst nach einem gründlichen Bad und im Morgenmantel des Hausherren.

Im Dämmerlicht eines Dezembermorgens tritt ein hünenhafter Mann an meinen Wagen und besieht interessiert und offensichtlich belustigt unsere Verkaufsbemühungen.

»Na«, spreche ich ihn an. »Wir wär's mit so einem nahrhaften Vogel?«

Schweigend schaut er an mir herunter. Dann kommt es tief aus der mächtigen Brust:

»Ji hebbt ja woll ok mol wat anners mokt as Gös verköfft?«

»Dor kanns op af«, gebe ich zurück. »Kanns du dat beter?«

»Jo«, meint er. »Schall ik di dat mol wiesen?«

»Man los!« ermuntere ich ihn.

Schon steht er auf einer Kiste und ragt wie ein Monument über das Marktgewoge. Seine Hand umfaßt eine Gans am Hals, schwenkt sie in die Höhe und seine Posaunenstimme röhrt über die Menge:

»Düsse Gös, Lüd! Dat is reelle Ware! Hier ward je nich bescheeten! Düsse hier min Herr. – Mutti fallt die um den Hals, wenn du de na Hus bringst! Wat de kost? De kost..., de kost...«

Schnell fragt er leise zu mir herab:

»Wat kost de?«

»Dreehunnert Reichsmark«, sage ich.

»Dreehunnertfofftich, min Herr! Is geschenkt!« dröhnt er und dann zu mir gewendet, hinter der Hand: »Fofftich för mi!«

Der Kunde zieht mit der Gans ab. Und schon der nächste. Ein betrunkener Nachtschwärmer vom nahen Sankt Pauli will eine kleine Gans. Wir finden eine, die jedoch, weil auf dem Transport von den großen Vögeln getreten, einen bekümmerten Eindruck macht. Der Käufer nimmt sie in Empfang, setzt sie auf die Erde und zieht ein langes, rotes Seidenband aus der Tasche. Das eine Ende um den Hals der Gans geknotet, schwankt er davon, bemüht, den schon recht lahmen Vogel wie einen Hund an der Leine durch das Gewühl zu führen. Doch das marode Tier bleibt sitzen, wird umgerissen.

Schon stürzt unser Starverkäufer hinzu und weist den Käufer an:

»Dat döffst nich moken mit dat Vieh! Dat is 'n ganz zahme, de het de Buernolsch mit de Hand inne Stuv grot mokt. De is liebevolle Behandlung gewohnt. Nee, min Jung, so geiht dat nich!«

Er hebt die Gans auf, drückt sie dem Besitzer in den Arm und schickt ihn davon.

Eine Stunde später ist der Wagen leer, wir sind alle zufrieden.

»Dank ok«, sage ich unserem Helfer. »Nächsten Sündach komms wedder, jo?«

»Nee«, erwidert er. »Geit nich. Ik bün ja in 'n Dienst.«

»Dienst?« frage ich. »Sündach morgen, Klock soß?«

»Ik bün Nachtwächter. Bit Klock acht. Op 'n Lager«, erklärt er.

Ich versuche, ihn zu überreden:

»Dat markt doch keen een, wenn du mol freuer afhaust.«

»Nee«, antwortet er. »De Lagervize is 'n ganz gräsigen. De smit mi veerkant rut, wenn he dat markt.«

»Wat is dat för 'n Lager?« will ich wissen.

»Ne grote Samenhandlung. Ernst & von Spreckelsen«, erfahre ich und erinnere mich an Albrecht Ernst, Mitglied des

Segelclubs und großzügiger Förderer unserer Vorkriegssegelei. »So«, sage ich. »Bi Albrecht Ernst büst du?«

»Jo, dat is de Chef.«

»Den kenn ik ok«, entfährt es mir unbedacht.

Er tritt einen Schritt zurück und mustert mich voller Mißachtung langsam von oben bis unten, bevor er lospoltert:

»Du Angeber! Dat kanns mi nich vertelln! Albrecht Ernst, dat is 'n bessern Herrn! Wohnt in 'n grote Villa op 'n Falkensteen. Mit 'n Park rum. Nee, min Jung! Albrecht Ernst, de kiekt Lüd, de Gös verköfft, nich mit 'n Mors an! So!«

Kehrt und weg! Er kam nicht wieder. So konnte ich ihn nicht auf die, nach meinen Erfahrungen, krasse Fehleinschätzung seines Arbeitgebers hinweisen.

Zu den mir in der Jugend anerzogenen Vorstellungen gehörte nicht nur die Unvermeidbarkeit von Kriegen, sondern auch die Knechtung der Besiegten. Daß deutsche Fabriken demontiert, alle Seeschiffe abgeliefert und Reparationsleistungen an die Sieger geleistet werden mußten, erschien mir selbstverständlich. Um so mehr verwunderte es mich, als ich, während zeitweiliger Tätigkeit in der Hauptstelle Fischwirtschaft, die Hilfsbereitschaft unserer bisherigen Feinde erfuhr. Englische Fachleute stellten ihr Wissen und Sachleistungen bereit, um Probleme zu lösen und Not zu lindern. Auch auf höchster Ebene erfolgte eine Zusammenarbeit. Organe des alliierten Kontrollrats unterstützten die Bildung einer neuen deutschen Regierung. Der Marshall-Plan, die care-Aktion und andere Hilfsmaßnahmen erschienen mir als Wunder.

Die Bundesrepublik wurde geschaffen und erhielt wieder eine demokratische Form der Staatslenkung. Für mich war es die fünfte deutsche Regierung. Auch diese sollte wieder dem Volke dienlicher sein als alle vorherigen. Wie lange würde sie Bestand haben? Wann würden sich wieder Kräfte regen, die, friedlich oder gewaltsam, eine Systemänderung anstrebten?

Eine Wahrheit jedoch hatte ich inzwischen erkannt: Was wir in Afrika über die Vernichtung von Juden und Oppositionellen gehört und als schlimme Propaganda abgetan hatten – es reichte nicht an die unbegreiflichen Tatsachen heran.

Die Währungsreform und das Wunder des Wiederaufbaus bestätigten die Richtigkeit des neuen politischen Kurses, der somit die Zustimmung aller Friedenswilligen finden mußte. Mit der Wiederaufnahme des Überseehandels ergaben sich auch für mich neue Möglichkeiten.

»Gute Geschäftsverbindungen müssen Regierungen und Kriege überstehen«, hatte Onkel Kurt gesagt.

Und selbstverständlich halfen englische Bankiers der Firma C. Woermann beim Wiederaufbau des Afrika-Geschäfts.

Für eine erste Auslandsreise, die auch in den nahen Osten führen sollte, benötigte ich einen Paß. Doch den gab es nur mit einem Entnazifizierungsschein. Yachtschulfreunde, die bereits entnazifiziert waren, wiesen mich an eine englische Dienststelle. Deren Chef, ein Londoner Anwalt, fragte in fehlerfreiem Deutsch:

»Wo waren Sie vor dem Krieg tätig?«

Ich nannte die Firma C. Woermann, die ihm bekannt war.

»Sie haben gute Freunde in London, die Ihnen behilflich sind«, wußte er.

»Ja«, gab ich zu. »Die Sieger stellen die besiegten Feinde wieder auf die Beine. Eine mir neue Erkenntnis.«

Wir sprachen über Exportmöglichkeiten. Dann kam er zur Sache:

»Nun ganz ehrlich: Welchen NS-Organisationen habe'n Sie angehört?«

Ich nannte den Arbeitsdienst und die Marine-SA.

»Marine-SA?« fragte er. »In welchem Sturm?«

»Sturm fünf eins.«

»Der Yachtschulsturm, der 1934 wegen reaktionärer Gesinnung aufgelöst wurde. Ich habe bereits einige Ihrer Kameraden überprüft. Gruppe fünf!«

Das war besser als erwartet. In Gruppe sechs wurden die aktiven Gegner des NS-Regimes eingestuft. Ich erhielt den begehrten Schein und konnte meinen Paß beantragen.

Unter anderem benötigte ich ein ägyptisches Visum, das nur im derzeit einzigen Konsulat in Frankfurt erhältlich war. Der Konsul, ein Ägypter, besah meinen Paß und den Entlastungsschein.

»Gruppe fünf?« murrte er unwillig. »Das besagt gar nichts. Damit könnten Sie sogar Jude gewesen sein. Sie wollen ein Visum? Das muß ich mir erstmal überlegen.«

Ich verstand nicht sofort und sagte: »Ich war kein Nazi. Mit Gruppe fünf bin ich ja fast schon ein Antinazi!«

»Das ist es ja gerade«, meinte er. »Wenn sie Gruppe drei oder vier wären! Das waren die besten Nazis. Keine Verbrecher, anständige Kerle! Aber Gruppe fünf? – Antinazis schätzen wir gar nicht. Lassen Sie Ihren Paß zur Prüfung hier!«

Er schob mich ins Vorzimmer ab.

»Kein Visum?« fragte die deutsche Sekretärin.

»Ich verstehe das nicht«, rief ich erbost. »Vor drei Tagen habe ich die Bestätigung erhalten, kein Nazi gewesen zu sein. Und heute soll ich wieder nachweisen, daß ich doch einer war! Darauf bin ich nicht vorbereitet.«

Sie sah mich verschmitzt an und meinte:

»Vielleicht kann ich etwas dazu tun. Wir Deutschen müssen uns doch gegenseitig helfen – meinen Sie nicht auch? Können Sie heute nachmittag wiederkommen?«

»Selbstverständlich kann ich das!«

Meine Annahme, daß orientalische Gebräuche auch für ein hiesiges Konsulat galten, war richtig. Mit Wein und Konfekt versehen, war ich am Nachmittag wieder bei der Sekretärin und hatte am Abend meinen visierten Paß.

Auch bei den anderen orientalischen Konsulaten erweckte meine Antinazi-Qualifikation Mißtrauen. Und weil politische Wahrheiten nicht nur von Zeit zu Zeit, sondern auch von Land zu Land wechseln, hatte ich bald für Israel, für Nord- und Südamerika sowie für die Ostblockstaaten drei weitere Pässe, um an Hand der entsprechenden Visen meine Übereinstimmung mit dem jeweiligen Staatssystem zu dokumentieren.

Auf der Rückreise traf ich Ernst Woermann. Er hatte sich 1942 als Botschafter nach Nanking versetzen lassen, weil manche Maßnahmen im Auswärtigen Amt seinem Gewissen widersprachen. Dennoch war er vom Nürnberger Militärtribunal zu acht Jahren Haft verurteilt, jedoch bald wieder entlassen worden. Er sprach nicht gern über diese Zeit, die er als schimpflich empfand.

»Wie kann man eine Tat nach einem nachträglich geschaffenen Gesetz bestrafen«, sagte er. »Das widerspricht jeglicher Rechtsauffassung. Aber der Stärkere hat immer recht. Wie vorher die Nazis, so jetzt die Sieger!«

Er war nie ein Nazi gewesen.

Nun ja – jede Zeit hat ihr eigenes Recht und ihre eigene Moral. Gut und schlecht können je nach zeitlichem und örtlichem Blickpunkt austauschbar werden. In arabischen Ländern ist Hitler ein tragischer Held. Der alte Orion zeigt von Europa oder Südafrika aus gesehen jeweils ein anderes, aber doch richtiges Bild. Vom raschen Strom der Zeit hier- und dorthin getragen, ist es oft mühsam, den richtigen Kompaßkurs zu finden. Erst, wenn das Land in Sicht kommt, weiß ich, ob ich richtig navigiert habe. Dann kann ich, wie damals in der Themsemündung, in der Rückrechnung meine Fehler erkennen.

Mit Frau und Kindern begann ein normalbürgerliches Leben, das durch gelegentliche Überseereisen unterbrochen wurde. Aus dieser Zeit gibt es nur ein Bild, das in seiner Dramatik zwischen den anderen Erinnerungen herausragt.

Die Firma C. Woermann hatte sich mit einem englischen Unternehmen zusammengetan. Neben einem erfahrenen Fachmann war ich Geschäftsführer des englischen Zweigs in Hamburg geworden und hatte einen Teil des Exports übernommen.

Von unserer Hausbank erhielten wir den Hinweis auf eine ungewöhnliche Geschäftsmöglichkeit, an die sich jedoch wegen ihrer Kompliziertheit keiner der alten Exporteure herangetraut hatte.

Eine Stockholmer Agenturfirma hatte, offensichtlich auf Grund besonderer Verbindungen, die Genehmigung des schwedischen Wirtschaftsministeriums erhalten, außerhalb der normalen Handelsabkommen den Export großer Mengen von Werkzeugen nach Argentinien durchzuführen. Als Gegenleistung wurden von dort Waren geliefert und in Schweden aus dem Erlös für die Werkzeuge bezahlt. Eine Voraussetzung dieses Gegenseitigkeitsgeschäftes war die termingerechte Verschiffung der Exportware bis zum fünfzehnten November 1951 und die anschließende Vorlage der Verschiffungsdokumente bei der größten schwedischen Bank, der Skandinaviska Banken in Stockholm, um damit die Zahlung des Entgelts von acht Millionen Deutscher Mark auszulösen.

Weil die Ablösung dieser Transaktion etliche Probleme bot, hatten auch wir Bedenken. Doch die Dresdner Bank empfahl einen Besuch bei dem Initiator in Stockholm. So flog ich dorthin, um Näheres zu erfahren.

Das Büro dieser Firma bestand aus einem Raum, in dem ich lediglich einen Herrn Ludwig und seine Sekretärin vorfand. Ludwig war offensichtlich Deutscher. Nach meinen ersten Fragen kam er sofort zur Sache:

»Sie kennen mich nicht. Ich verstehe Ihre Skepsis. Sie brauchen Referenzen. Kommen Sie mit zur Skandinaviska Banken!« Und zur Sekretärin: »Melden Sie uns dort an!«

Schon am Portal des Bankgebäudes wurden wir empfangen und waren in wenigen Minuten beim Vorstandsvorsitzenden.

»Sie sind an diesem Kompensationsgeschäft interessiert?« fragte er und fügte, als ich bejahte, sofort hinzu: »Herr Ludwig hat bereits mehrere solcher Geschäfte über unsere Bank abgewickelt. Alle wurden reibungslos duchgeführt. Wir stehen in jeder Weise hinter seinen Vorhaben.«

Eine bessere Empfehlung konnte es nicht geben. Wieder auf der Straße verabschiedete ich mich von Ludwig, ging zur Bank zurück und bat, unseren Gesprächspartner nochmals kurz und allein sprechen zu dürfen. Wieder wurde ich sofort vorgelassen.

»Wer Sie sind, weiß ich«, eröffnete ich ihm. »Aber wer ist Herr Ludwig? Eine Einmannfirma in einem Raum. Und dann derartige Geschäfte vermitteln? Bitte verstehen Sie mein Mißtrauen.«

»Ich verstehe Sie vollkommen. Aber ich kann Sie beruhigen. Wir kennen Herrn Ludwig seit bald zwanzig Jahren. Ehemaliger Direktor der Deutschen Reichsbank, Referat Skandinavien. Er möchte zur Zeit nicht nach Deutschland zurück. Möglicherweise ist er politisch belastet. Aber danach fragen wir nicht. Für uns ist er ein außerordentlich versierter und zuverlässiger Finanzfachmann mit erstklassigen Verbindungen. Das sage ich

Ihnen in meiner Eigenschaft als Chef der größten schwedischen Bank. Und streng vertraulich kann ich hinzufügen, daß Herr Ludwig einen engen Kontakt mit einer anderen bekannten Persönlichkeit hat, nämlich Doktor Schacht, der ehemals Präsident der Deutschen Reichsbank war, dann Finanzminister unter Hitler, dessen Gegner er wurde. Genügt Ihnen das?«

Es mußte mir genügen.

Zum erstenmal nach Kriegsende wieder in Stockholm, hatte ich Aina, Brit und die anderen Freunde aus Tjällmorra zu einem guten Abendessen eingeladen, um mich für die viele Hilfe während der Kriegs- und Nachkriegszeit zu bedanken. Zu meiner Verwunderung waren sie bereits eine Stunde vor der vereinbarten Zeit im Hotel, um mich abzuholen.

»Los – schnell! Guter Anzug! Wir gehen in die Oper«, erfuhr ich.

»Aber wir wollten doch essen gehen. Ich möchte mit euch sprechen, euch danken«, protestierte ich.

»Red nicht – komm schnell! Die Oper veranstaltet eine Aufführung zugunsten der Opfer einer Flutkatastrophe in Italien. Wir haben die Eintrittskarten bestellt – du bezahlst sie. Das ist wichtiger als das Essen!«

Sicherlich war es Ainas Idee gewesen.

Die Beschaffung der Werkzeuge für den Export nach Argentinien nahm uns voll in Anspruch. Wochenlang war ich unterwegs, um weitere Lieferanten zu finden, oder prüfte im Büro die Angebote. Es kam der November. Ständig saß ich am Telefon und über Fernschreiben, mußte in Minuten über den Kauf von Waren entscheiden, deren gesamter Wert weit über den normalen finanziellen Rahmen unserer Firma hinausging. Die Verantwortung belastete mich, und ich zählte die Tage bis zum dreizehnten November, an dem die gesamte Ware auf dem argentinischen Dampfer »Maipu« nach Buenos Aires verschifft werden sollte.

Da kam plötzlich das Gesicht des Astrologen aus der Erinnerung, den ich zum Jahresbeginn getroffen hatte. Er war mir von zwei sehr erfolgreichen Firmen empfohlen worden, deren Führungskräfte sich nach seinen Horoskopen richteten.

Ich hatte seine Dienste abgelehnt, obgleich er bereits nach meinen Daten in großen Zügen mein Horoskop für 1951 erstellt hatte. Seine letzten Worte kamen mir in den Sinn:

»Ihr Horoskop für dieses Jahr ist recht günstig. Nur vor dem November muß ich Sie warnen. Das gebietet mir mein Verantwortungsgefühl. Alles, was Sie im November tun – es kann nur schlecht ausgehen. Nehmen Sie in dieser Zeit Urlaub oder werden Sie krank! Denken Sie daran!«

Als ich dies lachend dem Chef einer der astrologisch betreuten Firmen erzählt hatte, war ich von diesem gewarnt worden:

»Schlagen Sie das nicht in den Wind! Seine Horoskope sind sehr zuverlässig. Wir haben unsere Erfahrungen!«

Nun sah ich immer wieder die warnende Hand des Astrologen. Konnte doch etwas daran sein? Wenn zwei so bedeutende Firmen sich nach seinen Ratschlägen richteten? Es kostete mich einige Mühe, diese Gedanken beiseite zu schieben.

Von überall her, nicht nur aus Deutschland, auch aus Frankreich, Italien und der Tschechei kamen unsere Werkzeuge nach Hamburg. LKWs rollten zum Hafen, an D-Züge ließen wir Güterwagen anhängen, um alles zum Verladetermin für die »Maipu« bereitzustellen.

Am Morgen des dreizehnten November fuhr ich ins Büro, sah im Augenwinkel die Bildzeitung: »Schiffskatastrophe auf der Nordsee«, ohne mir Gedanken darüber zu machen. Im Büro empfing mich eine drückende Stille.

»Unser Dampfer«, hörte ich. »Maipu.«

Die »Maipu« – was war mit ihr?

»Gerammt. Bei Terschelling im Nebel. Verloren! Keine Möglichkeit, bis zum fünfzehnten nach Buenos Aires zu verladen!«

Ich fühlte Schweißperlen auf der Stirn. Wir hatten die Ware beordert, mußten Millionen bezahlen, aber konnten unser Entgelt in Stockholm nicht auslösen! Der Astrologe hatte recht behalten! Das konnte das Ende für unsere Firma bedeuten. Dieses außerhalb der internationalen Finanzvereinbarungen laufende Geschäft neu einzufädeln, würde auch für Ludwig Monate erfordern. Die Einlagerung der Ware würde mehr kosten, als unser Verdienst betragen hätte.

Mittags kam ein Anruf von der KNSM, der holländischen Südamerika-Reederei:

»Sie sind in Not, haben wir gehört. Wir können Ihnen helfen, Verladedokumente zu bekommen, mit denen man Ihnen in Stockholm die Akkreditive auszahlen wird.«

»Wie wollen Sie das machen?« fragte ich. »In den nächsten Tagen geht kein Schiff nach Buenos Aires.«

»Das ist unsere Sache. Wir verschiffen Ihre Ware ohne Sonderkosten gegen ordnungsgemäße Papiere. Jedoch unter einer Voraussetzung: Wir wissen, daß Sie weitere derartige Geschäfte planen. Sichern Sie uns die Verladung mit unseren Schiffen zu!«

»Selbstverständlich, wenn es zu normalen Frachtraten erfolgt. Aber wie wollen Sie uns jetzt helfen?«

»Heute abend liegt ein Seeleichter dort, wo die »Maipu« laden sollte. Er wird Ihre Ware übernehmen und morgen nach Rotterdam geschleppt werden. Von dort geht am zwanzigsten eines unserer Schiffe nach Buenos Aires. Wir kennen den Text Ihrer Akkreditive. In allen fehlt die übliche Klausel: Transshipment excluded. Das bedeutet, daß Sie die Ware in ein anderes Schiff umladen dürfen. Wir aber bestätigen Ihnen, daß Ihre Ware heute nach Buenos Aires verschifft worden ist.«

Wir waren gerettet! Woher die geschäftstüchtigen Holländer ihr Wissen hatten, habe ich nie erfahren.

Ich konnte nicht umhin, dem Astrologen über meine Erfahrung zu berichten.

»Das ist typisch für Sie«, erklärte er mir. »Sie sind ein völlig ungläubiger Mensch. Sie vertrauen niemandem. Und wahrscheinlich wollen Sie mir beweisen, daß die Astrologie unzuverlässig ist. Wenn sie dies ernsthaft wollen, gelingt es Ihnen, weil Sie stärker sind als ich.«

Nun, ihm seine Fehlprognose zu beweisen, wäre nie meine Absicht gewesen. Aber daß mein Glaube an Menschen und eine gerechte Vorsehung beim Gang durch Höllenkreise gelitten hatte, war wohl richtig.

In diese Zeit gehört eines der wenigen Bilder, die, weil nicht von Furcht oder Kummer gefärbt, leuchtend hell zwischen den dunklen Erinnerungen stehen. Zum zweitenmal in meinem Leben zeigte sich das grüne Hütchen, jene funkelnde Erscheinung, mit der, nach Onkel Hans' Deutung, die Sonne uns für unsere Bewunderung dankt.

Mit Heimke und den Kindern blickte ich von einer hohen Düne über die Nordsee zur Grenze von Himmel und Wasser, die den klaren, windigen Abend zerteilte. Auf den letzten, waagerechten Sonnenstrahlen glitt der Wasserstaub der Brandung in goldenen Schleiern über den Strand. Hinter uns stieg kalt die Nacht in den Himmel. Die Kinder schoben ihre kleinen Händchen zum Wärmen in die unseren.

»Heute ist Hütchenwetter«, entfuhr es mir, und schon spürte ich die Gefahr des unbedachten Ausrufs. Wie gern hätte ich meine Worte zurückgenommen, die doch nur Heimkes skeptischen Blick herausfordern mußten. Bei aller Freude am Reichtum meiner Phantasie bedachte ihr naturwissenschaftlich geschulter Geist doch manche meiner Gedankenwirbel mit kritischem Zweifel. Dies galt sicherlich auch für meine Beschreibung des Sonnenwunders.

Doch was half's – ich hatte es ausgesprochen. Wir sahen die Sonnenscheibe zur Tiefe sinken. Schmaler wurde die funkelnde Brücke, die das Licht über die Köpfe der Wellen zu uns heranführte. Der Rest des lodernden Bogens verglühte – da brach wie ein untermeerisches Leuchtsignal das strahlende Grün durch den Horizont. Das Sonnenhütchen!

Ich sah zur Seite, und das begreifende Erstaunen in Heimkes eben noch zweifelndem Blick erweiterte ruckartig meinen Brustumfang. Nun war, nach Jahren vergeblichen Suchens, endlich der Beweis erbracht, und ich hatte zukünftig sogar eine zuverlässige Zeugin für meinen so oft belächelten Lichteffekt. Fortan war auch sie, vom heiteren Reiz des Hütchens eingefangen, eifrig bemüht, dieses wiederzusehen.

Das neue Afrika

Meine berufliche Laufbahn gelangte 1962 an einen Wendepunkt. In Bonn traf ich den Yachtschulkameraden Wolfgang Hipp, Geschäftsführer in einer hochrangigen Wirtschaftsorganisation. Er wies mich auf die kürzlich von der Bundesregierung gegründete Deutsche Entwicklungsgesellschaft hin, ein Institut zur Förderung und Finanzierung von Unternehmen in Entwicklungsländern, um diesen beim wirtschaftlichen Aufbau zu helfen.

»Das wäre etwas für dich«, meinte Wolfgang. »Da geht es nicht nur ums Geldverdienen, sondern um eine der großen und hochinteressanten Aufgaben unserer Zeit.«

»Etwas zu hoch gegriffen für mich«, sagte ich. »Dort braucht man hochkarätige Finanz- und Industriefachleute.«

»Es fehlen Praktiker«, wußte er. »Leute, die diese Länder und ihre Menschen kennen. Du solltest es versuchen.«

Mit zwei Telefonaten hatte er mich auf die Schiene geschoben, und sechs Monate später begann meine Tätigkeit bei diesem Institut, obgleich mir hierfür zwei wichtige Eigenschaften fehlten. Zum einen war es wie immer der mangelnde Ehrgeiz, eine Karriere zu machen, und zum anderen fiel es mir schwer, mich auf die unumgängliche Bürokratie eines solchen Unternehmens einzustellen. Dennoch gelangte ich zu einer meinen Wünschen entsprechenden Position, die mir viel persönliche Freiheit ließ.

Bald war ich, wenn auch stets nur vorübergehend, wieder in vielen Ländern Schwarzafrikas, die nach der Entlassung aus der Kolonialherrschaft jetzt selbst ihre Wege bestimmten. Es waren gute Wege dort, wo eine verständnisvolle Zusammenarbeit zwischen Europäern und Afrikanern diese in sinnvoller Weise mit den erwünschten zivilisatorischen Neuerungen und gesellschaftlichen Organisationen vertraut machte. Aber viele Wege in die Freiheit führten auch zu wirtschaftlichem Niedergang ehemals reicher Kolonien, zu neuem Elend für große Teile der Bevölkerung und nur für eine kleine schwarze Oberschicht zum Reichtum. Steppen- und Urwaldbewohnern, deren Denkvorstellungen bisher nicht über Familie und Stamm hinausreichten, sind, selbst nach einem Studium in Europa, häufig noch nicht fähig, großräumige soziale und wirtschaftliche Planungen zu verwirklichen. Fünfhundert Jahre der Entwicklung europäischen Geistes sind nicht in einer Generation nachvollziehbar.

Aus der Nachkriegstätigkeit im kolonialen und später im freien Afrika sind mir keine großen Bilder verblieben. Aber es finden sich kleine Erlebnisse, die dennoch Zeichen am Wege sind.

Da ist der Flug nach Sassandra an der Elfenbeinküste. Mit holperigen Sprüngen setzt das kleine Flugzeug auf der Landepiste auf. Ein junger Afrikaner tritt heran.

»Ich bin Tassali«, sagt er in gutem Französisch. »Ich komme von der Bauribois und soll Sie dorthin fahren.«

Ich setze mich neben ihn, und los geht es durch die Mittagshitze an der Hügelkette hinauf. Unten liegt der tiefblaue Atlantik.

»*Arrêtez s'il vous plaît* – Ich möchte aussteigen. Für eine Minute.«

Eine Minute erinnernder Rückschau. Die kleine Bucht dort unten, in der ich vor zweiundzwanzig Jahren mit dem Kutter »Helene« gelandet war, auf der Flucht aus Liberia nach Deutschland. Auf dieser Straße waren wir in der Nacht ins Ungewisse gefahren. Jetzt die Augen schließen und eintauchen in jene Zeit, als mich eine Glückshoffnung leitete, ein Traum, der mit einem Sturz in tiefste Enttäuschung und das Grauen des Krieges endete. Und nun wieder aufblicken im freudigen Bewußtsein glückvoller Gegenwart in einer friedlichen und freien Welt.

Vorbei, gewesen! Weiter – in einen neuen Lebensabschnitt, ins Afrika einer neuen Epoche!

Ich frage Tassali nach der Bauribois, dem großen Säge- und Hobelwerk, das mit deutscher Unterstützung aufgebaut worden war.

Er erzählt von den Veränderungen, die durch die Fabrik in das bisher weltentlegene Dorf getragen wurden. Gutes Wasser gäbe es jetzt, eine Schule, eine Sanitätsstation und Verdienst für viele Familien. Aber nicht für alle. Und das schaffe Probleme.

»Wenn einer verdient«, sagt er, »dann muß er die ganze Familie versorgen – Eltern, Großeltern, Onkel und Tanten und deren Kinder. Ich habe mir ein Transistorgerät gekauft. Nun verlangt mein Schwager, der nichts verdient, ich solle auch ihm eines kaufen. Und das muß ich tun. Aber warum verdiene ich? Weil ich mich bemüht habe, lesen und schreiben zu lernen, um einen guten Job zu erhalten. Aber was bleibt mir von meinem Lohn? Nein, ich will fort von der großen Familie, will nur für Frau und Kinder sorgen. Ich gehe in die Stadt, nach Sassandra oder Abidjan.«

»Aber dort gibt es noch mehr Arbeitslose«, werfe ich ein.

»Mein Onkel ist Beamter in Abidjan. Er muß mir eine Stelle als Fahrer beschaffen.«

Ob er wohl weiß, wie schwer es ist, in den Städten Arbeit zu finden? Wie kurz ist der Weg ins Elend der Slums für die vielen, die ihr Dorf verlassen und sich erfolglos um Verdienst in der Stadt bemühen.

Wir fahren durch Ortschaften, die zwischen Kaffee- und Kakaopflanzungen liegen.

»Könnten eure Leute in Bauri nicht auch solche Felder anlegen?« frage ich Tassali. »Dazu braucht man keine Schulbildung.«

»Das dürfen wir nicht«, sagt er. »Wo der Wald abgeholzt wurde, wird neu aufgeforstet. Das verlangen die französischen Berater der Bezirksverwaltung. Sie behaupten, wenn der Wald verschwände, würde es weniger regnen und das Land austrocknen. Das können wir nicht begreifen. Aber wir müssen uns fügen.«

Was soll ich ihm antworten? Er würde den Sinn der Aufforstung nicht verstehen. Ich erzähle ihm von Ländern, die mangels guter landwirtschaftlicher Planung in Not geraten.

»Eure Regierung betreibt eine gute Politik«, sage ich. »Die gute Zusammenarbeit mit den weißen Beratern hat bewirkt, daß die Landwirtschaft alle ernährt. Und der Wald hält die Feuchtigkeit, aus der sich die Regenwolken bilden.«

Da liegt die Fabrik. Vor uns die Maschinenhallen, das Holzlager und dahinter die Wohnungen des Personals, kleine, feste Häuser, die, wie mir Tassali stolz erklärt, mit Wasser und Strom versorgt werden. Er bringt mich zum Büro des französischen Betriebsleiters, Monsieur Roussilon.

Wir besprechen die geplante Einrichtung einer Spanplattenfabrikation aus Abfallholz. Dann zeigt er mir den Betrieb, die Säge- und Hobelmaschinen, die Holztrocknung und die Transporteinrichtungen.

»Sie haben weiße Techniker an vielen Maschinen«, sage ich. »Das ist doch teuer. War es nicht vorgesehen, hierfür geschulte Afrikaner einzusetzen?«

»Ja«, sagt er. »Anfangs hatten wir erfahrene Schwarze aus unserem Werk bei Abidjan eingestellt, Lagunenleute, wie man sie hier nennt, weil sie an der Küstenlagune leben. Aber sie wurden von den hiesigen Dorfbewohnern angefeindet und schikaniert.«

»Von den eigenen Landsleuten?« frage ich.

»Ja«, erklärte er. »Die alten Stammesfeindschaften. Es gab Schlägereien. Nachts wurden Fenster eingeschlagen, und morgens fand sich dort ein Stück Schildkrötenpanzer. Gärten wurden heimlich verwüstet, Geräte beschädigt. Und immer lag daneben ein Schildkrötenpanzer. Sie wissen ja, die alten Männerbünde, in diesem Fall der Schildkrötenbund, zeigen immer noch in nächtlichen Aktionen ihre Macht. Zweimal haben wir mit Mühe Brandstiftungen an Häusern der Lagunenleute gelöscht. Als schließlich einer durch einen Steinwurf aus dem Hinterhalt schwer verletzt wurde, haben wir die Fremden zurückgeschickt und Weiße eingestellt. Seither herrscht Ruhe.«

»Können Sie Leute aus dem Dorf einstellen?«

»Noch nicht«, meint er. »Erst in einigen Jahren, wenn diejenigen, die jetzt zur Schule gehen, erwachsen sind, werden wir sie an den Maschinen anlernen.«

Als ich abends mit Monsieur Roussilon zu seinem Haus komme, zeigt er auf ein kleines Bündel aus Tierfell und Kräutern außen an der Haustür und fragt: »Kennen Sie das?«

Als ich verneine, reicht er es mir. »Eine afrikanische Einbruchssicherung. Ich bin oft für einige Tage fort. Das reizt zum Einbruch, auch unter Naturkindern gibt es Halunken. Der Medizinmann hat mir für zwanzig Franken diesen Zauber gefertigt. Wer jetzt unerlaubt eindringt, wird vom Unglück verfolgt. Das weiß hier jeder. So einfach ist das hier in der Wildnis!«

Als Tassali mich am nächsten Tag nach Sassandra zurückfährt, bringe ich das Gespräch auf die Lagunenleute und frage, warum sie zurück gegangen seien.

»Sie wollten nicht hier bleiben«, erklärte er zögernd. »Es gab Streit mit unseren Leuten. Sie hatten keine Achtung vor dem Häuptling, dem Medizinmann und den Alten. Es ist nicht gut, wenn Fremde in unserem Dorf leben.«

»Aber die Weißen sind doch auch Fremde«, werfe ich ein.

»Das ist etwas anderes«, meint er. »Die Weißen bringen die Maschinen, bauen die Fabrik. Sie tun das, was wir nicht können. Aber wenn sie älter werden, gehen sie nach Europa zurück. Fremde Afrikaner jedoch bleiben hier. Doch sie gehören nicht zu uns. Erst wenn unsere Kinder genug gelernt haben, werden sie an den Maschinen arbeiten.«

Vom Flugplatz aufsteigend geht der Blick noch einmal zweiundzwanzig Jahre zurück und wieder in die Zukunft. Wohin wird der Aufbruch dieses riesigen Kontinents führen?

Ein anderes Bild: Der humorvolle junge irische Priester, den ich unvermutet im Süden Äthiopiens traf, eines Landes, das außer einer längst vergessenen Spanne von fünf Jahren nie unter weißer Herrschaft gewesen ist. Was er hier mache, frage ich.

»Ich bereite den Bürgerkrieg vor«, gibt er zur Antwort und erläutert seine scherzhaften Worte. »Ich lehre die Afrikaner lesen und schreiben. Sobald sie dies können, sind sie der politischen Propaganda zugänglich und erfahren, wie sehr sie von ihren schwarzen Herren ausgebeutet werden. Die leben im Reichtum in den Städten und lassen ihre Kaffeeplantagen von einheimischen Verwaltern bewirtschaften. Diese wiederum wollen auch verdienen und zahlen den Arbeitern Löhne, die nur zu einem kümmerlichen Überleben reichen. Und es gibt keine andere Möglichkeit für die Armen dieses Landes, keine sozialen Organisationen, kaum eine Infrastruktur, weil hier nie kolonisiert wurde. Wenn diese Menschen erst lesen können, wird man sie gegen die Herrenschicht aufhetzen. Und das kann hier nicht ohne Blutvergießen ablaufen.«

Wieder ironisch fügt er hinzu: »Aber ich muß meine Pflicht tun, muß versuchen, sie der gleichen christlichen Religion zuzuführen, der auch die Herrenschicht angehört.«

»Ja«, sage ich. »Aber als einziger Missionar im weiten Umkreis werden sie keine ausreichende Zahl von Revolutionären heranbilden. Und ihre Schützlinge, werden sie wirklich Christen?«

Zögernd meint er: »Wer weiß das bei diesen Menschen. Sie kommen gern zum gemeinsamen Singen in unseren Andachtsraum. Sie hören von mir das Wort Gottes. Was es ihnen bedeutet –«

Seine Handbewegung unterstrich seinen Zweifel. Dann fragt er:

»Fahren Sie über Yirda zurück?«

Ich bejahe.

»Können Sie einen Brief bei der dortigen Polizeistelle abgeben? Dann könnte morgen ein Beamter hier sein, um einen Toten anzusehen, den wir nicht vorher beerdigen dürfen. Die Hitze –«

»Ein Unglück?« frage ich.

»Wie Sie es ansehen«, meint er. »Ein tragischer Fall. Eine unerklärliche Krankheit läßt die Ziegen des Dorfes sterben. Der Medizinmann hat den Verdacht auf den jungen Hirten gelenkt. Ein böser Geist sei in ihn gefahren und habe ihn die Ziegen verhexen lassen. Und der Hirte selbst, eine einfältige Natur, glaubt dem Zauberer. Von Schuldgefühl gequält, von den Dorfgenossen gemieden, wurde er schnell zum Ausgestoßenen. Ich habe mich um ihn bemüht, aber außer Nahrung nahm er nichts an. Ich könne ihm nicht helfen, meinte er, weil ich die Geister nicht kenne. Gestern fand man ihn mit schweren, aber nicht lebensgefährlichen Verletzungen an Kopf und Rücken. Ich nahm ihn zu mir und versorgte seine Wunden. Aber er wollte sterben, weil der böse Geist in ihm sei. Um Mitternacht dankte er mir und sagte, er ginge jetzt davon. Er starb nicht an seinen Wunden. Nein, es war der Wille zum Tode. Was wissen wir schon von diesen Menschen, bei denen jedes

Ding und Wesen seinen eigenen Geist hat, der gut oder böse sein kann, mit dem man sich auseinandersetzen muß. Der Junge sah keinen anderen Weg, das Böse in sich zu überwinden. Das war für ihn eine logische Konsequenz. Afrikanische Logik ist anders als die unsere. Die Afrikaner sind der Natur so viel näher und gehen im Tod in sie ein.«

Ich stimme ihm zu: »Aber afrikanische Logik ist nicht schlechter oder besser als die unsere. Wann wird sie taugen, eine Wasserpumpe zu reparieren oder den Tierarzt aus Yirda wegen der Ziegen zu befragen?«

»Eines der Probleme dieses Landes«, sagt er.

Ich nehme den Brief und wir trennen uns.

Was wohl aus dem jungen Missionar geworden ist, als in Äthiopien die blutige Revolution ausbrach und die Volksregierungen zweier verfeindeter Stämme an die Macht brachte? Deren grausamer Krieg dauert an und hat neben Naturkatastrophen, Mißwirtschaft und Korruption noch mehr Hunger und Elend über Hunderttausende gebracht.

Mein Freund Ndingo kommt mir in den Sinn, der mit seiner sechsköpfigen Mannschaft in einem großen Kanu vor der Küste Ghanas fischt. Ich hatte ihn in der »Atlantik Bar« kennengelernt, einem Stand aus Palmblättern, in dem die rundliche schwarze Tati aus einer Kühlkiste Getränke ausschenkt. Sie ist eine der vielen lebens- und geschäftstüchtigen Afrikanerinnen, die einen Teil der Wirtschaft Westafrikas tragen.

Wenn mein Terminplan es zuläßt, fahre ich mittags dorthin, um im kühlen Seewind und dem gleichmäßigen Rhythmus der Brandung für eine halbe Stunde den Lärm und die Hektik der heißen Stadt zu vergessen.

Am Strand warten die Marktfrauen auf die Fischer, um ihnen den Fang abzuhandeln und in Körben auf dem Kopf zum Markt zu tragen. Wenn mittags der Seewind aufkommt, tauchen in der Weite der See Farbtupfen auf, die zu bunten Segeln werden. Im Herannahen schieben sich darunter die Rümpfe der mächtigen Einbäume über die Wellen. Vor der Brandung sinken die Segel zusammen, die Mannschaft greift zu den Paddeln. Der Headman, im Heck stehend, wartet auf eine günstige

Welle, um dann mit einem Schrei die Männer zum vollen Einsatz anzutreiben. Auf dem Kamm eines Brechers rast das Boot zum Strand. Das alles läuft ab mit der Präzision uralten Könnens, das gewachsen ist, seit schwarze Fischer erstmalig auf Baumstämmen die Brandung überwanden, um die Weite und den Reichtum des Meeres zu gewinnen.

Manchmal kommt Ndingo zu mir, und ich frage ihn nach dem Fang.

»Nicht viel«, sagt er. »Der Fisch steht jetzt weit draußen. Wir sind schon vor Sonnenaufgang hinausgepaddelt und haben doch nur einen kleinen Schwarm Fische ins Netz bekommen. Als wir zurückkamen, hatten die Marktfrauen bereits von anderen Kanus gekauft, und wir bekamen schlechte Preise. Ja, Massa, das ist bedauerlich, du weißt ja, warum.«

Er hatte mir erzählt, daß er für seine Familie ein Häuschen bauen möchte, aus Steinen, in dem es in der Regenzeit nicht feucht und zugig ist wie in seiner Hütte. Und sein Vormann, der Kwasi, hat einen kranken Sohn, für den er teure Medikamente benötigt. Auch Awano braucht Geld, um seinem Kind ein Fahrrad für den Schulweg zu kaufen.

Wieder einmal komme ich Ndingo mit dem Vorschlag, einen Außenbordmotor anzuschaffen, wie ich es bereits bei Fischern an anderen Küstenplätzen gesehen habe.

»Damit könnt ihr einen größeren Bereich abfischen und seid schneller zurück.«

Er will es sich überlegen. Wenige Tage später kommen wir überein, den Versuch zu wagen, und ich beschaffe ihm den Motor. Als ich wieder einmal bei Tati einkehre, sehe ich Ndingos Crew beim Flicken des Netzes. Ndingo zeigt mir einen mächtigen Sägefisch: »Sieh' den Teufel! Und die Löcher, die er ins Netz gerissen hat! Aber ich werde dir die Säge präparieren, zum Dank für deine Hilfe. Ja, wir fangen jetzt viel Fisch, sind immer zuerst am Strand und bekommen gute Preise.«

Ich mache einen weiteren Vorschlag:

»Ich habe in Solele gesehen, daß die motorisierten Fischer am Nachmittag zu einer zweiten Fangfahrt auslaufen. Der Fang wird geräuchert verkauft.«

Ndingo antwortet zögernd: »Ich weiß das. Ich möchte auch

zwei Fahrten machen. Kwasi und Awano auch, sie brauchen Geld. Und ich habe ein Darlehen aufgenommen und mit dem Hausbau begonnen. Aber die anderen vier wollen nicht, sie mögen lieber nachmittags am Strand im Schatten sitzen, um zu schwatzen und zu spielen. Leider!«

Weil ich verreisen mußte, komme ich erst nach Monaten wieder an den Strand. Schon von weitem höre ich Tatis Neuerwerbung, einen Lautsprecher, dessen Musik über das Rauschen der Brandung scheppert.

»Hallo, Tati!« begrüße ich sie. »Ich gratuliere zu diesem Fortschritt! Sicherlich wirst du mehr Gäste anlocken.«

»Ja«, sagt sie. »Wie die Bars in der Stadt. Für das junge Volk.«

Ich stimme ihr zu: »Ja, die Jungen lieben das. Aber Tati, wenn ich allein hier mein Bier trinke, dann möchte ich gern Ruhe haben, möchte den Wind und die Brandung hören.« Sie stellt den Lautsprecher ab. Ich frage nach Ndingo.

»Das ist eine traurige Geschichte«, sagt sie bekümmert. »Die anderen Fischer wurden neidisch und begannen, Ndingo und seine Männer zu beschimpfen. Als er dann täglich zwei Fahrten machen wollte, weigerte sich ein Teil der Crew, die schließlich im Streit auseinanderging. Jetzt fährt Ndingo in Solele auf einem anderen Boot mit. Kwasis Sohn ist gestorben, weil er keine Medizin bekam. Aber er hat ja noch fünf Kinder, und seine Frau ist wieder schwanger. Die anderen – irgendwo.«

Ich frage sie: »Nun sag mal, Tati, ist es denn ungehörig, mehr verdienen zu wollen? Warum hast du den Lautsprecher angeschafft?«

»Ich will verdienen«, antwortet sie. »Mein Mann ist fortgelaufen, und ich muß für meinen Sohn sorgen. Aber Ndingo und seine Besatzung – es ist schlimm, wenn gute Männer im Streit auseinandergehen.«

Sie blickt zum Strand, wo der Fischverkauf abläuft, und meint:

»Die Fischer hier sind mit dem einfachen Leben in ihren primitiven Hütten zufrieden. Die sind zwar ungesund, und viele Kinder sterben an Darm- und Lungenleiden. Das war immer so. Diese Menschen sind nicht zum Geldverdienen geschaffen.«

Sie sieht an ihrer Schürze herunter und sagt vor sich hin:

»Für euch Weiße ist das anders. Ihr müßt hart arbeiten für eure Fernseher, eure Autos und Häuser, ohne die ihr nicht leben könnt. Aber diese Fischer brauchen das nicht.«

Tati ist eine kluge Frau. Wenn ich mittags bei ihr meinen Drink nehme, stellt sie den Lautsprecher ab, und ich kann den Motor meines hektischen Alltags für eine halbe Stunde dem langsamen Pulsschlag des Meeres anpassen. Und wenn ich gehe, grüßen mich die Fischer, die dort zufrieden im Schatten liegen. Ihr Zeitablauf wird von der Sonne bestimmt und vom Seewind, der über den Strand und die Menschen weht, über Liebe und Haß, über Freude und Kummer – wie seit tausend Jahren.

Wie anders dagegen ist das Bild von Abiolowo, dem reichen nigerianischen Häuptlingssohn, der in der Provinzhauptstadt ein Unternehmen zur Herstellung von Betonbauteilen betreibt. Voller Stolz zeigt er mir seine neue Maschine zur Fertigung von Kanalisationsrohren.

»Ein teures Gerät«, sagt er. »Ich habe einen weißen Techniker zu dessen Bedienung eingestellt.«

Abiolowo ist Ingenieur. Sein Vater, Häuptling über mehrere Dörfer, hat ihm ein Studium in England ermöglicht und diesen Betrieb finanziert. Seit zwei Jahren stellt er einfache Fertigteile her. Jetzt soll die Rohrproduktion beginnen, weil die Stadt eine Kanalisation schaffen will.

»Aber«, frage ich Abiolowo, »wirst du auch Aufträge von der Baubehörde bekommen? Du hast erfahrene Konkurrenten. Wenn die den Beamten einen höheren *dash* bieten, bekommen sie die Aufträge.«

»Kein Problem«, beruhigt er mich. »Zwei maßgebende Leute im Bauamt sind aus meinem Stamm. Sie müssen mich, den Sohn ihres Chiefs, begünstigen. Sonst könnten ihre Angehörigen im Dorf Schwierigkeiten haben.«

»Dann brauchst du ihnen gar nichts zu zahlen?« frage ich.

»Doch. Sie bekommen das Übliche. Weil ihre Gehälter doch

nur für die engste Familie ausreichen, sie aber alle anderen Verwandten auch unterstützen müssen, sind sie auf Nebenverdienst angewiesen. Und ich, als Häuptling, darf ihnen nichts vorenthalten. Sie werden zufrieden sein und mir die Aufträge verschaffen.«

Er blickt mich herausfordernd an und meint, daß es solche Gefälligkeiten doch auch in Europa gäbe.

Ich muß ihm zustimmen, mit der Einschränkung, daß es bei uns nicht ganz so selbstverständlich sei.

Wir gehen über den Hof, wo eine Maschine Hohlblocksteine herstellt. Nach Formaten geordnet und sauber aufgesetzt stehen die Haufen der fertigen Steine.

»Dein Hof sieht ungewöhnlich sauber und ordentlich aus«, lobe ich. »Als ob du keinen Bruch beim Aufsetzen oder Verladen hättest.«

»Ich erziehe meine Männer«, sagt er. »Wer einen Stein fallen läßt, muß den Bruch sofort beseitigen und erhält einen Lohnabzug.«

»Das hast du sicherlich nicht in England gelernt«, meine ich. »So etwas würde die dortige Gewerkschaft nicht dulden.«

»Ich habe nur Leute aus meinem Stamm«, erläutert er mir. »Sie sind dankbar, daß sie hier Geld verdienen können. Aber wer schlecht arbeitet, wird ins Dorf zurückgeschickt. Und Gewerkschaft? Die kommt mir nicht auf den Hof!«

Auf meine Frage, wieviel Leute er beschäftigt, sagt er: »Sechsundfünfzig. Aber zur Zeit sind etliche arbeitsunfähig. Eine Darmkrankheit. Der Arzt sagt, das Wasser aus unserem Brunnen sei schlecht. Diesen Brunnen haben wir selbst gebaut, das Wasser von den Stadtwerken ist mir zu teuer. Ich habe den Medizinmann unseres Dorfes bestellt, um Abhilfe zu schaffen.«

»Aber Abiolowo, das sollte doch die Gesundheitsbehörde tun! Du bist doch ein moderner Mann, ein Christ, hast in England studiert. Du weißt doch, daß Keime oder Chemikalien das Wasser verunreinigen!«

»Ja, das weiß ich«, gibt er zu. »Die Behörde wird die Ursache feststellen. Aber warum ist das Wasser schlecht? Weil jemand mir schaden möchte und einen Zauber gemacht hat. Deswegen muß mein Medizinmann einen Gegenzauber vollführen, damit das Wasser auch gut bleibt.«

Ich frage nach seiner Familie, und wir vereinbaren einen Besuch in seinem Hause.

Als ich später den weißen Leiter einer großen Baufirma treffe, frage ich ihn nach Abiolowo.

»Ein erstklassiger Mann«, erfahre ich. »Der einzige Afrikaner, dessen Ware den Qualitätsvorschriften entspricht. Er kann höchste Preise verlangen und seinen Reichtum vermehren. Aber ich fürchte, er wird Probleme bekommen. Jedes Versehen seiner Leute bestraft er hart. Neulich hat er einen Mann, der betrunken zum Dienst kam, verprügelt und verletzt. Kein Weißer würde seine Untergebenen so behandeln. Nun, er ist Häuptling und muß wissen, wie er mit seinen Stammesgenossen umgehen kann. Wir kaufen weiterhin bei ihm.«

Wie immer sind es die überschatteten Bilder, die sich aus dieser Periode meiner Tätigkeit in Afrika hervordrängen. Die vielen Beispiele einer fruchtbaren Synthese afrikanischer und europäischer Bemühungen versinken schneller in der Vergangenheit. Was planmäßig, ohne Komplikationen abläuft, ist eher vergessen als Betroffenheit über Unerwartetes.

Dennoch ist es ein schwerer Weg, den Afrika zu gehen hat, ein Weg, dessen Ende wir nicht zu erkennen vermögen. Ob das, was wir heute tun, um Afrika zu helfen, richtig ist – wer weiß es? Wir können nur tun, was uns und den Afrikanern jetzt sinnvoll erscheint, auch wenn es vielleicht nur unser Gewissen entlastet. Wo ethische oder moralische, politische oder soziale Denkvorstellungen in Afrika den unseren zuwider laufen, sind sie deshalb nicht schlechter oder besser, sie sind nur anders. Wenn wir heute bestürzt die blutigen Auseinandersetzungen betrachten, mit denen uralte afrikanische Stammesfeindschaften ausgetragen werden, muß ich daran denken: Noch vor fünfzig Jahren war mir ein Franzose ein »Erbfeind« und ein Krieg so selbstverständlich wie ein Gewitter.

Aber auch auf unserem europäischen Weg in eine friedliche Welt liegen Stolpersteine. Wieder drängt sich ein unschönes kleines Bild hervor. Es waren nur wenige Sekunden des Erschreckens, aber sie haben meinem Vertrauen auf menschliche Tugenden einen weiteren Stoß versetzt.

Nach einem Abendessen mit Bekannten gehe ich in Hannover durch die Unterführung am Hauptbahnhof. Zwei junge Männer kommen mir entgegen. Ich fühle einen Schlag gegen meine Kehle und werde gewürgt. Nach Luft ringend, blicke ich in ein sympathisches Jungengesicht. Schon bin ich wieder frei und sehe die beiden davonrennen – mit meiner Brieftasche! Darin die achthundert Mark Reisevorschuß für die Zeit der Messe!

Die Protokollaufnahme bei der Polizei ist ein Routinevorgang.

»Keine Verletzung? Wenn Sie sich gewehrt hätten, wäre Ihnen ein Messer durch den guten Anzug gestoßen worden. Das kommt fast jeden Tag vor. Beruhigen Sie sich doch! Das Geld ersetzt Ihnen die Hausratsversicherung!«

Zynisch grinsend fügt der Beamte hinzu:

»Sie sollten sozialer denken! Das ist Vermögensumverteilung. Sie werden deswegen kein bißchen schlechter leben. Die Versicherung wird ihren Aktionären wegen dieses Betrages nicht die Dividende kürzen. Aber den jungen Leuten dient es zur Existenzsicherung.«

Auch die Wirtin in meinem Quartier meinte:

»Ihnen ist doch gar nichts passiert! Hier, nehmen Sie diese hundert Mark! Damit Sie morgen nicht mit leeren Taschen auf die Messe kommen.«

Vom Postamt kam der Bescheid, meine Brieftasche mit allen Papieren habe sich in einem Briefkasten gefunden. Wie dankbar war ich den Räubern! Die Versicherung ersetzte das fehlende Geld. Alles lief ab, wie es der boshafte Polizist vorhergesagt hatte.

Dieses kleine Bild blieb nicht das einzige häßliche aus unserem friedlichen Europa. Auch der junge Mann, der die Rückscheibe unseres Wagens einschlug und die Tasche mit dem Fotoapparat entwendete, als wir in Ostia auf der Promenade von den Vordersitzen aus den Surfern in der Brandung zusahen, auch er sah nicht wie ein Verbrecher aus, als ich ihn für den Bruchteil einer Sekunde im Rückspiegel erblickte. Und auch dieses Mal blieb nur die Erinnerung an einen kurzen Schreck, weil die Carabinieri ungerufen sofort zur Stelle und uns bei der Abfassung des Protokolls für die Versicherung behilflich waren. Auch die eingeschlagene Scheibe war in einer halben Stunde ersetzt.

Den Einbrecher, der an einem Winterabend im dunklen Hausflur an mir vorbeistürzte, habe ich nicht erkennen können, bevor er sich aus dem Fenster schwang. Er gab auch keine Antwort, als ich in meiner Überraschung nichts Besseres wußte, als ihn zu fragen, was er hier mache. Für ihn war die Mühe des Einbruchs in unser Haus vergeblich gewesen.

Wieder am Wind

Meine Berufszeit ging zu Ende, 1978 begann das dritte Lebensalter und sollte mit einer schönen Schipperei eingeleitet werden. Da lockten die vielen, nicht vom Tourismus berührten griechischen Inseln. Auf der Suche nach handfesten Kameraden für einen Chartertörn gelangte ich wieder einmal an die Hanseatische Yachtschule. Auch diese hatte sich dem Fluß ideologischen Wandels anpassen können. Von dem ursprünglichen Ziel, der Ausbildung einer kleinen Elite für die Marine, war sie über die Gleichschaltung mit der Marine-SA in der Nazizeit nun auf der Welle des Breitensports zu einer Gruppe von Segelschulen in Deutschland und im Mittelmeer herangewachsen. Von dort kam die Anfrage, ob ich als Skipper von Schulyachten in der Ägäis aushelfen könne. Und heute steht eine Reihe von leuchtenden Bildern in meiner Galerie, Erinnerungen an stille Buchten, griechische Tempel, Sonne, Wind und fröhliche Segelkameraden. Aber wie immer, ist es ein dunkles Bild, das sich vor die anderen schiebt.

Es hatte ganz normal begonnen, so, wie man sich einen Frühlingstörn zwischen den griechischen Inseln vorstellt. Bei frischer Brise waren wir von Pythagorion ausgelaufen und hatten abends an der Felsmole von Marmaros angelegt, einer weltfernen Sporadeninsel. Der bärtige alte Priester hatte uns an den besten Liegeplatz gewiesen und unsere Leinen festgelegt.

Vor der kleinen Taverne war die erste Flasche Retsina fällig geworden, um auf eine gute Reise zu trinken. Es war eine fröhliche Crew, mit der ich zwei Wochen durch die Ägäis segeln sollte. Die vier Männer hatten Segelerfahrung, allerdings nur auf Küstenrevieren. Und Moni, die Psychologiestudentin, hatte sich, weil sie seefest war, zum Kombüsendienst gemeldet und war daher von der Decksarbeit befreit.

Über die Schipperei hatten wir gesprochen, und ich hatte von meiner Fahrt mit dem Weihnachtsengel erzählt und von der schlechten Mannschaft.

»Aber mit Prügeln kann man doch die Angst nicht überwinden«, hatte Jörg, der junge Pädagoge gemeint. »Wic konntet

»Danach hat uns keiner gefragt«, war meine Antwort gewesen. »Wenn einer weich wurde – ein Schlag ins Kreuz und rauf, an Deck! Aber das ist bald fünfzig Jahre her. Auf einen schönen Törn! Prost!«

Da war der Pope gekommen und hatte sich an unseren Tisch gesetzt. Er sprach recht gut französisch. Auf unsere Fragen hatte er vom Leben der wenigen Hirten- und Fischerfamilien seiner Inselgemeinde erzählt, für die er auch Lehrer, Notarzt und Gemeindevorstand war. Er hatte uns schließlich zur letzten Flasche, einem schweren, goldfarbenem Wein eingeladen und gesagt:

»Der kommt von Thira. Der beste Wein der Ägäis. Ihr müßt nach Thira segeln!«

Das war gestern abend gewesen. Und jetzt...

Aus einem graugelben Himmel war ein Schirokko herangefegt und schleuderte nun unsere Yacht unter gerefften Segeln über die Berge und Täler einer aufgewühlten See. Laut Segelhandbuch Ägäis konnte es diese Windstärken im Mai nicht geben. Aber das half uns nichts. Als ich die Sicherheitsgurte hatte anlegen lassen, war Moni unter Deck gegangen.

»Das kann ich nicht mitansehen«, hatte sie mit erschreckten Augen gerufen. »Diese hohen Wellen! Ich habe Angst!«

»Sie tun uns nichts, die Wellen«, hatte ich sie zu beruhigen versucht. »Du siehst es doch – das Schiff rutscht darüber hinweg! Aber geh nach unten, wenn du die Wellen nicht sehen magst.«

Krachend schlägt der Bug auf, wenn wir vom Kamm eines Berges hinabstürzen, und bohrt sich in die Flut. Gischtkaskaden fegen über das Deck.

»Wie lange hält das Boot das aus?« fragt Manfred, unser Jüngster. Aus seinem blassen Gesicht starren die Augen entsetzt auf die heranschießenden Schaumkronen.

»Das Boot?« höre ich Jörgs heisere Stimme. »Das Boot? *Ich* halte es nicht mehr aus, will es nicht sehen. Das, was da herankommt! Und kein Horizont, nichts Festes. Das macht mich verrückt!«

Harte Schläge treffen das Schiff, das sich weit auf die Seite legt. Es ist sinnlos, weiter gegen die See zu bolzen. Wir müssen mit kleinsten Segeln hoch an den Wind und können dann gefahrlos auf der Stelle treten.

»Los, Männer«, rufe ich. »Segel weg, sonst fällt der Kahn um. Peter und Manfred nach vorn, Fock runter! Drittes Reff ins Großsegel! Jörg an die Großschot, Gert an die Reffleine!«

Jörg steht auf und sinkt wieder zusammen.

»Ich kann nicht«, quält er heraus. »Bin geschockt. Muß mich erst wieder aufbauen.«

Er reißt die Luke auf und stürzt nach unten.

Peter will nach vorn klettern. Er, der stämmige Tischler, ist einsatzbereit. Als das Schiff weit überholt, rutscht er aus und schlägt mit der Stirn auf die Lukenkante. Blut und Wasser rinnen ihm übers Gesicht. Eine Platzwunde an der Stirn.

»Geh! runter!« rufe ich ihm zu. »Verbandskasten über der Backbordkoje. Moni soll dir helfen!«

Manfred erbricht sich und stöhnt:

»Ich kann nicht mehr. Muß mich hinlegen.«

Er verschwindet unter Deck. Nur noch Gert steht neben mir und starrt verstört auf die See. Dann steigt auch er nach unten. Bevor er die Luke wieder schließen kann, schießt ein Schwall Wasser hinunter. Angstschreie tönen herauf. Ich schlage die Luke zu. Nun bin ich allein.

Will mir keiner helfen? Das kann nicht wahr sein! Ich reiße die Luke auf und schreie hinunter:

»Reißt euch zusammen und kommt hoch! Wenigstens zwei Mann!«

Ist es Erregung oder Wut, die mich schreien läßt:

»Wenn ihr schon meint, daß es aus ist, dann ist's doch scheißegal, ob ihr da unten oder hier oben versauft!«

Luke zu. Niemand kommt.

Ich muß mir allein helfen. Nach vorn kriechen, Fock runter. Das schlagende Großsegel läßt das Schiff erzittern, bis ich es auf dem Baum festgezurrt habe. Nun die dicke Schlepptrosse vorn befestigen und den losen Teil über Bord. Sie hält den Bug zum Wind. Wie langsam geht alles, wenn nur zwei Hände zugreifen können. Schweißnaß unter dem Ölzeug und erschöpft hocke ich mich ins Cockpit und lege das Ruder fest. Inzwischen ist es Nacht geworden. Aber das Schiff liegt ruhiger, treibt langsam nordwärts. Wind und See können uns nichts anhaben.

Die Luke geht auf – Moni steigt heraus. Mit Sicherheitsgurt, seemäßig angezogen.

»Moni – du? Was willst du denn hier?«

»Kann ich helfen?« fragt sie. »Sag mir, was ich tun soll – so gut ich kann.«

»Moni, du bist ein Prachtstück! Alle Männer sind weg, und nur ein kleines Mädchen will mir helfen! Hak deinen Gurt ein und setz dich her. Es ist nichts zu tun. Wir liegen sicher und treiben langsam zurück.«

»Ich habe, bevor es so hart wurde, Kaffee gekocht«, sagt Moni. »In der Thermosflasche. Willst du?«

»Das ist toll! Ob du mir wohl auch ein Wurstbrot herzaubern kannst? Ich bin verdammt hungrig.«

Der Kaffee tut gut. Und das Wurstbrot.

»Dank dir, Moni. Das dient dem seelischen Wiederaufbau. Und nun übernimmst du die Wache. Gut Ausguck halten! Es könnte mal ein Dampfer kommen, der unsere kleinen Lichter im Gischt nicht sieht. Ich geh mal kurz nach unten an die Seekarte.«

Die kleine Lampe unter Deck beleuchtet ein fürchterliches Durcheinander. Alles ist naß. Ölzeug, Kleidung und aus dem Bord gefallene Gegenstände fahren beim Schlingern hin und her. Die Uhr geht auf Mitternacht.

Peter richtet sich auf. Ein Pflaster verdeckt sein linkes Auge. Darunter hängt eine Blutkruste.

»Wie sieht es draußen aus?« fragt er.

»Der Wind ist noch dick. Aber wir treiben beigedreht nach Norden. Keine Gefahr. Hast du Schmerzen?«

»Nicht schlimm. Aber mit dem Auge trau ich mich nicht ins Dunkle.«

»Bleib liegen. Draußen ist nichts zu tun.«

Jörg liegt in der Koje und starrt zur Decke. Gert sieht mich mit großen Augen an. Sie warten auf ein Wort von mir, ich spüre es. Aber was soll ich ihnen sagen? Noch wühlt der Ärger in mir. Ich bin müde und mißgelaunt. Ihnen erklären, was draußen vor sich gegangen ist? Wozu? Aber was soll's. Ich war bereit, mit einer unerprobten Crew zu segeln. Nun muß ich es durchstehen!

»Einen solchen Schirokko«, höre ich mich sagen, »den gibt es im Mai eigentlich nicht. Ganz ungewöhnlich. Aber ihr braucht keine Angst zu haben. Unser Schiff ist seetüchtig genug. Kein Grund zur Sorge!«

Doch dann kommt es aus mir, was sich aufgestaut hat, was ich nicht sagen wollte:

»Ihr könnt eure Angst in Ruhe ausleben. Ich kann auch allein schippern. Aber daß ihr Jungen einen alten Mann so schuften laßt! Das ist nicht nett! Aber jetzt geht es zurück. Mit euch segel ich nur noch vor der Tür!«

Sie schweigen. Auf der Seekarte berechne ich unseren Kurs, er führt nach Marmaros. Also gut, dann übermorgen zurück nach Pythagorion, wo unsere Reise begann. Wieder nach oben, wo Moni im Dunkeln hockt.

Schweigend sitzen wir beide im Finstern, jeder mit seinen Gedanken. Die jungen Männer unter Deck, die sich noch nie in Not bewähren konnten, die nicht wissen, wie stark ein Mensch im Unglück werden kann. Die nicht gelernt haben, daß man sich an Gefahren gewöhnen, sie in sein Leben aufnehmen und damit die Angst überwinden kann. Wie baut man ihnen eine Brücke zu meiner Generation, die durch so viele Schrecken gehen mußte? Ob Moni mir helfen kann?

Sie hängt schläfrig in ihrem Gurt. Ich stoße sie an:

»Ob du mir wohl noch einen Kaffee heraufreichen kannst? Und dann leg dich hin. Und sag den anderen, daß sie keine Angst zu haben brauchen. Du hast deine Angst ja auch überwunden.«

»Ja«, sagt sie im Hinabsteigen. »Aber im Dunkeln ist es leichter. Man sieht die hohen Wellen nicht.«

Am Morgen läßt der Wind nach, und die See beginnt, sich zu beruhigen. Ich kann Segel setzen.

Dann öffne ich die Luke und rufe hinunter:

»Reise, reise! Moni, Smutje – Frühstück! Hier draußen in der Sonne! Ein Spiegelei für mich!«

Als Manfred als erster herauf kommt, begrüße ich ihn:

»Guten Morgen! Ich gratuliere dir zum Geburtstag!«

»Wieso?« fragt er erstaunt.

»Heute Nacht wolltet ihr sterben – nun kommt die Wiedergeburt!«

Schweigend dreht er sich um und klettert wieder nach unten.

Moni bringt mir das Frühstück.

»Dank dir, Moni! Das habe ich nötig. Aber warum nur für mich? Wo bleiben die anderen?«

Wortlos stellt sie alles auf den Klapptisch. Dann reckt sie ihre zierliche Gestalt vor mir auf. Einige Sekunden sieht sie mich stumm an, bevor es aus ihr herausbricht:

»Die anderen? Die frühstücken unten! Meinst du, daß sie sich von dir anfrozzeln lassen wollen? Für dich war das natürlich alles gar nichts, gestern abend. Aber für uns, die wir noch nie auf See waren! Wenn du dann noch vom Versaufen redest. Oder, daß der Kahn umfällt. Du mit deiner blöden Ironie! Damit hast du alles nur noch schlimmer gemacht. Und nun spottest du über unsere Angst! Du kannst allein frühstücken!«

Weg ist sie. Die Luke wird krachend zugeschlagen.

Wieder in Marmaros. Vor der Taverne begrüßt mich der Pope.

Auf seine erstaunte Frage erzähle ich von der letzten Nacht.

»Wo ist deine Mannschaft?« fragt er.

»Unter Deck. Sie wollen nichts von mir wissen.«

Er schüttelt den Kopf und sagt:

»Setz dich hierher. Heute stifte ich die erste Flasche.«

Er steigt auf unser Schiff und verschwindet unter Deck. Es dauert eine Weile, bis er wieder auftaucht. Aber nach ihm kommen sie alle. Moni als erste, Peter mit einem neuen Pflaster auf der Stirn, Gert, Manfred und schließlich auch Jörg.

Im Westen sinkt die Sonne zum Horizont. Der Priester erzählt Inselgeschichten, ernste und heitere. Mit weiteren Flaschen wird die Stimmung fröhlicher, unser Lachen lauter. Aus den Häusern kommen Männer und Frauen, setzen sich zu uns, trinken uns zu.

»Musik!« ruft der Pope. »Unsere Inselkapelle!« Eine Guitarre und eine Geige erscheinen und spielen auf. Die Griechen singen uns ihre Lieder, wir klatschen Beifall.

»Und nun singt ihr!« ruft der Alte.

Wir singen? Wer von uns kann singen? Und was? Es hilft nichts – wir müssen!

»O Tannenbaum«, schlage ich vor. »Das kennen wir alle.« Unser Weihnachtslied steigt in die warme Frühlingsnacht. Es klingt holperig und weit weniger melodiös als der Gesang der Einheimischen. Aber die klatschen auch, und das Konzert geht weiter. Woher kommt immer wieder Wein? Die Stimmung steigt. Die griechischen Männer springen auf, legen sich die Hände auf die Schultern zum Rundtanz, zu dem die Frauen den Takt klatschen. Auch wir werden in den Kreis gezogen. Sogar Moni darf, als einzige Frau, am Männertanz teilnehmen.

Plötzlich stockt die Musik. Geschrei, Gelächter – ein Häuflein Schafe erscheint im Mondlicht.

»Varikis, der Geiger und Kapellmeister«, erklärt der Pope lachend. »Er hat vergessen den Schafstall zu öffnen. Nun kommen die Tiere von der Weide und mahnen ihren Herren.«

Varikis geht zu seinen Schafen.

»Ja«, sagt der Priester, »auch die Schafe gehören zu meiner Gemeinde. Ich muß sie kurieren, wenn sie krank sind. Hier brauchen sie keinen Hirten. Aber auf der anderen Inselseite, wo es felsig und gefährlich ist, da muß der Hirte sie leiten.«

Weil die letzten Worte eindringlich an mich gerichtet waren, antworte ich:

»Aber sie können störrisch sein, die Schäfchen.«

»Nicht störrisch, nur ängstlich«, meint der Alte. »Man muß ihnen vorangehen und sie freundlich locken. Dann folgen sie dem Hirten.«

Wir schweigen. Da hebt Moni ihr Glas:

»Schäfchen sind gelehrig. Sie können lernen, ihrem Hirten in der Gefahr zu vertrauen. Meint ihr nicht auch?«

Sie blickt zuerst zu Jörg, und als dieser nickt, reihum in unserer Crew. Zuletzt sieht sie mich an:

»Prost Skipper! Sie sind nicht störrisch, die Schäfchen, nur ängstlich. Aber sie haben Vertrauen zu ihrem Hirten!«

Was soll ich sagen? Der Ärger der letzten Nacht, die Müdigkeit. Erstmal dem Priester übersetzen, was wir auf Deutsch gesprochen haben. Er nickt und meint:

»Die Schäfchen sind gutwillig. Einem guten Hirten folgen sie gern.«

Ich sehe in die Gesichter meiner Mannschaft. Nun denn!

»Prost!« sage ich. »Auf einen schönen Törn zu den Cycladen-Inseln!«

Auch am nächsten Morgen, als wir ablegten, war der Pope wieder auf der Mole.

»Fahrt mit Gott! In seiner Hand liegt alles«, rief er, als er unsere Leinen loswarf. »Und denkt daran: Der beste Wein wächst auf Thira!«

Wieder einmal Afrika. Mit Heimke stand ich hoch über einem Meer, dessen riesige Wellen aus windverformtem Sand unter der totalen Stille lagen, die nur die Wüste kennt. Zwischen den Felstürmen und Schluchten des Tassili-Gebirges in der Zentralsahara hatten wir auf Tausenden von Felsbildern die Zeugnisse alter afrikanischer Kultur gesehen. Vor neuntausend Jahren mit einfachen Strichen beginnend, hatten hier Menschen ihre Darstellungen zu faszinierender Schönheit entwickelt, um dann daneben, darüber zur Abstraktion, zur Dekadenz und, um die Zeitenwende, wieder zur primitiven Form des Beginnens zurückzukehren. Aber auch das zeigten die Bilder in dem heute unbewohnbaren, wasserlosen Gebirge: Menschen, Gesichter des tropischen Afrikas wie auch der frühen griechischen Kultur, Zeichen an Wegen, die vor Jahrtausenden vom Mittelmeer zum Golf von Guinea führten.

Auf dem Weg zurück zur transsaharischen Piste standen wir nach einem heißen Tag hoch über dem Sandmeer und blickten zur untergehenden Sonne. Aus den Tälern quoll die Nacht zwischen den Kämmen der Dünen herauf, deren Bögen in mächtigem Gleichklang wie erstarrte Harmonien eines Orchesters schwangen.

Da war es Heimke, die es aussprach:

»Auch hier müßte das Hütchen zu sehen sein. Verdient hätten wir es nach den Strapazen der letzten Tage.«

Das Hütchen in der Wüste? Nein, für mich gehörte es zum klaren Horizont der See. Aber auch ich blickte nach Westen zum versinkenden Feuer des Tages. Und da breitete sich über der letzten Glut ein grüner Schein aus, schmal und zart, kein Hütchen, eher ein duftiger Schleier. Wir nahmen es als Geschenk für uns beide, die wir, allein in der Unendlichkeit zwischen Tag und Nacht, der Sonne nachgeschaut hatten.

Noch einmal ist bald darauf das fröhliche Sonnenzeichen zu uns gekommen. Da standen wir beide hoch auf der felsigen Westküste Gran Canarias und blickten in den Abend. Im Norden hing der Schnee des Pico de Teide wie eine Wolke im Abendhimmel. Es war der vierundzwanzigste Dezember, und hier oben, in der Einsamkeit zwischen Bergen und See, sollten uns die letzte Sonne und die ersten Sterne zur Feierstunde des Weihnachtsabends leuchten.

»Heute könnte das Hütchen kommen«, hörte ich es neben mir. »Ich wünsche es mir zu Weihnachten!«

Da hob sich über den letzten Bogen des Sonnenrandes der strahlende Schmuck empor. Doch heute war es mehr als ein Hütchen. Was dort erstrahlte, war ein smaragdenes Diadem, das uns die Sonne schenkte. Wir nahmen es dankbar als Krönung vieler Jahre gemeinsamer Freude an der schönen Welt. Als wir ins Tal zurückkehrten, hängte Freund Orion uns die Weihnachtslichter an den Nachthimmel.

Der Weg ist das Ziel

Wieder stehe ich in der afrikanischen Nacht auf dem Spielhügel des kleinen Jungen und träume zurück zu den Bildern meiner Kindheit, die an so vielen Plätzen der Farm hängen. In kürzester Zeit hatte Antons Geländewagen uns heute zu Wegmarken meiner Erinnerung getragen, die der kleine Junge nur zu Pferd in mühevollen Stunden erreichen konnte. Ob ich mitkäme, um Post zu holen, hatte Anton dann gefragt. »Post holen« – wieviel bedrückende Mühsal hängt an diesen Worten! Der wöchentliche Ritt des Sechsjährigen durch die feindliche Wildnis, von Hitze, Staubwind und Durst gequält. Und heute morgen – nur ein großer Sprung schien es mir. Der Start mit Antons Flugzeug von der Sandpiste, und keine Viertelstunde später hielt die Maschine vor dem Postfach in Kalkrand!

Orion, mein Sternenmann, blickt aus seiner zeitlosen Höhe in meine Vergangenheit und Gegenwart.

»Hab' Dank, alter Freund, für die Bilder, die du mir weit aus der Welt hierher gebracht hast! Ich weiß, daß meine siebzig Jahre ein Nichts sind vor deiner ewigkeitlichen Schau. Aber du hast mir geholfen, den Lebenskreis zu einem Ganzen zu schließen.«

Goethe sagt: »Glücklich ist, wer das Ende seines Lebens mit dem Anfang verknüpfen kann.« Genüßlich blicke ich aus der sicheren Perspektive des Alters auf die hellen und dunklen Stationen des langen Weges zurück. Ob es ein guter oder schlechter Weg war, ist eine müßige Frage. Stets haben Zeit und Ort die jeweilige Erkenntnis geprägt und mir die Richtung gewiesen. Was heute richtig oder falsch erscheint, mag eine nächste Generation mit anderen Vorzeichen versehen.

Der Kreis meines Weges ist geschlossen. Er umfaßt ein ganzes, reich gefülltes Menschenleben und führt zurück zu den Zukunftsträumen des kleinen Jungen in der Wildnis. In seinem zaghaften Wesen mag es begründet gewesen sein, daß vor allem die Höllenkreise meinen Weg bestimmten. Wie es Saint Exupéry sagt: »Der Weg ins eigne Herz führt durch die Wüste.« Manchem jungen Menschen mag dieser Preis zu hoch erscheinen. Doch auch diese Frage erscheint in der Rückschau belanglos.

Jede Wertung unterliegt dem Wechsel von Zeit und Raum. »So« sah ich die Welt damals, und »so« zeigt sie sich aus heutiger Sicht. Das muß mir genügen.

Ein Schakalgeheul durchschneidet die Stille, macht sie greifbar. Doch die Ruhe über dem riesigen Kontinent trügt. Der reißende Strom der Zeit, der die Zukunft Afrikas trägt und seinen Menschen die Erfüllung ihrer Hoffnungen bringen soll – wohin wird er führen? Wieviel Stromschnellen der Gegensätze sind noch zu überwinden?

Orion weist nach links, wo die Wohnungen des schwarzen Personals hell aus der Nacht leuchten. In meiner Jugend waren es die selbstgebauten Pontoks weit drüben, jenseits des Riviers. Heute sind es feste Häuser, und sie liegen nahe dem Farmhaus. Zwei Gebäude ragen heraus, die Schule und das Schülerheim. Mit großen materiellen und persönlichen Opfern haben Anton und Erika von Wietersheim hier einen Weg begonnen, der ihren Vorstellungen von der Zukunft dieses Landes entspricht, des Landes, in das manche ihrer Vorfahren vor achtzig Jahren aus Deutschland kamen, in dem sie als weiße Afrikaner geboren wurden und aufwuchsen. Es ist ihre Heimat wie auch die der schwarzen Bewohner.

Erika selbst lehrt in der Schule und leitet das Heim. Ihre eigenen Kinder lernen und spielen mit denen des schwarzen Personals dieser und anderer Farmen. Was vielerorts noch in zögernden Versuchen erfolgt, ist hier bereits Wirklichkeit: Der Aufbruch in ein neues Namibia.

Doch der große Kontinet hat so viele Gesichter. Wie schwer fällt es den hiesigen Eingeborenen, organisatorische und planerische Aufgaben zu übernehmen. Anders als die Bewohner der fruchtbaren Tropenzonen, die von jeher Regen- und Trockenperioden, Saat- und Erntezeiten zu bedenken hatten, müssen die Steppenvölker vom Nomadendasein ohne die Zwischenstufe des Ackerbaus den Sprung in die Denkweise moderner Wirtschaftsmethoden vollziehen. Hinzu kommt das Versäumnis der Weißen, denen die schulische Ausbildung der Schwarzen unwichtig war.

Die hellen Häuser dort im Mondschein neben dem Farmhaus sind ein winziger, aber bedeutsamer Wegweiser zu einem Miteinander aller Menschen dieses Landes. Es sind noch wenige, die den Mut haben, trotz aller Verschiedenheit kultureller und geistiger Voraussetzungen diesen Weg zu gehen. Ist es der Weg Senghors, des großen afrikanischen Staatsmannes und Dichters, dem Goethe die Bereiche europäischen Geistes erschloß und der, selbst »tief in Afrikanität verwurzelt, seine Welt dennoch dem Wind aus europäischem Norden öffnet«? Aber auch diese so eingängig erscheinenden Worte finden keine einhellige Zustimmung. Wie schwer verständlich sind christliche Dogmen und die Trennung von religiöser und staatlicher Ordnung für Menschen, deren mystische Welt von Naturgeistern belebt wird. Einfacher erscheint schon die Ableitung aller Rechte und Pflichten aus dem Koran. Das politische, ost-westliche Spannungspontential hat alte Stammesfehden zu blutigen Konflikten aufleben lassen. Und Südafrika? Trotz untragbarer Einschränkung der Menschenrechte für Schwarzafrikaner drängen diese zu Hunderttausenden dorthin, wo eine von Weißen gelenkte Wirtschaft mehr Verdienst und ein besseres Leben bietet als ihre freie, aber arme Heimat.

Noch sehe ich Afrika wie meinen Freund Orion: Von der nördlichen wie von der südlichen Erdhälfte aus betrachtet, zeigt es mir ein jeweils anderes und nur vom örtlichen Blickpunkt aus verständliches Bild. Kann es eine Synthese geben?

Wir wissen nicht, wohin der Weg der Geschichte führt. Doch meine ich, daß wir an einer Wendemarke stehen, an einem Wegweiser der Hoffnung. Als ein Wunder erscheint es mir, daß die Bevölkerung Namibias in freier, demokratischer Wahl ihren politischen Willen geäußert hat und daß dies ohne Gewalt erfolgte. Wieviele grausame Auseinandersetzungen bei Regierungsumbildungen haben Afrika seit der Entkolonialisierung erschüttert, während in Namibia sich Weiße und Schwarze guten Willens um einen gemeinsamen Weg bemühen. Ein gleiches Wunder zeigt uns Europa. Wo noch vor wenigen Jahrzehnten Revolutionen im Blut untergingen, finden heute die Menschen gewaltlose Wege zur Freiheit. Wieder einmal muß ich meine Welterfahrung korrigieren. Der Fluß der Zeit hat uns einen Schritt weiter zu einem besseren menschlichen Miteinander getragen.

»Der Weg ist das Ziel«, hatte Abdullah gesagt, unser Führer durch die Sahara zu den Felsbildern, deren Ausdrucksformen in siebentausend Jahren von ungefügen Farbzeichen über eine Hochkultur zum Stil des Anfangs zurückkehren. Führt auch der Weg, den Abdullah suchte, in einem riesigen Kreisbogen zurück in die Beschränkung? Ist dies der Weg, den neuen Sorgen zu begegnen, die aus unserer Zivilisation erwachsen? Gilt auch hierfür, daß Handeln die Angst überwindet?

In Europa wird Orion mir wieder sein anderes Gesicht zeigen. Er wird weiterhin durch die Jahrtausende gelassen auf unsere geraden und krummen Wege herabschauen, so, wie wir auf einen Ameisenhaufen blicken. Auch der winzige Zeitabschnitt meines eigenen Lebens wird bald zu Ende gehen. Er wird sich verlieren wie der Rauch meiner Pfeife in der Mondnacht, an dem ich die Träume von meinen alten Bildern aufhänge.